U0695510

SPSS
统计分析
从入门到精通

郑　杰◎编著

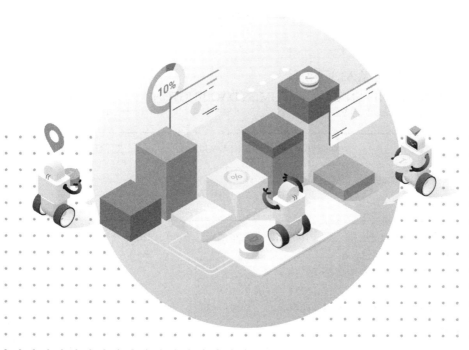

中国铁道出版社有限公司
CHINA RAILWAY PUBLISHING HOUSE CO., LTD.

内 容 简 介

本书以 SPSS 22.0 版本为平台，通过大量的实例，详细介绍了 SPSS 的基本操作、分析方法，以及在各个不同学科领域的具体应用。具体内容包括 SPSS 22.0 概述、SPSS 统计分析前的准备、SPSS 基本统计分析、均值比较和 T 检验、方差分析、非参数检验、相关分析、回归分析、多元统计分析、在时间序列预测中的应用、在问卷缺失值和信度处理以及多重响应分析中的应用、统计图形、在上市公司财务数据分析中的应用、在环境保护中的应用、在农业统计分析中的应用、在研究城市综合经济实力中的应用、在高校本科生就业调查研究中的应用、在商品营销管理分析中的应用、在房地产交易分析中的应用、在企业经济效益评价中的应用。

配套资源中提供了书中实例所用到的素材文件，以及演示实例具体应用的语音教学视频文件。

本书实例丰富、图文并茂、理论与实际设计相结合，可供从事统计分析和决策的各领域相关专业的读者阅读学习，也可作为高校相关专业的学生掌握 SPSS 软件的学习用书，还可作为相关培训机构的参考教材。

图书在版编目（CIP）数据

SPSS 统计分析从入门到精通/郑杰编著.—北京：中国铁道出版社有限公司，2023.3
ISBN 978-7-113-29844-9

Ⅰ.①S… Ⅱ.①郑… Ⅲ.①统计分析-统计程序 Ⅳ.①C819

中国版本图书馆 CIP 数据核字（2022）第 215072 号

书　　名：SPSS 统计分析从入门到精通
　　　　　SPSS TONGJI FENXI CONG RUMEN DAO JINGTONG
作　　者：郑 杰

责任编辑：于先军　　　　　编辑部电话：（010）51873026　　　　邮箱：46768089@qq.com
封面设计：宿　萌
责任校对：安海燕
责任印制：赵星辰

出版发行：中国铁道出版社有限公司（100054，北京市西城区右安门西街 8 号）
网　　址：http://www.tdpress.com
印　　刷：河北宝昌佳彩印刷有限公司
版　　次：2023 年 3 月第 1 版　　　2023 年 3 月第 1 次印刷
开　　本：787 mm×1 092 mm　1/16　印张：27　字数：639 千
书　　号：ISBN 978-7-113-29844-9
定　　价：99.80 元

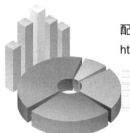

前　言

　　SPSS 是由美国斯坦福大学的三位研究生于 1968 年研究开发成功，同时成立了 SPSS 公司，并于 1975 年成立法人组织，在芝加哥组建了 SPSS 总部。2010 年，SPSS 公司被 IBM 公司并购。

　　SPSS 全称为 Statistical Package for Social Science，也称为社会学统计软件，是在 SPSS/PC+ 基础上发展起来的统计分析软件包。SPSS 是一种集成化的计算机处理和统计分析通用软件，是世界公认的最优秀的统计分析软件包之一，被广泛应用于自然科学和社会科学的各个领域。近年来，我国政府部门、医疗卫生、体育、经济等领域的工作者广泛使用该软件进行信息管理和决策分析工作。同时，使用 SPSS 统计分析软件已成为许多大专院校本科生和研究生的必备技能。随着应用领域的不断扩大，SPSS 已由原来的 Statistical Package for Social Science 名字改为 Statistics Product and Service Solution，即统计产品与服务解决方案。

　　SPSS 的基本功能包括数据管理、统计分析、图表分析、输出管理等。SPSS 统计分析过程包括描述性统计、均值比较、一般线性模型、相关分析、回归分析、对数线性模型、聚类分析、数据简化、生存分析、时间序列分析、多重响应等几大类，每类中又分多个统计过程，每个过程中还允许用户选择不同的方法及参数。SPSS 也有专门的绘图系统，可以根据数据绘制各种图形。

　　SPSS 的分析结果清晰、直观、易学易用，而且可以直接读取 Excel 及 DBF 数据文件，现已推广到多种操作系统的计算机上，它和 SAS、BMDP 并称为国际上最有影响的三大统计软件。在国际学术界有条不成文的规则，即在国际学术交流中，凡是用 SPSS 软件完成的计算和统计分析，可以不必说明算法。由此可见其影响之大和信誉之高。

本书内容

　　书中以实例的形式详细介绍了 SPSS 的基本操作、分析方法，以及在各个不同学科领域的具体应用。首先让读者对 SPSS 22.0 有一个初步了解，然后介绍 SPSS 统计分析前都要做哪些准备工作，最后介绍 SPSS 统计分析的各种方法及其在不同学科领域的具体应用。书中对所涉及的每种方法都进行了深入的分析和讲解，让读者不仅熟练掌握软件的使用方法与操作技巧，更能了解在相关学科领域的具体应用。注重对读者实际应用能力的培养。

　　在综合实例部分，书中精选了当前社会关注度比较高的领域来进行分析讲解。具体包括学生就业、上市公司财务状况、环境保护、农业发展状况、城市综合经济实力等领域。

本书特色

　　本书以"实用、够用、精用"为原则，以熟练掌握 SPSS 应用为目的，以"学中练，练中学"的形式来组织内容。在基础部分，对每种方法都是先介绍基本原理，然后详细讲解具体的操作，最后给出实例，讲解实际应用。在实例中对所涉及的重要参数和软件功能，再进行详细的讲解和分析，既避免了大篇幅功能介绍的枯燥，又有针对性，更有利于读者学习掌握。在实例部分，首先介绍研究的背景和统计分析的目的，然后，对研究方法进行分析讲解，最后是数据分析与报告。这样安排内容，思路清晰，目的明确，可操作性强。

关于配套资源

为了方便读者学习，并快速掌握所学内容，本书提供了配套资源，具体内容如下：
- 书中实例所用到的素材文件；
- 演示书中介绍的 SPSS 在各种不同学科领域具体应用的语音教学视频文件。

读者对象

本书内容翔实、语言简练、思路清晰、图文并茂、深入浅出、理论与实际设计相结合，并通过大量的实例全面介绍了 SPSS 的使用方法及其在各种不同学科领域的具体应用，具体适用于如下读者：
- 从事统计分析和决策的各领域相关专业人员；
- 高校经济学、管理学、统计学、公共管理、社会学和卫生统计等相关专业的师生；
- 相关培训机构的教师和学员。

编　者

2023 年 1 月

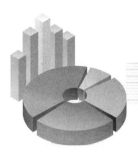

目 录

第 1 章
SPSS 22.0 概述

SPSS 统计软件从 1968 年开发至今，已经经历了多次改版，并于 20 世纪 90 年代以后推出了以交互式对话为主要特征的第 7 版。第 7 版以后的版本称为 SPSS for Windows 版。

IBM SPSS Statistics 22.0 版本除保持以往 SPSS 的优点外，在语法文件加密、输出图表在智能终端上查看、编程、应对紧急事件的弹性处理数据文件、统计分析功能及编程扩展方面的能力都得到了很大的加强。另外，对中文字符的兼容性问题得到了彻底解决。本书主要以 IBM SPSS 22.0（以下简称为 SPSS 22.0）版本为例，讲解 SPSS 统计软件的功能及使用方法。

1.1 SPSS 22.0 的特点与新功能

SPSS 软件之所以深受各领域人士的青睐，与其操作简单、界面友好等特点分不开。而 SPSS 22.0 在以往版本的基础上增加了一些新功能，使得 SPSS 软件的操作更为简便、快捷，功能更加强大，能更好地适应不同用户的需求。

1.1.1 SPSS 22.0 的特点

SPSS 软件风靡世界，与 SAS、BMDP 一起成为世界上公认的三大数据分析软件，而 SPSS 却为各个领域的广大科研工作者及其他用户所钟爱，其原因在于它具有如下特性。

多种实用分析方法。SPSS 提供了多种分析方法，包括从基本的统计特征描述到诸如非参数检验、生存分析等各种高层次的分析。除此之外，SPSS 还具有强大的绘制图形和编辑图形的能力。

易于学习，易于使用，操作简单。对 SPSS 22.0 而言，除数据输入工作要使用键盘之外，其他大部分操作均可以使用菜单、对话框来完成。同时 SPSS 还保留了命令行方式的优点，采用菜单式操作与【语法】程序运行的完美结合，使熟悉 SPSS 语言的用户可以直接在语句窗口中输入 SPSS 命令，提交系统执行。还可以通过单击对话框中的【粘贴】按钮，自动生成【语言】程序代码，提交系统运行即可实现指定功能，并可以文件形式保存，从而减少了用户的工作量。这样用户不必记忆大量的命令，从而使操作更简单，也使 SPSS 软件变得更加易学、易用。

兼容多种数据文件格式，具有强大的图表功能。SPSS 软件可以与其他软件进行数据传输，DAT、SLK、DBF 等多种文件格式都可以在 SPSS 软件中打开。SPSS 软件还具有强大的图表功能，并且该软件分析所生成的图形可以保存为多种图形格式。

可以根据用户的需要，选择所需的模块。用户可以根据机器的配置情况，自由选择模块来安装。

内置 SaxBasic 语言。SPSS 软件内置了 SaxBasic 语言，该语言与【语法】命令语言混合编程，可以提高效率，便于高级用户使用。

1.1.2 SPSS 22.0 的新增功能

SPSS 22.0 版中，在保留以往版本的优良特性的基础上又增加了一些新的功能模块，使得其功能更加强大，操作上更突出个性化，从而更好地适应了不同用户的数据分析需求。新增功能具体介绍如下：

1．语法文件加密

读取密码保护语法文件的扩展支持输出图表在智能终端上查看。用户可以在智能设备上观看 SPSS 输出，随时随地决策，输出结果以 Web（HTML5）形式给出报告，可以在下列平台上观看，不用使用 smartreader。

2．表格样式

【表格样式】对话框用于指定根据具体条件自动更改透视表属性。例如，可以将所有小于 0.05 的显著性值设置为粗体和红色。可以从【样式输出】对话框或从特定统计过程的对话框访问【表格样式】对话框。支持【表格样式】对话框的统计过程是【双变量相关性】、【交叉表格】、【定制表格】、【描述】、【频率】、【Logistic 回归】、【线性回归】和【平均值】等。

3．【欢迎】对话框

在【欢迎】对话框新加入了【新建数据集】、【新建数据库查询】、【查看最近使用的文件】、【快速浏览 V22 新增功能】、【快速查看模块和扩展功能文档】、【点击可选项直接进入对应的帮助文档】等。

4．编程能力增强

Python 作为 Statistics 22 安装的一部分，包括 Python 2.7、集成插件和 Python 扩展包，使得创建 Python 程序更简单或者使用已有的 Python 扩展更方便搜索或下载扩展，使用者可以很容易地从 SPSS 社区搜索和下载扩展。当需要更新时，可以搜索到安装文件并且更新。

5．IBM SPSS Statistics Server 改进

SQL 推送 Statistics Server 带有 SQL 回送的扩展功能应对紧急事件的弹性。IBM SPSS Statistics Server 改进将使处理大数据的速度更快，更具扩展性，并提高了整体稳定性，提高网络故障事件中的应变能力。例如，如果客户端和服务器之间的连接断掉，则系统在等待一个预先指定的时间后，将重新连接。在某些过程如交叉表、合并文件时，为了提高性能采取异步读取数据。

6．收集变量信息

SPSS Statistics 22.0 在【文件】目录下增加【收集变量信息】菜单。通过此对话框，用户可以创建一个数据集，以包含位于一个或多个 Statistics、SAS 或 Stata 文件中的变量字典的相关信息。

7．设置【查看器】的输出属性

SPSS Statistics 22.0 在【文件】目录下增加了【设置查看器输出】的菜单。此命令将设置适用于打印和导出【查看器】内容的各种属性。这些属性包括页眉和页脚文本、页面边距和方向、起始页码以及输出对象之间的间隔。

8．搜索数据文件

SPSS Statistics 22.0 在【编辑】目录下增加【搜索数据文件】菜单。可通过结构相似的数据文件集合中的个案进行搜索，然后显示与搜索条件相匹配的个案中的信息。为所选个案指定要搜索的文件、个案选择条件及要显示的变量。

9．选项

将界面语言单独设置到【语言】选项下，而且还增加了【双向文本】。【查看器】选项卡下面增加了【页面设置】。【输出】选项卡，【输出显示】增加了对非参数检验的显示。【透视表】选项卡，增加了对表的注释。

10．搜索权重

SPSS Statistics 22.0 在【数据】目录下增加【搜索权重】菜单，搜索控制总数的权重。此过程将计算个案权重，以便与 1～5 个变量类别的控制总数相匹配。如果已对数据集进行加权，新的加权变量将合并到现有权重中。

11．倾向得分匹配

SPSS Statistics 22.0 在【数据】目录下增加【倾向得分匹配】菜单。此过程会将个案记录与单个数据集中所包含的类似控制记录相匹配。它先使用作为因变量的个案/控制组变量来运行 Logistic 回归。然后根据 Logistic 回归的倾向得分，为每个个案从控制组中选择一个匹配项。此得分是个案组中成员资格概率的估算值。此过程将生成并激活一个新数据集，其中包含个案和相匹配的控制。

12．拆分为文件

SPSS Statistics 22.0 在【数据】目录下增加【拆分为文件】菜单。通过拆分活动数据集来创建 SAV 文件集。此过程的运行方式类似于 SPLIT FILES 命令，但是会将拆分写入新的 SAV 文件，而不是定义组，以便通过过程单独进行处理。如果需要将转换块或过程语法单独应用于每个组，那么上述过程将尤为有用。

13．可编程性转换

SPSS Statistics 22.0 在【转换】目录下增加【可编程性转换】菜单。将 Python 函数应用于个案数据。此过程会将 Python 函数应用于活动数据集中的个案，并将结果保存到一个或多个变量中。这些变量可以是现有变量或新建的变量。用户可以在此过程中单击标准 Python 库、Developer Central 模块，或者由用户本人或其他人创建的模块中的 Python 函数，就像这些函数内置在 IBM SPSS Statistics 转换系统中一样。

14．创建虚拟变量

SPSS Statistics 22.0 在【转换】目录下增加【创建虚拟变量】菜单。搜索控制总数的权重。

此过程将计算个案权重，以便与 1～5 个变量类别的控制总数相匹配。如果已对数据集进行加权，新的加权变量将合并到现有权重中。

15．模拟

通过设定输入和目标之间的关系以及输入的分布，来模拟模型目标。将基于建模生成的 XML、PMML 模型文件作为模拟出发点，来模拟目标变量。

16．比较子组

SPSS Statistics 22.0 在【图形】目录下增加【比较子组】菜单。此过程可生成数据的每个子组中所选变量的小图表。每个图表显示整个样本的分布，再以子组分布覆盖其上。这对于了解聚类结果特别有帮助，但是任何分类变量均可用于定义组。

17．回归变量图

SPSS Statistics 22.0 在【图形】目录下增加【回归变量图】菜单。对回归关系有用的图，此命令可显示一组图，可能在评估一个或多个因变量与一组解释变量之间的回归类型关系时有用。

18．用透视表进行计算

SPSS Statistics 22.0 在【实用程序】目录下增加【用透视表进行计算】菜单 。此过程会根据透视表中的单元格值来计算值。结果可以替换现有单元格值，或者，如果运行的 Statistics 版本高于 V20，则可以将结果置于新的列或行中。用户可以在查看器中选择特定表类型，以对其应用这些修改和范围。

19．合并查看器表

此过程将来自某个表的单元格值与另一个表中的值进行合并。供应值的表称为辅助表，接收值的表称为主表。最常见的用法是将来自自定义表的比例或均值检验表与主表进行合并。

20．终检表

使用此对话框可根据最新透视表中的指定统计值删除或隐藏该表中的特定单元格。例如，如果单元格计数小于 5，那么可以删除平均值统计信息。

21．处理数据文件

将语法文件应用于数据文件集。此过程提供了一种方法，可通过数据文件集进行循环，然后将同一语法集应用于每个数据文件。此语法可以包含任何命令，提供了适用于输入和输出规范的宏和文件句柄。可以方便地与 SPLIT DATASET 结合使用此过程，此过程可根据拆分变量的值来终止数据集。

1.2　SPSS 22.0 相关设置

完成 SPSS 22.0 的安装过程后，首先要通过【选项】对话框设置系统的默认值和初始状态。从【编辑】菜单中选择【选项】菜单，然后进入【选项】对话框。

该对话框共有 11 个参数选项卡，分别为常规、语言、查看器、数据、货币、输出、图表、透视表、文件位置、脚本、多重插补和语法编辑器。

1.2.1　常规功能设置

【常规】选项卡中列出了一般性选项，在【常规】页面上可以设置相关的功能参数，如图 1.1 所示。

图 1.1

1．变量列表

通过【变量列表】区域可以设置变量在变量列表中的显示方式和显示顺序。

1）变量的显示方式

- 显示标签：显示变量标签选项，如果选择此项，则变量标签显示在前，这是系统的默认方式。
- 显示名称：表示显示变量名，如果选择此项，则在变量列表中只显示变量名。选择显示顺序后，会在下一次打开数据文件时起作用。

2）变量的显示顺序

- 字母顺序：表示变量的显示顺序，如果选择此项，则表示按变量名的字母顺序排列。
- 选择【文件】选项，则表示按变量在数据文件中出现的先后顺序排列，这是系统的默认选项。

2．角色

几乎相当于用户拥有自己的文件夹，以不同的角色登录会有不同的对话框列表。

3．SPSS 启动时的输出窗口类型

位于【常规】页面右侧最上边的【输出】区域中的选项，控制系统在启动时的输出窗口类型。【表格中较小的数值没有科学计数法】指输出表中很小的数值将显示为 0（或.000）。其下方的【将语言环境数字分组格式应用到数值】输出的是文本格式的要点图和统计图，是无编辑的。

4．测量系统

选择测量系统单位有"厘米""英寸"或"磅"。

5．输出声明设置

在【常规】页面右侧的中部是【提示】选项组，它可以控制新产生信息的提示方式。

● 弹出查看器窗口：选中此复选框，则在产生新的结果时输出信息会立即显示在窗口屏幕上。

● 滚动到新的输出：选择此项，当有新的结果时，会先显示在目录中。

1.2.2　查看器功能设置

【查看器】选项卡提供了输出标签窗口显示时的信息、图标、字体等选项，方便用户根据自己的需求定义输出窗口，充分展现了 SPSS 软件的人性化设计。【查看器】选项卡如图 1.2 所示。

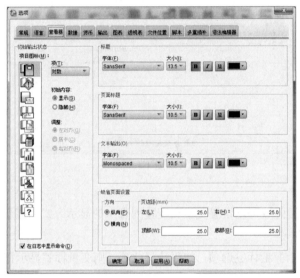

图 1.2

1．窗口初始输出状态设置

在【初始输出状态】区域下面的【项目图标】选项组，可以设置各种输出的状态。

1）【项】下拉列表框

此参数框用来选定要控制的输出项。输出项有：对数、警告、附注、标题、页面标题、枢轴表、图表、文本输出、树模型、模型浏览器和未知对象类型。

2）【初始内容】选项

该选项可对选定的输出参数进行控制，有【显示】和【隐藏】两个选项。

3）【调整】选项

该选项用于控制输出内容的对齐方式，有左对齐、居中和右对齐。勾选最下面的【在日志中显示命令】复选框，可将 SPSS 命令显示在日志中。

2．输出文本标题的字体和大小设置

在【查看器】选项卡右边的第一栏中，可以选择输出文本标题或页面标题，并且可以通过下面的选项设置它们的字体、字型、字号和颜色等。

1）字体设置

系统默认为宋体，用户可以根据自己的喜好选择字体。

2）文字大小设置

根据需要选定文字的大小，系统默认为 13.5。

3）字体其他参数设置

这和 Word 中的字体设置一样，B 按钮用于加黑原字体，I 按钮用于使原字体倾斜，U 按钮用于给原字体加下画线。

4）字体颜色设置

用户可根据需要选定字体的颜色，系统默认为黑色。

3．文本输出的字体设置

该选项可以设置文本输出的字体、字型、字号、颜色等，其设置与输出文本标题时的设置类似，用户可根据需要加以选择。

4．默认页面设置

该选项可以设置默认情况下，页面的方向、页边距。

1.2.3　设置有关数据的参数

打开【选项】对话框的【数据】选项卡，在此可以设置数据的各种参数，如图 1-18 所示。

1．数据转换与合并选项

1）立即计算值

选择此项，就会立刻执行要求的转换，同时读取数据文件。此项为系统默认选项。如果数据文件很大，而且要运行多项转换，这种转换可能要花费很长时间。

2）使用前计算值

选择此项，就会延迟转换，只有在遇到命令时，才执行转换与合并。如果数据文件很大，这种方式能明显地节约处理时间。但是，暂时挂起转换将限制在数据编辑器中要做的其他工作。

2．为新的数值型变量指定显示格式

（1）【宽度】微调框，在其中可输入显示的数值总宽度。

（2）【小数位】微调框，在其中可输入要显示的数值的小数位数。

3．随机数字生成器

有两个选项：与 SPSS 12 和先前版本兼容；长期间 Mersenne 扭曲器。

4．设置用两位数字表示年号的年限全距

以 99 年为间隔设置年限，在数据编辑中定义日期型格式的变量时使用，日期型变量的定义用到两位数表示年的形式，例如 11/03/06 和 36-OCT-06。

- 自动：选择此项，则自动设置年限范围。系统指定为向前 69 年，向后 30 年。例如，当前年份为 2014 年，选用此项时，年份的变动范围为区间 1945～2044 年。在定义两位数年份时，若定义：11/04/14，则系统自动识别为 2014 年 11 月 4 日。
- 定制：选择此项，用户可以自定义年份的变动范围，如图 1.3 所示。

5．指定测量级别

该区域用于确定数值字段测量级别的唯一值临界数。

7

6．数值取整与切断

该区域用于选择 RND 与 TRUNC 中使用的模糊位数。

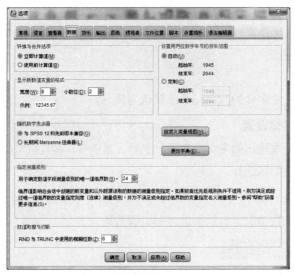

图 1.3

1.2.4　设置自定义数值型变量的格式

【货币】选项卡用于自定义数值型变量格式，在此可以设置数值型变量的输出格式的各种参数，如图 1.4 所示。

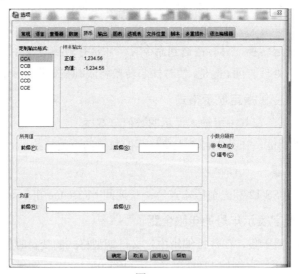

图 1.4

1．定制输出格式

在此栏中可以设置 5 种自定义字符格式，可以先设置再命名。这 5 种格式分别为：CCA、CCB、CCC、CCD 和 CCE。

在右边的样本输出栏内显示变量格式的预览。

2．所有值（设置首尾字符）

1）前缀

在此文本框内输入数值的首字符，该字符将成为在所有值前面都显示的前缀，系统默认值为空格。

2）后缀

在此文本框内输入的值将成为在所有值后面都显示的后缀，系统默认值为空格。

3．负值（设置负数的首尾字符）

1）前缀

在此文本框内输入的值将成为在所有负值前面都显示的前缀，系统默认值为空格。

2）后缀

在此文本框内输入的值将成为在所有负值后面都显示的后缀，系统默认值为空格。

4．小数分割符

1）句号

选择此项，在以后显示输出值中的小数点时就会采用圆点为小数点，系统默认值为句号。

2）逗号

选择此项，小数点为逗号。进行所有的设置之后，其样本会显示在 Sample 输出标签栏。

1.2.5　设置输出的参数

【输出】选项卡用于设定一些参数，使输出结果与要点表的时候，变量值与变量标签一起输出，如图 1.5 所示。

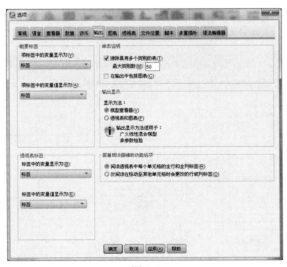

图 1.5

1．概要标签（大纲标签）

该区域用来设定在输出大纲中所选用的标签形式。

1）项标签中的变量显示为

该选项控制在输出大纲摘要中的变量显示形式，已经输出的要点表不受影响。系统默认的显示方式为仅显示标签。

- 标签：选择此项，则使用变量标签来标识每个变量。
- 名称：选择此项，则使用变量名来标识每个变量。
- 名称和标签：选择此项，则将变量名和变量标签都用于标识每个变量。

2）项标签中的变量值显示为

它控制在输出大纲摘要中的变量值和值标签的显示方式，已经输出的要点表不受影响。系统默认的显示方式为显示值标签。

- 标签：选择此项，则使用变量标签值来标识每个变量值。
- 值：选择此项，则使用变量值来标识每个变量值。
- 值和标签：选择此项，则将变量值和变量值标签都用来标识每个变量值。

2．透视表标签（要点表标签）

该选项组的两个选项为【标签中的变量显示为】和【标签中的变量值显示为】，用于控制输出的枢轴表格中的变量和变量值的显示方式，其设置和上述的大纲标签选项组一样。读者可参照上文中的讲述进行学习和使用。

3．单击说明

有【排除具有多个类别的表】和【在输出中包括图表】两个选项。

4．输出显示

该区域用于选择输出的显示方法。

1.2.6　设置图表的参数

【图表】选项卡用于设置图形输出格式，在该选项卡页面中可以设置图表输出时的各种参数，如图 1.6 所示。

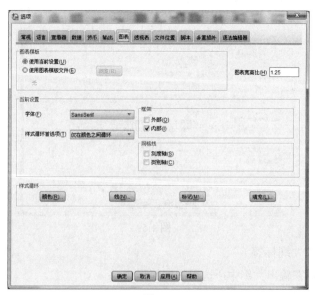

图 1.6

1．图表模块

1）使用当前设置

选择此项，则对新的图形属性采用当前设置。

2）使用图表模板文件

选择此项，则使用一个图表模板来确定图形的属性。用户可以单击【浏览】按钮来选择一个图表模板文件，图表文件必须是用户事先保存好的。如果想生成一个图表模板文件，只需要生成一个带有用户所希望的属性的图形，然后存起来即可。图表模板文件的扩展名为*.sct。

2．当前设置

1）字体

在此选项组内可以选择输出图形所采用的字体，系统默认设置为 SansSerif。

2）样式循环设置（填充图案及线条）

在此选项组中可以选择填充图案和线条样式，下拉列表中提供了设置图案填充颜色及线条的选项。SPSS 22.0 提供了如下两个选项。

- 仅在颜色之间循环：选择此项，就会使用系统默认的 14 种颜色的调色板，用户可根据自己的需要选择填充图案和线条样式。系统默认此选项。
- 仅在图案之间循环：选择此项，则使用图案样式来代替颜色填充。

3．图表宽高比

在其后的文本框中输入所希望的宽高比数值，系统默认的宽高比为 1.25，即纵∶横=1∶1.25。

4．框架

1）外部

勾选此复选框，就会为整个图形画出一个更大的外边框，将图形全部框于其中，包括标题和图例。

2）内部

勾选此复选框，则只对输出的图形部分画出边框。

5．网格线

1）刻度轴（纵轴）

勾选此复选框，则会输出图形中显示纵轴上的刻度和水平网格线。

2）类别轴（类别轴）

勾选此复选框，则会在输出图形中显示横轴上的刻度及垂直网格线。

1.2.7　设置输出表格的参数

【透视表】选项卡用于设置输出表格的格式，可以设置新的表格输出外观。SPSS 22.0 提供了多种形式的枢轴表样板，在此处选定一种枢轴表样板，以后生成的一切表格都将以此种格式输出。【透视表】选项卡如图 1.7 所示。

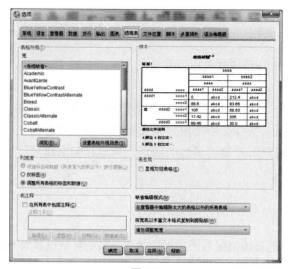

图 1.7

1．表格外观

在此栏下面的下拉列表框内可以选择系统提供的表格输出时的外观样式及存储路径。用户可单击【浏览】按钮来选择样式所在的目录，在目录下的外观样式中选定所需的样式文件。右边的【样本】栏中显示了所选择的表格的样式草图预览。

2．列宽度

在此栏内可以设置枢轴表的列宽。

1）根据标签和数据

选择此项，就会按变量标签和数据来调整列宽。这样做会产生比较宽松的表，使所有的值都能够被显示出来。

2）仅标签

选择此项，就会按变量标签来调整列宽。这样做会使要点表看起来显得紧凑，但比标签宽的数据值则不会显示（星号表示数据值不能被显示）。

3）调整所有表格的标签和数据

选择此项，用户可根据具体需要手动调整内容或表框的宽，使表格表现美观、大方。

3．显示行块

显示行块是指将表格显示为行块，右上侧有样品显示。

4．表呈现

包括【显现为旧表格】选项。

5．默认编辑模式

（1）在查看器中编辑除太大的表格以外的所有表格：选择此项，能够控制观察窗口的要点表或一个单独窗口的激活。根据默认，双击要点表能激活观察窗口的表。用户可以在一个单独的表中激活要点表，或选择一个大小设置，在观察窗口中打开小的要点表，以及在一个单独的窗口中打开大的要点表。

（2）编辑中小表：选择此项，则在观察窗口中仅能编辑较小的要点表。

（3）在单独窗口中打开所有表格：选择此项，则在一个单独的窗口中打开表。

6．将宽表以丰富文本格式复制到剪贴板

（1）切勿调整宽度。

（2）缩小至最适宽度。

（3）表格换行。

1.2.8　设置文件位置的参数

【文件位置】选项卡用于选择文件的位置，如图 1.8 所示。

图 1.8

1．打开和保存对话框的启动文件夹

1）指定文件夹

数据文件夹的选择，系统默认的文件路径为 C 盘，单击【浏览】按钮，可以修改路径，将文件保存到用户指定的文件夹中。

2）最后使用的文件夹

指用户最后使用的文件夹，系统会自动保存到该文件夹。

2．会话日志

系统会自动记录日志中使用的语法，有附加和覆盖两种模式，并将这些日志自动保存到日志文件夹中。

3．临时目录

可以设置临时文件的保存路径，以及设置临时文件记录显示的数量，即最近使用的文件数量。

1.2.9　设置脚本的参数

【脚本】选项卡用于设置启动 SPSS 用到的脚本程序文件的各种参数，如图 1.9 所示。

图 1.9

1．默认脚本语言

创建新脚本时，可以选择需使用的脚本语言。

（1）启用自动脚本为系统默认选项。

（2）基础自动脚本。

2．基础自动脚本

设置 SPSS 的整体脚本过程文件，该文件由软件内置，在安装 SPSS 软件时自动予以设置，包含其他脚本文件要呼叫的子过程和函数。一般情况下，用户切勿进行任何改动，否则可导致一些脚本文件无法正常运行。

3．单一对象自动脚本

（1）命令标识：为单个对象选择可识别的脚本命令。

（2）对象和脚本：为对象设置脚本过程。首先设置是否需要运行 Autoscripts.sbs 程序。其中列出了自动脚本文件的子过程，从中选择添加需要运行的子过程，也可以去掉先前设置的子过程。

（3）应用的脚本：要了解各种脚本文件和自动脚本文件的子程序的功能，可以打开脚本窗口，阅读相关的脚本过程文件。

1.2.10　设置多重插补窗口的参数

【多重插补】选项卡包括插补数据标记和分析输出两个区域，如图 1.10 所示。

1．插补数据标记

（1）单元格背景颜色的选择。

（2）字体的选择，B 用于设置是否加粗。

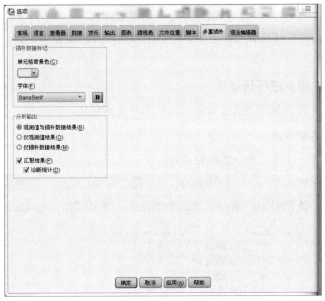

图 1.10

2．分析输出

分析输出包括观测值与插补数据结果、仅观测值结果、仅插补数据结果、汇聚结果及诊断统计等选项。

1.2.11　设置语法编辑器窗口的参数

【语法编辑器】选项卡主要是对系统的语法、命令语言的字体颜色等做修改，如图 1.11所示。

1．语法颜色编码

此区域用于设置是否显示语法颜色编码，勾选【显示语法颜色编码】复选框，将会在工作过程中显示命令、子命令、关键字、值、注释和引号的状态，包括 B（是否加粗）、I（是否倾斜）、U（是否下画线）以及字体颜色。

2．错误颜色编码

此区域用于设置是否选择【显示验证颜色编码】复选框，包括命令、在命令内的字体设置，这些可以让用户更敏感地感觉到系统给出的提示，不容易犯错。

3．自动完成设置

选择此选项后系统会自动完成显示设置。

4．缩进大小

此选项用于语法缩进设置，突出重点。

5．装订线

此区域用于设置是否显示行号及命令显示的跨度。

6．窗格

此区域用于设置是否显示导航窗格，选择后可使用户在操作软件时更加方便、快捷，从而有效率地完成工作。当然，在用户熟练掌握命令后不必开启。

找到错误时，自动打开错误跟踪窗格，可以帮助用户及时地找到错误，用最短的时间改正错误。

7．对从右至左语言进行优化

勾选此复选框可对命令的语法进行从右至左的对齐和优化。

8．从对话框粘贴语法

此选项用于快速进行语法命令的粘贴调用。

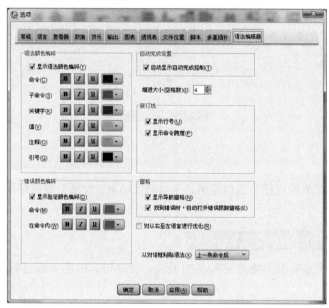

图 1.11

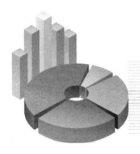

第 2 章
SPSS 统计分析前的准备

本章介绍运用 SPSS 22.0 进行数据统计分析前，数据的输入、编辑等准备和预处理工作，以及对数据文件导入、导出、整理、转换等操作，是整个数据分析过程的基础。读者只有熟练掌握本章内容，才能充分地发挥和应用 SPSS 22.0 强大的分析功能。

2.1　SPSS 数据文件的建立

SPSS 数据文件的建立可以利用【文件】菜单中的命令来实现。具体来说，SPSS 提供了四种创建数据文件的方法：

- 新建数据文件；
- 直接打开已有数据文件；
- 使用数据库查询；
- 从文本向导导入数据文件。

2.1.1　新建数据文件

打开 SPSS 软件后，选择菜单栏中的【文件】|【新建】|【数据】命令，可以创建一个新的数据编辑窗口，如图 2.1 所示。

图 2.1

数据编辑器（Data Editor）是进行统计分析最主要的窗口界面，在此可以观察、输入和编辑数据，或者导入其他格式的数据文件。而且，通过此界面可以执行所有的数据处理和统计分析过程。

值得注意的是，从 SPSS 19.0 版本以后，可以同时打开多个数据文件，用户可以在多个文件中进行转换操作，这比起低版本的 SPSS 来说，更方便用户使用。

2.1.2　直接打开已有数据文件

打开 SPSS 软件后，选择菜单栏中的【文件】|【打开】|【数据】命令，弹出【打开数据】对话框，如图 2.2 所示。选中需要打开的数据类型和文件名，双击打开该文件。

图 2.2

2.1.3　利用数据库导入数据

打开软件后，选择菜单栏中的【文件】|【打开数据库】|【新建查询】命令，弹出【数据库向导】对话框，如图 2.3 所示。通过这个数据库向导窗口，用户可以选择需要打开的文件类型，并按照窗口中的提示进行相关操作。

图 2.3

2.1.4　文本向导导入数据

SPSS 提供了专门读取文本文件的功能。打开软件后，选择菜单栏中的【文件】|【打开文本数据】命令，弹出【打开数据】对话框，如图 2.4 所示。选择需要打开的文件名称，并且单

击【打开】按钮进入文本文件向导窗口。

图 2.4

2.1.5　实例分析：股票指数的导入

文件"上证指数 2014 年第一季度数据.xls"是上证指数从 2014 年 1 月 2 日至 2014 年 3 月 31 日的数据资料，如图 2.5 所示，包括开盘价、最高价、最低价和收盘价等选项，请将该数据导入 SPSS 中。

	A	B	C	D	E	F	G	H	I
1	日期	开盘价	最高价	最低价	收盘价	涨跌额	涨跌幅(%)	成交量(股)	成交金额(元)
2	20140331	2,043.05	2,048.13	2,024.19	2,033.31	-8.41	-0.41	94,356,536.00	71,573,688,750.00
3	20140328	2,046.85	2,060.13	2,035.24	2,041.71	-4.88	-0.24	121,681,965.00	94,221,958,284.00
4	20140327	2,060.81	2,073.98	2,042.71	2,046.59	-17.08	-0.83	119,149,374.00	94,996,460,806.00
5	20140326	2,070.57	2,074.57	2,057.65	2,063.67	-3.64	-0.18	102,611,116.00	80,463,446,277.00
6	20140325	2,063.32	2,079.55	2,057.49	2,067.31	1.03	0.05	131,822,232.00	100,173,660,038.00
7	20140324	2,050.83	2,074.06	2,043.33	2,066.28	18.66	0.91	147,700,085.00	110,244,496,617.00
8	20140321	1,987.68	2,052.47	1,986.07	2,047.62	54.14	2.72	144,477,656.00	109,438,064,673.00
9	20140320	2,017.22	2,030.85	1,993.00	1,993.48	-28.26	-1.4	110,333,048.00	88,630,977,588.00
10	20140319	2,019.98	2,022.18	2,002.44	2,021.73	-3.46	-0.17	95,180,797.00	79,473,241,174.00
11	20140318	2,026.22	2,034.92	2,020.41	2,025.20	1.52	0.08	96,777,193.00	83,580,456,683.00
12	20140317	2,009.88	2,024.37	1,999.25	2,023.67	19.33	0.96	86,250,374.00	72,017,781,997.00
13	20140314	2,008.83	2,017.91	1,990.98	2,004.34	-14.77	-0.73	87,775,111.00	69,925,888,157.00
14	20140313	2,000.70	2,029.12	1,996.53	2,019.11	21.42	1.07	100,978,116.00	77,979,057,254.00
15	20140312	1,996.24	2,011.06	1,974.38	1,997.69	-3.47	-0.17	101,361,719.00	79,293,072,715.00
16	20140311	1,994.42	2,008.07	1,985.60	2,001.16	2.09	0.1	92,705,265.00	76,870,326,506.00
17	20140310	2,042.35	2,042.63	1,995.55	1,999.07	-58.84	-2.86	115,696,666.00	95,032,992,605.00
18	20140307	2,058.38	2,079.49	2,050.47	2,057.91	-1.67	-0.08	103,709,540.00	89,332,133,920.00
19	20140306	2,050.03	2,065.79	2,030.95	2,059.58	6.49	0.32	109,290,133.00	92,561,446,561.00
20	20140305	2,073.30	2,074.82	2,050.18	2,053.08	-18.39	-0.89	107,733,082.00	91,623,332,621.00
21	20140304	2,068.11	2,074.03	2,050.13	2,071.47	-3.76	-0.18	115,925,792.00	101,116,311,340.00
22	20140303	2,052.08	2,078.33	2,047.07	2,075.24	18.93	0.92	127,460,891.00	104,980,599,523.00
23	20140228	2,040.62	2,058.49	2,020.94	2,056.30	8.95	0.44	111,637,907.00	95,684,072,094.00
24	20140227	2,045.10	2,068.31	2,036.39	2,047.35	6.1	0.3	132,163,852.00	112,875,752,328.00
25	20140226	2,026.61	2,041.63	2,014.38	2,041.25	7.04	0.35	110,112,687.00	96,117,707,808.00
26	20140225	2,077.29	2,087.62	2,026.54	2,034.22	-42.47	-2.04	140,132,978.00	127,823,834,204.00
27	20140224	2,099.72	2,099.72	2,058.79	2,076.69	-37.01	-1.75	123,555,308.00	107,202,449,712.00

图 2.5

步骤01 打开【打开数据】对话框。

打开 SPSS 软件，选择菜单栏中的【文件】|【打开】|【数据】命令，弹出【打开数据】对话框，如图 2.6 所示。

步骤02 选择要打开的文件。

在【文件类型】下拉列表框中选择要打开的 Excel 文件类型。接着，选择"上证指数 2014 年第一季度数据.xls"文件，如图 2.7 所示。最后单击【打开】按钮。

图 2.6   图 2.7

步骤03 设置变量名称。

在弹出的对话框中勾选【从第一行数据读取变量名】复选框，如图 2.8 所示，表示 SPSS 将 Excel 工作表的第一行设定为 SPSS 的变量名称,【范围】文本框表示选定 Excel 文件导入 SPSS 的数据范围。这里保持系统默认选项。

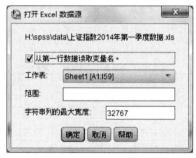

图 2.8

步骤04 完成操作。

最后，单击【确定】按钮，数据即可导入成功。此时，SPSS 的数据浏览窗口中会出现相关的数据内容。

2.2 SPSS 数据文件的属性

一个完整的 SPSS 文件结构包括变量名称、变量类型、变量名标签、变量值标签等内容。用户可以在创建数据文件后，单击数据浏览窗口左下方的【变量视图】选项卡，进入数据结构定义窗口，如图 2.9 所示。用户可以在该窗口中设定或修改文件的各种属性。

 注　意

> SPSS 数据文件中的一列数据称为一个变量，每个变量都应有一个变量名。SPSS 数据文件中的一行数据称为一条个案或观测量。

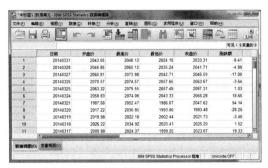

图 2.9

2.2.1　变量名：Name 栏

【变量名】是变量存取的唯一标志。在定义 SPSS 数据属性时应首先给出每列变量的变量名。图 2.9 中，"日期""开盘价""最高价"等均为变量名。

变量命名应遵循如下基本规则。

- SPSS 变量长度不能超过 64 字符（32 个汉字）。
- 首字母必须是字母、汉字或如下符号之一：@、#、$。
- 变量名的结尾不能是圆点、句号或下画线。
- 变量名必须是唯一的。
- 变量名不区分大小写。
- SPSS 的保留字不能作为变量名，如 ALL、NE、EQ 和 AND 等。
- 如果用户不指定变量名，SPSS 软件会以"VAR"开头来命名变量，后面跟 5 个数字，如 VAR00001、VAR00019 等。

注　意

为了方便记忆，用户所取的变量名最好与其代表的数据含义相对应。

2.2.2　类型（Type）

【类型】用于指定每个变量的数据类型。默认情况下，假定所有新变量都为数值变量。用户可以使用变量类型来更改数据类型。【变量类型】对话框的内容取决于选定的数据类型。对于某些数据类型，存在有关宽度和小数位数的文本框；对于其他数据类型，只需从可滚动的示例列表中选择一种格式即可。

单击选中某个变量的属性单元格，再单击单元格右侧出现的按钮，弹出如图 2.10 所示的【变量类型】对话框。单击选中相应的单选按钮，再单击【确定】按钮即可完成。

图 2.10

- 数值（Numeric）：同时可定义数值的宽度，即整数部分+小数点+小数部分的位数，默认为 8 位，定义小数位数，默认为 2 位。
- 逗号（Comma）：变量值显示为每三位用逗号分隔，并用句点作为小数分隔符的数值变量。数据编辑器为逗号变量接受带或不带逗号的数值，或以科学计数法表示的数值。值的小数指示符右侧不能包含逗号。
- 点（Dot）：变量值显示为每三位用句点分隔，并带有逗号作为小数分隔符的数值变量。数据编辑器为点变量接受带或不带点的数值，或以科学计数法表示的数值。值的小数指示符右侧不能包含句点。
- 科学计数法（Scientific Notation）：需要同时定义数值宽度和小数位数，在数据编辑窗口中数值以指数形式显示。例如，定义数值宽度为 9，小数位数为 2，则 12 345.678 显示为 1.23E+004。
- 日期（Date）：用户可从系统提供的日期格式中选择合适的类型。例如选择"mm/dd/yy"，则 2015 年 1 月 11 日显示为"01/11/15"。
- 美元（Dollar）：用户可从系统提供的形式列表中选择合适的类型，并定义数值宽度和小数位数，格式为带有前缀"$"的数值。
- 定制货币（Custom Currency）：一种数值变量，其值以自定义货币格式中的一种显示，自定义货币格式是在【选项】对话框的【货币】选项卡中定义的。定义的自定义货币字符不能用于数据输入，但显示在数据编辑器中。
- 字符串（String）：字符串变量的值不是数值，因此不用在计算中。字符串值可以包含任何字符，可包含的最大字符数不超过定义的长度。字符串变量区分大小写字母。此类型又称为字母数值变量。
- 受限数值：值限于非负整数的变量。在显示值时，填充前导零以达到最大变量宽度。可以以科学计数法输入值。

2.2.3 宽度（Width）

【宽度】是指在数据窗口中变量列所占的单元格的列宽度，一般用户采用系统默认选项即可。值得注意的是，如果变量宽度大于变量格式宽度，此时数据窗口中显示变量名的字符数不够，变量名将被截去尾部作不完全显示。被截去的部分用"*"号代替。

2.2.4 小数（Decimals）

【小数】用于设置数值变量的小数位数，当变量为非数值型时无效，默认的小数位数为 2。

2.2.5 标签（Label）

【标签】用于对变量名含义进行进一步解释说明，它可以增强变量名的可视性和统计分析结果的可读性。用户有时在处理大规模数据时，变量数目繁多，此时对每个变量的含义加以标注，有利于用户弄清每个变量代表的实际含义。变量名标签可用中文，总长度可达 120 字符。同时该属性可以省略，但建议最好给出变量名的标签。

2.2.6　值（Values）

【值】用于对变量可能的取值的含义进行进一步说明。变量值标签特别对于数值型变量表示非数值型变量时尤其有用。

定义和修改变量值标签，可以双击要修改值的单元格，弹出如图 2.11 所示的对话框。在弹出的对话框的【值】文本框中输入变量值，在【标签】文本框中输入变量值标签，然后单击【添加】按钮将对应关系选入下面的列表框中。同时，可以单击【更改】和【删除】按钮对已有的标签值进行修改和删除。最后单击【确定】按钮返回主界面。

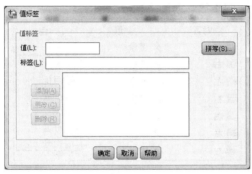

图 2.11

2.2.7　缺失值（Missing）

在统计分析中，收集到的数据可能会出现两种情况：一种是数据中出现明显的错误和不合理的情形；另一种是有些数据项的数据漏填。双击【缺失】栏，在弹出的如图 2.12 所示的对话框中可以选择三种缺失值定义方式。

图 2.12

2.2.8　列（Columns）

【列】主要用于定义列宽，单击其向上和向下的箭头按钮选定列宽度，系统默认宽度为 8。

2.2.9　对齐（Align）

【对齐】主要用于定义变量对齐方式，用户可以选择左（左对齐）、右（右对齐）和居中（居中对齐）。系统默认变量右对齐。

2.2.10　测量（Measure）

【测量】主要用于定义变量的测度水平，用户可以选择度量（定距型数据）、有序（定序型数据）和名义（定类型数据），如图 2.13 所示。

图 2.13

2.2.11　角色（Role）

【角色】主要用于定义变量在后续统计分析中的功能作用，用户可以选择输入、目标、两者、无、分区和拆分等类型的角色，如图 2.14 所示。

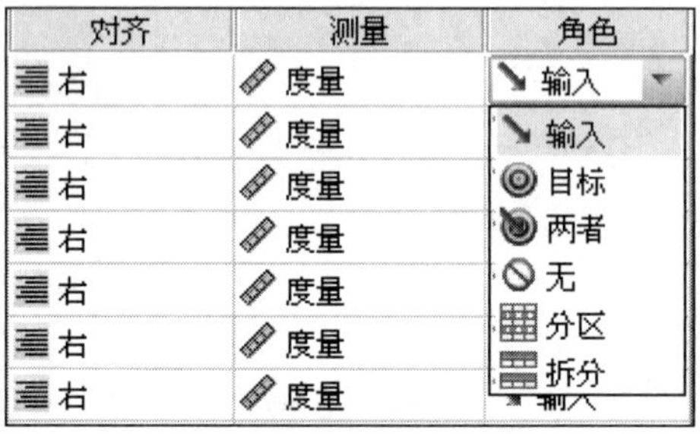

图 2.14

2.2.12　实例分析：员工满意度调查表的数据属性设计

1．实例内容

为了提高员工的工作积极性，完善公司各方面管理制度，并达到有的放矢的目的，某公司决定对本公司员工进行不记名调查，希望了解员工对公司的满意情况。请根据该公司设计的员工满意度调查题目（行政人事管理部分）的特点，设计该调查表数据在 SPSS 的数据属性。

2．实例操作

具体步骤如下：

步骤 01 输入数据。

打开 SPSS 中的数据编辑器窗口，输入或导入原始调查数据。

步骤 02 保存文件。

选择菜单栏中的【文件】|【保存】命令，保存数据文件，以免丢失。

步骤 03 定义数据属性。

单击 SPSS 中数据编辑器的【变量视图】选项卡，按窗口提示进行数据属性的定义，如变量名称、标签、标签值等。

3．实例结果

如图 2.15 所示为对变量定义完成后的结果。

图 2.15

2.3　SPSS 数据文件的整理

通常情况下，刚刚建立的数据文件并不能立即进行统计分析，这是因为收集到的数据还是原始数据，还不能直接利用分析。此时，需要对原始数据进行进一步的加工、整理，使之更加科学、系统和合理。这项工作在数据分析中称为统计整理。【数据】菜单中的命令主要用于实现数据文件的整理功能。

2.3.1　观测量排序：各地区粮食产量

在分析数据时，有时给出的数据是无序的，需要按照某个变量的取值，重新排列各观测量在数据文件中出现的先后顺序。

1．SPSS 操作详解

步骤 01 打开【排序个案】对话框。

打开 SPSS 软件，选择菜单栏中的【数据】|【排序个案】命令，弹出【排序个案】对话框，如图 2.16 所示。

图 2.16

步骤 02 选择排序变量。

在左侧的候选变量列表框中选择主排序变量，单击右向箭头按钮，将其移动至【排序依据】列表框中。

步骤 03 选择排序类型。

在【排列顺序】选项组中可以选择变量排列方案。

步骤 04 完成操作。

单击【确定】按钮，此时操作结束。

2．实例内容：地区生产总值分析

各地区粮食产量是指某地区在一定时间内的粮食产量。数据"2013 年各地区粮食产量"，如图 2.17 所示，列出了 2013 年我国部分省份的地区粮食总产量及播种面积、单位面积产量，请根据这些数据分析不同省份农业发展状况的差异性。

步骤 01 打开【排序个案】选定对话框。

打开 SPSS 软件，选择菜单栏中的【数据】|【排序个案】命令，弹出【排序个案】对话框，如图 2.18 所示。

图 2.17

图 2.18

步骤 02 选择排序变量。

在左侧的候选变量列表框中选择主排序变量【总产量】，单击右向箭头按钮，将变量选择进入【排序依据】列表框中，如图 2.19 所示。

步骤 03 选择排序类型。

为了表示不同省份生产总值的差异，按照从高到低的排列顺序，这里选中【降序】单选按钮，表示观测值按照降序进行排序。

步骤 04 完成操作。

最后，单击【确定】按钮，操作完成。此时，SPSS 的数据浏览窗口中观测量的顺序发生改变，如图 2.20 所示。

图 2.19

图 2.20

2.3.2　数据的转置：五个地区经济指标

SPSS 能够将数据编辑器中的数据进行行列互换，即将原来按行（列）方向排列的数据转换成按列（行）方向排列的数据。

1．操作详解

步骤 01 打开【变换】对话框。

打开 SPSS 软件，选择菜单栏中的【数据】|【变换】命令，弹出【变换】对话框，如图 2.21 所示。

图 2.21

步骤 02 选择变换变量。

在左侧的候选变量列表框中选择需要进行变换的变量，单击右向箭头按钮，将其移动至【变量】列表框中。

步骤 03 新变量命名。

从左侧的候选变量列表框中可以选择一个变量，应用它的值作为变换后新变量的名称。此时，将该变量选择进入【名称变量】列表框内即可。如果用户不选择变量命名，则系统将自动给转置后的新变量赋予 Var001，Var002，……的变量名。

步骤 04 完成操作。

单击【确定】按钮，操作结束。

 注　意

数据文件转置后，数据属性的定义都会丢失，因此用户要慎重选择本功能。

2．实例内容：五个地区经济指标

如图 2.22 所示，给出了五个地区的经济指标数据，要求对行列进行互换。

地区	教育投入	工业产值	农业产值	就业人数	消费水平	GDP产值
北京	1170592.60	610.66	1.94	624.30	5178.00	2011.31
天津	433116.80	587.83	.33	427.00	5209.00	1336.38
河北	1128000.80	1822.05	6.16	3382.90	2163.00	4256.01
山西	600037.50	745.47	5.35	1429.00	1835.00	1601.11
内蒙古	424137.70	399.42	3.78	1006.80	2141.00	1192.29

图 2.22

步骤01 打开【变换】对话框。

选择菜单栏中的【数据】|【变换】命令，弹出【变换】对话框，如图 2.23 所示。

步骤02 选择变量。

选择变换变量，如图 2.24 所示。

图 2.23

图 2.24

步骤03 新变量命名。

在【名称变量】栏中输入新变量命名，如图 2.25 所示。

步骤04 完成操作。

单击【确定】按钮完成操作，显示结果，如图 2.26 所示。

图 2.25

	CASE_LBL	北京	天津	河北	山西	内蒙古
1	教育投入	1170592.60	433116.80	1128000.80	600037.50	424137.70
2	工业产值	610.66	587.83	1822.05	745.47	399.42
3	农业产值	1.94	.33	6.16	5.35	3.78
4	就业人数	624.30	427.00	3382.90	1429.00	1006.80
5	消费水平	5178.00	5209.00	2163.00	1835.00	2141.00
6	GDP产值	2011.31	1336.38	4256.01	1601.11	1192.29

图 2.26

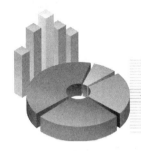

第 3 章
SPSS 基本统计分析

统计分析的目的是研究总体的数量特征。为实现上述分析，往往采用两种方式实现：第一，数值计算，即计算常用的基本统计量的值，通过数值来准确反映数据的基本统计特征；第二，图形绘制，即绘制常见的基本统计图形，通过图形来直观展现数据的分布特点。通常，这两种方式都是混合使用的。

SPSS 的许多模块均可完成描述分析，但专门为该目的而设计的几个模块则集中在【分析】菜单中。最常用的是列在最前面的四个过程。

- 频数分析：产生频数表。
- 描述性分析：进行基本的统计描述分析。
- 探索性分析：进行探索性分析。
- 列联表分析：进行列联表分析。
- 比率分析：描述两个数值变量间比率的摘要统计量的综合列表。

3.1 SPSS 在频数分析中的应用

频数分析是描述性统计中最常用的方法之一。SPSS 的频数分析过程不但可以分析变量变化的基本趋势，还可以统一成相应的统计图表。

3.1.1 频数分析的基本原理

1. 使用目的

频数分布表是描述性统计中最常用的方法之一。它主要用于了解变量取值的状况，对把握数据分布特征非常有用。例如，了解某班学生考试的学习成绩、了解某地区居民的收入水平等都可以借助于频数分析。

2. 软件使用方法

步数过程就是专门为产生频数表而设计的。它不仅可以产生详细的频数表，还可以按要求给出某百分位点的数值及常用的条形图、饼图等统计图。同时，SPSS 的频数分析还可以用于进行分位数、描述集中趋势的基本统计量等。这些统计量的具体分析会在以后章节中讲解。

3. Bootstrap 方法

（1）采用重抽样技术从原始样本中抽取一定数量（自己给定）的样本，此过程允许重复抽样。

（2）根据抽出的样本计算给定的统计量 T。

（3）重复上述 N 次（一般大于 1 000），得到 N 个统计量 T。

（4）计算上述 N 个统计量 T 的样本值，最终得到统计量的估计值。

3.1.2 频数分析的 SPSS 操作详解

步骤 01 打开主窗口。

选择菜单栏中的【分析】|【描述统计】|【频率】命令，弹出【频率】对话框，这是频数分析的主操作窗口，如图 3.1 所示。

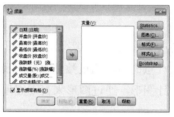

图 3.1

步骤 02 选择分析变量。

在【频率】对话框左侧的候选变量列表框中，选取一个或多个待分析变量，将它们移入右侧的【变量】列表框中。

步骤 03 输出频数分析表。

选中【显示频率表格】复选框，输出频数分析表。

步骤 04 其他基本统计分析。

在【频率】对话框中还可以单击 Statistics 和【图表】等按钮。这些选项提供了丰富的统计输出结果。

单击 Statistics 按钮，在弹出的如图 3.2 所示的对话框中可以设置输出各类基本统计量结果。

单击【图表】按钮，在弹出的如图 3.3 所示的对话框中设置输出图形结果。

图 3.2

图 3.3

步骤 05 选择输出格式和样式。

单击【格式】按钮，在弹出的如图 3.4 所示的对话框中设置频数表输出的格式。

图 3.4

单击【样式】按钮，在弹出的如图 3.5 所示的对话框中设置频数表输出的格式。

图 3.5

步骤 06 相关统计量的 Bootstrap 估计。

单击 Bootstrap 按钮，在弹出的如图 3.6 所示的对话框中可以进行如下统计量的 Bootstrap 估计：

- 支持均值、标准差、方差、中位数、偏度、峰度和百分位数的 Bootstrap 估计；
- 支持百分比的 Bootstrap 估计。

图 3.6

步骤 07 完成操作。

单击【确定】按钮，结束操作，SPSS 软件自动输出结果。

3.1.3 实例图文分析：产品的销售量

1. 实例内容

假设某公司每周大约卖出 2 000 万件产品，但市场的需求不稳定，该公司的生产经理想更好地掌握近期该产品的分布情况。假设下面给出的销售数字（单位：百万）代表近期公司该产品每周的销售数据。利用频数分析你能得到哪些有助于生产及销售的信息？

24　18　18　26　24　23　16　18　21　20　21　24　19　19　14　22　21　26　27
15　19　17　20　20　19　22　23　16　23　21　15　19　21　20　22　15　24　19

2．实例操作

步骤01 打开【频率】对话框。

选择菜单栏中的【分析】|【描述统计】|【频率】命令，弹出【频率】对话框，如图3.7所示。

步骤02 选择分析变量。

选择"sale"加入到变量中，如图3.8所示。

 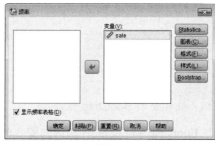

图3.7　　　　　　　　　　　　　　　图3.8

步骤03 选择输出统计量。

单击 Statistics 按钮，在弹出的对话框中勾选【四分位数】复选框，如图3.9所示，单击【继续】按钮返回。

步骤04 选择输出图表类型。

单击【图表】按钮，弹出如图3.10所示的对话框，选择【条形图】单选按钮，单击【继续】按钮返回。

图3.9　　　　　　　　　　　　　　　图3.10

步骤05 完成操作。

3．实例结果及分析

（1）基本统计结果输出，见表3.1。

（2）频数分析表输出，见表 3.2。

表 3.1

统计量			
	sale		
N	有效	38	
	缺失	0	
百分位数（P）	25	18.00	
	50	20.00	
	75	23.00	

表 3.2

		频率	百分比	有效百分比	累积百分比
	sale				
有效	14	1	2.6	2.6	2.6
	15	3	7.9	7.9	10.5
	16	2	5.3	5.3	15.8
	17	1	2.6	2.6	18.4
	18	3	7.9	7.9	26.3
	19	6	15.8	15.8	42.1
	20	4	10.5	10.5	52.6
	21	5	13.2	13.2	65.8
	22	3	7.9	7.9	73.7
	23	3	7.9	7.9	81.6
	24	4	10.5	10.5	92.1
	26	2	5.3	5.3	97.4
	27	1	2.6	2.6	100.0
	总计	38	100.0	100.0	

（3）直方图，如图 3.11 所示。

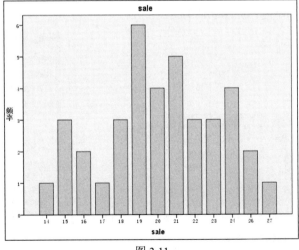

图 3.11

3.2 SPSS 在描述统计分析中的应用

描述性分析过程主要用于对连续变量进行描述性分析，可以输出多种类型的统计量，也可以将原始数据换成标准化值并存入当前数据集。本节将结合实例对几个常用基本统计量的描述性分析过程进行详细介绍。

3.2.1 描述统计分析的基本原理

使用目的：
- 刻画集中趋势的描述统计量。
- 刻画离散程度的描述统计量。
- 刻画分布形态的描述统计量。

3.2.2 描述统计分析的 SPSS 操作详解

描述过程是连续资料统计描述应用最多的一个过程，它可对变量进行描述性统计分析计算，并列出一系列相应的统计指标。这和其他过程相比并无不同。但该过程还有一个特殊功能，就是可将原始数据转换成标准化值，并以变量的形式保存。

步骤 01 打开【描述性】对话框。

选择菜单栏中的【分析】|【描述统计】|【描述】命令，弹出【描述性】对话框，该对话框是描述性统计分析的主操作窗口，如图 3.12 所示。

步骤 02 选择分析变量。

在左侧的候选变量列表框中选取一个或多个待分析变量，将它们移入右侧的【变量】列表框中。

步骤 03 计算基本描述性统计量。

单击【选项】按钮，弹出【描述：选项】对话框，该对话框用于指定输出的描述性统计量。这些统计量的含义是：平均值、合计、标准偏差、方差、范围、全距、最小值、最大值、平均值的标准误差、偏度和峰度，如图 3.13 所示。

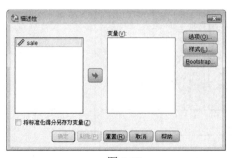

图 3.12

图 3.13

步骤 04 保存标准化变量。

选中【保存标准化变量值】复选框。

步骤 05 相关统计量的 Bootstrap 估计。

单击 Bootstrap 按钮，弹出【Bootstrap】对话框，可以进行均值、标准差、方差、偏度和峰度的 Bootstrap 估计。

步骤 06 完成操作。

单击【确定】按钮，结束操作，SPSS 软件自动输出结果。

3.2.3　实例图文分析：某公司男、女员工的年龄

1．实例内容

分析不同性别员工的年龄差异性。

男员工：

32　37　36　32　53　51　61　33　35　45　55　39　25　30　42　40　32　60　38　56 48　48　40　43　28　43　42　44　41　56　39　46　31　47　45　60

女员工：

50　44　35　32　26　21　41　21　41　56　38　49　33　24　30　33　41　31　35 41　42　37　26　34　34

2．实例操作

步骤 01 打开【描述性】对话框，如图 3.14 所示。

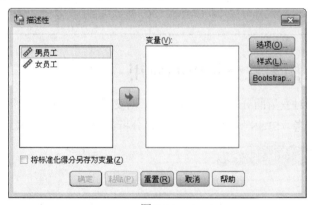

图 3.14

步骤 02 选择分析变量，如图 3.15 所示。

步骤 03 选择输出描述性统计量，如图 3.16 所示。

步骤 04 完成操作。

单击【确定】按钮，操作完成。

图 3.15

图 3.16

3．实例结果及分析

通过分析可以得到男、女员工的最小值、最大值、平均值、标准偏差、偏度及峰度，见表 3.3。

表 3.3

	数字	最小值（M）	最大值（X）	平均值（E）	标准偏差	偏度		峰度	
	统计	统计	统计	统计	统计	统计	标准错误	统计	标准错误
男员工	36	25	61	42.58	9.533	0.283	0.393	−0.632	0.768
女员工	24	21	56	35.88	8.553	0.500	0.472	0.102	0.918
有效 N（成列）	24								

3.3　SPSS 在探索性分析中的应用

探索性分析用于对变量的分布特点不了解时，对变量进行相关的分析，为用户的下一步数据分析提供相应的参考。SPSS 提供了方便的探索分析过程，下面介绍其相关操作。

3.3.1　探索性分析的基本原理

1．使用目的

探索性数据分析（Exploratary Data Analysis，EDA）的基本思想是从数据本身出发，不拘泥于模型的假设而采用非常灵活的方法来探讨数据分布的大致情况，也可以为进一步结合模型的研究提供线索，为传统的统计推断提供良好的基础和减少盲目性。

2．主要内容

一般来说，进行探索性分析主要考查如下内容。

（1）检查数据是否有错。过大或过小的数据均可能是异常值、影响点或错误值。要检查这样的数据，并分析原因，然后决定是否从分析中剔除这些数据。

（2）获得数据分布特征。很多统计方法模型对数据的分布有要求，如方差分析就需要数据服从正态分布。

（3）对数据的初步观察，发现一些内在规律。

3.3.2　探索性分析的 SPSS 操作详解

SPSS 中的 Explore 过程用于计算指定变量的探索性统计量和有关的图形。它既可以对观测量整体分析，也可以进行分组分析。从这个过程可以获得箱线图、茎叶图、直方图、各种正态检验图、频数表和方差齐性检验等结果，以及对非正态或正态非齐性数据进行变换，并表明和检验连续变量的数值分布情况。

步骤 01 打开【探索】对话框。

选择菜单栏中的【分析】|【描述统计】|【探索】命令，弹出【探索】对话框，如图 3.17 所示，该对话框是探索性分析的主操作窗口。

图 3.17

步骤 02 选择分析变量。

在【探索】对话框左侧的候选变量清单中，选取一个或多个待分析变量，将它们移入右侧的【因变量列表】列表框中，表示要进行探索性分析的变量。

步骤 03 选取分组变量。

在【探索】对话框的候选变量列表框中，可以选取一个或多个分组变量，将它们移入右侧的【因子列表】列表框中。分组变量的选择可以将数据按该变量中的观测值进行分组分析。如果选择的分组变量不止一个，那么会以分组变量的不同取值进行组合分组。

步骤 04 选择标签值。

从候选变量列表框中选择一个变量作为标识变量，并将其移入【标注个案】列表框中。选择标识变量的作用在于，若系统在数据探索时发现异常值，便可利用标识变量加以标记，便于用户找这些异常值。如果不选择它，系统默认以 id 变量作为标识变量。

步骤 05 选择输出类型。

在【探索】对话框中的【输出】选项组中可以选择输出项。

- 两者都：输出图形以及描述性统计量。
- Statistics：只输出描述性统计量。选择此项后激活 Statistics 功能按钮。
- 图：只输出图形。选择此项后激活 Plots 功能按钮。

步骤06 描述性统计量结果输出。

在【探索】对话框中还可以单击 Statistics 按钮，弹出【探索：统计】对话框，如图 3.18 所示。该对话框中提供了各类基本描述性统计输出结果。

步骤07 统计图形结果输出。

在【探索】对话框中还可以单击【绘图】按钮，弹出【探索：图】对话框，如图 3.19 所示。该对话框中提供了图形输出的类型。

步骤08 选择缺失值的处理方式。

在【探索】对话框中还可以单击【选项】按钮，弹出【探索：选项】对话框，如图 3.20 所示。该对话框用于确定对待缺失值的方式。

图 3.18

图 3.19

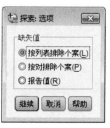

图 3.20

步骤09 相关统计量的 Bootstrap 估计。

单击 Bootstrap 按钮，弹出 Bootstrap 对话框，可以进行如下统计量的 Bootstrap 估计：

- 支持均值、5%切尾均值、标准差、方差、中位数、偏度、峰度和内距的 Bootstrap 估计；
- M 估计量表支持 Huber 的 M 估计量、Tukey 的双权重、Hampel 的 M 估计量和 Andrew 的 Wave 的 Bootstrap 估计；
- 百分位数表支持百分位数的 Bootstrap 估计。

步骤10 操作完成。

单击【确定】按钮，结束操作，SPSS 软件自动输出结果。

3.3.3 实例图文分析：两城市的温度差异

1. 实例内容

对北京、威海两个城市 2013 年各月份的平均气温进行探索性统计分析，得出其气温的基本特征。

本例中有三个变量，分别是月份、城市和平均气温。将城市定义为字符型变量，将月份和平均气温定义为数值型变量，并对变量城市进行值标签操作，用"1"表示"北京"，"2"表示威海，然后输入相关数据。输入完成后，数据如图 3.21 所示。

	月份	城市	平均气温	变量
1	1	1	-3.0	
2	2	1	4.2	
3	3	1	6.9	
4	4	1	15.2	
5	5	1	23.0	
6	6	1	26.3	
7	7	1	28.0	
8	8	1	26.5	
9	9	1	23.1	
10	10	1	14.6	
11	11	1	4.9	
12	12	1	1.3	
13	1	2	.5	
14	2	2	7.5	
15	3	2	9.5	
16	4	2	16.3	
17	5	2	23.5	
18	6	2	25.9	
19	7	2	26.3	
20	8	2	25.7	
21	9	2	21.6	
22	10	2	15.0	

图 3.21

2．实例操作

步骤 01 打开【探索】对话框。

选择菜单栏中的【分析】|【描述统计】|【探索】命令，弹出【探索】对话框，如图 3.22 所示。

图 3.22

步骤 02 选择分析变量。

在候选变量列表框中将变量"平均气温"添加至【因变量列表】列表框中，表示它是进行探索性分析的变量。

步骤 03 选择分组变量。

将变量"城市"添加至【因子列表】列表框中，表示根据地域位置来进行数据分析。

步骤 04 选择标签值。

选择变量"月份"并将其移入【标注个案】列表框作为标识变量，如图 3.23 所示。

步骤 05 选择输出描述性统计量。

单击 Statistics 按钮，弹出如图 3.24 所示的对话框。在弹出的对话框中选中【M-估计量】复选框，分析样本数据的稳健性。其他选项保持 SPSS 默认状态。单击【继续】按钮，返回【探索】对话框。

图 3.23

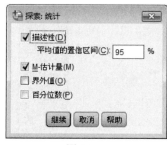
图 3.24

步骤 06 完成操作。

最后，单击【确定】按钮，操作完成。

3. 实例结果及分析

1）基本统计信息汇总

从表 3.4 中可以看出北京、威海年平均气温各有 12 个样本，都没有缺失记录。

表 3.4

		个案处理摘要					
		个案					
	城市	有效		缺失		总计	
		数字	百分比	数字	百分比	数字	百分比
平均气温	北京	12	100.0%	0	0.0%	12	100.0%
	威海	12	100.0%	0	0.0%	12	100.0%

2）描述性统计量表

从表 3.5 中可以看到两座城市的数据描述统计量，包括平均值、标准偏差、最大值、最小值、极差等。

表 3.5

描述性				统计	标准错误
		城市		统计	标准错误
平均气温	北京	平均值		14.250	3.195 6
		平均值的 95% 置信区间	下限值	7.217	
			上限值	21.283	
		5% 截尾平均值		14.444	
		中位数		14.900	
		方差		122.541	
		标准偏差		11.069 8	
		最小值		−3.0	
		最大值（X）		28.0	
		范围		31.0	
		四分位距		21.1	
		偏度		−159	0.637
		峰度		−1.633	1.232
	威海	平均值		15.292	2.700 7
		平均值的 95% 置信区间	下限值	9.347	
			上限值	21.236	
		5% 截尾平均值		15.502	
		中位数		15.650	
		方差		87.526	
		标准偏差		9.355 5	
		最小值		0.5	
		最大值（X）		26.3	
		范围		25.8	
		四分位距		17.3	
		偏度		−230	0.637
		峰度		−1.456	1.232

3）M 估计量

M 估计量可以用来判别数据中有无明显异常值。SPSS 输出的 M 估计量有 4 种，分别是 Huber、Tukey、Hampel、Andrew 提出来的，其区别是使用的权重不同。从表 3.6 中可以看到 4 种不同权重下的最大似然数。可以看出，北京和威海年平均气温的 4 个 M 估计量离平均数和中位数都很近，这就说明数据中应该没有明显的异常值。

表 3.6

M 估计量					
	城市	休伯 M 估计量 [a]	Tukey 双权 [b]	汉佩尔 M 估计量 [c]	安德鲁波 [d]
平均气温	北京	14.560	14.426	14.250	14.426
	威海	15.893	15.575	15.401	15.575

注：1）a. 加权常量为 1.339。

2）b. 加权常量为 4.685。

3）c. 加权常量为 1.700、3.400 和 8.500。

4）d. 加权常量为 1.340*pi。

4）茎叶图

图 3.25 所示为两组数据的茎叶图。从左往右分别是频数（Frequency）、茎（Stem）、叶（Leaf）三部分。其中茎代表数值的整数部分，叶代表数值的小数部分。每行的茎叶（Each Leaf）构成的数字再乘以茎宽（Stem Width），则为实际数据的近似值。

```
茎叶图

平均气温  Stem-and-Leaf  Plot  for        平均气温  Stem-and-Leaf  Plot  for
城市=  北京                                城市=  威海

Frequency      Stem  &   Leaf            Frequency       Stem  &   Leaf

                                          2.00           0  .   02
    1.00         -0  .  3                  3.00           0  .   799
    4.00          0  .  1446                .00           1  .
    2.00          1  .  45                 2.00           1  .   56
    5.00          2  .  33668              2.00           2  .   13
                                          3.00           2  .   556

Stem  width:         10.0
Each  leaf:           1  case(s)          Stem  width:         10.0
                                          Each  leaf:           1  case(s)
```

图 3.25

5）箱图

图 3.26 所示为北京、威海两地的气温箱图。其中箱为四分位间距的范围，所谓四分位距就是百分数 75 代表的值减去百分数 25 代表的值。中间的粗线表示平均数，上面和下面的细线分别表示最大值和最小值。

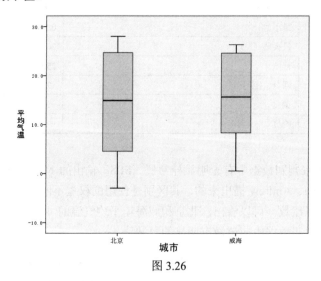

图 3.26

3.4 SPSS 在列联表分析中的应用

列联表分析可以进行非数值性变量的相关性的分析，在理论研究和实际工作中具有广泛的应用。利用 SPSS 的交叉表分析过程可以方便地进行列联表分析。

3.4.1 列联表分析的基本原理

1．使用目的

列联表是指一个频率对应两个变量的表（一个变量用来对行分类，另一个变量用来对列分类）。列联表非常重要，经常被用来分析调查结果。它有两个基本任务：第一，根据收集到的样本数据产生二维或多维交叉列联表；第二，在列联表基础上，对两两变量间是否存在一定的相关性进行分析。

2．行列变量间关系的分析

列联表的频数分布不可能用来直接确定行、列变量之间的关系及关系的强弱。令人感兴趣的二维列联表的检验问题是行、列变量的独立性检验。独立性检验指的是对列联表中行变量和列变量无关这个零假设进行的检验，即检验行、列变量之间是否彼此独立。常用的衡量变量间相关程度的统计量是简单相关系数，但在交叉列联表分析中，由于行、列变量往往不是连续等距变量，不符合计算简单相关系数的前提要求。所以，一般采用的检验方法是卡方检验，它的计算公式为：

$$\chi^2 = \sum \frac{(f_0 - f_e)^2}{f_e}$$

其中，f_0 表示实际观察频数；f_e 表示期望频数。

3.4.2 列联表分析的 SPSS 操作详解

步骤01 打开【交叉表格】对话框。

选择菜单栏中的【分析】|【描述统计】|【交叉表格】命令，弹出【交叉表格】对话框，这是交叉表格分析的主操作窗口，如图 3.27 所示。

图 3.27

步骤02 选择行、列变量。

在【列联表】对话框左侧的候选变量列表框中，选取一个或多个待分析变量，将它们移入右侧的【行】列表框中，作为列联表的行变量。同理，选择若干候选变量移入右侧的【列】列表框中，作为列联表的列变量。

步骤03 选择层变量。

如果要进行三维或多维列联表分析，可以根据需要选择控制变量进入【层】列表框中。该变量决定列联表的层。如果要增加另外一个控制变量，首先单击【下一步】按钮，再选入一个变量。单击重置按钮，可以重新选择以前确定的变量。

步骤04 列联表输出格式的选择。

在【交叉表格】对话框下面有两个复选框，用来选择列联表的输出格式。

- 显示集群条形图：显示各变量交叉分组下频数分布条形图。
- 取消表格：只输出统计量，而不输出列联表。

步骤05 行、列变量相关程度的度量。

在【交叉表格】对话框中单击 Statistics 按钮，在弹出的如图 3.28 所示的对话框中可以根据数据类型选择不同的独立性检验方法和相关度量。在对话框中选择输出统计量，完成后单击【继续】按钮，返回主对话框。

步骤06 选择列联表单元格的输出类型。

在【交叉表格】对话框中单击【单元格】按钮，在弹出的如图 3.29 所示的对话框中可以选择显示在列联表单元格中的统计量，包括观测数量、百分比和残差。在对话框中选择相应选项，完成后单击【继续】按钮，返回主对话框。

步骤07 选择列联表单元格的输出排列顺序。

在【交叉表格】对话框中单击【格式】按钮，在弹出如图 3.30 所示的对话框中可以选择各单元格的输出排列顺序。

图 3.28

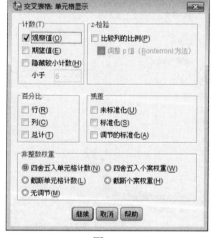
图 3.29

图 3.30

步骤08 相关统计量的 Bootstrap 估计。

单击 Bootstrap 按钮，在弹出的对话框中可以进行统计量的 Bootstrap 估计。

步骤09 完成操作。

单击【确定】按钮，结束操作，SPSS 软件自动输出结果。

3.4.3　实例图文分析：两所中学升学情况分析

1．实例内容

已知两所中学的升学情况。试据此对两所学校学生的升学情况进行列联表分析，研究两所学校的学生升学率之间有无明显的差别。

本例中三个变量分别是学校、升学和计数。把学校定义为字符型变量，把升学和计数定义为数值型变量，对"学校"和"升学"两个变量进行相应的值标签操作，对变量"学校"用"1"表示"甲学校"，"2"表示"乙学校"，对变量"升学"用"1"表示"升学"，"0"表示"未升学"，然后输入相关数据。输入完成后，数据如图 3.31 所示。

学校	升学	计数
1	1.00	1000.00
1	.00	100.00
2	1.00	1500.00
2	.00	480.00

图 3.31

2．实例操作

步骤 01 对数据进行预处理。

对数据进行预处理，以"计数"变量对"升学"变量进行加权。选择【数据】|【加权个案】命令，弹出如图 3.32 所示的对话框。

首先在图 3.32 所示的对话框右侧选择【加权个案】单选按钮，然后在左侧的列表中选择【计数】，使之进入【频率变量】列表框。单击【确定】按钮，完成数据预处理。

步骤 02 打开对话框。

打开数据文件。选择菜单栏中的【分析】|【描述统计】|【交叉表格】命令，弹出如图 3.33 所示的【交叉表格】对话框。

图 3.32

图 3.33

步骤 03 选择行、列变量。

在候选变量列表框中将变量"学校"添加至【行】列表框中，表示它是交叉列联表中的行变量；将变量"升学"添加至【列】列表框中，表示它是交叉列联表中的列变量，如图 3.34 所示。

步骤 04 独立性检验。

单击 Statistics 按钮，弹出如图 3.35 所示的【交叉表：统计】对话框，勾选【卡方】复选框，利用卡方检验来检验"学校"和"升学"的独立性。单击【继续】按钮，返回【交叉表格】对话框。

图 3.34　　　　　　　　　　　　　图 3.35

步骤 05 选择列联表输出格式。

由于要进行"学校"和"升学"的频数分析，因此单击【单元格】按钮，弹出【交叉表格：单元格显示】对话框，选中【百分比】选项组中的【行】、【列】和【总计】复选框，如图 3.36 所示。单击【继续】按钮，返回【交叉表格】对话框。

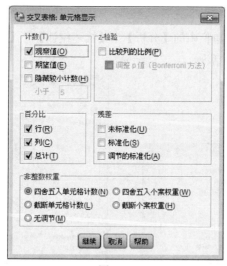

图 3.36

步骤 06 输出分布条形图。

勾选【显示集群条形图】复选框，表示利用条形图来反映不同性别之间的体重级别差异。

步骤 07 完成操作。

最后，单击【确定】按钮，操作完成。

3．实例结果及分析

（1）基本统计信息汇，见表 3.7。

表 3.7

个案处理摘要						
	个案					
	有效		缺失		总计	
	数字	百分比	数字	百分比	数字	百分比
学校 * 升学	3 080	100.0%	0	0.0%	3 080	100.0%

（2）"学校"和"升学"的交叉表，见表 3.8。

表 3.8

学校 * 升学 交叉表					
			升学		总计
			未升学	升学	
学校	1	计数	100	1 000	1 100
		百分比在"学校"内	9.1%	90.9%	100.0%
		百分比在"升学"内	17.2%	40.0%	35.7%
		占总数的百分比	3.2%	32.5%	35.7%
	2	计数	480	1 500	1 980
		百分比在"学校"内	24.2%	75.8%	100.0%
		百分比在"升学"内	82.8%	60.0%	64.3%
		占总数的百分比	15.6%	48.7%	64.3%
总计		计数	580	2500	3080
		百分比在"学校"内	18.8%	81.2%	100.0%
		百分比在"升学"内	100.0%	100.0%	100.0%
		占总数的百分比	18.8%	81.2%	100.0%

（3）"学校"和"升学"的独立性检验，见表 3.9。

表 3.9

卡方检验					
	值	自由度	渐近显著性（双向）	精确显著性（双向）	精确显著性（单向）
皮尔逊卡方	106.207[a]	1	0.000		
连续校正[b]	105.218	1	0.000		
似然比（L）	116.518	1	0.000		
Fisher 精确检验				0.000	0.000
有效个案数	3 080				

（4）升学条形图，如图 3.37 所示。

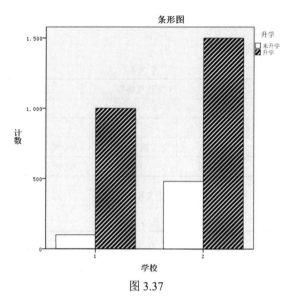

图 3.37

3.5 SPSS 在比率分析中的应用

比率分析，又称为比率统计量过程，提供了一个描述两个数值变量间比率的摘要统计量的综合列表。

3.5.1 比率分析的基本原理

比率分析生成比率变量，并对该比率变量计算基本描述性统计量（如均值、中位数、标准差、全距等），进而刻画出比率变量的集中趋势和离散程度。除此之外，SPSS 22.0 还提供了其他对比描述指标，大致也属于集中趋势描述指标和离散程度描述指标的范畴。

3.5.2 比率分析的 SPSS 操作详解

步骤 01 打开【比率统计】对话框。

选择菜单栏中的【分析】|【描述统计】|【比率】命令，弹出【比率统计】对话框，这是比率分析的主操作窗口，如图 3.38 所示。

图 3.38

步骤02 选择分子变量。

在左侧的候选变量列表框中选取一个分析变量作为比率分析的分子，将它移入右侧的【分子】列表框中。

步骤03 选择分母变量。

在【比率统计】对话框左侧的候选变量列表框中选取一个分析变量作为比率分析的分母，将它移入右侧的【分母】列表框中。

步骤04 选择分组变量。

在【比率统计】对话框左侧的候选变量列表框中选取一个变量作为分组变量，将它移入右侧的【组变量】列表框中。

步骤05 结果显示选择。

在【比率统计】对话框中，用户可以选择比率分析的结果输出类型。

● 显示结果：系统默认选项，选择是否显示结果。

● 将结果保存到外部文件：选择是否将分析结果保存至外部文件。同时，外部文件的保存路径需要单击【文件】按钮来选择。

步骤06 选择描述性统计量输出。

单击 Statistics 按钮，弹出如图 3.39 所示的【比率统计：统计】对话框，主要用于输出各类基本统计量结果。

图 3.39

步骤07 完成操作。

单击【确定】按钮，结束操作，SPSS 软件自动输出结果。

3.5.3　实例图文分析：资产评估与出售价格对比

1．实例内容

已知某集团公司的下属 4 个子公司的各三项资产出售价格与出售前的评估价格，实例内容如图 3.40 所示。下面利用比率分析来评估该集团公司 4 个子公司从上次资产评估后资产价值的变化。

编号	子公司编号	资产出售价格（万元）	资产评估价格（万元）
1	1	108.00	118.00
2	2	96.00	98.50
3	3	88.60	90.20
4	4	123.50	124.00
5	4	77.00	79.20
6	3	60.50	63.20
7	2	105.30	107.50
8	1	99.30	106.50
9	2	68.70	69.20
10	3	125.60	127.80
11	4	135.90	139.80
12	1	78.90	82.00

图 3.40

2．实例操作

步骤01 打开【比率统计】对话框。

打开 SPSS 软件，选择菜单栏中的【分析】|【描述统计)】|【比率】命令，弹出【比率统计】对话框，如图 3.41 所示。

图 3.41

步骤02 选择分子变量。

在【比率统计】对话框左侧的候选变量列表框中，选取变量"资产评估价格"作为比率分析的分子，将它移入右侧的【分子】列表框中。

步骤03 选择分母变量。

在【比率统计】对话框左侧的候选变量列表框中，选取变量"资产出售价格"作为比率分析的分母，将它移入右侧的【分母】列表框中。

步骤04 选择分组变量。

在【比率统计】对话框左侧的候选变量列表框中，选取变量"子公司编号"作为分组变量，将它移入右侧的【组变量】列表框中。

步骤05 选择输出统计量。

单击 Statistics 按钮，在弹出的对话框中除保留系统默认的输出统计量外，再勾选【中位数】、【平均值】和【ADD】复选框。最后单击【继续】按钮，返回【比率统计】对话框，如图 3.42 所示。

图 3.42

3．实例结果及分析

1）样本统计结果输出

表 3.10 为此数据文件的案例处理摘要，从该表中可以看出该集团公司 4 个子公司资产的项目数和相应的百分比。

表 3.10

个案处理摘要		计数	百分比
子公司编号	第一公司	3	25.0%
	第二公司	3	25.0%
	第三公司	3	25.0%
	第四公司	3	25.0%
总体		12	100.0%
除外		0	
总计		12	

2）比率分析结果表

表 3.11 为资产评估价格/资产出售价格的各个比率统计量数值。从该表中可以得到每个子公司资产价值上次评估与售价之间比率的均值、中位数、平均绝对差等。

表 3.11

资产评估价格（万元）/ 资产出售价格（万元）的比率统计数据						
分组	平均值(E)	中位数	平均绝对偏差	价格相关差额	弥散系数	变异系数
						以中位数为中心
第一公司	1.068	1.073	0.018	0.997	0.017	2.6%
第二公司	1.018	1.021	0.006	0.999	0.006	1.0%
第三公司	1.027	1.018	0.009	1.003	0.009	1.8%
第四公司	1.020	1.029	0.008	1.001	0.008	1.7%
总体	1.033	1.027	0.018	1.000	0.017	2.6%

第 4 章
均值比较和 T 检验

在统计分析中，经常遇到这样的问题：要对抽取的样本按照某个类别分别计算相应的常用统计量，如平均数、标准差等；或者检验两个相关的样本是否来自具有相同均值的总体；或者检验两个有联系的正态总体的均值是否显著差异等。本章介绍的均值比较过程及 T 检验过程可以解决此类统计分析问题。

SPSS 主要有如下模块实现均值比较过程：

- 均值过程；
- 单样本 T 检验；
- 独立样本均值的 T 检验；
- 配对样本均值的 T 检验。

4.1 SPSS 在均值过程中的应用

均值过程倾向于对样本进行描述，它可以对需要比较的各组计算描述指针进行检验前的预分析。均值过程的优势在于，所有的描述性统计变量均按因变量的取值分组计算，无须先进行文件拆分过程，输出结果中各组的描述指标放在一起，便于互相比较分析。

4.1.1 均值过程简介

均值过程计算指定变量的综合描述统计量，包括均值、标准差、总和、观测量数、方差等一系列单变量描述统计量，当观测量按一个分类变量分组时，均值过程可以进行分组计算。例如，要计算某地区高考的数学成绩，SEX 变量把考生分为男生、女生两组，均值过程分别计算男生、女生的数学成绩。均值过程还可给出方差分析表和线性检验结果。使用均值过程求解若干组的描述统计量，目的在于比较，因此必须分组求均值。这是与描述过程不同之处。

4.1.2 均值过程的 SPSS 操作详解

步骤01 打开【平均值】对话框。

选择菜单栏中的【分析】|【比较均值】|【平均值】命令，弹出【平均值】对话框，如图 4.1 所示。

步骤 02 选择变量。

在该对话框左侧的候选变量列表框中选择相应的变量，将其分别移入【因变量列表】、【自变量列表】列表框中。

- 因变量列表：该列表框中的变量为要进行均值比较的目标定量，又称为因变量，且因变量一般为度量变量。如要比较两个班的数学成绩的均值是否一致，则教学成绩变量就是因变量，班级就是自变量。
- 自变量列表：该列表框中的变量为分组变量，又称为自变量。自变量为分类变量，其取值可以为数字，也可以为字符串。一旦指定了一个自变量，"下一页"按钮就会被激活，此时单击该按钮可以在原分层基础上进一步细分层次，也可以利用"上一页"回到上一个层次。如果在层 1 中有一个自变量，层 2 中也有一个自变量，结果就显示为一个交叉的表，而不是对每个自变量显示一个独立的表。

步骤 03 进行相应的设置。

单击【选项】按钮，弹出如图 4.2 所示的【平均值：选项】对话框。该对话框用于设置输出统计量，包括如下内容。

- Statistics 列表框。该列表框用于存放可供输出的常用统计量，主要包括"中位数""组内中位数""标准平均值误差""合计""最小值""最大值""范围""第一个""最后一个""方差""峰度""偏度""调和平均值"。
- 【单元格统计量】列表框。该列表框用于存放用户指定要输出的统计量，其主要来源于左侧的"Statistics"列表框。其中，系统默认输出的是"平均值""个案数""标准差"，用户可以选择需要输出的统计量，然后单击中间的箭头按钮使之进入"单元格统计"列表框。

图 4.1

图 4.2

- 【第一层的统计量】选项组。该选项组主要用于检验第一层自变量对因变量的影响是否显著，包括如下两个复选项。
  - Anova 表和 eta：表示对第一层自变量和因变量进行单因素方差分析，然后输出 Anova 表和 Eta 的值。
  - 线性相关度检验：表示对各组平均数进行线性趋势检验，实际上是对因变量的均值、对自变量进行线性回归，并计算该回归的判决系数和相关系数，该检验仅在自变量有三个以上层次时才能进行。

设置完毕后，单击【继续】按钮，返回到【平均值】对话框。

步骤 04 分析结果输出。

单击【确定】按钮，就可以在 SPSS Statistics 查看器窗口得到均值过程的结果。

4.1.3 实例图文分析：工作经验与工作薪水的关系

1. 实例内容

数据文件是某公司 600 名技术和管理岗位的员工的工作经验和工资情况。下面利用均值过程来分析不同的工作经验是否导致薪水的不同，本数据文件的原始 Excel 数据文件如图 4.3 所示。

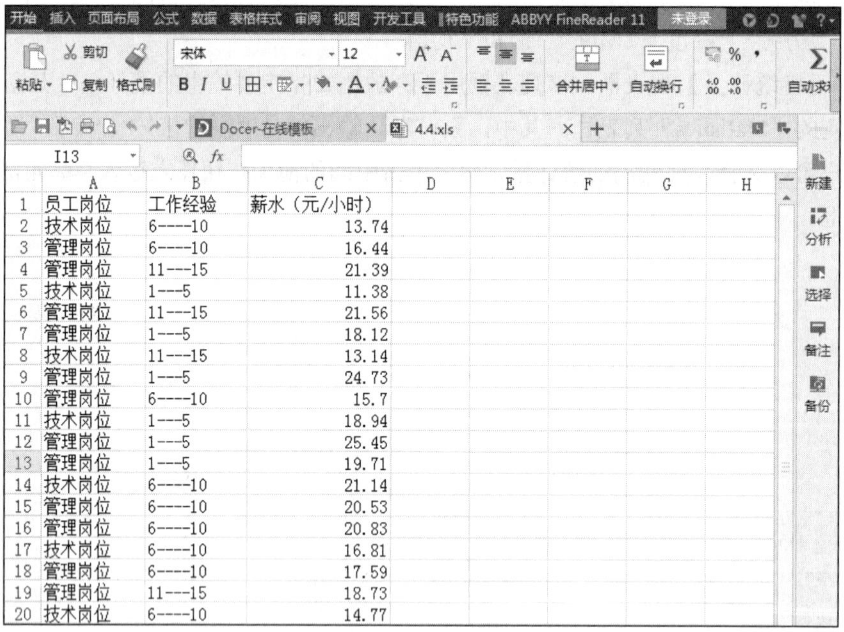

	A	B	C
1	员工岗位	工作经验	薪水（元/小时）
2	技术岗位	6----10	13.74
3	管理岗位	6----10	16.44
4	管理岗位	11---15	21.39
5	技术岗位	1---5	11.38
6	管理岗位	11---15	21.56
7	管理岗位	1---5	18.12
8	技术岗位	11---15	13.14
9	管理岗位	1---5	24.73
10	管理岗位	6----10	15.7
11	技术岗位	1---5	18.94
12	管理岗位	1---5	25.45
13	管理岗位	1---5	19.71
14	技术岗位	6----10	21.14
15	管理岗位	6----10	20.53
16	管理岗位	6----10	20.83
17	技术岗位	6----10	16.81
18	管理岗位	6----10	17.59
19	管理岗位	11---15	18.73
20	技术岗位	6----10	14.77

图 4.3

在 SPSS 变量视图中建立列变量“岗位”“工作经验”和“薪水”，分别表示员工岗位、工作经验和每小时薪水。在“值”中对变量值进行设置 ：“岗位”变量将“管理岗位”和“技术岗位”分别赋值为“1”和“0”；“工作经验”变量将工作经验为 1～5、6～10、11～15、16～20、21～35 年及大于 35 年段的分别赋值为“1”“2”“3”“4”“5”和“6”，如图 4.4 所示。

	名称	类型	宽度	小数	标签	值	缺失	列	对齐	测量	角色
1	岗位	数值	1	0	员工岗位	{0, 管理岗位}...	无	8	≡ 右	✐ 度量	↘ 输入
2	工作经验	数值	1	0	工作经验（年）	{1, 小于等于5}...	无	8	≡ 右	✐ 度量	↘ 输入
3	薪水	数值	6	2	每小时薪水	无	无	8	≡ 右	✐ 度量	↘ 输入

图 4.4

在 SPSS 活动数据文件的数据视图中，把搜集的数据输入到各个变量中，输入完毕后如图 4.5 所示。

	岗位	工作经验	薪水	变量
1	1	2	13.74	
2	0	2	16.44	
3	0	3	21.39	
4	1	1	11.38	
5	0	3	21.56	
6	0	1	18.12	
7	1	3	13.14	
8	0	1	24.73	
9	0	2	15.70	
10	1	1	18.94	
11	0	1	25.45	
12	0	1	19.71	
13	1	2	21.14	
14	0	2	20.53	
15	0	2	20.83	
16	1	2	16.81	
17	0	2	17.59	
18	0	3	18.73	
19	1	2	14.77	
20	0	3	19.36	

图 4.5

2．实例操作

步骤 01 打开【平均值】对话框。

打开数据文件，进入数据编辑器窗口，选择菜单栏中的【分析】|【比较平均值】|【平均值】命令，弹出如图 4.6 所示的【平均值】对话框。

图 4.6

步骤 02 选择变量。

在该对话框左侧的候选变量列表框中将"每小时薪水"选入【因变量列表】列表框，将"工作经验"选入【自变量列表】列表框，如图 4.6 所示。

步骤 03 进行相应的设置。

单击【选项】按钮，选中"平均值""个案数""标准差"进入【单元格统计】列表框，单击【继续】按钮，保存设置结果，如图 4.7 所示。

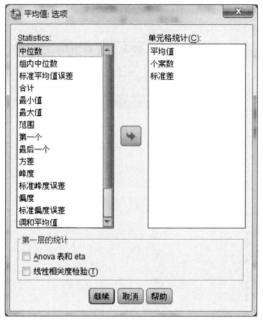

图 4.7

步骤 04 分析结果输出。

单击【确定】按钮，就可以在 SPSS 查看器窗口得到均值过程的结果。

3. 实例结果及分析

表 4.1 为均值过程的案例处理摘要。该表显示了均值过程中的案数、已经排除的个案数目及总计的数据和相应的百分比，可以看出此次均值过程共涉及 96.5% 的个案。

表 4.1

个案处理摘要						
	个案					
	已包括		除外		总计	
	数字	百分比	数字	百分比	数字	百分比
每小时薪水* 工作经验（年）	579	96.5%	21	3.5%	600	100.0%

表 4.2 为均值比较结果报告。该表中列出了所有工作经验级别的员工每小时薪水的均值情况和相应的个案数目、标准差，可以发现随着工作经验的增长，员工的每小时薪水的均值呈稳定上升趋势，但这种差异是否显著需要进一步借助方差分析的方法才能确定。

表 4.2

报告			
每小时薪水			
工作经验（年）	平均值	数字	标准偏差
1～5	17.908 8	90	3.837 47
6～10	18.516 0	146	3.613 13
11～15	19.623 9	166	3.875 87
16～20	20.571 5	113	3.768 94
21～35	21.179 6	59	4.147 43
大于等于 36	19.742 5	5	6.599 41
总计	19.422 4	579	3.970 01

4.2　SPSS 在单样本 T 检验的应用

单样本 T 检验过程将单个变量的样本均值与假定的常数相比较，通过检验得出预先的假设是否正确的结论。

4.2.1　单样本 T 检验的基本原理

1．使用目的

单样本 T 检验的目的是利用来自某总体的样本数据，推断该总体的均值是否与指定的检验值之间存在明显的差异。它是对总体均值的假设检验。

2．基本原理

单样本 T 检验作为假设检验的一种方法，其基本步骤和假设检验相同。其零假设为 H_0：总体均值与指定检验值之间不存在显著差异。该方法采用 T 检验方法，按照下式计算 t 统计量。

$$t = \frac{\overline{D}}{S/\sqrt{n}}$$

式中，D 是样本均值与检验值之差；因为总体方差未知，故用样本方差 S 代替总体方差；n 为样本数。

3．概率 P 值

如果概率 P 值小于或等于显著性水平，则拒绝零假设；如果概率 P 值大于显著性水平，则接受零假设。

4．软件使用方法

（1）在 SPSS 中，软件将自动计算 t 值，由于该统计量服从 $n-1$ 个自由度的 t 分布，SPSS 将根据 t 分布表给出 t 值对应的相伴概率 P 值。

（2）如果相伴概率 P 值小于或等于给定的显著性水平，则拒绝 H_0，认为总体均值与检验值之间存在显著差异。

（3）相反，相伴概率 P 值大于给定的显著性水平，则不应拒绝 H_0，可以认为总体均值与检验值之间不存在显著差异。

4.2.2 单样本 T 检验的 SPSS 操作详解

步骤 01 打开【单样本 T 检验】对话框。

选择菜单栏中的【分析】|【比较均值】|【单样本 T 检验】命令，弹出【单样本 T 检验】对话框，如图 4.8 所示。

图 4.8

步骤 02 选择检验变量。

在该对话框左侧的候选变量列表框中选择一个或几个变量，将其移入【检验变量】列表框中。其中，左侧候选变量列表框中显示的是可以进行 T 检验的变量。

步骤 03 选择样本检验值。

在【检验值】文本框中输入检验值，相当于假设检验问题中提出的零假设 H_0：$\mu=\mu_0$。

步骤 04 其他选项设置。

单击【选项】按钮，弹出如图 4.9 所示的【单样本 T 检验：选项】对话框。该对话框用于指定输出内容和关于缺失值的处理方法。其中各选项的含义如下。

置信区间百分比：该文本框用于设置在指定水平下，样本均值与指定的检验值之差的置信区间，默认值为 95%。

图 4.9

缺失值：该选项组用于设置缺失值的处理方式，它有如下两种处理方式。

- 按分析顺序排除个案。选择该单选按钮，表示当分析计算涉及含有缺失值的变量时，删除该变量中是缺失值的观测量。
- 按列表排除个案。选择该单选按钮，表示删除所有含缺失值的观测量后再进行分析。

步骤 05 相关统计量的 Bootstrap 估计。

单击 Bootstrap 按钮，在弹出的对话框中可以进行如下统计量的 Bootstrap 估计。

- 支持均值和标准差的 Bootstrap 估计。
- 支持平均值差值的 Bootstrap 估计和显著性检验。

步骤06 单击【确定】按钮，结束操作，SPSS 软件自动输出结果。

4.2.3　实例图文分析：保健品销售量与预测模型比较

1. 实例内容

某保健品上个月在 30 个销售网点的销售量如图 4.10 所示，根据市场预测模型的分析，该产品在各销售网点的平均销量为 90 箱。用单样本 T 检验来分析该产品的实际销量与市场预测模型是否一致。

	网点编号	销售量	变量	变量	变量	变量	变量
1	1	85					
2	2	76					
3	3	90					
4	4	102					
5	5	68					
6	6	75					
7	7	69					
8	8	58					
9	9	83					
10	10	91					
11	11	79					
12	12	110					
13	13	60					
14	14	78					
15	15	79					
16	16	63					
17	17	82					

图 4.10

2. 实例操作

步骤01 打开【单样本 T 检验】对话框。

打开数据文件，选择菜单栏中的【分析】|【比较均值】|【单样本 T 检验】命令，弹出如图 4.11 所示的【单样本 T 检验】对话框。

步骤02 选择检验变量。

在候选变量列表框中选择"销售量"变量，将其添加至【检验变量】列表框中，如图 4.12所示。

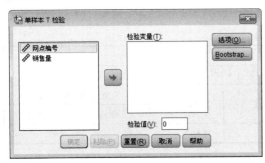

图 4.11

图 4.12

步骤03 选择样本检验值。

在【检验值】文本框中输入检验值"90"，如图 4.13 所示。

步骤04 设置显著性水平。

单击【选项】按钮，在弹出的对话框的【置信区间百分比】文本框中将系统默认的95％修改为99％，如图 4.14 所示，其目的是调整显著性水平。单击【继续】按钮返回主对话框。

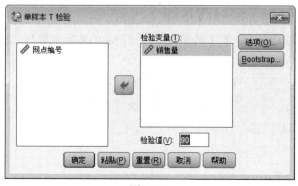
图 4.13

图 4.14

 提 示

如果不单击【选项】按钮，表示默认系统选项参数设置。

步骤05 结束操作。

单击【确定】按钮，完成操作。此时，软件输出结果出现在结果浏览窗口中。

3. 实例结果及分析

1）描述性统计分析表

表 4.3 为关于销售量的单个样本统计量情况。从表 4.3 中可以看出，参与统计的样本个数为 30 个，平均销售量为 78.13 箱。

表 4.3

单样本统计				
	数字	平均值（E）	标准偏差	标准误差平均值
销售量	30	78.13	13.808	2.521

2）单样本 T 检验结果

表 4.4 为该保健品销售量的单个样本 T 检验结果。

表 4.4

单样本检验						
	检验值 = 90					
	t	自由度	显著性（双尾）	平均差	差值的99%置信区间	
					下限值	上限值
销售量	-4.707	29	0.000	-11.867	-18.82	-4.92

4.3 SPSS 在独立样本 T 检验的应用

"独立样本 T 检验"过程检验主要用于检验两个样本是否来自具有相同均值的总体。本节将对 SPSS 中的"独立样本 T 检验"过程及相关操作进行讲解。

4.3.1 独立样本 T 检验的基本原理

"独立样本 T 检验"过程比较两个样本或者两个分组个案的均值是否相同。例如，糖尿病病人随机地分配到旧药组和新药组。旧药组病人主要接受原有的药丸，新药组病人主要接受一种新药。在主体经过一段时间的治疗之后，使两组样本 T 检验比较两组的平均血糖。

另外，个案样本应随机地分配到两个组中，从而使两组中的任何差别是源自实验处理而非其他因素。但是很多情况下却不然，如比较男性和女性的平均教育年龄则不能应用"独立样本 T 检验"过程，因为人不是随机指定为男性或女性的。

4.3.2 独立样本 T 检验的 SPSS 操作步骤

步骤 01 打开【独立样本 T 检验】对话框。

选择菜单栏中的【分析】|【比较均值】|【独立样本 T 检验】命令，弹出【独立样本 T 检验】对话框，如图 4.15 所示。

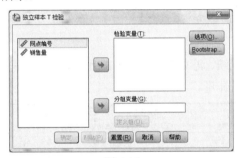

图 4.15

步骤 02 选择检验变量。

在左侧的候选变量列表框中选择检验变量，将其移入【检验变量】列表框中，这里需要选入待检验的变量。

步骤 03 选择分组变量。

在左侧的候选变量列表框中选择分组变量，将其移入【分组变量】文本框中，目的是区分检验变量的不同组别。

步骤 04 定义组别名称。

单击【定义组】按钮，弹出【定义组】对话框，如图 4.16 所示。此时需要定义进行 T 检验的比较组别名称。

该对话框中各选项的含义如下。

- 使用指定值：分别输入两个对应不同总体的变量值。
- 分割点：用于定义分割点值。在该文本框中输入一个数字，大于或等于该数值的对应一个总体，小于该值的对应另一个总体。

在该对话框中设置完成后，单击【继续】按钮，返回【独立样本 T 检验】对话框。

图 4.16

步骤 05 相关统计量的 Bootstrap 估计。

单击 Bootstrap 按钮，在弹出的对话框中可以进行如下统计量的 Bootstrap 估计：

- 支持均值和标准差的 Bootstrap 估计；
- 支持平均值差值的 Bootstrap 估计和显著性检验。

步骤 06 输出结果。

单击【确定】按钮，结束操作，SPSS 软件自动输出相关结果。

4.3.3 实例图文分析：学习成绩统计

1. 实例内容

两个班级学生的数学成绩、语文成绩如图 4.17 所示，以此数据为例，利用描述性统计分析该数据文件中的一些基本统计量。

	班级	数学成绩	语文成绩	变量	变量	变量	变量	变量
1	1	63	78					
2	1	75	96					
3	1	85	73					
4	1	90	83					
5	1	68	61					
6	1	59	85					
7	1	79	76					
8	1	65	77					
9	1	88	66					
10	1	66	83					
11	1	91	72					
12	1	76	60					
13	1	85	70					
14	1	65	72					
15	1	91	80					
16	1	82	90					
17	1	73	75					

图 4.17

2. 实例操作

步骤 01 打开【独立样本 T 检验】对话框。

选择菜单栏中的【分析】|【比较平均值】|【独立样本 T 检验】命令，弹出【独立样本

T 检验】对话框，如图 4.18 所示。

步骤 02 选择检验变量。

在左侧的候选变量列表框中分别选择检验变量 "数学" "语文"，将其添加至右侧的【检验变量】列表框中，如图 4.19 所示，表示需要对它进行独立样本的 T 检验。

图 4.18　　　　　　　　　　　　　　　图 4.19

步骤 03 选择分组变量。

在左侧的候选变量列表框中选择分组变量 "班级"，将其添加至【分组变量】文本框中，如图 4.20 所示。接着单击【定义组】按钮，弹出【定义组】对话框。

步骤 04 定义组别名称。

选择【使用指定值】单选按钮，在【组 1】文本框中输入 "1"，在【组 2】文本框中输入 "2"，如图 4.21 所示。输入完成后，单击【继续】按钮返回【独立样本 T 检验】对话框。

图 4.20　　　　　　　　　　　　　　　图 4.21

步骤 05 完成操作。

单击【确定】按钮，完成操作。此时，软件输出结果出现在结果浏览窗口中。

3．实例结果及分析

1）基本统计信息汇总表

表 4.5 为分组的一些统计量。从表 4.5 中可以看出两个班的数学成绩和语文成绩的平均值、标准差和均值标准误差等统计量。

表 4.5

组统计					
班级		数字	平均值（E）	标准偏差	标准误差平均值
数学	一班	25	75.80	11.064	2.213
	二班	22	76.09	11.964	2.551
语文	一班	25	75.64	9.420	1.884
	二班	22	80.45	11.005	2.346

2）独立样本的 T 检验分析结果

表 4.6 为对本实验的独立样本 T 检验的结果，包括有方差齐次性的 Levene 检验结果和均值方程的 T 检验结果。

表 4.6

独立样本检验										
		列文方差相等性检验		平均值相等性的 T 检验						
		F	显著性	t	自由度	显著性（双尾）	平均差	标准误差差值	差值的95%置信区间	
									下限	上限
数学	已假设方差齐性	0.264	0.610	−0.087	45	0.931	−0.291	3.360	−7.058	6.476
	未假设方差齐性			−0.086	43.129	0.932	−0.291	3.377	−7.100	6.518
语文	已假设方差齐性	1.345	0.252	−1.616	45	0.113	−4.815	2.979	−10.815	1.185
	未假设方差齐性			−1.600	41.657	0.117	−4.815	3.009	−10.889	1.260

4.4　SPSS 在两配对样本 T 检验的应用

配对样本是指对同一样本进行两次测试所获得的两组数据，或对两个完全相同的样本在不同条件下进行测试所得的两组数据。两配对样本 T 检验就是根据样本数据对两个配对样本来自两配对总体的均值是否有显著差异进行推断。

4.4.1　配对样本 T 检验的基本原理

1．使用目的

4.3 节中考虑的是独立样本情形下的总体均值相等的检验问题。但在现实中，总体或样本之间不仅仅表现为独立的关系，很多情况下，总体之间存在着一定的相关性。当分析这些相关总体之间的均值关系时，就涉及两配对样本的 T 检验。

2．基本原理

两配对样本 T 检验的目的是利用来自两个总体的配对样本，推断两个总体的均值是否存在显著差异。它和独立样本 T 检验的差别就在于要求样本是配对的。由于配对样本在抽样时不是相互独立的，而是相互关联的，因此在进行统计分析时必须要考虑到这种相关性，否则会浪费大量的统计信息。因此对于符合配对情况的统计问题，要首先考虑两配对样本 T 检验。配对样本主要包括如下情况：

（1）同一实验对象处理前后的数据。例如，对患肝病的病人实施某种药物治疗后，检验病人在服药前后的差异性。

（2）同一实验对象两个部位的数据。例如，研究汽车左右轮胎耐磨性有无显著差异。

（3）同一样品用两种条件检验的结果。例如，对人造纤维在 60℃和 80℃的水中分别作实验，检验温度对这种材料缩水率的影响性。

（4）配对的两个实验对象分别接受不同处理后的数据。例如，对双胞胎兄弟实施不同的教育方案，检验他们在学习能力上的差异性。

3．使用条件

进行配对样本检验时，通常要满足如下三个要求：

（1）两组样本的样本容量要相同。

（2）两组样本的观察值顺序不能随意调换，要保持一一对应关系。

（3）样本来自的总体要服从正态分布。

两配对样本 T 检验的基本思路是求出每对数据的差值：如果配对样本没有差异，则差值的总体均值应该等于零，从该总体中抽取的样本均值也应该在零值附近波动；反之，如果配对样本有差异，差值的均值就应该远离零值。这样，通过检验该差值样本的均值是否等于零，就可以判断这两组配对样本有无差异性。

该检验对应的假设检验如下：

● H_0：两总体均值之间不存在显著差异。

● H_1：两总体均值之间存在显著性差异。

检验中所采用的统计量和单样本 T 检验完全相同。

4.4.2　配对样本 T 检验的 SPSS 操作详解

步骤 01 打开【配对样本 T 检验】对话框。

打开【配对样本 T 检验】对话框。选择菜单栏中的【分析】|【比较平均值】|【配对样本 T 检验】命令，弹出【配对样本 T 检验】对话框，如图 4.22 所示。

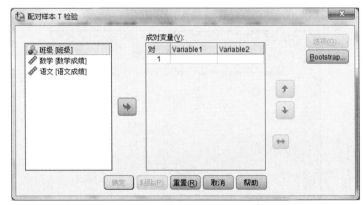

图 4.22

步骤 02 选择配对变量。

在【配对样本 T 检验】对话框左侧的候选变量列表框中选择一对或几对变量,将其移入【成对变量】列表框中,这表示系统将对移入的成对变量进行配对检验。

步骤 03 其他选项选择。

单击【选项】按钮,弹出【配对样本 T 检验:选项】对话框,如图 4.23 所示。该对话框用于指定输出内容和关于缺失值的处理方法,其中各选项的含义如下:

图 4.23

- 置信区间百分比:用于设置在指定水平下样本均值与指定的检验值之差的置信区间,默认值为95%。
- 【缺失值】选项组:用于设置缺失值的处理方式,它有如下两种处理方式。
  ➢ 按分析顺序排除个案:选择该单选按钮,表示当分析计算涉及含有缺失值的变量时,删除该变量中是缺失值的观测量。
  ➢ 按列表排除个案:选择该单选钮,表示删除所有含缺失值的观测量后再进行分析。

步骤 04 相关统计量的 Bootstrap 估计。

单击 Bootstrap 按钮,在弹出的对话框中可以进行如下统计量的 Bootstrap 估计:

- 支持均值和标准差的 Bootstrap 估计;
- 支持相关性的 Bootstrap 估计;
- 检验表支持均值的 Bootstrap 估计。

步骤 05 完成操作。

单击【确定】按钮,结束操作,SPSS 软件自动输出结果。

4.4.3 实例图文分析:对保健品进行效果测试

1. 实例内容

图 4.24 所示为一种保健品进行效果测试的数据。16 名高血压和高血脂患者服用了一个疗程的该保健品,测试人员测量了疗程前和疗程后患者的相关数据。利用配对样本 T 检验来检测该保健品对高血压和高血脂的治疗是否有辅助作用。

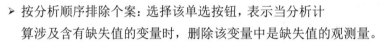

图 4.24

2. 实例操作

步骤01 打开【配对样本 T 检验】对话框。

打开数据文件，选择菜单栏中的【分析】｜【比较平均值】｜【配对样本 T 检验】命令，弹出如图 4.25 所示的【配对样本 T 检验】对话框。

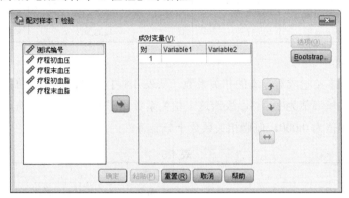

图 4.25

步骤02 选择配对变量。

在左侧的候选变量列表框中依次选择检验变量"疗程初血压""疗程末血压""疗程初血脂"和 "疗程末血脂"，并将其添加至【成对变量】列表框中。这表示进行"疗程初血压" 和"疗程末血压"的配对 T 检验，如图 4.26 所示。

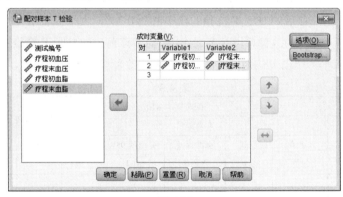

图 4.26

步骤03 完成操作。

单击【确定】按钮，完成操作。此时，软件输出结果出现在结果浏览窗口中。

3. 实例结果及分析

1）基本统计信息汇总表

表 4.7 给出了本实验成对样本的一些统计量。从表 4.7 中可以得到病人血压和血脂在疗程前后的平均值、标准偏差和标准误差平均值等统计量。直观上看，病人在疗程前后的血压和血脂有显著的差别。

表 4.7

		平均值（E）	数字	标准偏差	标准误差平均值
		配对样本统计			
配对 1	疗程初血压	138.44	16	29.040	7.260
	疗程末血压	124.38	16	29.412	7.353
配对 2	疗程初血脂	198.38	16	33.472	8.368
	疗程末血脂	190.31	16	33.508	8.377

2）相关性分析

表 4.8 所示为本实验成对样本的相关系数。从表 4.8 中可以得到疗程前后血压的相关系数为负值，但相应的概率值为 0.283，表示这个相关系数并不可靠；而治疗前后血脂的相关系数为正，相应的概率值为 0.000，血脂相关系数十分显著。

表 4.8

		数字	相关系数	显著性
		配对样本相关性		
配对 1	疗程初血压和疗程末血压	16	−286	0.283
配对 2	疗程初血脂和疗程末血脂	16	0.996	0.000

3）两配对样本 T 检验结果表

表 4.9 所示为本实验成对样本的配对 T 检验结果。从表 4.9 中可以得到疗程前后的血压和血脂之差的平均值、标准偏差、标准误差平均值、差值的 95% 的置信区间及 T 检验的值、自由度和显著性。由于治疗前后的血压 T 检验的概率值是 0.249，大于显著水平 0.05，所以可以认为这种保健品对病人血压的改善并没有多大作用；而治疗前后的血脂 T 检验的概率值是 0.000，小于 0.05 的显著水平，所以可认为保健品可以有效地改善病人的血脂状况。

表 4.9

		配对差值					t	自由度	显著性（双尾）
		平均值（E）	标准偏差	标准误差平均值	差值的 95% 置信区间				
					下限	上限			
		配对样本检验							
配对 1	疗程初血压-疗程末血压	14.063	46.875	11.719	−10.915	39.040	1.200	15	0.249
配对 2	疗程初血脂-疗程末血脂	8.063	2.886	0.722	6.525	9.600	11.175	15	0.000

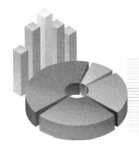

第 5 章
SPSS 的方差分析

方差分析（Analysis of Variance，ANOVA）是由英国统计学家 R.A.Fisher 于 1923 年提出的，它是一种利用试验获取数据并进行分析的统计方法，经常用于研究不同效应对指定试验的影响是否显著。常用的方差分析方法包括单因素方差分析、多因素方差分析、多元方差分析、协方差分析、重复设计方差分析。

通过对试验进行精心的设计，能够在有限的物质条件下（时间、金钱、人力等），从尽可能少的试验中获取数据，并最大限度地包含有用的信息，而方差分析就是从相应的试验数据中提取这种信息的统计分析方法。在科学试验和现代工业质量控制中，这套统计方法都得到了广泛的应用，并产生了很好的效果。

5.1 方差分析概述

方差分析把观测总变异的平方和及自由度分解为对应于不同变异来源的平方和及自由度，以此获得不同来源的变异的估计值，从而发现各个因素在总变异中的重要程度。通过计算这些变异估计的适当比值还可以做某些假设检验，例如，检验各样本所属总体的平均数是否相等。方差分析实质上是关于观测变异原因的数量分析，它在科学研究中的应用十分广泛。

5.1.1 方差分析的概念

在第 4 章中我们讨论了如何对一个总体及两个总体的均值进行检验，如要确定两种销售方式的效果是否相同，可以对零假设进行检验。但有时销售方式有很多种，这就是多个总体均值是否相等的假设检验问题，所采用的方法是方差分析。

方差分析有如下几个重要概念：

（1）因素（Factor）：指所要研究的变量，它可能对因变量产生影响。如果方差分析只针对一个因素进行，则称为单因素方差分析。如果同时针对多个因素进行，则称为多因素方差分析。

（2）水平（Level）：指因素的具体表现，如销售的 4 种方式就是因素的不同取值等级。

（3）单元（Cell）：指因素水平之间的组合。

（4）元素（Element）：指用于测量因变量的最小单位。一个单元中可以只有一个元素，也可以有多个元素。

（5）交互作用（Interaction）：如果一个因素的效应大小在另一个因素不同水平下明显不同，则称两因素间存在交互作用。

5.1.2　方差分析的基本思想

在表 5.1 中，要研究不同推销方式的效果，其实就归结为一个检验问题，设为第 i（i=1,2,3,4）种推销方式的平均销售量，即检验原假设是否为真。从数值上观察，4 个均值都不相等，方式二的销售量明显较大。

表 5.1

	1	2	3	4	5	水平均值
方式一	77	86	81	88	83	83
方式二	95	92	78	96	89	90
方式三	71	76	68	81	74	74
方式四	80	84	79	70	82	79
总均值						81.5

从表 5.1 中可以看到，20 个数据各不相同，这种差异可能是由如下两方面的原因引起的。

一是推销方式的影响。不同的方式会使人们产生不同的消费冲动和购买欲望，从而产生不同的购买行动。这种由不同水平造成的差异，称为系统性差异。

二是随机因素的影响。同一种推销方式在不同的工作日销量也会不同，因为来商店的人群数量不同，经济收入不同，当班服务员态度不同，这种由随机因素造成的差异，称为随机性差异。

两个方面产生的差异用两个方差来计量：

一是变量之间的总体差异，即水平之间的方差；二是水平内部的方差。前者既包括系统性差异，也包括随机性差异；后者仅包括随机性差异。

5.1.3　方差分析的基本假设

（1）各样本的独立性。即各组观察数据，是从相互独立的总体中抽取的。

（2）要求所有观察值都是从正态总体中抽取，且方差相等。在实际应用中能够严格满足这些假定条件的客观现象很少，在社会经济现象中更是如此。但一般应近似地符合上述要求。水平之间的方差（也称为组间方差）与水平内部的方差（也称为组内方差）之间的比值是一个服从 F 分布的统计量：

$$F=水平间方差/水平内方差=组间方差/组内方差$$

5.2　SPSS 在单因素方差分析中的应用

单因素方差分析也称为一维方差分析，它用来研究一个因素的不同水平是否对观测变量产生显著影响，即检验由单一因素影响的一个（或几个相互独立的）因变量由因素各水平分组的均值之间的差异是否具有统计意义。

5.2.1　单因素方差分析的基本原理

1．使用条件

应用方差分析时，数据应当满足如下条件：

- 在各个水平之下观察对象是独立随机抽样，即独立性；
- 各个水平的因变量服从正态分布，即正态性；
- 各个水平下的总体具有相同的方差，即方差齐性。

2．基本原理

方差分析认为：

$$SST（总的离差平方和）=SSA（组间离差平方和）+SSE（组内离差平方和）$$

如果在总的离差平方和中，组间离差平方和所占比例较大，则说明观测变量的变动主要是由因素的不同水平引起的，可以主要由因素的变动来解释，系统性差异给观测变量带来了显著影响；反之，如果组间离差平方和所占比例很小，则说明观测变量的变动主要是由随机变量因素引起的。

SPSS 将自动计算检验统计量和相伴概率 P 值，若 P 值小于或等于显著性水平 α，则拒绝原假设，认为因素的不同水平对观测变量产生显著影响；反之，接受零假设，认为因素的不同水平没有对观测变量产生显著影响。

3．多重比较检验问题

多重比较是通过对总体均值之间的配对比较来进一步检验到底哪些均值之间存在差异。

4．各组均值的精细比较

多重比较检验只能分析两两均值之间的差异性，但是有时候需要比较多个均值之间的差异性。具体操作是将其转化为研究这两组总的均值是否存在显著差异。这种比较是对各均值的某一线性组合结构进行判断。这种事先指定均值的线性组合，再对该线性组合进行检验的分析方法就是各组均值的精细比较。显然，可以根据实际问题，提出若干种检验问题。

5.2.2　单因素方差分析的 SPSS 操作详解

步骤 01 打开【单因素方差分析】对话框。

选择菜单栏中的【分析】|【比较均值】|【单因素 ANOVA】命令，弹出【单因素方差分析】对话框，如图 5.1 所示。这是单因素方差分析的主操作窗口。

步骤 02 选择因变量。

在【单因素方差分析】对话框的候选变量列表框中选择一个或几个变量，将其添加至【因变量列表】列表框中，选择的变量就是要进行方差分析的观测变量（因变量）。

步骤 03 选择因素变量。

在【单因素方差分析】对话框的候选变量列表框中选择一个变量，将其添加至【因子】列表框中，选择的变量就是要进行方差分析的因素变量。

步骤 04 均值 ANOVA 比较。

单击【对比】按钮，弹出如图 5.2 所示的对话框。

图 5.1　　　　　　　　　　　　　　　　　　图 5.2

步骤 05 均值多重比较。

单击【事后多重比较】按钮，弹出如图 5.3 所示的对话框。该对话框用于设置均值的多重比较检验。

图 5.3

（1）假定方差齐性（Equal Variances Assumed）时，有如下方法供选择：

- LSD：英文全称为 Least-Significant Difference，最小显著差数法，用 T 检验完成各组均值间的配对比较。

- Bonferroni：用 T 检验完成各组间均值的配对比较，但通过设置每个检验的误差率来控制整个误差率。

- Sidak：计算 T 统计量进行多重配对比较。可以调整显著性水平，比 Bonferroni 方法的界限要小。

- Scheffe：用 F 分布对所有可能的组合进行同时进入的配对比较。此法可用于检查组均值的所有线性组合，但不是公正的配对比较。

- R-E-G-W F：基于 F 检验的 Ryan-Einot-Gabriel-Welsch 多重比较检验。

- R-E-G-W Q：基于 Student Range 分布的 Ryan-Einot-Gabriel-Welsch range test 多重配对比较。

- S-N-K：用 Student Range 分布进行所有各组均值间的配对比较。

- Tukey：用 Student-Range 统计量进行所有组间均值的配对比较，用所有配对比较误差率作为实验误差率。

- Tukey's-b：用 Student Range 分布进行组间均值的配对比较，其精确值为前两种检验相应值的平均值。
- Duncan：指定一系列的 Range 值，逐步进行计算比较得出结论。
- Hochberg's GT2：用正态最大系数进行多重比较。
- Gabriel：用正态标准系数进行配对比较，在单元数较大时，这种方法较自由。
- Waller-Duncan：用 T 统计量进行多重比较检验，使用贝叶斯逼近的多重比较检验法。
- Dunnett：多重配对比较的 T 检验法，用于一组处理对一个控制类均值的比较。默认的控制类是最后一组。

（2）未假定方差齐性（Equal Variances not Assumed）时，有如下方法供选择：

- Tamhane's T2：基于 T 检验进行配对比较。
- Dunnett's T3：基于 Student 最大系数进行配对比较检验。
- Games-Howell：指方差不齐时的配对比较检验。
- Dunnett's C：基于 Student 极值的成对比较法。

（3）显著性水平（Significance）：确定各种检验的显著性水平，系统默认值为 0.05，可由用户重新设定。

步骤 06 其他选项输出。

单击【选项】按钮，弹出如图 5.4 所示的对话框。

图 5.4

在弹出的对话框中进行如下设置：

（1）Statistics 选项组用于选择输出统计量。

- 描述性：要求输出描述统计量。勾选此复选框可输出观测值容量、均值、标准差、标准误、最小值、最大值、各组中每个因变量的 95％置信区间。
- 固定和随机效果：显示固定和随机描述统计量。
- 方差同质性检验：计算 Levene 统计量进行方差齐性检验。
- Brown-Forsythe：计算检验组均值相等假设的布朗检验。在方差齐性假设不成立时，统计量比 F 统计量更优越。
- Welch：计算检验组均值相等假设的 Welch 统计量，在不具备方差齐性假设时，也是一个比 F 统计量更优越的统计量。

（2）平均值图用于根据各组均值变化描绘出因变量的分布情况。

（3）缺失值选项组中提供了缺失值处理方法，该选项和均值比较过程中的缺失值选项意义相同。

步骤07 相关统计量的 Bootstrap 估计。

单击 Bootstrap 按钮，弹出如图 5.5 所示的对话框。

图 5.5

- 描述统计表支持均值和标准差的 Bootstrap 估计。
- 多重比较表支持平均值差值的 Bootstrap 估计。
- 对比检验表支持对比值的 Bootstrap 估计和显著性检验。

5.2.3　实例图文分析：化肥种类对粮食产量的影响

1．实例内容

表 5.2 给出了某农业研究所对使用不同化肥后粮食产量的对比实验数据，实验对同一种作物的不同实验田分别施用普通钾肥、控释肥和复合肥并观测产量。利用单因素方差分析来分析不同的化肥对产量的影响。

表 5.2

产量	施肥类型
864	普通钾肥
875	普通钾肥
891	普通钾肥
873	普通钾肥
883	普通钾肥
859	普通钾肥
921	控释肥
944	控释肥

续表

产量	施肥类型
986	控释肥
929	控释肥
973	控释肥
963	控释肥
962	复合肥
941	复合肥
985	复合肥
974	复合肥
977	复合肥
938	复合肥

2．实例操作

把数据导入 SPSS 并整理，"施肥类型"变量中分别用"1、2、3"代表"普通钾肥、控释肥、复合肥"，如图 5.6 所示。

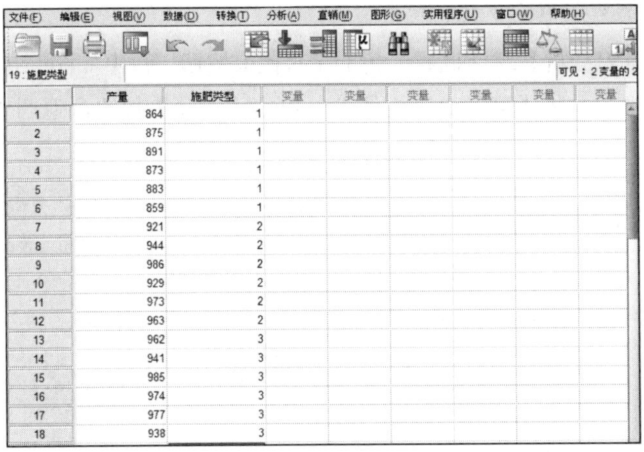

图 5.6

步骤01 打开【单因素 ANOVA】对话框。

打开数据文件，选择菜单栏中的【分析】|【比较平均值】|【单因素 ANOVA】命令，弹出【单因素 ANOVA】对话框。

步骤02 选择因变量。

在候选变量列表框中选择"产量"变量作为因变量，将其添加至【因变量列表】列表框中。

步骤03 选择因素变量。

在候选变量列表框中选择"施肥类型"变量，将其添加至【因子】列表框中，如图 5.7 所示。

步骤04 定义相关统计选项及缺失值处理方法。

单击【单因素方差分析】对话框中的【选项】按钮，在弹出的对话框中勾选【方差同质性检验】、【平均值图】复选框，如图 5.8 所示，然后单击【继续】按钮。

图 5.7   图 5.8

步骤 05 事后多重比较。

单击【单因素方差分析】对话框右上角的【事后多重比较】按钮，弹出如图 5.9 所示的对话框，勾选 Bonferroni 复选框，单击【继续】按钮。

步骤 06 对组间平方和进行线性分解并检验。

单击【单因素方差分析】对话框右上角的【对比】按钮，弹出如图 5.10 所示的对话框。勾选【多项式】复选框，并将【度】设置为线性，单击【继续】按钮，返回【单因素方差分析】对话框。

图 5.9   图 5.10

步骤 07 输出结果。

单击【确定】按钮，输出分析结果。

3. 实例结果及分析

表 5.3 为方差齐性检验的结果。从该表中可以得到 Levene 方差齐性检验的 P 值为 0.08，大于显著水平 0.05，因此基本可以认为样本数据之间的方差是齐次的。

表 5.3

方差同质性检验			
产量			
Levene 统计	df1	df2	显著性
3.009	2	15	0.080

表 5.4 为单因素方差分析的结果。从该表中可以看出，组间平方和是 28 254.778、组内平方和是 5 877.000，其中组间平方和的 F 值为 36.058，相应的概率值是 0.000，小于显著水平 0.05，因此不同的施肥类型对亩产量有显著的影响。另外，该表中也给出了线性形式的趋势检验结果，组间变异被施肥类型所能解释的部分是 23 585.333，被其他因素解释的有 4 669，并且组间变异被施肥类型所能解释的部分非常显著。

表 5.4

ANOVA						
产量						
			平方和	df	均方	F	显著性
组间	（组合）		28 254.778	2	14 127.389	36.058	0.000
	线性项	对比	23 585.333	1	23 585.333	60.197	0.000
		偏差	4 669.444	1	4 669.444	11.918	0.004
组内			5 877.000	15	391.800		
总计			34 131.778	17			

表 5.5 为多重比较的结果。从该表中可以看出，第一组和第二组、第三组的亩产量均值差非常明显，但是第二组与第三组的亩产量均值差却不是很明显。另外，还可以得到每组之间均值差的标准误、置信区间等信息。

表 5.5

多重比较						
因变量：产量						
Bonferroni(B)						
施肥类型（I）	施肥类型（J）	平均差（I-J）	标准错误	显著性	95% 置信区间	
					下限值	上限值
普通钾肥	控释肥	−78.500*	11.428	0.000	−109.28	−47.72
	复合肥	−88.667*	11.428	0.000	−119.45	−57.88
控释肥	普通钾肥	78.500*	11.428	0.000	47.72	109.28
	复合肥	−10.167	11.428	1.000	−40.95	20.62
复合肥	普通钾肥	88.667*	11.428	0.000	57.88	119.45
	控释肥	10.167	11.428	1.000	−20.62	40.95

注：*. 均值差的显著性水平为 0.05。

图 5.11 所示为各组的均值图。从图中可以清楚地看到不同的施肥类型对应的不同的亩产量均值。可见，第一组的亩产量最低，且与其他两组的亩产均值相差较大，而第二组和第三组之间的亩产均值差异不大，这个结果和多重比较的结果非常一致。

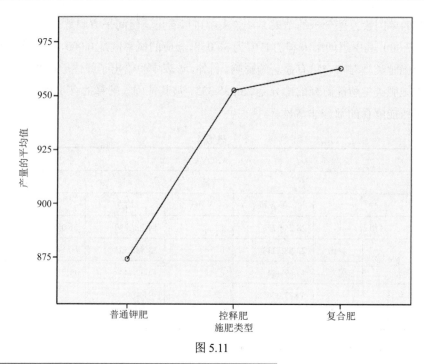

图 5.11

5.2.4 实例图文分析：药物对胰岛素水平的影响

1. 实例内容

表 5.6 为四种新型药物对白鼠胰岛素分泌水平的影响的测量结果，数据为白鼠的胰岛质量。试用单因素方差分析检验四种药物对胰岛素水平的影响是否相同。

表 5.6

测量编号	胰岛质量（g）	药物组
1	88.3	1
2	92.5	1
3	87.3	1
4	79.9	1
5	105.3	1
6	112.6	2
7	86.9	2
8	84.4	2
9	73.2	2
10	84.2	2
11	90.2	3
12	85.6	3
13	99.8	3
14	96.4	3
15	83.2	3
16	87.9	4
17	91.6	4

测量编号	胰岛质量（g）	药物组
18	95.6	4
19	84.6	4
20	102.3	4

2．实例操作

在用 SPSS 进行分析之前，先要把数据输入 SPSS 中。本例中有三个变量，分别是测量编号、胰岛质量和药物组。把这三个变量定义为数值型变量，然后输入相关数据。输入完成后，数据如图 5.12 所示。

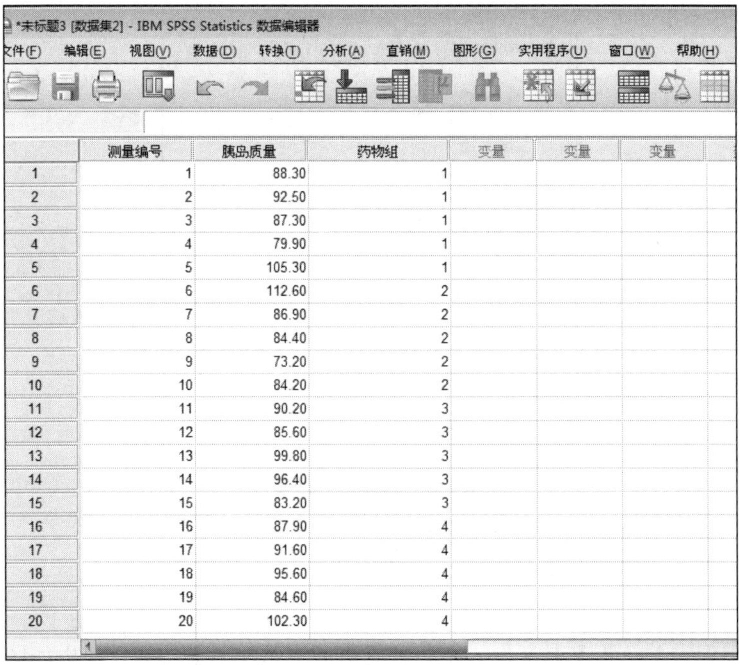

图 5.12

先保存数据，然后开始展开分析，步骤如下：

步骤 01 打开【单因素方差分析】对话框。

打开数据文件，选择菜单栏中的【分析】|【比较均值】|【单因素 ANOVA】命令，弹出【单因素方差分析】对话框，如图 5.13 所示。

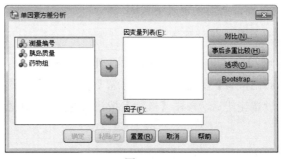

图 5.13

步骤 02 选择因变量。

在候选变量列表框中选择"胰岛质量"变量作为因变量,将其添加至【因变量列表】列表框中。

步骤 03 选择因素变量。

在候选变量列表框中选择"药物组"变量,将其添加至【因子】列表框中。

步骤 04 对组间平方和进行线性分解并检验。

单击【单因素方差分析】对话框右上角的【对比】按钮,弹出如图 5.14 所示的对话框。勾选【多项式】复选框,单击【继续】按钮返回【单因素方差分析】对话框。

图 5.14

步骤 05 事后多重比较。

单击【单因素方差分析】对话框右上角的【事后多重比较】按钮,弹出如图 5.15 所示的对话框。

当各组方差相等时,SPSS 共提供了 14 种多重比较的方法,其中最为常用的是 LSD 法。LSD 法即最小显著差异法,本质上是 T 检验的一个变形,并未对检验水准做任何矫正,只是在标准误的计算上充分利用了样本长处,为所有组的均数统一估计出了一个更为稳健的标准误,因此它一般用于计划好的多重比较。LSD 法一般被认为是最灵敏的,所以在【假定方差齐性】选项组下面勾选 LSD 复选框,其他设置采用默认。

步骤 06 定义相关统计选项及缺失值处理方法。

单击【单因素方差分析】对话框中的【选项】按钮,弹出如图 5.16 所示的对话框。在 Statistics 选项组中勾选【方差同质性检验】复选框,然后勾选【平均值图】复选框,对【缺失值】选项组采用系统默认设置。设置完毕后,单击【继续】按钮,返回【单因素方差分析】对话框。

步骤 07 输出结果。

设置完毕,单击【确定】按钮,输出结果。

图 5.15

图 5.16

3．实例结果及分析

1）方差齐次性检验表

从表 5.7 中可以看出，输出的显著性为 0.896，远大于 0.05，因此各组的总体方差相等。

表 5.7

方差同质性检验			
胰岛质量			
Levene 统计	df1	df2	显著性
0.198	3	16	0.896

2）方差分析表

从表 5.8 中可以看出，总离差平方和为 681.858，组间离差平方和为 108.106，组内离差平方和为 573.752，组间离差平方和中可以被解释的部分为 36.035；方差检验 $F=1.005$，对应的显著性为 0.416，大于显著性水平 0.05。

表 5.8

ANOVA							
胰岛质量							
			平方和	df	均方	F	显著性
组之间	（组合）		108.106	3	36.035	1.005	0.416
	线性项	对比	97.220	1	97.220	2.711	0.119
		偏差	10.886	2	5.443	0.152	0.860
组内			573.752	16	35.860		
总计			681.858	19			

3）多重比较表（LSD 法）

从表 5.9 中可以发现，药物各组之间的显著性都大于显著性水平 0.05，说明这几组之间的差异不显著。

表 5.9

多重比较						
因变量：胰岛质量						
LSD（L）						
药物组（I）	药物组（J）	平均差（I-J）	标准 错误	显著性	95% 置信区间	
					下限值	上限值
1	2	−2.740 00	3.787 32	0.480	−10.76 88	5.288 8
	3	−2.840 00	3.787 32	0.464	−10.86 88	5.188 8
	4	−6.540 00	3.787 32	0.103	−14.568 8	1.488 8
2	1	2.740 00	3.787 32	0.480	−5.288 8	10.768 8
	3	−.100 00	3.787 32	0.979	−8.128 8	7.928 8
	4	−3.799 99	3.787 32	0.331	−11.828 8	4.228 8
3	1	2.840 00	3.787 32	0.464	−5.188 8	10.868 8
	2	0.100 00	3.787 32	0.979	−7.928 8	8.128 8
	4	−3.700 00	3.787 32	0.343	−11.728 8	4.328 8
4	1	6.540 00	3.787 32	0.103	−1.488 8	14.568 8
	2	3.799 99	3.787 32	0.331	−4.228 8	11.828 8
	3	3.700 00	3.787 32	0.343	−4.328 8	11.728 8

4）均值折线图

从图 5.17 中可以发现，药物组 2 的均值相对较小。

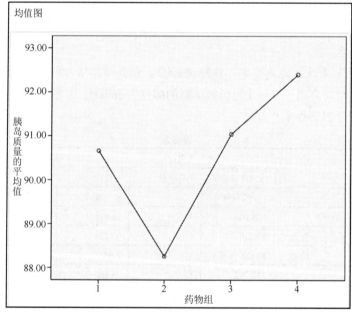

图 5.17

5.3 SPSS 在多因素方差分析中的应用

SPSS 的“单变量”分析过程，可以对完全随机设计资料、配伍设计资料、析因设计资料、正交设计资料等进行多因素方差分析或协方差分析。输出的分析结果包括：描述性统计量、参数估计值、对照系数矩阵、方差齐次性检验结果、水平散点图、残差图等，还可以选择执行多项式比较、均值多重比较等功能。

5.3.1　多因素方差分析的基本原理

1．方法概述

多因素方差分析是对一个独立变量是否受一个或多个因素或变量影响而进行的方差分析。它不仅能够分析多个因素对观测变量的独立影响，更能够分析多个因素的交互作用能否对观测变量产生显著影响。例如，对稻谷产量进行分析时，单纯考虑耕地深度或施肥量都会影响产量，若深耕和适当的施肥的同时进行可能会使产量成倍增加，这时，耕地深度和施肥量就可能存在交互作用。

2．基本原理

由于多因素方差分析中观察变量不仅要受到多个因素独立作用的影响，而且因素其交互作用和一些随机因素都会对变量产生影响。因此观测变量值的波动要受到多个控制变量独立作用、控制变量交互作用及随机因素三方面的影响。以两个因素为例，可以表示为

$$Q_{总} = Q_{控1} + Q_{控2} + Q_{控1}Q_{控2} + Q_{随}$$

其中，Q 表示各部分对应的离差平方和。多因素方差分析比较 $Q_{控1}$、$Q_{控2}$ $Q_{控1}$ $Q_{控2}$、$Q_{随}$、$Q_{总}$ 占的比例，以此推断不同因素及因素之间的交互作用是否给观测变量带来显著影响。

3．软件使用方法

多因素方差分析仍然采用 F 检验，其零假设是 H_0：各因素不同水平下观测变量的均值无显著差异。SPSS 将自动计算 F 值，并依据 F 分布表给出相应的概率 P 值。可以根据相伴概率 P 值和显著性水平 α 的大小关系来判断各因素的不同水平对观测变量是否产生了显著性影响。

5.3.2　多因素方差分析的 SPSS 操作详解

步骤01 打开【单变量】对话框。

选择菜单栏中的【分析】|【一般线性模型】|【单变量】命令，弹出如图 5.18 所示的【单变量】对话框，这是多因素方差分析的主操作窗口。

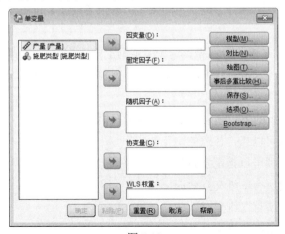

图 5.18

[步骤 02] 选择分析变量。

在【单变量】对话框的候选变量列表框中，将相应变量选择进入右侧的列表框中，其目的是设置分析变量。

- 选择观测变量（因变量）：添加至【因变量】列表框中。
- 选择因素变量：添加至【固定因子】列表框中。
- 选择随机变量：添加至【随机因子】列表框中。
- 选择协变量：添加至【协变量】列表框中。
- 选择权重变量：添加至【WLS 权重】列表框中。

[步骤 03] 模型选择。

单击【模型】按钮，弹出如图 5.19 所示的【单变量：模型】对话框。该对话框用于选择分析模型。

图 5.19

1）【全因子】选项

系统默认选项。选择该项可建立全因素模型，包括所有因素变量的主效应和所有的交互效应。例如，有三个因素变量，全模型包括三个因素变量的主效应、两两的交互效应和三个因素的交互效应。选择该项后无须进行进一步的操作，单击【继续】按钮即可返回主对话框。

2）【定制】选项

建立用户自定义的方差分析模型。选中【定制】单选按钮后，【因子与协变量】、【模型】和【构建项】选项被激活。在【因子与协变量】列表框中自动列出可以作为因素变量的变量名。

在【构建项】选项组的下拉列表框中，可以选择模型的形式。

- 交互：选择此项可以指定任意的交互效应。
- 主效应：选择此项可以指定主效应。
- 所有二阶：指定所有 2 维交互效应。
- 所有三阶：指定所有 3 维交互效应。
- 所有四阶：指定所有 4 维交互效应。

- 所有五阶：指定所有 5 维交互效应。

在【平方和】选项组的下拉列表框中，可以选择模型的形式。

- 类型Ⅰ项：一般适用于平衡的 ANOVA 模型。
- 类型Ⅱ项：一般适用于平衡的 ANOVA 模型、主因子效应模型、回归模型和嵌套设计。
- 类型Ⅲ项：系统默认的平方和分解法。适用于平衡的 ANOVA 模型和非平衡的 ANOVA
  模型。凡适用于 Type Ⅰ 和 Type Ⅱ 的模型均可以用该法。
- 类型Ⅳ项：一般适用于 Type Ⅰ 和 Type Ⅱ 方法的模型、有缺失值的平衡或不平衡模型。

【在模型中包含截距】复选框：系统默认选项，通常截距包括在模型中。如果能假设数据
通过原点，可以不包括截距，即不选择此项。

步骤 04 选择比较方法。

单击【继续】按钮，弹出如图 5.20 所示的【单变量：对比】对话框。在【因子】列表框中
显示出所有在主对话框中选中的因素变量。因素变量名后的括号中的内容是当前的比较方法。
在该列表框中选择想要改变比较方法的因子，即单击选中的因子。这一操作使【更改对比】选
项组中的各项被激活。展开【对比】下拉列表，可得到各类比较方法。

图 5.20

- 无：不进行均数比较。
- 偏差：偏差比较法。除被忽略的水平外，比较预测变量或因素变量的每个水平的效应。
  可以选择【最后一个】（最后一个水平）或【第一个】（第一个水平）作为忽略的水平。
- 简单：简单比较法。除作为参考的水平外，对预测变量或因素变量的每一水平都与参考
  水平进行比较。选择【最后一个】或【第一个】作为参考水平。
- 差值：差值比较法。对预测变量或因素每一水平的效应，除第一水平外，都与其前面各
  水平的平均效应进行比较。与 Helmert 比较法相反。
- Helmert：Helmert 法。对预测变量或因素的效应，除最后一个水平外，都与后面的各水
  平的平均效应相比较。
- 重复：重复比较法。对预测变量或因素的效应，除第一水平外，对每一水平都与它前面
  的水平进行比较。
- 多项式：多项式比较。比较线性、二次、三次等效应，常用于估计多项式趋势。

步骤 05 选择轮廓图。

单击【绘图】按钮，弹出如图 5.21 所示的对话框，在该对话框中设置均值轮廓图。从【因子】列表框中选择一个因素变量移入【水平轴】列表框（水平轴）定义轮廓图的横坐标。选择另一个因素变量移入【单图】列表框定义轮廓图的区分线。如果需要再从【因子】列表框中选择一个因素变量移入【多图】列表框定义轮廓图的区分图。上述选择确定以后，单击【添加】按钮加以确定。若需要对加入列表框的选择结果进行修正，则可单击【更改】和【删除】按钮。

图 5.21

步骤 06 选择多重比较。

单击【事后多重比较】按钮，弹出如图 5.22 所示的对话框。该对话框用于对均值作多重比较检验。从【因子】列表框中选择相关变量使被选变量进入【事后检验】列表框。不难发现，此对话框与单因素方差分析模型的【事后多重比较检验】对话框大致相同，各选项意义也一致。

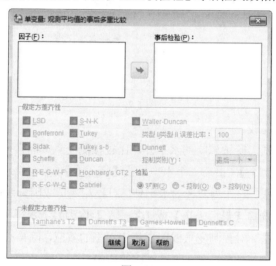

图 5.22

步骤 07 预测值保存。

单击【保存】按钮，弹出如图 5.23 所示的对话框。通过在对话框中的选择，可以将所计算的预测值、残差和检测值作为新的变量保存在编辑数据文件中，以便于在其他统计分析中使用这些值。

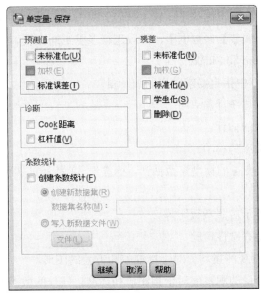

图 5.23

最后可以勾选【创建系数统计】复选框，将参数协方差矩阵保存到一个新文件中。单击【文件】按钮，打开相应的对话框将文件保存。

步骤 08 其他选项选择。

单击【选项】按钮，弹出如图 5.24 所示的对话框。

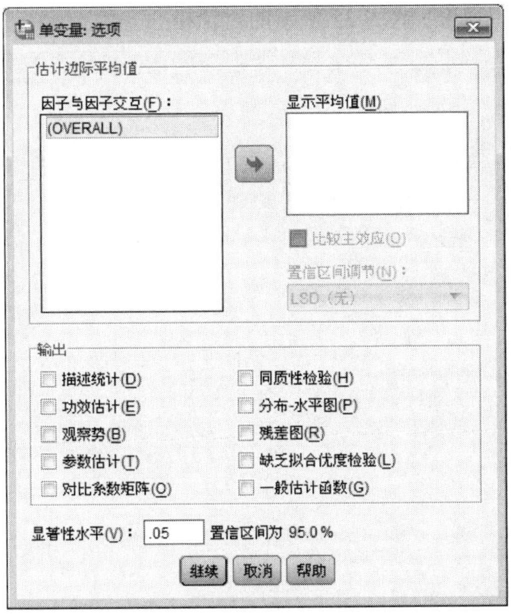

图 5.24

各选项含义如下。

①【估计边际均值】：用于估计边际均值设置。

在【因子与因子交互】列表框中列出【模型】对话框中指定的效应项，在该列表框中选定因素变量的各种效应项。可以将其移入到【显示平均值】列表框中。在【显示平均值】列表框中有主效应时，勾选此列表框下面的【比较主效应】复选框，对主效应的边际均值进行组间的配对比较。在【置信区间调节】参数框中，可以进行多重组间比较。打开下拉菜单，共有三个选项：LSD(无)、Bonferroni 和 Sidak。

② 在【输出】列表框中指定要求输出的统计量。

- 描述统计：输出描述统计量。
- 功效统计：效应量的估计。
- 观察势：功效检验或势检验。
- 参数估计：各因素变量的模型参数估计、标准误、T 检验的 T 值、显著性概率和 95％的置信区间。
- 对比系数矩阵：显示对照系数矩阵。
- 同质性检验：方差齐次性检验。
- 分布-水平图：绘制观测量均值对于标准差和方差的图形。
- 残差图：绘制因变量的观察值对于预测值和标准化残差的散点图。
- 缺乏拟合优度检验：拟合度不足检验。检查独立变量和非独立变量间的关系是否被充分描述。
- 一般函数估计：可以根据一般估计函数自定义假设检验。

③【显著性水平】文本框：改变【置信区间】内多重比较的显著性水平。

步骤 09 相关统计量的 Bootstrap 估计。

单击 Bootstrap 按钮，弹出如图 5.25 所示的对话框。

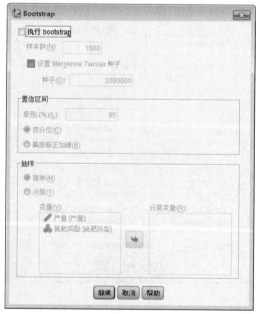

图 5.25

在弹出的对话框中可以进行如下统计量的 Bootstrap 估计：

- 描述统计表支持均值和标准差的 Bootstrap 估计；
- 参数估计值表支持系数、B 的 Bootstrap 估计和显著性检验；

- 对比结果表支持差值的 Bootstrap 估计和显著性检验；
- 估计值表支持均值的 Bootstrap 估计；
- 成对比较表支持平均值差值的 Bootstrap 估计；
- 多重比较表支持平均值差值的 Bootstrap 估计。

步骤 10 输出结果。

单击【确定】按钮，结束操作，SPSS 软件自动输出结果。

5.3.3　实例图文分析：薪金的区别

1．实例内容

假设某一杂志的记者要考查职业为财务管理、计算机程序员和药剂师的男、女雇员其每周的薪金之间是否有显著性差异。从每种职业中分别选取了 5 名男性和 5 名女性组成样本，并且记录下来样本中每个人的周薪金（单位：美元）。所得数据见表 5.10。请分析职业和性别对薪金有无显著影响。

表 5.10

职业	性别	每周薪金
财务管理	男	872
财务管理	男	859
财务管理	男	1028
财务管理	男	1 117
财务管理	男	1 019
财务管理	女	519
财务管理	女	702
财务管理	女	805
财务管理	女	558
财务管理	女	591
计算机程序员	男	747
计算机程序员	男	766
计算机程序员	男	901
计算机程序员	男	690
计算机程序员	男	881
计算机程序员	女	884
计算机程序员	女	765
计算机程序员	女	685
计算机程序员	女	700
计算机程序员	女	671
药剂师	男	1 105
药剂师	男	1 144
药剂师	男	1 085
药剂师	男	903
药剂师	男	998

续表

职业	性别	每周薪金
药剂师	女	813
药剂师	女	985
药剂师	女	1 006
药剂师	女	1 034
药剂师	女	817

2. 实例操作

由于薪金水平的高低和所从事的职业、性别等因素都有关系。因此这里要考虑两个因素水平下的薪金差异问题，即建立双因素的方差分析模型。本案例中，职业和性别是两个影响因素，而每周薪金是因变量。同时，也要考虑职业和性别这两个因素之间有无交互作用。具体操作步骤如下。

步骤 01 打开【单变量】对话框。

打开数据文件，选择菜单栏中的【分析】|【一般线性模型】|【单变量】命令，弹出【单变量】对话框，如图 5.26 所示。

步骤 02 选择因变量。

在候选变量列表框中选择"每周薪金"变量作为因变量，将其添加至【因变量】列表框中。

步骤 03 选择因素变量。

选择"职业"和"性别"变量作为因素变量，将它们添加至【固定因子】列表框中，如图 5.27 所示。

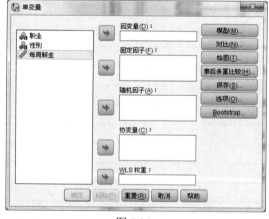

图 5.26

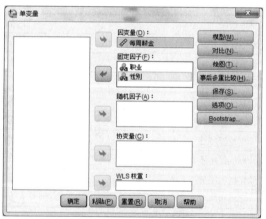

图 5.27

步骤 04 选择多重比较。

单击【事后多重比较】按钮，弹出如图 5.28 所示的对话框。在【因子】列表框中选择"职业"变量至【事后检验】列表框，并且勾选 LSD 复选框。这里表示要进行职业变量的多重比较。再单击【继续】按钮，返回主对话框。

步骤 05 其他选项选择。

单击【选项】按钮，弹出如图 5.29 所示的对话框。勾选【描述统计】复选框表示输出描述性统计量；勾选【同质性检验】复选框表示输出方差齐性检验表。再单击【继续】按钮，返回主对话框。

图 5.28　　　　　　　　　　　　　　　　　图 5.29

步骤 06 完成操作。

最后，单击【确定】按钮，操作完成。

3．实例结果及分析

1）描述性统计分析表

表 5.11 和表 5.12 为对样本数据的基本描述结果。表 5.11 列出了各种水平下的样本个数。表 5.12 列出了不同职业、性别每周薪金的样本均值和标准差。从数值大小比较看，不少职业和性别之间每周薪金差异较大，说明有进一步采用方差分析的必要。

表 5.11

主体间因子		值标签	数字
性别	1	男	15
	2	女	15
职业	1	财务管理	10
	2	计算机程序员	10
	3	药剂师	10

表 5.12

描述统计				
因变量：每周薪金				
性别	职业	平均值	标准偏差	数字
男	财务管理	979.00	110.560	5
	计算机程序员	797.00	90.529	5

描述统计				
因变量：每周薪金				
性别	职业	平均值	标准偏差	数字
	药剂师	1 047.00	96.636	5
	总计	941.00	142.956	15
女	财务管理	635.00	116.951	5
	计算机程序员	741.00	87.667	5
	药剂师	931.00	107.320	5
	总计	769.00	159.562	15
总计	财务管理	807.00	210.672	10
	计算机程序员	769.00	89.047	10
	药剂师	989.00	114.049	10
	总计	855.00	172.650	0

2）方差齐性检验

SPSS 的结果报告接着列出了方差齐性检验结果，见表 5.13。由于这里采用的是 Levene 检验法，故表格首先显示 Levene 统计量等于 0.383。由于概率 P 值 0.856 明显大于显著性水平，故认为样本数据的方差是相同的，满足方差分析的前提条件。

表 5.13

误差方差的齐性 Levene's 检验 [a]			
因变量：每周薪金			
F	df1	df2	显著性
0.383	5	24	0.856

注：1）检验各组中因变量的误差方差相等的零假设。

  2）设计：截距 + 性别 + 职业 + 性别 * 职业。

3）双因素方差分析检验表

在表 5.14 中，第一行的"校正的模型"是对所用方差分析模型的检验，其原假设为模型中所有的影响因素均无作用，即性别、职业及两者的交互作用等对每周薪金都无显著影响。该检验的 P 值远小于 0.05，因此所用模型有统计学意义，上述所提到的因素中至少有一个是有显著差异的，但具体是哪些则需要阅读后面的分析结果。第二行是对模型中常数项是否等于 0 进行的检验，虽然根据概率 P 值判断它显著不等于零，但它在分析中没有实际意义，忽略即可。 第三、四行分别是对性别、职业的影响效应进行的检验，其零假设分别是：性别或职业对薪金没有显著性差异。但这两行对应的相伴概率 P 都接近 0，显然小于显著性水平 0.05。可见，两者分别对薪金有显著性影响。

第五行是对性别和职业的交叉作用进行检验，可见 P 为 0.011，小于显著性水平，表示交互作用对观测变量每周薪金有显著性影响作用。

从上述方差分析结果看到，性别、职业及其两者的交互项都直接影响了每周薪金的高低，存在统计学意义下的显著差异。

表 5.14

源	III 类平方和	自由度	均方	F	显著性
主体间效应的检验					
因变量：每周薪金					
校正的模型	61 3880.000[a]	5	122 776.000	11.761	0.000
截距	21 930 750.000	1	21 930 750.000	2 100.714	0.000
性别	221 880.000	1	221 880.000	21.254	0.000
职业	276 560.000	2	138 280.000	13.246	0.000
性别 * 职业	115 440.000	2	57 720.000	5.529	0.011
错误	250 552.000	24	10 439.667		
总计	22 795 182.000	30			
校正后的总变异	864 432.000	29			

注：a. $R^2 = 0.710$ （调整后的 $R^2 = 0.650$）。

4）多重比较检验结果

表 5.15 为不同职业之间每周薪金均值的比较结果。表中的星号表示在显著性水平 0.05 的条件下，相应的两组均值存在显著性差异。可以通过比较表中概率 P 值的大小来判断职业之间的薪金水平是否有显著差异。从结果来看，药剂师和其他两个职业的每周薪金存在显著性差异。该职业的平均薪金要明显高于财务管理和计算机程序员职业。

表 5.15

（I）职业	（J）职业	平均值差值（I-J）	标准错误	显著性	95%的置信区间	
多重比较						
因变量：每周薪金						
LSD（L）						
					下限值	上限值
财务管理	计算机程序员	38.00	45.694	0.414	−56.31	132.31
	药剂师	−182.00*	45.694	0.001	−276.31	−87.69
计算机程序员	财务管理	−38.00	45.694	0.414	−132.31	56.31
	药剂师	−220.00*	45.694	0.000	−314.31	−125.69
药剂师	财务管理	182.00*	45.694	0.001	87.69	276.31
	计算机程序员	220.00*	45.694	0.000	125.69	314.31

注：1）基于观察到的平均值，误差项是均方（误差）=10 439.667。

2）*.均值差的显著性水平为 0.05。

5.4 SPSS 在协方差分析中的应用

某些情况下，在进行方差分析的过程中对部分变量的水平难以进行人为控制。针对这种情况，统计学家发展出了协方差分析方法，即先用线性回归剔除干扰因素后再进行方差分析。

5.4.1 协方差分析的基本原理

1. 方法概述

无论是单因素方差分析还是多因素方差分析，它们都有一些可以人为控制的因变量。但在实际问题中，有些随机因素是很难人为控制的，但它们又会对结果产生显著的影响。如果忽略这些因素的影响，则有可能得到不正确的结论。

利用协方差分析就可以完成这样的功能。协方差分析是将那些很难控制的因素作为协变量。在排除协变量影响的条件下，分析因素变量对观察变量的影响，从而更加准确地对因素变量进行评价。这种方法要求协变量应是连续数值型变量，多个协变量间互相独立，且与因素变量之间也没有交互影响。

2. 基本原理

在协方差分析中，将观察变量总的离差平方和分解为由因变量引起的、由因变量的交互作用引起的、由协变量引起的和由其他随机因素引起的。以双因素协方差分析为例，观察变量总的离差平方和可以分解为

$$Q_{总}=Q_{协}+Q_{控1}+Q_{控2}+Q_{控1控2}+Q_{随}$$

也可以理解为

$$Q_{总}-Q_{协}=Q_{控1}+Q_{控2}+Q_{控1控2}+Q_{随}$$

即在扣除协变量对观察变量的影响后，分析因变量对观察变量的影响。协方差分析也采用 F 检验法，处理计算思路和多因素方差分析相似。

5.4.2 协方差分析的 SPSS 操作详解

1. 确定是否存在协变量

采用协方差分析时，首先就应该明确是否存在某些因素对因变量造成影响，特别是一些难以人为控制的因素，如年龄、身高和体重等，它们的不同水平可能对因变量产生较为显著的影响。此时可以绘制图形，观察协变量和因变量之间有无关联性。若从图形中可以判断两者有显著关系，则可以引入协方差分析。但这也是一种辅助判断方法，只有通过协方差检验结果才能更清晰地说明这种协变量的存在性。

2. "Univariate" 过程中引入协变量

由于协方差分析也采用【一般线性模型】中的【单变量】命令，因此它的基本操作和多因素方差分析的 SPSS 操作是相同的，这里就不再重复。而【单变量】对话框中的各类辅助选项的用法也和多因素方差分析相同。

5.4.3 实例图文分析：人体的血清胆固醇

1. 实例内容

某医生欲了解成年人体重正常者与超重者的血清胆固醇是否不同。而胆固醇含量可能与年龄有关系，具体资料数据见表 5.16。请建立模型分析体重对人体胆固醇含量的影响，同时也要兼顾年龄的因素。

表 5.16

年龄	组别	胆固醇	年龄	组别	胆固醇
48	正常组	3.5	58	超重组	7.3
33	正常组	4.6	41	超重组	4.7
51	正常组	5.8	71	超重组	8.4
43	正常组	5.8	76	超重组	8.8
44	正常组	4.9	49	超重组	5.1
63	正常组	8.7	33	超重组	4.9
49	正常组	3.6	54	超重组	6.7
42	正常组	5.5	65	超重组	6.4
40	正常组	4.9	39	超重组	6
47	正常组	5.1	52	超重组	7.5
41	正常组	4.1	45	超重组	6.4
41	正常组	4.6	58	超重组	6.8
56	正常组	5.1	67	超重组	9.2

2. 实例操作

案例中需要分析体重对人体的血清胆固醇有无直接影响，同时体重这个因素分为正常组和超重组两个水平，因此可以考虑单因素方差分析模型。但如果仅分析体重的影响作用，而不考虑实验对象年龄的差异，那么得出的结论可能不准确。这是因为年龄的大小在一定程度上会影响人体的血清胆固醇含量的高低。因此，为了更准确地描述体重对人体的血清胆固醇的影响，就应该尽量排除年龄因素对分析结果的影响。所以将年龄作为协变量引入模型，考虑建立协方差分析模型。

把数据导入 SPSS 并整理，"组别"变量中分别用"1、2"代表"正常组、超重组"，如图 5.30 所示。

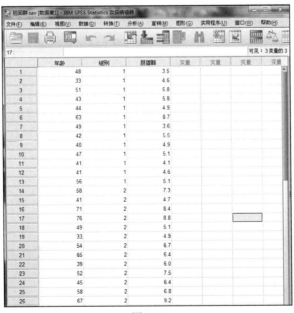

图 5.30

步骤01 打开【简单散点图】对话框，并设置参数。

选择菜单栏中的【图形】|【旧对话框】|【散点图/点图】|【简单分布】命令，弹出【简单散点图】对话框，如图 5.31 所示。在候选变量列表框中选择"胆固醇"变量移入【Y 轴】列表框中，选择"年龄" 变量移入【X 轴】列表框中，选择"组别"变量移入【设置标记】列表框中。

步骤02 打开【单变量】对话框。

选择菜单栏中的【分析】|【一般线性模型】|【单变量】命令，弹出【单变量】对话框。

步骤03 设置变量。

在候选变量列表框中选择"胆固醇"变量作为因变量，将其添加至【因变量】列表框中。选择"组别"作为因素变量，将其添加至【固定因子】列表框中，选择"年龄"作为协变量，将其添加至【协变量】列表框中，如图 5.32 所示。

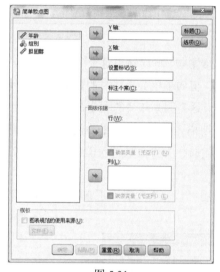

图 5.31

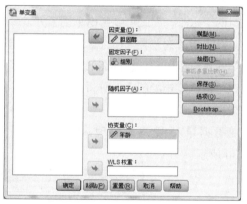

图 5.32

步骤04 其他选项选择。

单击【选项】按钮，弹出【单变量：选项】对话框，如图 5.33 所示。勾选【描述统计】复选框表示输出描述性统计量；勾选【同质性检验】复选框表示输出方差齐性检验表。再单击【继续】按钮，返回主对话框。

步骤05 完成操作。

最后，单击【确定】按钮，操作完成。

3．实例结果及分析

1）散点图

散点图中，年龄为 X 轴，胆固醇为 Y 轴，体重组别作为分组标记，作出的散点图如图 5.34 所示。从该图中

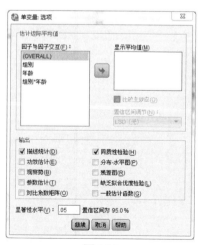

图 5.33

可以看到，实验对象的年龄和体内血清胆固醇含量呈较为明显的线性关系，且不同组别的斜率都基本相同。因此，可以将年龄变量作为协变量参与协方差分析。

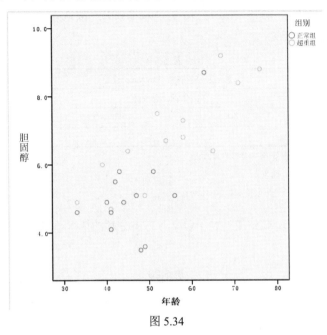

图 5.34

2）描述性统计分析表

表 5.17 和表 5.18 分别为对样本数据的基本描述结果。表 5.17 列出了两个组别的样本个数。表 5.18 列出了不同体重级别人群胆固醇含量的样本均值和标准差。从数值大小比较看，这两组人群胆固醇含量有一定的差异性，可以进一步采用方差分析。

表 5.17

主体间因子			
		值标签	数字
组别	1	正常组	13
	2	超重组	13

表 5.18

主体间效应的检验					
因变量：胆固醇					
源	III 类平方和	自由度	均方	F	显著性
校正的模型	42.995[a]	2	21.498	23.493	0.000
截距	1.527	1	1.527	1.668	0.209
年龄	24.380	1	24.380	26.642	0.000
组别	4.458	1	4.458	4.872	0.038
错误	21.047	23	0.915		
总计	980.940	26			
校正后的总变异	64.042	25			

注：a. $R^2 = 0.671$ （调整后的 $R^2 = 0.643$）。

3）方差齐性检验

SPSS 的结果报告接着列出了方差齐性检验结果，见表 5.19。表格首先显示 Levene 统计量等于 0.818。由于概率 P 值 0.375 明显大于显著性水平 0.05，故认为两组样本数据的方差相同，满足方差分析的前提条件。

表 5.19

误差方差的齐性 Levene's 检验 [a]			
因变量：胆固醇			
F	df1	df2	显著性
0.818	1	24	0.375

注：1）检验各组中因变量的误差方差相等的零假设。

2）设计为截距 + 年龄 + 组别。

4）协方差检验结果

表 5.20 列出了协方差检验结果，表中包括各方差分解的情况、自由度、均方、F 统计量值和概率 P 值。

表 5.20

主体间效应的检验					
因变量：胆固醇					
源	III 类平方和	自由度	均方	F	显著性
校正的模型	42.995[a]	2	21.498	23.493	0.000
截距	1.527	1	1.527	1.668	0.209
年龄	24.380	1	24.380	26.642	0.000
组别	4.458	1	4.458	4.872	0.038
错误	21.047	23	0.915		
总计	980.940	26			
校正后的总变异	64.042	25			

注：a. $R^2 = 0.671$ （调整后的 $R^2 = 0.643$）。

综合起来，年龄因素对人体内胆固醇含量有显著的影响；同时，在排除年龄因素的影响后，不同体重级别对胆固醇含量的影响也存在显著的差异。可以通过表 5.19 看到，超重组的胆固醇含量要高于正常组的胆固醇含量。

5.5 重复测量方差分析

重复测量是对同一个因变量进行重复检验的一种实验设计技术，可以是在同一条件下的重复，也可以是在不同条件下的重复。进行重复测量方差分析的数据结构与其他类型的方差分析有所不同，它要求将被试对象的若干次测验结果作为单一因变量出现在数据文件中。

5.5.1 重复测量方差分析的原理

重复测量方差分析是对同一因变量进行重复测量的一种实验设计技术，可以是同一条件下进行的重复测量，目的在于研究各种处理之间是否存在显著性差异的同时，研究受试者之间的差异、受试者几次测量之间的差异以及受试者与各种处理间的交互效应。例如，研究一种教学方法对学生学习成绩的影响。在实验过程中，对被试对象进行前测、后测，这种试验是在同一条件下进行的重复测量。

重复测量方差分析也可以是不同条件下的重复测量，目的在于研究各种处理间是否存在显著性差异的同时，研究形成重复测量条件之间的差异以及这些条件与处理间的交互效应。例如，研究被试对象对 3 种视觉刺激的反应。在实验过程中，每个被试对象选用一种刺激方法重复测试 3 次，这种试验就是在不同条件下进行的重复测量。

在重复测量设计的方差分析中总离差平方和被分解为处理间的离差平方和、受试者之间的离差平方和以及受试者内的离差平方和。这些离差平方和除以各自的自由度得到相应的均方，它们与误差均方之商即为 F 检验的 F 值。

因素水平间的离差与受试者间的离差称为组间因素（Between-subject Factors）造成的组内离差，被试者内的离差称为组内因素（With-subject Factors）造成的组内离差。

5.5.2　重复测量方差分析的 SPSS 操作详解

步骤 01 打开【重复测量定义因子】对话框。

选择菜单栏中的【分析】|【一般线性模型】|【重复测量】命令，弹出如图 5.35 所示的【重复测量定义因子】对话框。

图 5.35

步骤 02 定义组内因素名及水平。

在该对话框中可以定义组内因素名及水平。

● 被试内因子名称

在该文本框中输入组内因素变量名，最多只能有 8 个字符，但不能和数据集的变量名重复，可以设定多个组内因素变量，但最多只能设定 18 个。

● 级别数

在该参数框中输入变量的水平数。当组内因素变量名框和该框都输入值时，下面的【添加】按钮变为有效。单击该按钮，定义表达式显示在右侧的列表框中。如果输入的组内因素变量名和列表框内已定义的变量名重复，则【添加】按钮将不被激活。

在该参数框下方有"添加""更改"和"删除"3 个按钮，这 3 个按钮用于添加、修改和删除在列表框中的定义表达式。当列表框内有已定义的表达式时，此时在组内因素变量名框和水平框内都输入值，则【更改】按钮激活。单击该按钮，定义的新表达式将替换原表达式并显示在右侧列表框中；当列表框内有已定义的表达式时，选中要删除的表达式，则【删除】按钮激活，单击该按钮，即可删除选中的表达式。

● 测量名称

如果对每个组内因素所代表的变量的测量仍有重复，可以在【测量名称】参数框中输入表示重复测试的变量，定义方法同上。

所有定义结束后，单击【定义】按钮，打开【重复测量】对话框，如图 5.36 所示。

图 5.36

下面介绍该对话框中各部分的功能。

● 因素框。最左边的列表框即因素框，该框中显示了在数据文件中输入的所有变量。
● 主体内部变量。该列表框中显示了在组内因素定义对话框中定义的所有因素水平与测度的组合，标有群内变，其后是经定义的组内变量名。

在该列表框中有一系列的_?_（n），表示组内变量第 n 个水平。从左边因素列表框中选择用户认为是组内因素变量第 n 水平的变量，选中该变量后单击向右箭头即可将其移入该列表框。此时，_?_（1）变为变量名(1)。用户可以通过单击按钮来调整该框内变量的位置顺序，以改变组内因素变量的对应关系。

值得注意的是，组内因素变量水平组合表达式括号内是水平组合。

● 因子列表。这是组间因素列表框，在该列表框中可以定义一个或多个组间因素变量，以将原数据集分成几个独立的子集。
● 协变量。该框是协变量列表框，可以用协变量和因变量定义一个回归模型。

在【重复度量】对话框的右侧有【模型】、【对比】、【绘制】、【两两比较】、【保存】和【选项】按钮，这些按钮的功能，此处不再重复讨论。

步骤 03 完成操作。

单击【确定】按钮，结束操作，SPSS 软件自动输出结果。

5.5.3 实例图文分析：教学方法的教学结果分析

1. 实例内容

为研究三种不同的教学方法的教学结果，现选定三个班级的教学作为实验对象，分别给每个班指定一种教学方法。研究时采用前后测量的方法进行实验测量，测得的数据如图 5.37 所示。现在采用重复测量方法进行方差分析。

图 5.37

2．实例操作

步骤01 打开【重复测量定义因子】对话框。

选择菜单栏中的【分析】|【一般线性模型】|【重复测量】命令，弹出如图 5.38 所示的【重复测量定义因子】对话框。

步骤02 定义组内因素名及水平。

从【被试内因子名称】文本框中删除原有的"因子 1"，然后输入组内因素名"班组"。在【级别数】文本框中输入因素水平数 3，然后单击【添加】按钮，则在右侧的列表框中显示班组（3）。此时，【定义】按钮有效，如图 5.39 所示。

图 5.38　　　　　　　　　图 5.39

单击【定义】按钮，打开如图 5.40 所示的【重复测量】对话框。先后将变量"班组""应用前测试分数""应用后测试分数"选择进入【主体内部变量】列表框。

101

单击【模型】按钮，打开如图 5.41 所示的对话框。选择【定制】单选按钮，并将"班组"变量选入【主体内模型】列表框。单击【继续】按钮返回。

图 5.40   图 5.41

单击【选项】按钮，打开如图 5.42 所示的对话框。在【输出】选项组中勾选【描述统计】复选框，然后单击【继续】按钮返回。

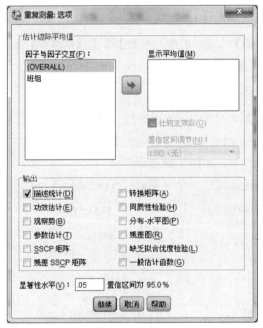

图 5.42

步骤 03 执行操作。

单击【确定】按钮，结束操作，SPSS 软件自动输出结果。

3．实例结果及分析

执行重复测量方差分析后的结果见表 5.21 和表 5.22。

表 5.21

主体内因子	
度量：MEASURE_1	
class	因变量
1	班级
2	应用前测试分数
3	应用后测试分数

表 5.22

描述统计			
	平均值	标准偏差	数字
班级	2.00	0.830	30
应用前测试分数	74.70	14.130	30
应用后测试分数	81.80	10.077	30

表 5.23 为多变量的检验结果，分别给出各检验量的 Pillai's 轨迹、Wilks' Lambda、Hotelling's 的轨迹和 Roy's 最大根 4 种 T 检验值、F 检验值、假设检验的自由度、误差自由度及各检验的相伴概率。从检验结果可以看出，组内效应对测试成绩造成了显著影响，即各班级内的前测成绩和后测成绩的差异比较显著。

表 5.23

多变量检验 [a]						
效应		值	F	假设自由度	误差自由度	显著性
class	Pillai's 轨迹	0.988	1 178.845[b]	2.000	28.000	0.000
	Wilks' Lambda	0.012	1 178.845[b]	2.000	28.000	0.000
	Hotelling's 轨迹	84.203	1 178.845[b]	2.000	28.000	0.000
	Roys 最大根	84.203	1 178.845[b]	2.000	28.000	0.000

注：1）a. 设计为截距。

2）主体内设计为 class。

3）b. F 检验值为确切的统计。

表 5.24 为组内效应方差分析的检验结果。通过假设为球形、Greenhouse-Geisser、Huynh-Feldt 和下限值方法检验，给出各检验方法的第三类效应模型的平方和、自由度、均方、F 统计量及其显著性，并且对误差进行了检验。结果表明，组内效应对测试成绩造成了显著影响，进一步证明了表 5.23 中的检验结果。

表 5.24

主体内效应的检验						
度量：MEASURE_1						
源		Ⅲ类平方和	自由度	均方	F	显著性
class	假设为球形	117 037.400	2	58 518.700	970.681	0.000
	Greenhouse-Geisser	117 037.400	1.207	96 935.247	970.681	0.000
	Huynh-Feldt	117 037.400	1.231	9 5051.182	970.681	0.000
	下限值	117 037.400	1.000	117 037.400	970.681	0.000

续表

主体内效应的检验					
度量： MEASURE_1					
源		Ⅲ类平方和	自由度	均方	F	显著性
误差 (class)	假设为球形	3 496.600	58	60.286		
	Greenhouse-Geisser	3 496.600	35.014	99.863		
	Huynh-Feldt	3 496.600	35.708	97.922		
	下限值	3 496.600	29.000	120.572		

表 5.25 为组间效应检验表，可以看出，组间效应的显著性水平为 0.000，即组间差异显著。由于本例中不同班级采用不同的教学方法，所以结果表明，不同教学方法之间的差异是显著的。

表 5.25

主体间效应的检验					
度量：MEASURE_1					
已转换的变量：平均值					
源	Ⅲ类平方和	自由度	均方	F	显著性
截距	251 222.500	1	251 222.500	1 385.462	0.000
错误	5 258.500	29	181.328		

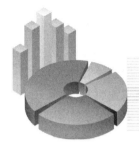

第 6 章
非参数检验

非参数检验是统计分析方法的重要组成部分，与参数检验共同构成统计推断的基本内容，非参数检验（Nonparametric Fests，Npar）是指在母体不服从正态分布或分布情况不明确即不依赖母体分布的类型，用以检验数据是否来自同一个母体假设的一类检验方法，又称为分布自由（Distribution-Free）检验。

与参数检验方法的原理相同，非参数检验过程也是先根据问题提出原假设，然后利用统计学原理构造出适当的统计量，最后利用样本数据计算统计量的概率值，并与显著性水平比较，得出拒绝或者接受原假设的结论。

在 SPSS 统计软件中所提供的非参数统计方法，共有如下几种：

- 卡方检验，用于检验二项或多项分类变量的分布；
- 二项分布检验，用于检验二项分类变量的分布；
- 游程检验，用于检验样本序列随机性；
- 单样本 Kolmogorov-Simimov 检验，用于检验样本是否服从各种常用分布；
- 两个独立样本检验，用于分组数据分布位置的检验；
- 多独立样本检验，用于分组数据分布位置的检验；
- 两个配对样本检验，用于配对数据分布位置的检验；
- 多配对样本检验，用于配对数据分布位置的检验。

上述非参数统计可以分成两类：一类是分布类型检验方法，亦称为拟合优度检验方法，即检验样本所在母体是否服从已知的理论分布，具体包括卡方过程、二项式过程、游程过程和单样本 K-S 过程；另一类为分布位置检验方法，即用于检验样本所在母体的分布位置或形状是否相同，具体包括两个独立样本过程、k 个独立样本过程、两个相关样本过程和 k 个相关样本过程。

6.1 SPSS 在卡方检验分析中的应用

卡方检验是一种极为典型的对总体分布进行检验的非参数检验方法，也称为卡方拟合优度检验，用于检验数据是否与某种概率分布的理论数字相吻合，进而推断样本数据是否来自该分布的问题。

6.1.1 卡方检验的原理

1. 卡方检验的基本介绍

在很多问题中，研究者感兴趣的往往是受试者、实验对象或实验反响划入各类别的数目。例如，研究者可以用 Rorschach 测验（让受试者解释 10 张墨水点画以测验个性的方法）对一组病人的个性进行分类，以便预言某些类型将比其他类型更常见；又如，按照孩子们最常玩的游戏方式对他们进行分类，以检验这些游戏方式流行程度不同的假设；还可以按照人们对某种主张的反响是赞成、弃权或反对而进行分类，以便让研究者检验这种假设：对该主张的各种反响程度是不同的。

卡方检验适合于上述各类资料，类别的数目可以是两类或多于两类。卡方检验是一种极为典型的对总体分布进行检验的非参数检验方法。用于检验数据是否与某种概率分布的理论数字相吻合，进而推断样本数据是否来自该分布的问题。

卡方检验可以检验属于每一类别对象或反响的观测数目与根据零假设所得的期望数目之间是否有显著性差异。卡方检验的目的是根据样本所在母体分布（各类别所占比例）判断其是否与已知母体分布相同，是一种单样本检验。

2. 卡方检验的基本思想

卡方检验的基本思想的理论依据是：如果从一个随机变量 X 中随机抽取若干个观察样本，这些样本落在 X 的 k 个互不相交的子集中的观察频率服从一个多项分布，当 k 趋于无穷大时，这个多项分布近似服从卡方分布。卡方检验的零假设为：总体 X 服从某种分布，这里的样本认为是来自总体 X。

基于上述基本思想，对变量 X 总体分布的检验就应该从对各个观测频率的分析入手。实际上，零假设给出了在假想总体中归入每一类别内的对象所占的比例。也就是说，可以从零假设推出期望的频率是多少，而卡方检验则可以判断观测的频率是否充分接近零假设成立时可能出现的期望频率。

Pearson 统计量服从自由度为 $k-1$ 的卡方分布。从上式可以看出，如果 x^2 值较大，则说明观测频率分布与期望频率分布差距较大；反之，如果 x^2 值较小，则说明观测频率分布与期望频率分布较接近。SPSS 将自动计算 x^2 统计量的观测值，并依据卡方分布表计算观测值对应的概率 P 值。

如果 x^2 的概率 P 值小于显著性水平 α，则应拒绝原假设，认为样本来自的总体分布与期望分布或某一理论分布存在显著性差异；反之，如果 x^2 的概率 P 值大于显著性水平，则不应拒绝原假设，可以认为样本来自的总体分布与期望分布或某一理论分布无显著性差异。

在单样本中，为了用 x^2 来检验某一假设，必须将每一次的观察结果归入 k 集合的某一类中。这些观察的总次数应该是样本中的事件数 N。因此，每次的观察都必须是互相独立的，例如，不应该对同一个人进行好几次观察，而把每次观察作为独立的。

6.1.2 卡方检验的 SPSS 操作详解

步骤 01 打开【卡方检验】对话框。

选择菜单栏中的【分析】|【非参数检验】|【旧对话框】|【卡方】命令，弹出如

图 6.1 所示的对话框，这是卡方检验的主操作窗口。

图 6.1

步骤 02 选择检验变量。

在【卡方检验】对话框左侧的候选变量列表框中选择变量并将其添加至【检验变量列表】列表框中，表示需要进行卡方检验分析的变量。

步骤 03 设置相关选项。

- 【期望全距】选项组用于确定检验值的取值范围，在此范围之外的取值不进入分析。该栏中有两个单选项：
  - ➢ 【从数据中获取】选项为系统默认选项，选择此项，则使用数据文件中的最大值和最小值来作为检验值的范围；
  - ➢ 【使用指定的范围】选项，选择此项，则由用户自定义检验值的范围，用户还需要在被激活的【下限】和【上限】文本框中自定义检验范围的上下限。
- 【期望值】选项组用于指定母体的各分类构成比，即期望频率 npi 的值。对应于两个单选项：
  - ➢ 【所有类别相等】选项为系统默认选项，选择此项，则所有的类别均有相等的期望值，以及检验总体是否服从均匀分布；
  - ➢ 【值】选项可以指定分组的期望概率值。在后面的文本框中对测试变量的每一类别输入一个大于 0 的数，输入的顺序与检验变量递增的顺序相同。单击【添加】按钮，所输入的数值即可显示在下方的列表框中，【更改】和【删除】按钮分别用于修改或删除之前输入的数值。
- 【选项】选项在主对话框中，单击【选项】按钮打开如图 6.2 所示的对话框。在该对话框中可以定义所输出的统计量和缺失值的处理方式。

图 6.2

图 6.2 所示的对话框中各选项如下。

- Statistics 用于选择输出的统计量，包含两个复选框：
    - 【描述性】选项，选择此项，则会输出要观测的描述性统计量，显示均值、最小值、最大值、标准差和无默认值的观测量；
    - 【四分位数】选项，选择此项，则会输出观测的四分位数，即 25%、50% 和 75% 的百分位数。
- 【缺失值】用于设置处理默认值的方式：
    - 【按检验排除个案】为系统默认选项，指在进行检验时，只排除参与检验的变量的默认值；
    - 【按列表排除个案】选项，表示剔除所有含有缺失值的个案。
- 【精确】选项在主对话框中，单击【精确】按钮，打开如图 6.3 所示的【精确检验】对话框。

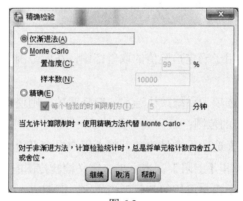

图 6.3

图 6.3 所示的对话框用于选择计算显著性水平 Sig.值的方法，包括如下 3 个选项：

- 【仅渐进法】表示使用渐进方法，这是系统默认的计算显著性水平的方法。计算显著性水平是基于检验统计量的渐近分布假设，如果显著性水平为 0.05，检验结果被认为存在显著性差异。渐进方法的显著性水平要求数据量足够大，如果数据量比较小，或者频率过低，则检验结果可能会失效。
- Monte Carlo 指蒙特卡洛估计方法，即精确显著性水平的无偏差估计。蒙特卡洛方法是利用给定样本集通过模拟方法重复取样来计算显著性水平，该方法不要求渐进方法中的假设。蒙特卡洛方法是一个很有用的方法。对于处理不满足渐进假设的巨量数据，同时由于数据的巨量而无法得到精确的显著性水平时，可以选择该方法。选择该方法时，需要在【置信度】文本框中输入计算显著性水平的置信度，系统默认为 99%；以及在【样本数】文本框中输入取样数量。
- 【精确】指精确计算显著性水平的方法。该方法得到精确的显著性水平，不需要渐进方法的假设，不足之处是计算量和所需内存太大。选择该选项后，可以勾选【每个检验的时间限制为】复选框，即设置计算时间限制，默认时间限制为 5 分钟，超过该时间，系统会自动停止运算并给出计算结果。

通常计算显著性水平都是利用系统默认的渐进方法（Asymptotic）。有时计算得到的显著性水平大于 0.05，结果中却出现样本量过小或频率过低而无法保证检验结论的可靠性等提示，此时除可以考虑重新分组外，还可以改用蒙特卡洛方法或者精确方法重新检验。

步骤04 输出结果。

所有设置结束后单击【确定】按钮，即可开始进行统计分析过程。

6.1.3　实例分析：新出生婴儿的男女比例是否存在明显的差别

1．实例内容

图 6.4 所示为随机抽取的 100 个山东省某地区新出生婴儿的性别情况。试用卡方检验方法研究该地区新出生婴儿的男女比例是否存在明显的差别。

	编号	性别	变量	变量	变量	变量	变量	变量
1	001	1						
2	002	1						
3	003	1						
4	004	1						
5	005	2						
6	006	2						
7	007	1						
8	008	2						
9	009	2						
10	010	1						
11	011	2						
12	012	1						

图 6.4

2．实例操作

步骤01 打开【卡方检验】对话框。

选择菜单栏中的【分析】|【非参数检验】|【旧对话框】|【卡方】命令，弹出如图 6.5 所示的对话框。

图 6.5

步骤 02 选择进行卡方检验的变量。

在【卡方检验】对话框左侧的候选变量列表框中选择"性别",将其添加至【检验变量列表】列表框中。

步骤 03 设置期望全距和期望值。

在图 6.5 所示的对话框中,在【期望全距】选项组中选择【从数据中获取】单选按钮,也就是根据数据本身的最大值和最小值来确定检验值范围,在【期望值】选项组中选择【所有类别相等】单选按钮,因为本例中各类别的构成比相同。

步骤 04 设定卡方检验的计算方法。

单击【卡方检验】对话框最右侧的【精确】按钮,弹出如图 6.6 所示的对话框。

这里选择【仅渐进法】单选按钮,单击【继续】按钮,返回【卡方检验】对话框。

步骤 05 选择相关统计量的输出和缺失值的处理方法。

单击【卡方检验】对话框中的【选项】按钮,弹出如图 6.7 所示的对话框。

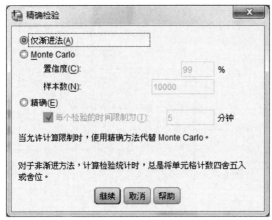

图 6.6

图 6.7

在 Statistics 选项组中勾选【描述性】复选框,也就是输出变量的描述性统计量,包括均值、标准差、最大值、最小值等,在【缺失值】选项组中选择【按检验排除个案】单选按钮,即排除掉含有缺失值的记录后再进行卡方检验,设置完毕后,单击【继续】按钮,返回【卡方检验】对话框。

步骤 06 单击【确定】按钮,结束操作,SPSS 软件自动输出结果。

3. 实例结果及分析

1)描述性统计量表

从表 6.1 中可以读出如下信息:接受检验的样本共 100 个,样本平均值是 1.49,标准偏差是 0.502,最小值是 1,最大值是 2。

表 6.1

描述统计					
	数字	平均值	标准偏差	最小值	最大值(X)
性别	100	1.49	0.502	1	2

2）卡方检验频数表

从表 6.2 中可以看出，参与检验的男性婴儿共 51 个，女性婴儿共 49 个，期望数都是 50.0，残差分别是 1.0 跟-1.0。

表 6.2

性别			
	观测到的 N	预期的 N	残差
男	51	50.0	1.0
女	49	50.0	−1.0
总计	100		

3）卡方检验统计表

从表 6.3 中可以发现：卡方值是 0.040，自由度是 1，渐近显著性水平为 0.841，远大于 5%。所以该地区新出生婴儿的男女比例没有明显的差别。

表 6.3

检验统计	
	性别
卡方	0.040[a]
自由度	1
渐近显著性	0.841

注：a. 0 个单元格（0.0%）的期望频率小于 5。最少的期望频率数为 50.0。

6.2　SPSS 在二项检验分析中的应用

实际上，很多数据的取值是二值的，一般采用 0 和 1 来表示两个取值。通常，这种二值情况为二项分布， SPSS 中的二项分布检验过程（Binomial Tests Procedure）正是通过样本数据检验样本来自的总体是否服从指定概率为 P 的二项分布。

6.2.1　二项检验的原理

1）基本概念

二项分布检验正是要通过样本数据检验样本来自的总体是否服从指定的概率为 P 的二项分布，其零假设 H_0 是：样本来自的总体与指定的二项分布无显著性差异。

2）统计原理

二项分布检验在样本小于或等于 30 时，按下式计算概率值：

$$P\{X \leqslant x\} = \sum_{i=1}^{x} \mathrm{C}_n^i P^i q^{n-i}$$

在大样本的情况下，计算的是 Z 统计量，认为在零假设下，Z 统计量服从正态分布，其计算公式如下：

$$Z = \frac{x \pm 0.5 - np}{\sqrt{np(1-p)}}$$

当 $x<n/2$ 时，取加号；反之取减号，P 为检验概率，n 为样本总数。

3）分析步骤

二项分布检验亦是假设检验问题，检验步骤同前。SPSS 会自动计算上述精确概率和近似概率值。如果概率值小于显著性水平，则拒绝零假设，认为样本来自的总体与指定的二项分布有显著差异，反之样本来自的总体与指定的二项分布无显著差异。

6.2.2 二项检验的 SPSS 操作详解

步骤 01 打开【二项式检验】对话框。

选择菜单栏中的【分析】|【非参数检验】|【旧对话框】|【二项式】命令，弹出【二项式检验】对话框，如图 6.8 所示。这是二项检验分析的主操作窗口。

步骤 02 选择检验变量。

在【二项式检验】对话框的候选变量列表框中选择一个或几个变量，将其添加至【检验变量列表】列表框中，选择的变量就是要进行二项式分析的观测变量。

步骤 03【精确】选项设置。

在主对话框中单击【精确】按钮，弹出如图 6.9 所示的对话框。

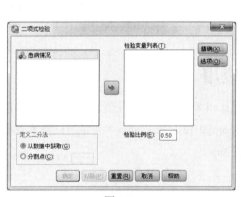

图 6.8

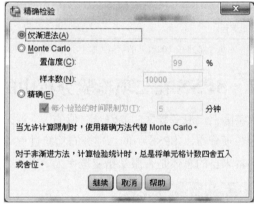

图 6.9

该对话框与卡方检验中的【精确检验】对话框基本相同，此处不再赘述。

步骤 04【选项】选项设置。

在主对话框中单击【选项】按钮，弹出如图 6.10 所示的对话框。

图 6.10

该对话框与卡方检验中的【选项】对话框基本相同，此处不再赘述。

步骤 05 进行相应的设置。

- 在【定义二分法】选项组中设置定义二分值的方法：
  - ▷【从数据中获取】选项为系统默认选项，选择此项，适用于按照二分类方式输入数据；
  - ▷【分割点】选项，选择此项，则由用户在后面的文本框中输入一个分界点，那么观测值中大于这个数值的个案为第一组，小于这个数值的为个案第二组。
- 【检验比例】文本框用于设置检验概率，系统默认为 0.5，即均匀分布。

步骤 06 输出结果。

所有设置结束后单击【确定】按钮，即可开始进行统计分析过程。

6.2.3　实例分析: 研究糖尿病患病率高低

1. 实例内容

最新医学研究表明，目前我国 20 岁以上成人糖尿病患病率达 10%。图 6.11 所示为随机抽取的 200 名山东省某地区 20 岁以上成人的糖尿病患病情况。试用二项分布检验方法研究该地区 20 岁以上成人糖尿病患病率是否低于一般概率。

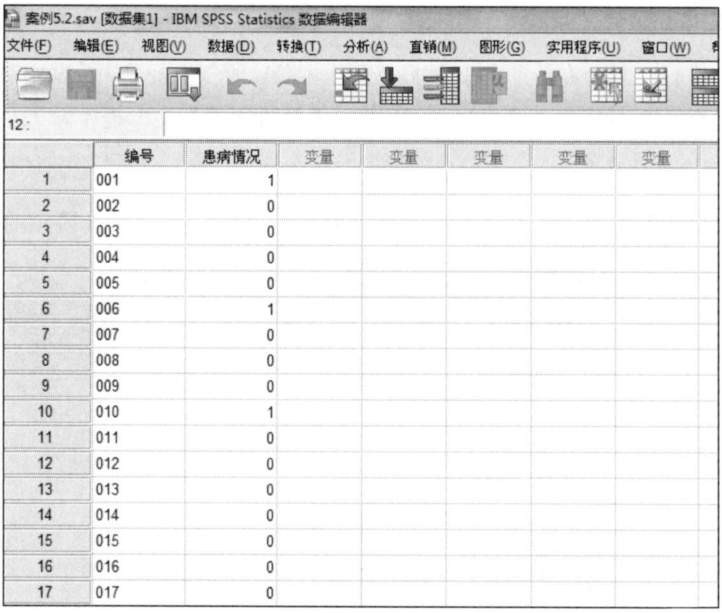

图 6.11

2. 实例操作

步骤 01 打开【二项式检验】对话框。

选择菜单栏中的【分析】|【非参数检验】|【旧对话框】|【二项式】命令，弹出【二项式检验】对话框，如图 6.12 所示。

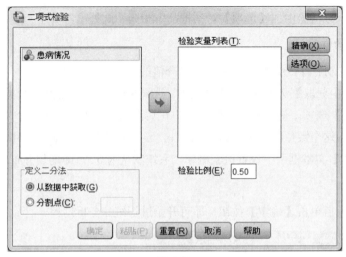

图 6.12

步骤02 选择进行二项分布检验的变量。

在如图 6.12 所示的对话框左侧的候选变量列表框中选择"患病情况",将其添加至【检验变量列表】列表框中。

步骤03 设置定义二分值的方法。

因为本例中进行二项分布检验的变量只有两个取值,所以选择【从数据中获取】单选按钮;因为本例中第一个数据对应的是【患病】,所以在【检验比例】文本框中输入"0.1"。

步骤04 设定卡方检验的计算方法。

单击【二项式检验】对话框最右列的【精确】按钮,弹出如图 6.13 所示的对话框。

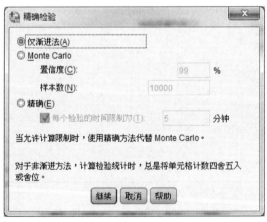

图 6.13

这里选择【仅渐进法】,单击【继续】按钮,返回【二项式检验】对话框。

步骤05 选择相关统计量的输出和缺失值的处理方法。

单击【二项式检验】对话框右列的【选项】按钮,弹出如图 6.14 所示的对话框,勾选【描述性】复选框。

图 6.14

步骤 06 输出结果。

单击【确定】按钮，结束操作，SPSS 软件自动输出结果。

3. 实例结果及分析

1）数据基本统计量表

从表 6.4 中可以读出如下信息：接受检验的样本共 200 个，样本平均值是 0.04，标准偏差是 0.184，最小值是 0，最大值是 1。

表 6.4

描述统计					
	数字	平均值	标准偏差	最小值	最大值（X）
患病情况	200	0.04	0.184	0	1

2）二项分布检验结果

从表 6.5 中可以发现：患病组的样本个数是 7，观测的概率值是 0.0，期望概率值是 0.1，不患病组的样本个数是 193，观测的概率值是 1.0，渐近显著性水平单侧检验结果为 0.000 0，所以可以认为该地区 20 岁以上成人糖尿病患病率低于一般概率。

表 6.5

二项式检验						
		类别	数字	观测到的比例	检验比例	精确显著性水平（单尾）
患病情况	组 1	患病	7	0.0	0.1	0.000[a]
	组 2	不患病	193	1.0		
	总计		200	1.0		

注：a. 备用假设声明第一组中的个案比例 <.1。

6.3　SPSS 在游程检验分析中的应用

游程检验是对二分类变量的随机检验，主要用于推断数据序列中两类数据的发生过程是否随机，例如临床试验所关心的病例入组顺序是否随机。许多统计学检验都假设样本中的观察值都是独立的，即收集到的数据样本的顺序是不相关的。如果数据的收集顺序十分重要，那么样本就可能不是随机的，这将使研究者不能得出关于抽样总体的准确结论。

6.3.1　游程检验的原理

设 $(X_1, \cdots, X_m)$ 是取自总体 X 的一个样本，$(Y_1, \cdots, Y_n)$ 是取自总体 Y 的一个样本；这两个总

体的分布函数分别为 $F(x)$、$G(x)$，$G(x) = F(x - \delta)$ 且连续。要检验 $H_0 : \delta = 0$（$H_1 : \delta \neq 0$）。

把合样本 $(Z_1, \cdots, Z_{m+n}) = (X_1, \cdots, X_m, Y_1, \cdots, Y_n)$ 按从小到大的次序排列，得到次序统计量

$(Z_{(1)}, \cdots, Z_{(m+n)})$，记 $U_i = \begin{cases} 0 & \text{如果} Z_{(i)} \text{来自总体} X \\ 1 & \text{如果} Z_{(i)} \text{来自总体} Y \end{cases}$，$i = 1, 2, \cdots, m + n$

这样就得到一个仅由 0 与 1 两个元素组成的序列 $U_1, U_2, \cdots, U_{m+n}$。把连续出现 0（或 1）的一组数称为一个游程，一个游程中所含 0（或 1）的个数称为游程长度。

例如，110000100111。这个序列一共有 5 个游程，长度分别为 2、4、1、2、3。游程的总个数 U_N 与最大游程长度 U_L 都是统计量。

游程（总个数）检验：

给定显著性水平 α，检验的拒绝域为 $U_N < c_N$。当 $m \leqslant n \leqslant 20$ 时，临界值 c_N 可以查表得到。这个检验称为游程（总个数）检验。

当 H_0 成立（即 $F(x) = G(x)$）且 m、$n \geqslant 20$ 时，近似地有 $U_N \sim N\left(\dfrac{2mn}{m+n}, \dfrac{4m^2n^2}{(m+n)^3}\right)$。因此，给定显著性水平 α，取临界值

$$c_N = \frac{2mn}{m+n} - u_{1-a}\frac{2mn}{(\sqrt{m+n})^3}$$

游程（最大长度）检验：给定显著性水平 α，检验的拒绝域为 $U_L > c_L$。当 $m \leqslant n \leqslant 20$ 时，临界值 c_L 可以查表得到。这个检验称为游程（最大长度）检验。

6.3.2 游程检验的 SPSS 操作详解

步骤 01 打开【游程检验】对话框。

选择菜单栏中的【分析】|【非参数检验】|【游程】命令，弹出【游程检验】对话框，如图 6.15 所示。这是游程检验分析的主操作窗口。

图 6.15

步骤 02 选择变量。

在【游程检验】对话框的候选变量列表框中选择要进行游程检验的变量，将其添加至【检验变量列表】列表框中，选择的变量就是要进行分析的观测变量。

步骤 03 设置相关选项。

- 【分割点】设置：设置分类的标准。【中位数】、【众数】、【平均值】三个复选项分别表示使用变量的中位数、众数和平均值作为分类的标准，此外用户也可以勾选【定制】复选

框并从其后的输入框中来自定义分类标准。

- 【精确】与【选项】设置：内容与选项含义可参考卡方检验，在此不再赘述。

步骤 04 输出结果。

所有设置结束后单击【确定】按钮，即可开始进行统计分析过程。

6.3.3　实例分析：检验工厂生产情况是否正常

1．实例内容

图 6.16 所示为某纺织厂连续 15 天试得的 28 号棉结杂质粒数的数据。试用游程检验方法研究该厂的生产情况是否正常。

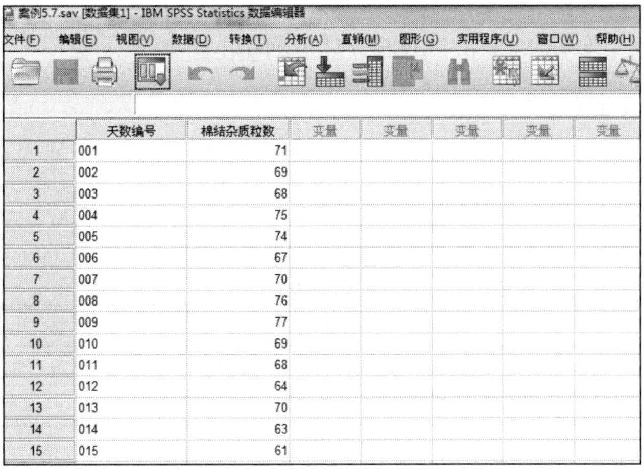

	天数编号	棉结杂质粒数	变量	变量	变量	变量	变量
1	001	71					
2	002	69					
3	003	68					
4	004	75					
5	005	74					
6	006	67					
7	007	70					
8	008	76					
9	009	77					
10	010	69					
11	011	68					
12	012	64					
13	013	70					
14	014	63					
15	015	61					

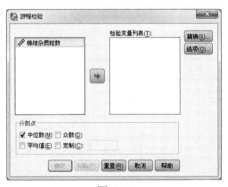

图 6.16

2．实例操作

步骤 01 打开【游程检验】对话框。

选择菜单栏中的【分析】|【非参数检验】|【旧对话框】|【游程】命令，弹出如图 6.17 所示的对话框。

图 6.17

步骤 02 选择进行游程检验的变量。

在【游程检验】对话框左侧的候选变量列表框中选择“棉结杂质粒数”，将其添加至【检验变量列表】列表框中。

步骤03 设置割点。

在【游程检验】对话框中，在【分割点】选项组中勾选【中位数】复选框，也就是以数据的中位数为试算点。

步骤04 设定检验的计算方法。

与卡方检验处理方法相同。

步骤05 选择相关统计量的输出和缺失值的处理方法。

与卡方检验处理方法相同。

步骤06 完成操作。

单击【确定】按钮，结束操作，SPSS 软件自动输出结果。

3．实例结果及分析

1）描述性统计量表

从表 6.6 中可以读出如下信息：参与检验的样本共 15 个，样本均值是 69.47，标准差是 688，极小值是 61，极大值是 77。

表 6.6

描述统计					
	数字	平均值	标准偏差	最小值	最大值(X)
棉结杂质粒数	15	69.47	4.688	61	77

2）游程检验结果表

从表 6.7 中可以看出，检验的计算点值（本例中即中位数）是 69，小于试算点值的样本有 6 个，大于试算点值的样本有 9 个，总个数为 15，游程数是 8，Z 统计量是 0.000，渐近显著性水平为 1.000，远大于 0.05。

表 6.7

游程检验	
	棉结杂质粒数
检验值 [a]	69
个案数 < 检验值	6
个案数 ≥ 检验值	9
个案总计	15
运行次数	8
Z	0.000
渐近显著性 （双尾）	1.000

注：a. 中位数。

6.4 SPSS 在单样本 K-S 检验分析中的应用

前面所讲述的几种分析方法实际上都是对分类数据进行研究，但在实际情况中，很多时候我们所收集到的都是连续性数据。当需要对连续性数据的分布情况加以研究时，就不能使用前面所讲的方法。

由于卡方拟合优度检验需要将样本空间分成不相交的子集，所以存在诸多主观因素，分组方法不同有时会导致检验结论的不同或者检验方法失败的情况；而 K-S 检验方法在一定程度上克服了卡方检验的缺点，它是比卡方检验更精确的一种非参数检验方法。

K-S 检验是柯尔莫哥洛夫-斯密尔洛夫（Kolmogorov-Smimov）检验的简称，是以俄罗斯数学家柯尔莫哥洛夫和斯密尔洛夫的名字命名的一种非参数检验，该检验是一种拟合优度检验，可以利用样本数据推断样本来自的总体是否服从某一理论分布。该检验涉及一组样本值（观察结果）的分布和某一指定的理论分布之间的符合程度问题，可以确定是否有理由认为样本的观察结果来自具有该理论分布的总体。

6.4.1　单样本 K-S 检验的原理

单样本的 K-S 检验（Kolmogorov-Smirnov 检验）是用来检验抽取样本所依赖的总体是否服从某一理论分布。

其方法是将某一变量的累积分布函数与特定的分布进行比较。设总体的累积分布函数为 $F(x)$，已知的理论分布函数为 $F_0(x)$，则检验的原假设和备择假设如下。

$$H_0: F(x)=F_0(x)；H_1: F(x) \neq F_0(x)$$

原假设所表达的是：抽取样本所依赖的总体与指定的理论分布无显著差异。SPSS 提供的理论分布有正态分布、Poisson 分布、均匀分布、指数分布等。

检验统计量：

$$D = \max |F_n(x) - F_0(x)|$$

当 H_0 成立且无抽样误差时，统计量 D 等于 0。因此，当 D 的实际观测值较小时，可以认为零假设 H_0 成立；当 D 的观测值较大时，则零假设 H_0 可能不成立。其中 $F_n(x)$ 称为经验分布。假定有样本 1，1，2，2，2，4，5，5，5，10。其经验分布为

$$F_n(x) = \begin{cases} 0 & x < 1 \\ \dfrac{2}{10} & 1 \leqslant x < 2 \\ \dfrac{5}{10} & 2 \leqslant x < 4 \\ \dfrac{6}{10} & 4 \leqslant x < 5 \\ \dfrac{9}{10} & 5 \leqslant x < 10 \\ 1 & x \geqslant 10 \end{cases}$$

6.4.2　单样本 K-S 检验的 SPSS 操作详解

步骤01 打开【单样本 K-S 检验】对话框。

选择菜单栏中的【分析】|【非参数】|【旧对话框】|【1-样本 K-S】命令，弹出如图 6.18 所示的对话框。这是【单样本 K-S 检验】的主操作窗口。

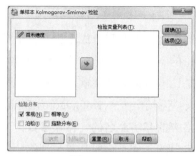

图 6.18

步骤 02 选择因变量。

在如图 6.18 所示的对话框的候选变量列表框中选择变量，将其添加至【检验变量列表】列表框中，选择的变量就是要进行分析的观测变量。

步骤 03 设置相关选项。

【检验分布】选项组用于指定检验的分布类型，包括如下四个复选框：

- 【常规】：选择此项，则检验变量是否服从正态分布，这是系统默认选项。
- 【相等】：选择此项，则检验变量是否服从均匀分布。
- 【泊松】：选择此项，则检验变量是否服从泊松分布。
- 【指数分布】：选择此项，则检验变量是否服从指数分布。

在该对话框中单击【选项】按钮，打开【选项】对话框：在该对话框中包含用于设置输出统计量的【统计量】选项组和用于设置缺失值处理方式的【缺失值】选项组。对话框和前面几节中的【选项】对话框功能及设置方法相同，读者可参照进行学习，此处不再赘述。

在主对话框中单击【精确】按钮，打开【精确检验】对话框，该对话框的功能及设置与前面所讲的内容相同，读者可参照学习各复选框的功能及设置方法，此处不再赘述。

步骤 04 输出结果。

所有设置结束后单击【确定】按钮，即可开始进行统计分析过程。

6.4.3 实例分析：体育成绩是否服从正态分布

1. 实例内容

图 6.19 所示为山东某大学某专业 30 名男生的百米速度。试用单样本 K-S 检验方法研究其是否服从正态分布。

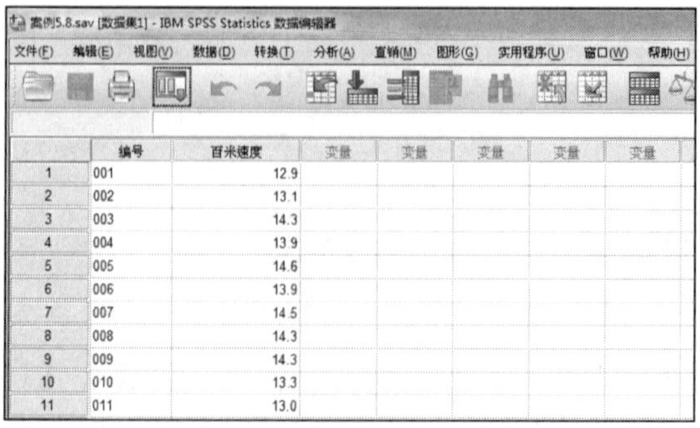

	编号	百米速度	变量	变量	变量	变量	变量
1	001	12.9					
2	002	13.1					
3	003	14.3					
4	004	13.9					
5	005	14.6					
6	006	13.9					
7	007	14.5					
8	008	14.3					
9	009	14.3					
10	010	13.3					
11	011	13.0					

图 6.19

2．实例操作

步骤 01 打开【单样本 Kolmogorov-Smirnov 检验】对话框。

选择菜单栏中的【分析】|【非参数】|【旧对话框】|【1-样本 K-S】命令，弹出如图 6.20 所示的对话框。

图 6.20

步骤 02 选择检验变量。

在如图 6.20 所示的对话框左侧的候选变量列表框中选择"百米速度"，将其添加至【检验变量列表】列表框中。

步骤 03 选择所要检验的分布。

在【检验分布】选项组中勾选【常规】复选框，也就是正态分布。

步骤 04 设定检验的计算方法。

与卡方检验处理方法相同，不再赘述。

步骤 05 选择相关统计量的输出和缺失值的处理方法。

与卡方检验处理方法相同，不再赘述。

步骤 06 完成操作。

单击【确定】按钮，结束操作，SPSS 软件自动输出结果。

3．实例结果及分析

1）描述性统计量表

从表 6.8 中可以读出如下信息：参与检验的样本共 30 个，样本平均值是 13.940，标准偏差值是 0.829 5，最小值是 12.0，最大值是 16.2。

表 6.8

描述统计				
	数字	平均值	标准偏差	最小值	最大值（X）
百米速度	30	13.940	0.8295	12.0	16.2

2）单样本 K-S 检验结果表

从表 6.9 中可以看出：最大差分绝对值为 0.132，正的最大差分为 0.132。负的最大差分为 −0.081，单样本 K-S 检验 Z 统计量值为 0.724，渐近显著性水平为 0.671，远大于 0.05。

表 6.9

单样本 Kolmogorov-Smirnov 检验		
		百米速度
数字		30
正态参数 [a,b]	平均值	13.940
	标准偏差	0.8295
最极端差分	绝对	0.132
	正	0.132
	负	-0.081
检验统计		0.132
渐近显著性 （双尾）		0.192[c]

注：1）a. 检验分布是正态分布。

2）b. 根据数据计算。

3）c. Lilliefors 显著性校正。

6.5 SPSS 在两独立样本的非参数检验分析中的应用

两独立样本的非参数检验是通过对两独立样本的分析，推断来自两个总体的分布是否存在显著性差异。之所以称为非参数检验，是因为检验过程不需要已知总体的分布，也不需要已知总体的参数。

6.5.1 两独立样本的非参数检验的原理

SPSS 提供了多种两独立样本的非参数检验方法，主要包括 Mann-Whitney U 检验、K-S 检验、W-W 游程检验、极端反应检验。每种检验方法的统计原理均有所不同。

（1）Mann-Whifney U 检验法

Mann-Whifney U 检验法的思想是检验两个样本的总体在某些位置上是否相同，其基于对平均秩的分析实现推断。其检验思路是，首先对两个样本合并并按升序排列得出每个数据的秩，然后对这两个样本求平均秩并计算第一组样本的每个秩优于第二组样本的每个秩的个数 N_1 和，第二组样本的每个秩优于第一组样本的每个秩的个数 N_2。如果平均秩和 N_1、N_2 之间的差距过大，则认为两个样本来自于不同的总体。

（2）K-S 检验和 W-W 检验。这两个检验是更普通的检验两个样本在位置、分布形状方面的差异的方法。

K-S 检验，建立在两个样本累积分布函数之间的最大绝对差异基础之上，当这个差异显著大时，两个分布认为是有差异的。

W-W 游程检验，对两组样本合并后赋秩，如果两个样本来自相同的总体，则它们应该被随机地分散赋秩。当两个样本各自的秩和相差较大时，被认为是有差异的。

（3）极端反应检验。假设实验变量的变化会影响其他变量在相同或相反方向上的变化。

它分析实验组与控制组相比较时的极值分布，关注于控制组的跨度（span），当实验组和控制组合并时，以跨度的变化来度量实验组中有多少极值。计算方法是：将来自两个组的样本合并和赋秩，控制组的跨度用组里的最大值、最小值所对应的秩的差来定义；为剔除偶然因素引起的跨度波动，取值极高、极低的两端各 5%的样本被忽略。

6.5.2　两独立样本的非参数检验的 SPSS 操作详解

步骤 01 打开【两个独立样本检验】对话框。

选择菜单栏中的【分析】|【非参数检验】|【旧对话框】|【2 个独立样本】命令，弹出【两个独立样本检验】对话框，如图 6.21 所示。这是【两个独立样板检验】分析的主操作窗口。

步骤 02 选择变量。

在【两个独立样本检验】对话框的候选变量列表框中选择要进行两个独立样本检验的变量，将其添加至【检验变量列表】列表框中，选择的变量就是要进行两个独立样本检验分析的观测变量。此时【定义组】按钮被激活，如图 6.22 所示。

图 6.21

图 6.22

单击【定义组】按钮，弹出如图 6.23 所示的【两独立样本：定义组】对话框。

图 6.23

【组 1】文本框用于输入代表第一组变量的数值，【组 2】文本框用于输入代表第二组变量的数值。输入完毕后单击【继续】按钮返回主对话框。

步骤 03 设置相关选项。

- 【检验类型】设置。【检验类型】选项组用于设置所进行的检验：Mann-Whitney U 检验、K-S 检验、W-W 游程检验、极端反应检验，弹出如图 5.3 所示的【事后多重比较】对话框，该对话框用于设置均值的多重比较检验。
- 【精确】和【选项】设置：内容与设置方式同样与卡方检验的相同。

步骤 04 输出结果。

所有设置结束后单击【确定】按钮，即可开始进行统计分析过程。

6.5.3　实例分析：年降雨量是否存在显著差异

1．实例内容

图 6.24 所示为广东省东北部和西北部部分年份的年降雨量。试用两独立样本检验法判断两个地区的年降雨量是否存在显著差异。

图 6.24

2．实例操作

步骤 01 打开【两个独立样本检验】对话框。

选择菜单栏中的【分析】|【非参数检验】|【旧对话框】|【两个独立样本】命令，弹出【两个独立样本检验】对话框，如图 6.25 所示。

图 6.25

步骤 02 选择进行两独立样本检验的变量。

在【两独立样本检验】对话框左侧的候选变量列表框中选择"降雨量"，将其添加至【检验变量列表】列表框中。

步骤 03 选择分组变量。

在【两独立样本检验】对话框左侧的候选变量列表框中选择"地区"，将其添加至【分组变量】列表框中。然后单击【定义组】按钮，弹出如图 6.26 所示的【两独立样本：定义组】对话框。

图 6.26

在【组 1】文本框中输入"1",【组 2】文本框中输入"2"。输入完毕后单击【继续】按钮返回主对话框。

步骤 04 选择检验类型。

在如图 6.25 所示的【检验类型】对话框中,将四种检验方法全部选中。

步骤 05【精确】和【选项】设置。

内容与设置方式同样与卡方检验相同。

步骤 06 输出结果。

所有设置结束后单击【确定】按钮,即可开始进行统计分析过程。

步骤 07 完成操作。

单击【确定】按钮,结束操作,SPSS 软件自动输出结果。

3．实例结果及分析

1）描述性统计量表

从表 6.10 中可以读出信息:接受检验的样本共 24 个,样本平均值是 1 519.004,标准偏差是 251.071 1,最小值是 1 033.8,最大值是 1 889.2。

表 6.10

描述统计					
	数字	平均值	标准偏差	最小值	最大值（X）
降雨量	24	1 519.004	251.071 1	1 033.8	1 889.2
地区	24	1.50	0.511	1	2

2）Mann-Whitney 检验结果表

Mann-Whitney 检验结果包括两部分:第一部分是秩表（见表 6.11）,粤东北和粤西北的平均秩分别为 11.17 和 13.83,秩和分别为 134.00 和 166.00;第二部分是检验统计量表（见表 6.12）, Mann-Whitney U 为 56.000,渐近显著性为 0.356,大于 0.05。

表 6.11

列组				
	地区	数字	等级平均值	等级之和
降雨量	粤东北	12	11.17	134.00
	粤西北	12	13.83	166.00
	总计	24		

表 6.12

检验统计 a	
	降雨量
Mann-Whitney U	56.000
Wilcoxon W	134.000
Z	−0.924
渐近显著性 （双尾）	0.356
精确显著性[2*(单尾显著性)]	0.378[b]

注：1）a. 分组变量为地区。

2）b. 未修正结。

3）Moses 检验结果表

Moses 检验结果也包括两部分：第一部分是频数表（见表 6.13），粤东北和粤西北两组的样本个数都是 12；第二部分是检验统计量表（见表 6.14），控制组观察跨度是 23，显著性水平为 0.761，远大于 0.05，修整的控制组跨度为 21，显著性水平为 0.953，大于 0.05。

表 6.13

频率		
	地区	数字
降雨量	粤东北（控制）	12
	粤西北（实验）	12
	总计	24

表 6.14

检验统计 a,b		
		降雨量
观测到的控制组范围		23
	显著性（单尾）	0.761
修整后的控制组范围		21
	显著性（单尾）	0.953
从每个末端修整的界外值		1

注：1）a. Moses 检验。

2）b. 分组变量为地区。

4）双样本 Kolmogorov-Smimov 检验结果表

双样本 Kolmogorov-Smimov 检验结果表也包括两部分：第一部分是频率表（见表 6.15），粤东北和粤西北两组的样本个数都是 12；第二部分是检验统计量表（见表 6.16），Kolmogorov-Smimov Z 统计量值为 0.612，渐近显著性水平为 0.847，大于 0.05。

表 6.15

频率		
	地区	数字
降雨量	粤东北	12
	粤西北	12
	总计	24

表 6.16

检验统计 a		降雨量
最极端差分	绝对	0.250
	正	0.250
	负	−0.083
Kolmogorov-Smirnov Z		0.612
渐近显著性 （双尾）		0.847

注：a. 分组变量为地区。

5）Wald-Wolfowitz 检验结果表

Wald-Wolfowitz 检验结果，也包括两部分：第一部分是频数表（见表 6.17），第二部分是检验统计量表（见表 6.18），游程数是 12，Z 值是−0.209，精确显著性水平为 0.421，大于 0.05。

表 6.17

频率		
	地区	数字
降雨量	粤东北	12
	粤西北	12
	总计	24

表 6.18

检验统计 a,b		运行次数	Z	精确显著性水平（单尾）
降雨量	确切游程数	12 c	−0.209	0.421

注：1）a. Wald-Wolfowitz 检验。

2）b. 分组变量为地区。

3）c. 未遇到组内结。

6.6　SPSS 在多独立样本的非参数检验分析中的应用

与两独立样本的非参数检验类似，当多于两个样本时，对样本总体的推断称为多独立样本的非参数检验。

6.6.1　多独立样本的非参数检验的原理

多独立样本的非参数检验是通过分析多组独立样本数据，推断样本来自的多个总体的中位数或分布是否存在显著性差异。多组独立样本按独立抽样的方式获得多组样本。例如，希望对北京、上海、成都、广州四个城市的周岁宝宝的身高进行比较分析，采用独立抽样方式获得四组独立样本。

多独立样本的非参数检验方法主要有中位数检验、多独立样本的 Kruskal-Wallis 检验、独立样本的 Jonkheere-Terpstra 检验。

1）中位数检验

中位数检验通过对多组独立样本的分析，检验它们来自的总体的中位数是否存在显著差异。其零假设是多个独立样本来自的多个总体的中位数无显著差异。

中位数检验的基本思想是，若多个总体的中位数无显著差异，或多个总体有共同的中位数，那么这个共同的中位数应在个案样本组中处于中间位置。于是，每组样本中大于该中位数或小于该中位数的样本数目应大致相同。

2）多独立样本的 Kruskal-Wallis 检验

独立样本的 Kruskal-Wallis 检验实质是两独立样本的曼-惠特尼检验在多个独立样本下的推广，用于检验多个总体的分布是否存在显著差异。其零假设是多个独立样本来自的总体的分布无显著差异。

基本思想为：首先，将多组样本数据混合并按升序排序，求出各变量值的秩。

其次，考查各组秩的均值是否存在显著差异。显而易见，如果各组秩的均值不存在显著差异，则为多组数据充分混合，数值相差不大的结果。可以认为多个总体的分布无显著差异；反之，如果各组秩的均值存在显著差异，则为多组数据无法混合，某些组的数值普遍偏大，另一些组的数值普遍偏小的结果，可以认为多个总体的分布有显著差异。

3）独立样本的 Jonkheere-Terpstra 检验

Jonkheere-Terpstra 检验也是用于检验多个独立样本来自的多个总体的分布是否存在显著差异的非参数检验方法，其零假设是多个独立样本来自的多个总体的分布无差异。

6.6.2 多独立样本的非参数检验的 SPSS 操作详解

步骤01 打开【多个独立样本检验】对话框。

选择菜单栏中的【分析】|【非参数检验】|【旧对话框】|【K 个独立样本】命令，弹出如图 6.27 所示的对话框。这是 K 个独立样本分析的主操作窗口。

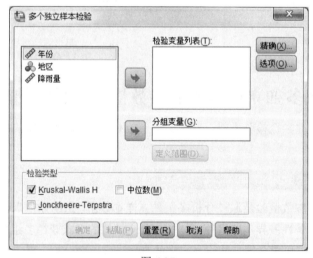

图 6.27

步骤02 选择变量。

在【多个独立样本检验】对话框的候选变量列表框中选择多个变量，将其添加至【检验变量列表】列表框中，选择分组变量。

单击【定义范围】按钮，弹出如图 6.28 所示的【多自变量样本：定义范围】对话框。

图 6.28

该对话框中包含两个输入文本：【最小值】和【最大值】，用于设置分组变量的范围。

步骤03 设置相关选项。

与两独立样本检验一样，选择所要进行检验的类型和其他设置。

步骤04 输出结果。

所有设置结束后单击【确定】按钮，即可开始进行统计分析过程。

6.6.3　实例分析：毕业于不同高校的员工在工作中的表现是否有显著的差异

1．实例内容

某银行新招聘的一批员工毕业于 4 所不同的高校，从而来源于 4 所不同高校的员工构成了 4 个独立的样本。待到实习期结束后，高管对这些新员工进行考查打分，结果如图 6.29 所示。试用多独立样本检验方法分析毕业于不同高校的员工在工作中的表现是否有显著的差异。

案例5.5.sav [数据集2] - IBM SPSS Statistics 数据编辑器

文件(F)　编辑(E)　视图(V)　数据(D)　转换(T)　分析(A)　直销(M)　图形(G)　实用程序(U)　窗口(W)　帮助(H)

	编号	高校	分数	变量	变量	变量	变量	变量
1	001	1	87					
2	002	1	79					
3	003	1	94					
4	004	1	91					
5	005	1	89					
6	006	1	85					
7	007	1	77					
8	008	2	67					
9	009	2	69					
10	010	2	72					
11	011	2	75					
12	012	2	76					
13	013	2	69					

图 6.29

2．实例操作

步骤01 打开【多个独立样本检验】对话框。

选择菜单栏中的【分析】|【非参数检验】|【旧对话框】|【K 个独立样本】命令，弹出【多个独立样本检验】对话框，如图 6.30 所示。

图 6.30

步骤 02 选择变量。

在【多个独立样本检验】对话框的候选变量列表框中选择"分数",将其添加至【检验变量列表】列表框中。

步骤 03 选择分组变量。

在【多个独立样本检验】对话框的候选变量列表框中选择"高校",将其添加至【分组变量】列表框中。单击【定义范围】按钮,弹出【多自变量样本:定义范围】对话框。在【最小值】文本框中输入 1,在【最大值】文本框中输入 4。输入完毕后单击【继续】按钮,返回主对话框。

步骤 04 选择检验类型。

在【检验类型】选项组中,勾选 Kruskal-Wallis H 复选框。

步骤 05 【精确】和【选项】设置。

内容与设置方式同样与卡方检验的相同。

步骤 06 输出结果。

单击【确定】按钮,结束操作,SPSS 软件自动输出结果。

3.实例结果及分析

1）描述性统计量表

从表 6.19 中可以读出信息:参与检验的样本共有 28 个,样本均值是 58.29,标准差是 23.974,极小值是 15,极大值是 94。

表 6.19

描述统计					
	数字	平均值	标准偏差	最小值	最大值（X）
分数	28	58.29	23.974	15	94
高校	28	2.50	1.139	1	4

2）Kruskal-WallisH 检验结果表

Kruskal-WallisH 检验结果包括两部分:第一部分是秩表（见表 6.20）,易知各组的平均秩分别为 24.79、18.21、10.71、4.29；第二部分是检验统计量表（见表 6.21），卡方值为 24.681，自由度为 3，渐近显著性水平为 0.000，远小于 0.05。

表 6.20

列组			
	高校	数字	等级平均值
分数	甲高校	7	24.79
	乙高校	7	18.21
	丙高校	7	10.71
	丁高校	7	4.29
	总计	28	

表 6.21

检验统计 [a,b]	
	分数
卡方	24.681
自由度	3
渐近显著性	0.000

注：1）a. Kruskal Wallis 检验。

2）b. 分组变量为高校。

所以，毕业于不同高校的员工在工作中的表现有显著的差异。

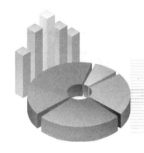

第 7 章
SPSS 的相关分析

相关分析（Correlation Analysis）是研究现象之间是否存在某种依存关系，并对具体有依存关系的现象探讨其相关方向和相关程度，以及研究随机变量之间的相关关系的一种统计方法。相关关系是一种非确定性的关系，例如，以 X 和 Y 分别记一个人的身高和体重，或分别记每公顷施肥量与每公顷产量，则 X 与 Y 显然有关系，而又没有确切到可由其中的一个去精确地决定另一个的程度，这就是相关关系。本章将结合大量实例说明如何利用 SPSS 对数据文件进行相关分析。

7.1 相关分析概述

现象与现象直接的依存关系，从数量联系上看，可以分为两种不同的类型，即函数关系和相关关系。

函数关系是从数量上反映现象间的严格的依存关系，即一个或几个变量取一定的值时，另一个变量有确定值与之相对应。相关关系是现象间不严格的依存关系，即各变量之间不存在确定性的关系。在相关关系中，当一个或几个相互联系的变量取一定数值时，与之相对应的另一变量值也相应发生变化，但其关系值不是固定的，往往按照某种规律在一定的范围内变化。

回归方程的确定系数在一定程度上反映了两个变量之间关系的密切程度，并且确定系数的平方根就是相关系数，但确定系数一般是在拟合回归方程之后计算的。如果两个变量间的相关程度不高，拟合回归方程便没有意义，因此相关分析往往在回归分析前进行。

7.1.1 相关的基本概念

1. 函数关系和相关关系

函数关系是指事物或现象之间存在着严格的依存关系，其主要特征是它的确定性，即对一个变量的每一个值，另一个变量都具有唯一确定的值与之相对应。变量之间的函数关系通常可以用函数式 $Y=f(x)$ 确切地表示出来。例如，圆的周长 C 对于半径 r 的依存关系就是函数关系：$C=2\pi r$。

相关关系反映出变量之间虽然相互影响，具有依存关系，但彼此之间不能一一对应。例如，学生成绩与其智力因素、各科学习成绩之间的关系、教育投资额与经济发展水平的关系、社会环境与人民健康的关系等，都反映出客观现象中存在的相关关系。

2．相关关系的类型

（1）根据相关程度的不同，相关关系可分为完全相关、不完全相关和无相关。

（2）根据变量值变动方向的趋势，相关关系可分为正相关和负相关。

（3）根据变量关系的形态，相关关系可分为直线相关和曲线相关。

（4）根据研究变量的多少，可分为单相关、复相关。

7.1.2　相关分析

1．相关分析的作用

（1）判断变量之间有无联系。

（2）确定选择相关关系的表现形式及相关分析方法。

（3）把握相关关系的方向与密切程度。

（4）相关分析不但可以描述变量之间的关系状况，而且可以用来进行预测。

（5）相关分析还可以用来评价测量量具的信度、效度以及项目的区分度等。

2．相关系数

相关系数是在直线相关条件下，说明两个变量之间相关程度以及相关方向的统计分析指标。相关系数一般可以通过计算得到。作为样本相关系数，常用字母 r 表示；作为总体相关系数，常用字母 ρ 表示。

相关系数的数值范围是介于-1 与+1 之间（即-1$\leq r \leq$1），常用小数形式表示，一般要取小数点后两位数字来表示，以便比较精确地描述其相关程度。

两个变量之间的相关程度用相关系数 r 的绝对值表示，其绝对值越接近 1，表明两个变量的相关程度越高；其绝对值越接近于 0，表明两个变量相关程度越低。如果其绝对值等于 1，则表示两个变量完全直线相关。如果其绝对值为 0，则表示两个变量完全不相关（不是直线相关）。

变量相关的方向通过相关系数 r 所具有的符号来表示，"+"号表示正相关，即 $0\leq r\leq1$。"-"表示负相关，即 $0\geq r\geq-1$。在使用相关系数时应该注意如下几个问题。

（1）相关系数只是一个比率值，并不具备与相关变量相同的测量单位。

（2）相关系数 r 受变量取值区间大小及样本数目多少的影响比较大。

（3）来自于不同群体且不同质的事物的相关系数不能进行比较。

（4）对于不同类型的数据，计算相关系数的方法也不相同。

7.2　SPSS 在简单相关分析中的应用

相关分析是研究现象之间是否存在某种依存关系，并对具体有依存关系的现象探讨其相关方向及相关程度，研究随机变量之间的相关关系的一种统计方法。本章将结合实例说明如何利用 SPSS 对数据文件进行相关分析。

7.2.1　简单相关分析的基本原理

简单相关分析是研究两个变量之间关联程度的统计方法。它主要是通过计算简单相关系数来反映变量之间关系的强弱。一般它有图形和数值两种表示方式。

1. 相关图

在统计中制作相关图，可以直观地判断事物现象之间大致呈现何种关系的形式。相关图是相关分析的重要方法。利用直角坐标系第一象限，把第一个变量置于横轴上，第二个变量置于纵轴上，而将两个变量对应的变量值用坐标点形式描绘出来，用以表明相关点分布状况的图形，这就是相关图。

2. 相关系数

虽然相关图能够展现变量之间的数量关系，但这也只是一种直观判断方法。因此，可以计算变量之间的相关系数。对不同类型的变量应当采取不同的相关系数来度量，常用的相关系数主要如下。

1）皮尔逊（Pearson）相关系数

该系数常称为积差相关系数，适用于研究连续变量之间的相关程度。例如，收入和储蓄存款、身高和体重等变量间的线性相关关系。注意，Pearson 相关系数适用于线性相关的情形，对于曲线相关等更为复杂的情形，系数的大小并不能代表其相关性的强弱。它的计算公式为：

$$r = \frac{\sum\limits_{i=1}^{n}(x_i - \bar{x})(y_i - \bar{y})}{\sqrt{\sum\limits_{i=1}^{n}(x_i - \bar{x})^2 \sum\limits_{i=1}^{n}(y_i - \bar{y})^2}}$$

利用相关系数 r 的大小可以判断变量间相关关系的密切程度，具体见表 7.1。

表 7.1

相关数的值	直线相关程度
$\lvert r \rvert = 0$	完全不相关
$0 < \lvert r \rvert \leq 0.3$	微弱相关
$0.3 < \lvert r \rvert \leq 0.5$	低微度相关
$0.5 < \lvert r \rvert \leq 0.8$	显著相关
$0.8 < \lvert r \rvert \leq 1$	高度相关
$\lvert r \rvert = 1$	完全相关

对 Pearson 简单相关系数的统计检验是计算 t 统计量，t 统计量服从 $n-2$ 个自由度的 t 分布。SPSS 会自动计算 r 统计量和 t 值，并依据 t 分布表给出其对应的相伴概率值。

2）Spearman 等级相关系数

该系数用来度量顺序水准变量间的线性相关关系。它是利用两变量的秩次大小作线性相关分析，适用条件为：

① 两个变量的变量值是以等级次序表示的资料；

② 一个变量的变量值是等级数据，另一个变量的变量值是等距或比率数据，且其两总体不要求是正态分布，样本容量 n 不一定大于 30。

从斯皮尔曼等级相关适用条件中可以看出，等级相关的应用范围要比积差相关广泛，它的突出优点是对数据的总体分布、样本大小都不做要求；但缺点是计算精度不高。斯皮尔曼等级相关系数常用符号 ρ 来表示。其基本公式为：

$$\rho = 1 - \frac{6\sum D^2}{n(n^2 - 1)}$$

式中，D 是两个变量每对数据等级之差；n 是两列变量值的对数。

Spearman 相关系数计算公式可以完全套用 Pearson 相关系数的计算公式，但公式中的 x 和 y 用它们的秩次代替即可。

3）Kendall's 等级相关系数

该系数是用于反映分类变量相关性的指标，适用于两个变量均为有序分类的情况。这种指标采用非参数检验方法测度变量间的相关关系。它利用变量的秩计算一致对数目和非一致对数目。显然，如果两变量具有较强的正相关，则一致对数目 U 应较大；但若两变量相关性较弱，则一致对数目 U 和非一致对数目 V 应大致相等。

7.2.2　简单相关分析的 SPSS 操作详解

步骤 01 打开【双变量相关性】对话框。

选择菜单栏中的【分析】|【相关】|【双变量】命令，弹出【双变量相关性】对话框，如图 7.1 所示，这是简单相关检验的主操作窗口。

图 7.1

步骤 02 选择检验变量。

在【双变量相关】对话框左侧的候选变量列表框中选择两个或两个以上变量并将其添加至【变量】列表框中，表示需要进行简单相关分析的变量。

步骤 03 选择相关系数类型。

在图 7.1 中的【相关系数】选项组中可以选择计算简单相关系数的类型。

- Pearson：系统默认项，即积差相关系数，用于计算连续变量或等间距测度的变量间的相关分析。
- Kendall's：等级相关，用于计算分类变量间的秩相关。
- Spearman：等级相关，斯皮尔曼相关系数。

对于非等间距测度的连续变量，因为分布不明可以使用等级相关分析，也可以使用 Pearson 相关分析；对于完全等级的离散变量必须使用等级相关分析相关性。当资料不服从双变量正态分布或总体分布型未知，或原始数据用等级表示时，宜用 Spearman 或 Kendall 相关。

步骤 04 假设检验类型选择。

在图 7.1 中的【显著性检验】选项组中可以选择输出的假设检验类型，对应有两个单选项。

- 双尾检验：系统默认项。当事先不知道相关方向（正相关还是负相关）时选择此项。
- 单尾检验：如果事先知道相关方向可以选择此项。

同时，可以勾选【标记显著性相关】复选框。它表示选择此项后，输出结果中对在显著性水平 0.05 下显著相关的相关系数用一个星号"*"加以标记；对在显著性水平 0.01 下显著相关的相关系数用两个星号"**"标记。

步骤 05 其他选项选择。

单击【选项】按钮，弹出如图 7.2 所示的对话框，用于指定输出内容和关于缺失值的处理方法，主要包括如下选项。

① Statistics：选择输出统计量。

- 平均值和标准差：将输出选中的各变量的观测值数目、均值和标准差。
- 叉积偏差和协方差：输出反映选中的每一对变量之间的叉积离差矩阵和协方差矩阵。

② 缺失值：用于设置缺失值的处理方式。它有如下两种处理方式。

- 按对排除个案：系统默认项。剔除当前分析的两个变量值是缺失的个案。
- 按列表排除个案：表示剔除所有含缺失值的个案后再进行分析。

图 7.2

步骤 06 相关统计量的 Bootstrap 估计。

单击 Bootstrap 按钮，在弹出的如图 7.3 所示的对话框中可以进行如下统计量的 Bootstrap 估计：

图 7.3

- 描述统计表支持均值和标准差的 Bootstrap 估计；
- 相关性表支持相关性的 Bootstrap 估计。

步骤 07 输出结果。

单击【确定】按钮，结束操作，SPSS 软件自动输出结果。

7.2.3　实例分析：平均温度与日照时数的相关性

1．实例内容

图 7.4 所示为某城市 2013 年市区分月统计的平均温度和日照时数。试据此分析平均温度与日照时数的相关性。

2．实例操作

步骤 01 打开【双变量相关性】对话框。

选择菜单栏中的【分析】|【相关】|【双变量】命令，弹出【双变量相关性】对话框，如图 7.5 所示。

月份	平均气温	日照时数
1	5.80	62.10
2	6.20	58.60
3	12.50	137.90
4	18.30	154.80
5	21.50	131.40
6	25.90	119.50
7	30.10	183.80
8	30.60	215.60
9	23.30	96.90
10	21.90	91.10
11	15.20	81.30
12	7.70	89.00

图 7.4　　　　　　　　　　　　　　　图 7.5

步骤 02 选择分析变量。

在如图 7.5 所示的对话框左侧的列表中，同时将"平均气温"和"日照时数"选择进入【变量】列表框。

步骤 03 选择相关系数。

本例中的变量属于等距变量，所以在【相关系数】选项组中勾选 Pearson 复选框。

步骤 04 设定显著性检验的类型。

在【显著性检验】选项组中，选择【双尾检验】单选按钮。

步骤 05 选择是否标记显著性相关。

勾选【标记显著性相关】复选框，将在输出结果中把有统计学意义的结果用"*"表示出来。

步骤 06 选择相关统计量的输出和缺失值的处理方法。

单击【双变量相关性】对话框右列的【选项】按钮，弹出如图 7.6 所示的对话框。

在 Statistics 选项组中勾选【平均值和标准差】和【叉积偏差和协方差】复选框，以能分别输出变量的均量、标准差和各对变量的叉积和以及协方差阵。在【缺失值】选项组中选择【按对排除个案】单选按钮，也就是如果在分析时遇到缺失值的情况就将缺失值排除在数据分析之外。设置完毕后，单击【继续】按钮，返回【双变量相关性】对话框。

步骤07 输出结果。

设置完毕，单击【确定】按钮，输出结果。

图 7.6

3.结果分析

1）描述性统计量表

从表 7.2 中可以看出参与相关分析的两个变量的样本数都是 12，平均气温的平均值是18.250，标准偏差是 8.814 92，日照时数的均值是 118.500 0，标准偏差是 48.424 58。

表 7.2

描述统计			
	平均值	标准偏差	N
平均气温	18.250 0	8.814 92	12
日照时数	118.500 0	48.424 58	12

2）相关分析结果表

从表 7.3 中可以看出平均气温和日照时数的相关系数为 0.758，显著性水平为 0.004 小于0.01。所以平均气温和日照时数的相关关系为正向的且相关性很强。

表 7.3

相关性			
		平均气温	日照时数
平均气温	Pearson 相关性	1	0.757**
	显著性（双尾）		0.004
	平方与叉积的和	854.730	3 552.400
	协方差	77.703	322.945
	N	12	12
日照时数	Pearson 相关性	0.757**	1
	显著性（双尾）	0.004	
	平方与叉积的和	3 552.400	25 794.340
	协方差	322.945	2 344.940
	N	12	12

注：**. 在置信度（双测）为 0.01 时，相关性是显著的。

7.3　SPSS 在偏相关分析中的应用

相关分析适用于仅包括两个变量的数据分析，当数据文件包括多个变量时，直接对两个变量进行相关分析往往不能真实反映二者之间的相关关系，此时就需要用到偏相关分析，以从中剔除其他变量的线性影响。

7.3.1　偏相关分析的基本原理

1．方法概述

简单相关分析用于计算两个变量之间的相互关系，分析两个变量间线性关系的程度。但是现实中，事物之间的联系可能存在于多个主体之间，因此往往因为第三个变量的作用使得相关系数不能真实地反映两个变量间的线性相关程度。例如，身高、体重与肺活量之间的关系，如果使用 Pearson 相关计算其相关系数，可以得出肺活量、身高和体重均存在较强的线性相关性质。但实际上，对体重相同的人而言，身高值越大其肺活量不一定越大。因为身高与体重有着线性关系，肺活量与体重有着线性关系，因此得出身高与肺活量之间存在较强的线性关系的错误结论。偏相关分析就是在研究两个变量之间的线性相关关系时控制可能对其产生影响的变量。

2．基本原理

偏相关分析是在相关分析的基础上考虑两个因素以外的各种作用，或者在扣除其他因素的作用大小以后，重新来测度这两个因素间的关联程度。这种方法的目的就在于消除其他变量关联性的传递效应。偏相关系数在计算时可以首先分别计算三个因素之间的相关系数，然后通过这三个简单相关系数来计算偏相关系数，公式如下：

$$r_{12(3)} = \frac{r_{12} - r_{13}r_{23}}{\sqrt{1 - r_{13}^2}\sqrt{1 - r_{23}^2}}$$

上式结果就是在控制了第三个因素的影响所计算的第一、第二个因素之间的偏相关系数。上式为考虑一个以上的控制因素时的公式类推。

7.3.2　偏相关分析的 SPSS 操作详解

步骤01 打开【偏相关】对话框。

选择菜单栏中的【分析】|【相关】|【偏相关】命令，弹出【偏相关】对话框，如图 7.7 所示，这是偏相关检验的主操作窗口。

图 7.7

步骤 02 选择检验变量。

在【偏相关】对话框左侧的候选变量列表框中选择两个或两个以上变量，将其添加至【变量】列表框中，表示需要进行偏相关分析的变量。

步骤 03 选择控制变量。

在【偏相关】对话框左侧的候选变量列表框中至少选择一个变量，将其添加至【控制】列表框中，表示在进行偏相关分析时需要控制的变量。注意，如果不选入控制变量，则进行的是简单相关分析。

步骤 04 假设检验类型选择。

在【显著性检验】选项组中可以选择输出的假设检验类型，对应如下两个选项。

● 双尾检验：系统默认项，当事先不知道相关方向（正相关还是负相关）时选择此项。

● 单尾检验：如果事先知道相关方向可以选择此项。

同时，可以勾选【显示实际显著性水平】复选框。它表示选择此项后，输出结果中对在显著性水平 0.05 下显著相关的相关系数用一个星号"*"加以标记；对在显著性水平 0.01 下显著相关的相关系数用两个星号"**"标记。

步骤 05 其他选项选择。

单击【选项】按钮，弹出如图 7.8 所示的对话框，用于指定输出内容和关于缺失值的处理方法，主要包括如下选项。

① Statisitics

● 平均值和标准差：将输出选中的各变量的观测值数目、均值和标准差。

● 零阶相关系数：显示零阶相关矩阵，即 Pearson 相关矩阵。

② 缺失值：用于设置缺失值的处理方式。它有如下两种处理方式。

● 按列表排除个案：系统默认项。剔除当前分析的两个变量值是缺失的个案。

● 按对排除个案：表示剔除所有含缺失值的个案后再进行分析。

图 7.8

步骤 06 相关统计量的 Bootstrap 估计。

单击 Bootstrap 按钮，在弹出的对话框中可以进行如下统计量的 Bootstrap 估计：

● 描述统计表支持均值和标准差的 Bootstrap 估计；

● 相关性表支持相关性的 Bootstrap 估计。

步骤 07 输出结果。

单击【确定】按钮，结束操作，SPSS 软件自动输出结果。

7.3.3　实例分析：用偏相关分析研究学生学习成绩相关关系

1．实例内容

图 7.9 所示为某学校的 12 名学生的 IQ 值、语文成绩和数学成绩。因为语文成绩和数学成绩都受 IQ 的影响，所以试用偏相关分析研究学生语文成绩和数学成绩的相关关系。

IQ	语文成绩	数学成绩
100	86	85
120	93	98
117	91	90
98	82	79
60	43	32
62	45	37
88	60	61
123	99	98
110	88	9
115	86	91
116	90	91
71	67	63

图 7.9

2．实例操作

步骤 01 打开【偏相关】对话框。

选择【分析】|【相关】|【偏相关】命令，弹出【偏相关】对话框，如图 7.10 所示。

步骤 02 选择进行偏相关分析的变量和控制量。

在如图 7.10 所示的对话框左侧的列表中，同时将"语文成绩"和"数学成绩"选择进入【变量】列表框，然后将"IQ"选择进入【控制】列表框，如图 7.11 所示。

图 7.10

图 7.11

步骤 03 设定显著性检验的类型。

在【显著性检验】选项组中，选择【双尾检验】单选按钮。

步骤 04 选择是否标记显著性相关。

勾选【显示实际显著性水平】复选框，在输出结果中把有统计学意义的结果用"*"表示出来。

步骤 05 选择相关统计量的输出和缺失值的处理方法。

单击【偏相关】对话框右列的【选项】按钮，弹出如图 7.12 所示的对话框。在 Statistics 选项组中勾选【平均值和标准差】和【零阶相关系数】复选框。在【缺失值】选项组中选择【按列表排除个案】单选按钮，设置完毕后，单击【继续】按钮返回。

图 7.12

步骤 06 输出结果。

设置完毕，单击【确定】按钮，输出结果。

3. 实例结果分析

1）描述性统计量表

从表 7.4 中可以看出参与偏相关两个变量的样本数都是 12，语文成绩的平均值是 77.50，标准偏差是 19.019，数学成绩的平均值是 76.17，标准偏差是 22.811，IQ 的平均值是 98.33，标准偏差是 22.960。

表 7.4

描述统计			
	平均值	标准偏差	N
语文成绩	77.50	19.019	12
数学成绩	76.17	22.811	12
IQ	98.33	22.960	12

2）偏相关分析结果表

从表 7.5 中可以看出不控制 IQ 时语文成绩和数学成绩的相关系数为 0.991，显著性水平为 0.000，小于 0.01；控制 IQ 后语文成绩和数学成绩的相关系数为 0.893，显著性水平也为 0.000，语文成绩和数学成绩的相关关系为正向且相关性很强。

表 7.5

相关性			语文成绩	数学成绩	IQ
控制变量					
-无-[a]	语文成绩	相关性	1.000	0.991	0.955
		显著性（双侧）	.	0.028	0.000
		df	0	10	10
	数学成绩	相关性	0.991	1.000	0.968
		显著性（双侧）	0.000	.	0.000
		df	10	0	10

相关性				
控制变量		语文成绩	数学成绩	IQ
IQ	相关性	0.955	0.968	1.000
	显著性（双侧）	0.000	0.000	.
	df	10	10	0
IQ	语文成绩 — 相关性	1.000	0.893	
	语文成绩 — 显著性（双侧）	.	0.656	
	语文成绩 — df	0	9	
	数学成绩 — 相关性	0.893	1.000	
	数学成绩 — 显著性（双侧）	000	.	
	数学成绩 — df	9	0	

注：a. 单元格包含零阶（Pearson）相关。

7.4 SPSS 在距离分析中的应用

偏相关分析通过控制一些被认为次要的影响得到两个变量间的实际相关系数，但实际问题中，变量可能会多到无法——关心的地步，每一个变量都携带了一定的信息，但彼此又有所重叠，此时最直接的方法就是将所有变量按照一定的标准进行分类，即进行聚类分析。本节介绍的距离分析便可为聚类分析提供这一标准。

7.4.1 距离分析的基本原理

简单相关分析和偏相关分析有一个共同点，那就是对所分析的数据背景应当有一定程度的了解。但在实际中有时会遇到一种情况，在分析前对数据所代表的专业背景知识尚不充分，本身就属于探索性的研究。这时就需要先对各个指标或者案例的差异性、相似程度进行考查，以先对数据有一个初步了解，然后再根据结果考虑如何进行深入分析。

距离分析是对观测量之间或变量之间相似或不相似的程度的一种测度，是计算一对变量之间或一对观测量之间的广义的距离。根据变量的不同类型，可以有许多距离、相似程度测量指标供用户选择。但由于本模块只是一个预分析过程，因此距离分析并不会给出常用的 P 值，而只能给出各变量/记录间的距离大小，以供用户自行判断相似性。

调用距离分析过程可对变量内部各观察单位间的数值进行距离相关分析，以考查相互间的接近程度；也可对变量间进行距离相关分析，常用于考查预测值对实际值的拟合程度，也可用于考查变量的相似程度。在距离分析中，主要利用变量间的相似性测度（Similarities）和不相似性测度（Dissimilarities）度量研究对象之间的关系。

7.4.2 距离分析的 SPSS 操作详解

步骤 01 打开【距离】对话框。

选择菜单栏中的【分析】|【相关】|【距离】命令，弹出【距离】对话框，这是距离分析的主操作窗口，如图 7.13 所示。

图 7.13

步骤 02 选择检验变量。

在【距离】对话框左侧的候选变量列表框中选择两个或两个以上变量，将其添加至【变量】列表框中，表示需要进行距离分析的变量。同时可以选择一个字符型标示变量移入【标注个案】列表框中，在输出中将用该标示变量值对各个观测量加以标记。默认时，输出中用观测量的序号来标记。

步骤 03 选择分析类型。

在【计算距离】选项组中可以选择计算何种类型的距离。

- 个案间：系统默认项。表示作变量内部观察值之间的距离相关分析。
- 变量间：表示作变量之间的距离相关分析。

步骤 04 测度类型选择。

在【测量】选项组中可以选择分析时采用的距离类型。

- 非相似性：系统默认项。系统默认采用欧式距离测度观测值或变量之间的不相似性。
- 相似性：相似性测距。系统默认使用 Pearson 相关系数测度观测值或变量之间的相似性。

步骤 05 完成操作。

单击【确定】按钮，结束操作，SPSS 软件自动输出结果。

上述步骤 04 中除采用系统默认的距离测度类型外，还可以根据用户的需要自己选择测度类型，由于这里专业性很强，而且实际中使用很少，下面只做简单的介绍。

在【距离】对话框中，选择【非相似性】距离类型后，单击【测量】按钮，弹出如图 7.14 所示的对话框。

选择【相似性】时各种数据类型可用的测距方法有如下几种。

① 区间：计量资料。

- Pearson 相关性：以 Pearson 相关系数为距离。
- 余弦：以变量矢量的余弦值为距离，界于-1~+1 之间。

图 7.14

② 二分类：二分类变量。

- Russell and Rao：以二分点乘积为配对系数。

- 简单匹配：以配对数与总对数的比例为配对系数。

- Jaccard：相似比例，分子与分母中的配对数与非配对数给予相同的权重。

- Dice：Dice 配对系数，分子与分母中的配对数给予加倍的权重。

- Rogers and Tanimoto：Rogers and Tanimoto 配对系数，分母为配对数，分子为非配对数，非配对数给予加倍的权重。

- Sokal and Sneath 1：Sokal and Sneath Ⅰ型配对系数，分母为配对数，分子为非配对数，配对数给予加倍的权重。

- Sokal and Sneath 2：Sokal and Sneath Ⅱ型配对系数，分子与分母均为非配对数，但分子给予加倍的权重。

- Sokal and Sneath 3：Sokal and Sneath Ⅲ型配对系数，分母为配对数，分子为非配对数，分子与分母的权重相同。

- Kulczynski 1：Kulczynski Ⅰ型配对系数，分母为总数与配对数之差，分子为非配对数，分子与分母的权重相同。

- Kulczynski 2：Kulczynski 平均条件概率。

- Sokal and Sneath 4：Sokal and Sneath 条件概率。

- Hamann：Hamann 概率。

- Lambda：Goodman-Kruskai 相似测量的 λ 值。

- Anderberg's D：以一个变量状态预测另一个变量状态。

- Yule's Y：Yule 综合系数，属于 2×2 四格表的列联比例函数。

- Yule's Q：Goodman-Kruskal γ 值，属于 2×2 四格表的列联比例函数。

- Ochiai：Ochiai 二分余弦测量。

- Sokal and Sneath 5：Sokal and Sneath Ⅴ型相似测量。

- Phi 4 point correlation：Pearson 相关系数的平方值。
- Dispersion：Dispersion 相似测量。

进行标准化的方法在【标准化】后面的下拉列表中。单击矩形框右面的箭头按钮展开下拉列表，可选择的标准化方法如下。

- None：不作数据转换，系统默认项。
- Z-Scores：作标准 Z 分值转换，此时均值等于 0，标准差等于 1。
- Range −1 to 1：作−1~+1 之间的标准化转换。
- Range 0 to 1：作 0 至 1 之间的标准化转换。
- Maximum magnitude of 1：作最大值等于 1 的标准转换。
- Mean of 1：作均数单位转换。
- Standard deviation of 1：作标准差单位转换。

【Transform Values(转换值)】复选项：选择测度转换方法。在距离测度计算完成后，才进行对测度的转换。共有 3 个转换方法可以选择。每种转换方法给出一种转换结果。3 种转换方法可以同时选择。

- Abosolute values：对距离取绝对值。当符号表明的是相关的方向，且仅对相关的数值感兴趣时使用这种转换。
- Change sign：改变符号。把相似性测度值转换成不相似性测度值或相反。
- Rescale to 0~1 range：重新调整测度值到范围 0~1 转换法。对已经按有意义的方法标准化的测度，一般不再使用此方法进行转换。

7.4.3 实例分析：三个地区月平均气温的相似程度

1. 实例内容

如图 7.15 所示为长春、烟台、和石家庄 2013 年各月的平均气温情况。试用距离分析方法研究这三个地区月平均气温的相似程度。

月份	长春	烟台	石家庄
1	-12.7	-2.4	-7.2
2	-8.1	-2.2	-4.8
3	.5	3.7	3.1
4	8.0	9.2	9.4
5	18.3	16.1	19.5
6	21.6	20.4	23.2
7	24.2	22.6	25.1
8	24.3	25.0	25.5
9	17.6	21.0	20.3
10	11.6	16.4	14.3
11	.8	7.0	3.3
12	-6.8	-.2	-3.4

图 7.15

2. 实例操作

步骤01 打开【距离】对话框。

选择菜单栏中的【分析】|【相关】|【距离】命令，弹出【距离】对话框，如图 7.16

所示。

步骤 02 选择距离分析变量。

在如图 7.16 所示的对话框左侧的候选变量列表框中选择长春、烟台和石家庄，将其添加至【变量】列表框中，如图 7.17 所示。

步骤 03 选择分析类型。

在【计算距离】选项组中选择【变量间】单选按钮，即对变量进行距离分析。

图 7.16　　　　　　　　　　　　　　　图 7.17

步骤 04 测度类型选择。

在【测量】选项组中选择【相似性】单选按钮，即对变量进行相似性距离分析。

步骤 05 选择具体的距离度量指标。

单击【测量】选项组下方的【测量】按钮，弹出如图 7.18 所示的对话框。

图 7.18

因为本例"步骤 04"中使用的是等距变量，所以在【测量】选项组中选择【区间】单选按钮并在【测量】下拉列表中选择【Pearson 相关性】。又因为本例中不需要进行数据转换，所以在【转换值】选项组【标准化】下拉列表中选择【无】。【转换测量】是在距离分析之后进行的，用于对距离分析的结果进行转换，本例中忽略此项。设置完毕后，单击【继续】按钮返回【距离】对话框。

步骤 06 完成操作。

单击【确定】按钮，结束操作，SPSS 软件自动输出结果。

3. 实例结果及分析

1）基本统计汇总表

表 7.6 为对个案的基本统计汇总分析。本案例的样本数目为 12，可以看出没有缺失值。

表 7.6

个案处理摘要					
个案					
有效		缺失		总计	
数字	百分比	数字	百分比	数字	百分比
12	100.0%	0	0.0%	12	100.0%

2）近似矩阵表

从表 7.7 中可以看出近似矩阵是一个 3×3 矩阵，长春和烟台的月平均气温的相关系数是 0.982，长春和石家庄月平均气温的相关系数是 0.998，石家庄和烟台月平均气温的相关系数是 0.989，所以长春和石家庄月平均气温更接近。

表 7.7

近似值矩阵			
	值的向量之间的相关性		
	长春	烟台	石家庄
长春	1.000	0.982	0.998
烟台	0.982	1.000	0.989
石家庄	0.998	0.989	1.000
这是相似性矩阵			

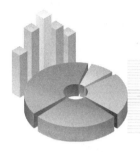

第 8 章
SPSS 的回归分析

回归分析是研究一个变量与一个或多个变量之间的线性或非线性关系的一种统计分析方法。回归分析通过规定因变量和自变量来确定变量之间的因果关系，建立回归模型，并根据实测数据来估计模型的各个参数，然后评价回归模型是否能够很好地拟合实测数据；并可以根据自变量作进一步预测。回归分析方法理论成熟，它可以确定变量之间的定量关系并进行相应的预测，反映统计变量之间的数量变化规律，为研究者准确把握自变量对因变量的影响程度和方向提供有效的方法。在经济、金融和社会科学方面具有广泛的应用。SPSS 提供强大的回归分析功能，可以进行线性回归、曲线回归、Logistic 回归、非线性回归等多种分析。

8.1　SPSS 在一元线性回归分析中的应用

线性回归分析是最常用的回归分析，许多非线性的模型形式亦可以转化为线性回归模型进行分析。

8.1.1　简单线性回归的基本原理

SPSS 的简单线性回归分析也称为一元回归分析，是最简单也是最基本的一种回归分析方法。简单线性回归分析的特色是只涉及一个自变量，它主要用来处理一个因变量与一个自变量之间的线性关系，建立变量之间的线性并根据模型进行评价和预测。

1．方法概述

线性回归模型侧重于考查变量之间的数量变化规律，并通过线性表达式，即线性回归方程，来描述其关系，进而确定一个或几个变量的变化对另一个变量的影响程度，为预测提供科学依据。

一般线性回归的基本步骤如下：

（1）确定回归方程中的自变量和因变量；

（2）从收集到的样本数据出发确定自变量和因变量之间的数学关系式，即确定回归方程；

（3）建立回归方程，在一定统计拟合准则下估计出模型中的各个参数，得到一个确定的回归方程；

（4）对回归方程进行各种统计检验；

（5）利用回归方程进行预测。

2．基本原理

当自变量和因变量之间呈现显著的线性关系时，则应采用线性回归的方法，建立因变量关于自变量的线性回归模型。根据自变量的个数，线性回归模型可分为一元线性回归模型和多元线性回归模型。一元线性回归模型是在不考虑其他影响因素的条件下，或在认为其他影响因素确定的情况下，分析某一个因素（自变量）是如何影响因变量的。一元线性回归的经验模型为：

$$\hat{y} = \hat{\beta}_0 + \hat{\beta}_1 x + \varepsilon$$

该数学表达式表明，被揭示变量 y 的变化可由两部分来解释：第一，由解释变量 x 的变化引起 y 的线性变化部分，即 $y = \beta_0 + \beta_1 x$；第二，由其他随机因素引起 y 的变化部分，即 ε。

3．统计检验

在求解出回归模型的参数后，一般不能立即将结果付诸实际问题的分析和预测，通常要进行各种统计检验，例如，拟合优度检验、回归方程和回归系数的显著性检验和残差分析等。下面将结合案例来具体讲解。

8.1.2 一元线性回归的 SPSS 操作详解

步骤 01 打开【线性回归】对话框。

选择菜单栏中的【分析】｜【回归】｜【线性】命令，弹出如图 8.1 所示的【线性回归】对话框，这是线性回归分析的主操作窗口。

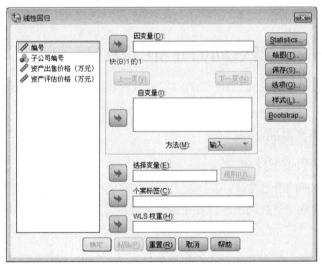

图 8.1

步骤 02 选择因变量。

在【线性回归】对话框左侧的候选变量列表框中选择一个变量，将其添加至【因变量】列表框中，即选择该变量作为一元线性回归的因变量。

步骤 03 选择自变量。

在【线性回归】对话框左侧的候选变量列表框中选择一个变量，将其添加至【自变量】列表框中，即选择该变量作为一元线性回归的自变量。

步骤 04 选择回归模型中自变量的进入方式。

在【方法】下拉列表中可以选择自变量的进入方式，一共有 5 种方法。可单击【自变量】列表框上方的【下一页】按钮，选定的这一组自变量将被系统自动保存于一个自变量块（Block）中。接下来选择另一组自变量，单击【下一页】按钮将它们保存于第二个自变量块中。重复上述操作，可以保存若干个自变量块。若需要输出以哪一组变量为自变量的回归方程，可以通过单击【上一页】按钮和【下一页】按钮来选择。

步骤 05 样本的筛选。

从主对话框的候选变量列表框中选择一个变量，将其移至【选择变量】列表框中，这表示要按照这个变量的标准来筛选样本进行回归分析。具体操作可以在 Rule 窗口中实现。

步骤 06 选择个案标签。

从候选变量列表框中选择一个变量进入【个案标签】列表框中，它的取值将作为每条记录的标签。这表示在指定作图时，以哪个变量作为各样本数据点的标志变量。

步骤 07 选择加权二乘法变量。

从候选变量列表框中选择一个变量进入【WLS 权重】列表框中，表示选入权重变量进行权重最小二乘法的回归分析。

步骤 08 输出结果。

单击【确定】按钮，结束操作，SPSS 软件自动输出结果。

执行上述操作后，即可输出一元线性回归的基本结果报告。但是线性回归主对话框中还包括其他功能选项。其具体使用功能如下。

（1）Statistics：选择输出所需要的描述统计量，如图 8.2 所示。

其中，【回归系数】选项组用于定义回归系数的输出情况，【残差】选项组用于选择输出残差诊断的信息。

图 8.2

- 估计：可输出回归系数 B 及其标准误，回归系数的 t 检验值和概率 P 值，还有标准化的回归系数 beta。
- 误差条形图的表征：每个回归系数的 95% 置信区间。

- 协方差矩阵：方差-协方差矩阵。
- 模型拟合度：模型拟合过程中进入、退出的变量的列表，以及一些有关拟合优度的检验统计量，例如 R、R^2 和调整的 R^2、估计值的标准误及方差分析表。
- R^2 变化：显示每个自变量进入方程后 R^2、F 值和 P 值的改变情况。
- 描述性：显示自变量和因变量的有效数目、均值、标准差等。

同时还给出一个自变量间的相关系数矩阵。

- 部分相关和偏相关性：显示自变量间的相关、部分相关和偏相关系数。
- 共线性诊断：多重共线性分析，输出各个自变量的特征根、方差膨胀因子、容忍度等。
- Durbin-Watson：残差序列相关性检验。
- 个案诊断：对标准化残差进行诊断，判断有无奇异值（Outliers）。

（2）【绘制】：用于选择需要绘制的回归分析诊断或预测图，如图 8.3 所示。

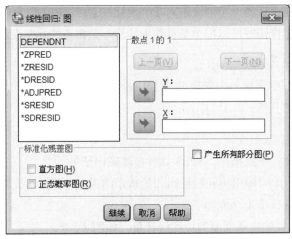

图 8.3

用户可以根据图 8.3 从中选择部分变量作为 X（横坐标）和 Y（纵坐标）。

同时还可以通过单击 Next 按钮来重复操作过程，绘制更多的图形。

- DEPENDNT：因变量。
- *ZPRED：标准化预测值。
- *ZRESID：标准化残差。
- *DRESID：剔除的残差。
- ADJPRED：调整后的预测值。
- SRESID：学生化残差。
- SDRESID：学生化剔除残差。

【标准化残差图】选项组用于选择输出标准化残差图，其中包括如下选项。

- 直方图：标准化残差的直方图。
- 正态概率图（P-P 图）：将标准化残差与正态分布进行比较。
- 产生所有部分图：每一个自变量对于因变量残差的散点图。

（3）【保存】：将预测值、残差或其他诊断结果值作为新变量保存于当前工作文件或文件。

①【预测值】选项组用于选择输出回归模型的预测值。

- Unstandardized：未标准化的预测值。
- Standardized：标准化的预测值。
- Adjusted：经调整的预测值。
- S. E. of mean predictions：预测值的标准误差。

②【残差】选项组包含如下选项。

- Unstandardized：未标准化残差。
- Standardized：标准化残差。
- Studentized：学生化残差。
- Deleted：剔除残差。
- Studentized Deleted：学生化剔除残差。

③【距离】选项组包含如下选项。

- Mahalanobis：马氏距离。
- Cook's：库克距离。
- Leverage values：杠杆值。

④【Influence Statistics（影响统计量）】反映剔除了某个自变量后回归系数的变化情况。

- DfBeta(s)：由排除一个特定的观测值所引起的回归系数的变化。
- Standardized Dfbeta(s)：标准化的 DfBeta 值。
- DfFit：拟合值之差，由排除一个特定的观测值所引起的预测值的变化。
- Standardized DfFit：标准化的 DfFit 值。
- Covariance ratio：带有一个特定的剔除观测值的协方差矩阵与带有全部观测量的协方差矩阵的比率。

⑤【预测区间】选项组中各选项如下。

- Mean：均值预测区间的上下限。
- Individual：因变量单个观测量的预测区间。
- Confidence interval（置信区间）：默认值为 95％，所输入的值必须在 0~100 之间。

（4）【选项】：改变用于进行逐步回归（Stepwisemethods）时的内部数值的设定以及对缺失值的处理方式。

①【步进方法标准】为逐步回归标准选择项。

- Use probability of F：如果一个变量的 F 显著性水平值小于所设定的进入值，那么该变量将会被选入方程式中；如果它的 F 显著性水平值大于所设定的剔除值，那么该变量将会被剔除。
- Use F value：如果一个变量的 F 值大于所设定的进入值，那么该变量将会被选入方程式中；如果它的 F 值小于剔除值，那么该变量将会被剔除。
- Include constant in equation：选择此项表示在回归方程式中包含常数项。

②【缺失值】为缺失值处理方式选择项。

- Exclude cases listwise：系统默认项，表示剔除所有含缺失值的个案后再进行分析。

- Exclude cases pariwise：剔除当前分析的两个变量值是缺失的个案。
- Replace with mean：利用变量的平均数代替缺失值。

（5）【Bootstrap】：可以进行如下统计量的 Bootstrap 估计。

- 描述统计表支持均值和标准差的 Bootstrap 估计。
- 相关性表支持相关性的 Bootstrap 估计。
- 模型概要表支持 Durbin-Watson 的 Bootstrap 估计。
- 系数表支持系数、B 的 Bootstrap 估计和显著性检验。
- 相关系数表支持相关性的 Bootstrap 估计。
- 残差统计表支持均值和标准差的 Bootstrap 估计。

8.1.3 实例分析：失业率与通货膨胀率关系

1．实例内容

图 8.4 所示为我国 2002～2011 年的通货膨胀率与失业率。试用简单回归分析方法研究这种替代关系在我国是否存在。

年份	通货膨胀率	失业率
2002	-.80	4.00
2003	1.20	4.00
2004	3.90	4.20
2005	1.80	4.20
2006	1.50	4.30
2007	4.80	4.00
2008	5.90	4.20
2009	-.70	4.30
2010	3.30	4.10
2011	5.40	4.10

图 8.4

2．实例操作

步骤 01 打开【线性回归】对话框。

选择菜单栏中的【分析】|【回归】|【线性】命令，弹出如图 8.5 所示的对话框。

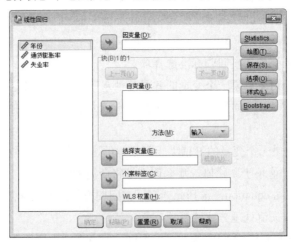

图 8.5

步骤 02 选择自变量。

在【线性回归】对话框左侧的候选变量列表框中选择"失业率",将其添加至【因变量】列表框,选中"通货膨胀率"将其添加至【自变量】列表框。

步骤 03 其他设置使用系统默认设置。

步骤 04 输出结果。

单击【确定】按钮,结束操作,SPSS 软件自动输出结果。

3．实例结果及分析

1）模型拟合情况

模型的拟合情况反映了模型对数据的解释能力,见表 8.1。修正的可决系数(调整 R^2)越大,模型的解释能力越强。

表 8.1

			模型摘要	
模型	R	R^2	调整后的 R^2	标准估算的错误
1	0.099[a]	0.010	−0.114	0.123 88

注:a. 预测变量(常量)为通货膨胀率。

2）方差分析

方差分析反映了模型整体的显著性(见表 8.2),一般将模型的检验 P 值(Sig.)与 0.05 作比较,如果小于 0.05,即为显著。

表 8.2

				ANOVA[a]		
模型		平方和	自由度	均方	F	显著性
1	回归	0.001	1	0.001	0.080	0.785[b]
	残差	0.123	8	0.015		
	总计	0.124	9			

注:1)a. 因变量为失业率。

2)b. 预测变量(常量)为通货膨胀率。

3）回归方程的系数以及系数的检验结果

回归方程的系数是各个变量在回归方程中的系数值(见表 8.3),Sig.值表示回归数的显著性,越小越显著,一般将其与 0.05 作比较,如果小于 0.05,即为显著。

表 8.3

		系数[a]				
模型		非标准化系数		标准系数	t	显著性
		B	标准错误	β		
1	(常量)	4.153	0.060		69.443	0.000
	通货膨胀率	−0.005	0.017	−0.099	−0.282	0.785

注:a. 因变量为失业率。

经过对数据进行简单线性回归分析,可以得到如下内容。

（1）观察结果分析3），可以写出最终模型的表达式为：

$$R（失业率）=4.153-0.05×I（通货膨胀率）$$

这意味着通货膨胀每增加一点，失业率就降低 0.05 点。

（2）观察结果分析1），此模型对数据的解释能力一般，修正的决定系数为-0.114。

（3）观察结果分析2），此模型的显著性水平为 0.785，大于 0.05，模型是不显著的。

（4）观察结果分析3）模型中常数项是 4.153，t 值是 69.443，显著性是.000；通货膨胀率的系数是-0.005，t 值是-0.282，显著性是 0.785。所以，常量是显著的，通货膨胀率是不显著的。

（5）结论：通过上述简单线性回归分析，可知通货膨胀和失业的替代关系在我国存在，但不显著。

8.2　SPSS 在多元线性回归分析中的应用

多元线性回归分析也称为多重线性回归分析，是最为常用的一种回归分析方法。多重线性回归分析涉及多个变量，它用来处理一个因变量与多个自变量之间的线性关系，建立变量之间的线性模型并根据模型进行评价和预测。

8.2.1　多元线性回归的基本原理

1．方法概述

在回归分析中，如果有两个或两个以上的自变量，就称为多元回归。

2．基本原理

多元线性回归模型是指有多个自变量的线性回归模型，它用于揭示因变量与多个自变量之间的线性关系。多元线性回归方程的经验模型是：

$$\hat{y} = \hat{\beta}_0 + \hat{\beta}_1 x_1 + \hat{\beta}_2 x_2 + \cdots + \hat{\beta}_k x_k$$

上式中，假设该线性方程有 k 个自变量是回归方程的偏回归系数。表示在其他自变量保持不变的情况下，自变量变动一个单位所引起的因变量的平均变动单位。

8.2.2　多元线性回归的 SPSS 操作详解

由于多元线性回归模型是一元回归模型的推广，因此两者在 SPSS 软件中的操作步骤是非常相似的。选择菜单栏中的【分析】|【回归】|【线性】命令，弹出【线性回归】对话框。这既是一元线性回归也是多元线性回归的主操作窗口。因此，读者可以参考 8.1.2 节的操作步骤。只不过由于多元回归模型涉及到多个自变量，因此在图 8.1 中要在【线性回归】对话框左侧的候选变量列表框中选择多个变量，将其添加至【自变量】列表框中，即选择这些变量作为多元线性回归的自变量。

8.2.3　实例分析：电视广告和报纸广告

1．实例内容

某传媒公司的经理希望了解公司投放的电视广告费用和报纸广告费用对公司收入的影响。

以往 8 周的样本数据如图 8.6 所示（单位：千美元）。下面建立模型分析这两种广告形式对公司营业收入的影响。

步骤 01 打开【线性回归】对话框。

选择菜单栏中的【分析】│【回归】│【线性】命令，弹出如图 8.7 所示的对话框。

图 8.6　　　　　　　　　　　　　　　　图 8.7

步骤 02 选择自变量。

在【线性回归】对话框左侧的候选变量列表框中选择"每周营业总收入"，将其添加至【因变量】列表框中，选中"电视广告费用""报纸广告费用"将其添加至【自变量】列表框，最后在【自变量】下方的【方法】下拉列表中采用【输入】法进行回归。

步骤 03 其他设置使用系统默认设置。

步骤 04 输出结果。

单击【确定】按钮，结束操作，SPSS 软件自动输出结果。

2．实例结果及分析

1）自变量进入方式

执行完上述操作后，首先给出的是自变量进入方式，见表 8.4。由于这里的自变量进入方式采用的是系统默认，即强行进入法，可以看到回归模型的选入变量是报纸广告费用和电视广告费用。

表 8.4

已输入/除去变量 ^{a}			
模型	已输入变量	已除去变量	方法
1	报纸广告费用，电视广告费用 ^{b}	.	输入

注：1）a. 因变量为每周营业总收入。

　　2）b. 已输入所有请求的变量。

2）模型摘要

表 8.5 给出了衡量该回归方程优劣的统计量。R 为复相关系数，它表示模型中所有自变量（tv、newspaper）与因变量 income 之间的线性回归关系的密切程度大小。它的取值介于 0 和 1

之间；R 越大，说明线性回归关系越密切。可决系数 R^2 等于复相关系数的平方，这里等于 0.919。调整的 R^2 为要重点关注的统计量；它的值越大，模型拟合效果越好；表 8.5 中调整的 R^2 为 0.887。最后给出的是标准估算的错误，它是残差的标准差，其大小反映了建立的模型预测因变量的精度。标准估算的错误越小，说明建立的模型效果越好。

表 8.5

模型摘要				
模型	R	R^2	调整后的 R^2	标准估算的错误
1	0.959[a]	0.919	0.887	0.643

注：a. 预测变量（常量）为报纸广告费用，电视广告费用。

3）方差分析表

表 8.6 为对回归模型进行方差分析的检验结果。可以看到方差分析结果中 F 统计量等于 28.378，概率 P 值 0.002 小于显著性水平 0.05，所以该模型是有统计学意义的，即两种广告支出费用和每周营业收入之间的线性关系是显著的。

表 8.6

ANOVA[a]						
模型		平方和	自由度	均方	F	显著性
1	回归	23.435	2	11.718	28.378	0.002[b]
	残差	2.065	5	0.413		
	总计	25.500	7			

注：1）a. 因变量为每周营业总收入。

2）b. 预测变量（常量）为报纸广告费用，电视广告费用。

4）回归系数表

表 8.7 为回归模型的常数项（Constant）、电视广告费用和报纸广告费用的偏相关系数，它们分别等于 83.230、2.290 和 1.301。于是得到回归方程如下：

每周营业总收入＝83.230＋2.290×电视广告费用＋1.301×报纸广告费用

其中，常数项表示当自变量取值全为 0 时，因变量的取值大小，即没有这两种广告投入时电影院的营业收入。同时比较电视广告和报纸广告的系数可以看到，电视广告对电影院的收入影响要大于报纸广告的影响。表 8.7 还给出了模型对 tv 和 income 变量的偏回归系数是否等于 0 的 t 检验结果。t 值分别等于 7.532 和 4.057，概率 P 值都小于显著性水平 0.05，因此认为偏相关系数 β_1、β_2 显著不等于 0。同时，SPSS 在输出一般偏回归系数的同时，也输出了各自的标准化偏回归系数（Standardized Coefficients）。

表 8.7

系数[a]						
模型		非标准化系数		标准系数	t	显著性
		B	标准错误	贝塔		
1	（常量）	83.230	1.574		52.882	0.000
	电视广告费用	2.290	0.304	1.153	7.532	0.001
	报纸广告费用	1.301	0.321	0.621	4.057	0.010

注：a. 因变量：每周营业总收入。

8.3 SPSS 在曲线拟合中的应用

我们经常会遇到变量之间的关系为非线性的情况，这时一般的线性回归分析就无法准确地刻画变量之间的因果关系，需要用其他的回归分析方法来拟合模型。SPSS 的曲线回归分析便是一种简便的处理非线性问题的分析方法，适用于模型只有一个自变量且可以化为线性形式时的情形。其基本过程是先将因变量或者自变量进行变量转换，然后对新变量进行直线回归分析，最后将新变量还原为原变量，得出变量之间的非线性关系。

8.3.1 曲线拟合的基本原理

1．方法概述

实际中，变量之间的关系往往不是简单的线性关系，而呈现为某种曲线或非线性的关系。此时，就要选择相应的曲线来反映实际变量的变动情况。为了决定选择的曲线类型，常用的方法是根据数据资料绘制出散点图，通过图形的变化趋势特征并结合专业知识和经验分析来确定曲线的类型，即变量之间的函数关系。

在确定变量间的函数关系后，需要估计函数关系中的未知参数，并对拟合效果进行显著性检验。虽然这里选择的是曲线方程，在方程形式上是非线性的，但可以采用变量变换的方法将这些曲线方程转化为线性方程来估计参数。

2．常用曲线估计模型

SPSS 的【曲线估计】选项就是用来解决上述问题的。它提供了 11 种常用的曲线估计回归模型。

8.3.2 曲线拟合的 SPSS 操作详解

步骤01 打开【曲线估计】对话框。

选择菜单栏中的【分析】|【回归】|【曲线估计】命令，弹出【曲线估计】对话框，如图 8.8 所示。这是曲线拟合的主操作窗口。

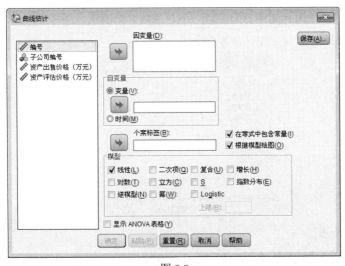

图 8.8

步骤 02 选择因变量。

在【曲线估计】对话框左侧的候选变量列表框中选择一个变量，将其添加至【因变量】列表框中，即选择该变量作为曲线估计的因变量。

步骤 03 选择自变量。

在【曲线估计】对话框左侧的候选变量列表框中选择一个数值型变量，将其添加至【自变量】选项组中的【变量】列表框中，即选择该变量作为曲线估计的自变量。如果自变量是时间变量或序列 ID，可以选择它并移入【时间】选项中，此时自变量之间的长度是均匀的。

步骤 04 选择个案标签。

从候选变量列表框中选择一个变量进入【个案标签】列表框中，它的取值将作为每条记录的标签。这表示在指定作图时，以哪个变量作为各样本数据点的标志变量。

步骤 05 选择曲线拟合模型。

在【模型】选项组中共有 11 种候选曲线模型可以选择，用户可以选择多种候选模型进行拟合优度比较。

步骤 06 选择预测值和残差输出。

单击【保存】按钮，弹出对话框，如图 8.9 所示。

【保存变量】选项组中的选项用于将预测值、残差或其他诊断结果值作为新变量保存于当前工作文件中。

- 预测值：输出回归模型的预测值。
- 残值：输出回归模型的残差。
- 预测区间：预测区间的上下限。
- 置信：选择预测区间的置信概率。
- 【预测个案】选项组是以时间序列为自变量时的预测值输出。
  - 从估计期到最后一个个案的预测：计算样本中数据的预测值。
  - 预测范围：预测时间序列中最后一个观测值之后的值。选择该项后，在下面的【观测值】文本框中指定一个预测期限。

图 8.9

步骤 07 其他选项输出。

在图 8.8 中还有三个选项可供选择，用户可根据自己的需要勾选这些选项。

- 显示 ANOVA 表格：结果中显示方差分析表。
- 在等式中包含常量：系统默认值，曲线方程中包含常数项。
- 根据模型绘图：系统默认值，绘制曲线拟合图。

步骤 08 输出结果。

单击【确定】按钮，结束操作，SPSS 软件自动输出结果。

8.3.3 实例分析：农村人均收入与农村人均教育支出

1. 实例内容

如图 8.10 所示为 1995~2007 年农村人均收入与农村人均教育支出的数据，利用曲线回归分析方法，分析农村人均教育支出与农村人均收入之间的关系。

年份	农村人均收入	农村人均教育支出
1995.00	1627.64	38.24
1996.00	1854.22	47.91
1997.00	2203.60	57.56
1998.00	3138.56	71.00
1999.00	4442.09	153.98
2000.00	5565.68	194.62
2001.00	6544.73	307.95
2002.00	7188.71	419.19
2003.00	7911.94	542.78
2004.00	7493.31	556.93
2005.00	7997.37	656.28
2006.00	9463.07	1091.85
2007.00	9396.45	1062.13

图 8.10

2. 实例操作

步骤 01 打开【曲线估计】对话框。

选择菜单栏中的【分析】|【回归】|【曲线估计】命令，弹出如图 8.11 所示的对话框。将"农村人均教育支出"选入【因变量】列表框，将"农村人均收入"选入【变量】列表框。

图 8.11

步骤 02 保存设置。

在【模型】选项组中勾选【线性】、【对数】和【二次项】复选框，保存设置。

步骤 03 得到结果。

单击【确定】按钮，便可以得到曲线回归结果。

3. 实例结果及分析

表 8.8 为模型基本情况的描述。从该表中可以看到模型的因变量和自变量的名称、所含有的常数项、方程的容差以及三个方程的类型。

表 8.8

模型描述			
模型名称			MOD_1
因变量	1		农村人均教育支出
方程式	1		线性（L）
	2		对数
	3		二次项（Q）
自变量			农村人均收入
常量			已包括
值在绘图中标记观测值的变量			未指定
对在方程式中输入项的容许			0.000 1

表 8.9 为个案处理的摘要。从该表中可以得到参与曲线回归的个案数总共有 15 个，其中有两个由于带有缺失值，所以被排除。

表 8.9

个案处理摘要	
	数字
个案总计	13
排除的个案 [a]	0
预测的个案	0
新创建的个案	0

注：a. 任何变量中带有缺失值的个案无须分析。

表 8.10 为变量处理摘要。从该表中可以得到因变量和自变量的正、负值情况，如本实验中因变量和自变量都含有正值 13 个，没有零和负值，系统缺失值有两个。

表 8.10

变量处理摘要			
		变量	
		从属	自变量
		农村人均教育支出	农村人均收入
正值的数目		13	13
零的数目		0	0
负值的数目		0	0
缺失值的数目	用户缺失	0	0
	系统缺失	0	0

表 8.11 为模型汇总情况和参数估计值及相应的检验统计量。可以看出，三个回归曲线模型

中，拟合度最好的是对数模型（R^2 为 0.995），其次是二次曲线模型。从 F 值来看，对数模型的拟合情况最好。因为对数模型的 F 值最大。三个模型的概率值都是 0.000，因此三个模型都比较显著。

另外，还得到了每个模型中常数和系数的估计结果。

表 8.11

方程式	模型摘要					参数估计值		
	R^2	F	df1	df2	显著性	常量	b_1	b_2
线性（L）	0.836	56.029	1	11	0.000	−284.012	0.119	
对数	0.678	23.210	1	11	0.001	−3686.132	480.519	
二次项（Q）	0.987	382.641	2	10	0.000	252.698	−0.148	2.460E−5

模型摘要和参数估算
因变量：农村人均教育支出

注：自变量为农村人均收入。

图 8.12 所示为三个曲线模型拟合曲线及观测值的散点图。从该图中可以很直观地看出，在三条曲线模型拟合的曲线中，对数模型拟合的曲线与原始观测值拟合得最好，而线性模型与二次模型拟合曲线都有许多观察点没有拟合好。因此，由拟合图的直观观察来看，对数模型最适合本实验的数据建模。

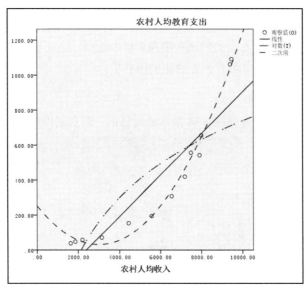

图 8.12

所以可以得出农村人均收入与农村人均教育支出之间的关系为 $y=-7176.639+22\,368.779\ln(x)$，即农村人均支出的对数每增加一个单位，农民人均纯收入增加 2 368.779 个单位。

8.4　SPSS 在非线性回归分析中的应用

非线性回归分析适用于了解参数的初始值或取值范围，需要模型又无法转化为线性模型估计的情况。

8.4.1 非线性回归分析的基本原理

非线性回归分析是探讨因变量和一组自变量之间的非线性相关模型的统计方法。线性回归模型要求变量之间必须是线性关系，曲线估计只能处理能够通过变量变换化为线性关系的非线性问题，因此这些方法都有一定的局限性。相反地，非线性回归可以估计因变量和自变量之间具有任意关系的模型，用户根据自身需要可随意设定估计方程的具体形式。因此，本方法在实际应用中有很大的实用价值。

非线性回归模型一般可以表示为如下形式：

$$y_i = \hat{y} + e_i = f(x, \theta) + e_i$$

其中，$f(x, \theta)$ 为期望函数，该模型的结构与线性回归模型非常相似，所不同的是期望函数可能为任意形式，甚至在有的情况下没有显式关系式。回归方程中参数的估计是通过迭代方法获得的。

8.4.2 非线性回归分析的 SPSS 操作详解

步骤 01 打开【非线性回归】对话框。

选择菜单栏中的【分析】|【回归】|【非线性】命令，弹出【非线性回归】对话框，如图 8.13 所示。这是非线性回归的主操作窗口。

步骤 02 选择因变量。

在【非线性回归】对话框左侧的候选变量列表框中选择一个变量，将其添加至【因变量】列表框中，即选择该变量作为非线性回归分析的因变量。

步骤 03 设置参数变量和初始值。

单击【参数】按钮，将打开如图 8.14 所示的对话框，该对话框用于设置参数的初始值。

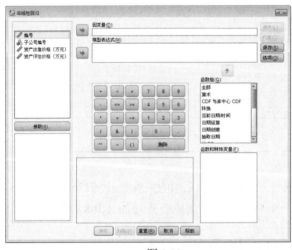

图 8.13

图 8.14

- 【名称】文本框：用于输入参数名称。
- 【初始值】文本框：用于输入参数的初始值。

当输入完参数名和初始值后，单击【添加】按钮，则定义的变量及其初始值将显示在下方的参数框中，参数的初始值可根据给定模型中参数定义范围情况而定。如果需要修改已经定义的参数变量，则先将其选中，然后在【名称】和【初始值】文本框中进行修改，完成后单击【更改】按钮确认修改。如果要删除已经定义的参数变量，先将其选中，然后单击【删除】按钮删除。如果勾选【使用上一分析的起始值】复选框，表示使用前一次分析确定的初始值；当算法的收敛速度减慢时，可选择它继续进行搜索。完成后单击【继续】按钮，返回主程序窗口。

步骤04 输入回归方程。

在【模型表达式】文本框中输入需要拟合的方程式，该方程中包含自变量、参数变量和常数等。自变量从左侧的候选变量列表框中选择，参数变量从左侧的【参数】列表框中选入。同时，拟合方程模型中的函数可以从【函数组】列表框中选入；方程模型的运算符号可以用鼠标从窗口【数字符号】显示区中单击输入。

步骤05 迭代条件选择。

单击【损失】按钮，将打开如图 8.15 所示的对话框。该对话框用来选择损失函数来确定参数的迭代算法。

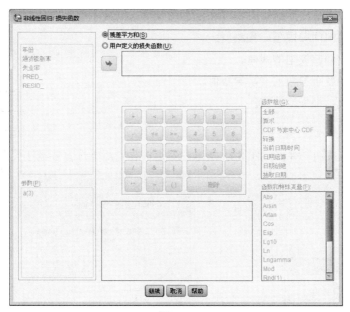

图 8.15

● 残差平方和：系统默认项，基于残差平方和最小化的迭代算法。
● 用户定义的损失函数：自定义选项，设置其他统计量为迭代条件。在其下面的文本框中输入相应的统计量的表达式，这里称为损失函数。

左侧的候选变量列表框中，"RESID_"代表所选变量的残差；"PRED_"代表预测值。可以从左下角的【参数】列表框中选择已定义的参数进入损失函数。

步骤06 参数取值范围选择。

单击【继续】按钮，将打开如图 8.16 所示的对话框。该对话框用来设置回归方程中参数的取值范围。

图 8.16

- 未约束：无约束条件，系统默认项。
- 定义参数约束：可对选定的参数变量设置取值范围。参数的取值范围用不等式 "=，<=，>=" 来定义。例如，这里限制参数 "b" 的迭代范围是 "b<=5"。

步骤 07 选择预测值和残差等输出。

单击【保存】按钮，弹出如图 8.17 所示的对话框。它表示要保存到数据文件中的统计量。

- 预测值：输出回归模型的预测值。
- 残差：输出回归模型的残差。
- 导数：模型各个参数的一阶导数值。
- 损失函数值：损失函数值。

步骤 08 迭代方法选择。

单击【选项】按钮，弹出如图 8.18 所示的对话框。它用于选择各类迭代算法。

图 8.17

图 8.18

标准误差的 Bootstrap 估计：采用样本重复法计算标准误。样本重复法需要顺序二次规划算法的支持。当选中该项时，SPSS 将自动选中【序列二次编程】选项。

【估计方法】选项组中列出了参数的两种估计方法。

- 序列二次编程算法。
- 系统默认设置：Levenberg-Marquardt，即列文博格-麦夸尔迭代法。

步骤 09 输出结果。

单击【确定】按钮，结束操作，SPSS 软件自动输出结果。

8.4.3　实例分析：培训效果分析

1．实例内容

某著名总裁培训班的讲师想建立一个回归模型，对参与培训的企业高管毕业后的长期表现情况进行预测。自变量是高管的培训天数，因变量是高管毕业后的长期表现指数，指数越大，表现越好。图 8.19 所示为相关数据，试用非线性回归方法拟合模型。

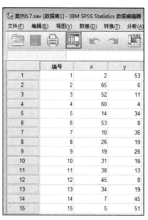

图 8.19

2．实例操作

步骤 01 打开【非线性回归】对话框。

选择菜单栏中的【分析】|【回归】|【非线性】命令，弹出如图 8.20 所示的对话框。

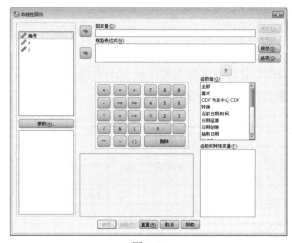

图 8.20

步骤 02 选择自变量。

在【非线性回归】对话框左侧的候选变量列表框中选择 y，将其添加至【因变量】列表框中。

步骤 03 编辑模型表达式。

在【模型表达式】列表框中，输入 EXP(a+b*x)。

步骤 04 设置初始参数。

单击对话框中的【参数】按钮，弹出如图 8.21 所示的对话框。

在【名称】文本框中输入 a，然后在【初始值】文本框中输入 4，单击【添加】按钮；用同样方法添加 b 的初始值-0.04。此处的参数初始值 "4" 与 "0.04" 是参考其曲线回归模型的估计值。

图 8.21

步骤05 其他设置。

其他设置使用系统默认设置。

步骤06 输出结果。

单击【确定】按钮，结束操作，SPSS 软件自动输出结果。

3．实例结果及分析

1）参数估计值

表 8.12 为各个参数的估计值及其标准错误和 95%置信区间。容易发现，两者的置信区间都不含 0，所以两个参数值都是有统计学意义的。

表 8.12

参数估计值				
参数	估算	标准错误	95% 置信区间	
			下限值	上限值
a	4.063	0.029	4.001	4.125
b	−0.039	0.002	−0.044	−0.035

2）模型检验结果

表 8.13 为非线性回归模型的检验结果。R^2 的值为 0.983，表明回归模型的拟合效果很好。

表 8.13

ANOVA[a]			
源	平方和	自由度	均方
回归	11 946.433	2	5 973.216
残差	64.567	13	4.967
未修正总体	12 011.000	15	
校正后的总变异	3 890.933	14	

注：1）因变量为 y。

2）a. $R^2 = 1 -$（残差平方和）/（已更正的平方和）= 0.983。

通过对上述数据进行非线性回归，可以得到如下结论。

（1）因为设置的公式是 y=EXP(a+b*x)，所以观察结果分析 1），最终模型的表达式为 y=EXP(4.063−0.039*x)。

（2）观察结果分析 2），模型的拟合优度很好，决定系数为 0.983。

（3）观察结果分析 1），通过分析发现，模型是显著的。

（4）通过非线性回归分析，可知参与培训的天数与长期表现指数之间存在如最终模型所示的非线性关系，企业可以对参与培训的企业高管毕业后的长期表现情况进行预测。

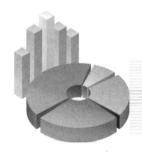

第 9 章
SPSS 的多元统计分析

多元统计分析是从经典统计学中发展起来的一个分支，是一种综合分析方法，它能够在多个对象和多个指标互相关联的情况下分析它们的统计规律，很适合农业科学研究的特点。主要内容包括多元正态分布及其抽样分布、多元正态总体的均值向量和协方差阵的假设检验、多元方差分析、直线回归与相关、多元线性回归与相关（Ⅰ）和（Ⅱ）、主成分分析与因子分析、判别分析与聚类分析、Shannon 信息量及其应用，简称多元分析。

9.1　SPSS 在因子分析中的应用

因子分析是指研究从变量群中提取共性因子的统计技术，最早由英国心理学家 C.E.斯皮尔曼提出。他发现学生的各科成绩之间存在着一定的相关性，一科成绩好的学生，往往其他各科成绩也比较好，从而推想是否存在某些潜在的共性因子，或称某些一般智力条件影响着学生的学习成绩。因子分析可在许多变量中找出隐藏的具有代表性的因子。将相同本质的变量归入一个因子，可减少变量的数目，还可检验变量间关系的假设。

9.1.1　因子分析的基本原理

1．方法概述

人们在研究实际问题时，往往希望尽可能多地收集相关变量，以期望对问题有比较全面、完整的把握和认识。为解决这些问题，最简单和最直接的解决方案是减少变量数目，但这必然又会导致信息丢失或不完整等问题。为此，人们希望探索一种有效的解决方法，它既能减少参与数据分析的变量个数，同时也不会造成统计信息的大量浪费和丢失。

因子分析就是在尽可能不损失信息或者少损失信息的情况下，将多个变量减少为少数几个因子的方法。这几个因子可以高度概括大量数据中的信息，这样，既减少了变量个数，又同样能再现变量之间的内在联系。

2．基本原理

通常针对变量作因子分析，称为 R 型因子分析；另一种对样品作因子分析，称为 Q 型因子分析，这两种分析方法有许多相似之处。

R 型因子分析数学模型如下。

设原有 P 个变量，且每个变量（或经标准化处理后）的均值为 0，标准差为 1。现将每个原有变量用 $k(\ )$ 个因子的线性组合来表示，即有：

$$\begin{cases} x_1 = a_{11}f_1 + a_{12}f_2 + \cdots + a_{1k}f_k + \varepsilon_1 \\ x_2 = a_{21}f_1 + a_{22}f_2 + \cdots + a_{2k}f_k + \varepsilon_2 \\ \quad\quad\quad\quad\quad\vdots \\ x_p = a_{p1}f_1 + a_{p2}f_2 + \cdots + a_{pk}f_k + \varepsilon_p \end{cases}$$

上式就是因子分析的数学模型，也可以用矩阵的形式表示为：$X=AF+\varepsilon$。其中，X 是可实测的随机向量；F 称为因子，由于它们出现在每个原有变量的线性表达式中，因此又称为公共因子；A 称为因子载荷矩阵，称为因子载荷；ε 称为特殊因子，表示原变量不能被因子解释的部分，其均值为 0。

因子分析的基本思想是通过对变量的相关系数矩阵内部结构的分析，从中找出少数几个能控制原始变量的随机变量。选取公共因子的原则是使其尽可能多地包含原始变量中的信息，建立模型：$X=AF+\varepsilon$

忽略 ε，以 F 代替 X，用它再现原始变量 X 的信息，达到简化变量、降低维数的目的。

3．基本步骤

由于实际中数据背景、特点均不相同，故采用因子分析步骤上可能略有差异，但是一个较完整的因子分析主要包括如下 4 个过程。

（1）确认待分析的原变量是否适合作因子分析。

因子分析的主要任务是将原有变量的信息重叠部分提取和综合成因子，进而最终实现减少变量个数的目的。故它要求原始变量之间应存在较强的相关关系。进行因子分析前，通常可以采取计算相关系数矩阵、巴特利特球度检验和 KMO 检验等方法来检验候选数据是否适合采用因子分析。

（2）构造因子变量。

将原有变量综合成少数几个因子是因子分析的核心内容。它的关键是根据样本数据求解因子载荷阵。因子载荷阵的求解方法有基于主成分模型的主成分分析法、基于因子分析模型的主轴因子法、极大似然法等。

（3）利用旋转方法使因子变量更具有可解释性。

将原有变量综合为少数几个因子后，如果因子的实际含义不清，则不利于后续分析。为解决这个问题，可通过因子旋转的方式使一个变量只在尽可能少的因子上有比较高的载荷，这样使提取出的因子具有更好的解释性。

（4）计算因子变量得分。

实际中，当因子确定以后，便可计算各因子在每个样本上的具体数值，这些数值称为因子得分。于是，在以后的分析中就可以利用因子得分对样本进行分类或评价等研究，进而实现降维和简化问题的目标。

根据上述步骤，可以得到进行因子分析的详细计算过程如下。

① 将原始数据标准化，以消除变量间在数量级和量纲上的不同。

② 求标准化数据的相关矩阵。

③ 求相关矩阵的特征值和特征向量。

④ 计算方差贡献率与累积方差贡献率。

⑤ 确定因子：设 F_1，F_2，…，F_p 为 p 个因子，其中前 m 个因子包含的数据信息总量（即其累积贡献率）不低于 85%时，可取前 m 个因子来反映原评价指标。

⑥ 因子旋转：若所得的 m 个因子无法确定或其实际意义不是很明显，这时需将因子进行旋转以获得较为明显的实际含义。

⑦ 用原指标的线性组合来求各因子得分。

⑧ 综合得分：通常以各因子的方差贡献率为权，由各因子的线性组合得到综合评价指标函数。

9.1.2 因子分析的 SPSS 操作详解

步骤 01 打开【因子分析】对话框。

选择菜单栏中的【分析】|【降维】|【因子分析】命令，弹出【因子分析】对话框，如图 9.1 所示。这是因子分析的主操作窗口。

步骤 02 选择因子分析变量。

在【因子分析】对话框左侧的候选变量列表框中选择进行因子分析的变量，将其添加至【变量】列表框中。如果要选择参与因子分析的样本，则需要将条件变量添加至【选择变量】列表框中，并单击【值】按钮输入变量值，只有满足条件的样本数据才能进行后续的因子分析。

步骤 03 选择描述性统计量。

单击【描述】按钮，在弹出的如图 9.2 所示的对话框中可以选择输出描述性统计量及相关矩阵等内容。

图 9.1　　　　　　　　　　　　　　图 9.2

具体选项含义如下：

① Statistics 选项组。

- 单变量描述性：单变量描述统计量，即输出参与分析的各原始变量的均值、标准差等。
- 原始分析结果：初始分析结果，系统默认项。输出各个分析变量的初始共同度、特征值以及解释方差的百分比等。

②【相关性矩阵】选项组。

- 系数：原始分析变量间的相关系数矩阵。

- 显著性水平：显著性水平。输出每个相关系数相对于相关系数为 0 的单尾假设检验的概率水平。
- 行列式：相关系数矩阵的行列式。
- 逆模型：相关系数矩阵的逆矩阵。
- 再生：再生相关矩阵。输出因子分析后的相关矩阵及残差阵。
- 反映象：包括偏相关系数的负数及偏协方差的负数。在一个好的因子模型中，除对角线上的系数较大外，远离对角线的元素应该比较小。
- KMO 和 Bartlett 的球形度检验：KMO 和 Bartlett 检验。前者输出抽样充足度的 Kaisex-Meyer-Olkin 测度，用于检验变量间的偏相关是否很小。后者 Bartlett 球度方法检验相关系数阵是否是单位阵。如果是单位阵，则表明因子模型不合适采用因子模型。

步骤 04 选择因子提取方法。

单击【抽取】按钮，在弹出的如图 9.3 所示的对话框中可以选择提取因子的方法及相关选项。

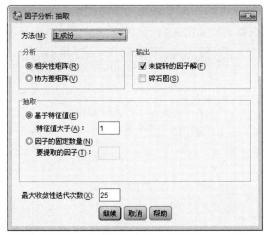

图 9.3

① 在【方法】下拉列表框中可以选择因子提取方法。

- 主成份：主成分分析法。该方法假设变量是因子的纯线性组合。第一成分有最大的方差，后续的成分其可解释的方差逐个递减。
- 未加权最小平均法：不加权最小二乘法。
- 综合最小平均法：加权最小二乘法。
- 极大似然法 ：极大似然法。
- 主轴因子法 ：主轴因子提取法。
- Alphafa 因子法：α 因子提取法。
- 图像因子法：映象因子提取法。

②【分析】选项组。

- 相关性矩阵：相关系数矩阵，系统默认项。
- 协方差矩阵：协方差矩阵。

③【输出】选项组：输出与因子提取有关的选项。

- 未旋转的因子解：输出未经旋转的因子提取结果。此项为系统默认的输出方式。
- 碎石图：输出因子的碎石图。它显示了按特征值大小排列的因子序号，有助于确定保留多少个因子。典型的碎石图会有一个明显的拐点，在该点之前是与大因子连接的陡峭的折线，之后是与小因子相连的缓坡折线。

④【抽取】选项组：输出与提取结果有关的选择项。由于理论上因子数目与原始变量数目相等，但因子分析的目的是用少量因子代替多个原始变量，选择提取多少个因子是由本选项组来决定的。

- 基于特征值：指定提取的因子的特征值数目。在此项后面的文本框中输入数值（系统默认值为1），即要求提取那些特征值大于 1 的因子。
- 因子的固定数量：指定提取公因子的数目。单击选择此项后，将指定其数目。

⑤ 最大收敛性迭代次数：在对应的文本框中指定因子分析收敛的最大迭代次数。系统默认的最大迭代次数为25。

步骤 05 选择因子旋转方法。

单击【旋转】按钮，在弹出的如图 9.4 所示的对话框中可以选择因子旋转方法及相关选项。

图 9.4

①【方法】选项组用于选择旋转方法。

- 无：不进行旋转，此为系统默认的选择项。
- 最大方差法：方差最大旋转法。这是一种正交旋转方法。它使每个因子具有最高载荷的变量数最小，因此可以简化对因子的解释。
- 直接 Oblimin 方法：直接斜交旋转法。指定此项可以在下面的 Delta 文本框中输入 δ 值，该值应该在 0~1 之间。系统默认的 δ 值为 0。
- 最大四次方值法：四次方最大正变旋转法。该旋转方法使每个变量中需要解释的因子数最少。
- 最大平衡值法：平均正交旋转法。
- Promax：斜交旋转方法。允许因子彼此相关。它比直接斜交旋转更快，因此适用于大数据集的因子分析。指定此项可以在下面的 Kappa 矩形框中输入 k 值，默认为 4（此值最适合于分析）。

② 【输出】选项组：选择有关输出显示。

● 旋转解：在【方法】选项组中指定旋转方法才能选择此项。

● 载荷图：指定此项将给出以前两因子为坐标轴的各变量的载荷散点图。

③ 最大收敛性迭代次数：可以指定旋转收敛的最大迭代次数。系统默认值为 25。可以在此项后面的文本框中输入指定值。

步骤 06 选择因子得分。

单击【得分】按钮，在弹出的如图 9.5 所示的对话框中可以选择因子得分方法及相关选项。具体选项含义如下。

图 9.5

① 【保存为变量】选项组：将因子得分作为新变量保存在数据文件中。

保存为变量：将因子得分作为新变量保存在工作数据文件中。程序运行结束后，在数据窗中显示出新变量。

② 【方法】选项组：指定计算因子得分的方法。

● 回归：选择此项，其因子得分的均值为 0。方差等于估计的因子得分与实际因子得分值之间的复相关系数的平方。

● Bartlett：巴特利特法。选择此项，因子得分均值为 0。超出变量范围的各因子平方和被最小化。

● Anderson-Rubin：安德森-鲁宾法。选择此项，是为了保证因子的正交性。本例选中【回归】项。

③ 在输出窗中显示因子得分。

● 显示因子得分系数矩阵：输出因子得分系数矩阵。

步骤 07 其他选项输出。

单击【选项】按钮，在弹出的如图 9.6 所示的对话框中可以选择一些附加输出项。具体选项含义如下。

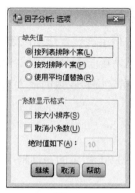

图 9.6

① 【缺失值】选项组：选择处理缺失值的方法。

● 按列表排除个案：分析变量中带有缺失值的观测量都不参与后续分析。

● 按对排除个案：成对剔除带有缺失值的观测量。

● 使用平均值替换：用该变量的均值代替工作变量的所有缺失值。

② 【系数显示格式】选项组：选择载荷系数的显示格式。

● 按大小排序：将载荷系数按其大小排列构成矩阵，使在同一因子上具有较高载荷的变量排在一起，便于得出结论。

● 取消小系数：不显示那些绝对值小于指定值的载荷系数。选择此项后还需要在该项的参数框中输入 0~1 之间的数作为临界值。系统默认的临界值为 0.10。

步骤 08 输出结果。

单击【确定】按钮，结束操作，SPSS 软件自动输出结果。

9.1.3 实例分析：国民经济主要指标统计

1. 实例内容

图 9.7 所示为我国近年国民经济主要指标数据。试用因子分析法对这些指标提取公因子并写出提取的公因子与这些指标之间的表达式。

图 9.7

2. 实例操作

步骤 01 打开【因子分析】对话框。

选择菜单栏中的【分析】|【降维】|【因子分析】命令，弹出如图 9.8 所示的对话框。

步骤 02 选择进行因子分析的变量。

在对话框左侧的列表中，依次将工业总产值、国内生产总值、货物周转量、原煤、发电量、原油选择进入【变量】列表框。

步骤 03 选择输出系数相关矩阵。

单击【因子分析】对话框右上角的【描述】按钮，弹出如图 9.9 所示的对话框。在【相关性矩阵】选项组中勾选【KMO 和 Bartlett 的球形度检验】复选框，单击【继续】按钮返回【因子分析】对话框。

图 9.8　　　　　　　　　　　　图 9.9

步骤 04 设置对提取公因子的要求及相关输出内容。

单击【因子分析】对话框右上角的【抽取】按钮，弹出如图 9.10 所示的对话框。在【输出】选项组中勾选【碎石图】复选框。

步骤 05 设置因子旋转方法。

单击【因子分析】对话框右上角的【旋转】按钮，则弹出如图 9.11 所示的对话框。在【方法】选项组中选择【最大方差法】单选按钮。最大方差法又称为正交旋转，能够使每个因子上的具有最高载荷的变量数最小。

图 9.10　　　　　　　　　　　图 9.11

步骤 06 设置有关因子得分的选项。

单击【得分】按钮，弹出如图 9.12 所示的对话框。在该对话框中可勾选【显示因子得分系数矩阵】复选框。

图 9.12

步骤 07 其他设置。

其他设置使用系统默认设置。

步骤 08 输出结果。

单击【确定】按钮，结束操作，SPSS 软件自动输出结果。

3．实例结果及分析

1）KMO 检验和 Bartlett 检验结果

KMO 检验是为了看数据是否适合进行因子分析，其取值范围是 0~1。其中 0.9~1 表示极好、0.84~0.9 表示可奖励、0.74~0.8 表示还好、0.6~0.7 表示中等、0.54~0.6 表示糟糕、0~0.5 表示不可接受。本例中 KMO 的取值为 0.657，表明可以进行因子分析。Bartlett 检验是为了看数据是否来自于服从多元正态分布的总体。本例中 Sig.值为 0.000，说明数据来自正态分布总体，适合进一步分析。KMO 检验和 Bartlett 检验结果，见表 9.1。

表 9.1

KMO 和 Bartlett 检验		
KMO 取样适切性量数		0.657
Bartlett 的球形度检验	上次读取的卡方	84.177
	自由度	15
	显著性	0.000

2）变量共同度

变量共同度表示的是各变量中所含原始信息能被提取的公因子所解释的程度。本例中所有变量共同度都在 85%以上，所以提取的这几个公因子对各变量的解释能力很强，见表 9.2。

表 9.2

公因子方差	
	初始值
工业总产值	1.000
国内生产总值	1.000
货物周转量	1.000
原煤	1.000

续表

公因子方差	
发电量	1.000
原油	1.000

注：提取方法为主成分分析。

3）解释的总方差

由表 9.3 可知，"初始特征值"一栏显示只有前两个特征值大于 1，所以 SPSS 只选择了前两个主成分；"提取平方和载入"一栏显示第一主成分的方差贡献率是 77.049%，前两个主成分的方差占所有主成分方差的 96.305%。由此可见，选前两个主成分已足够替代原来的变量，几乎涵盖了原变量的全部信息；"旋转平方和载入"一栏显示的是旋转以后的因子提取结果，与未旋转之前差别不大。

表 9.3

解释的总方差									
成份	初始特征值			提取平方和载入			旋转平方和载入		
	合计	方差的%	累积 %	合计	方差的%	累积%	合计	方差的%	累积%
1	4.623	77.049	77.049	4.623	77.049	77.049	4.622	77.028	77.028
2	1.155	19.256	96.305	1.155	19.256	96.305	1.157	19.278	96.305
3	0.165	2.742	99.048						
4	0.054	0.899	99.947						
5	0.002	0.041	99.988						
6	0.001	0.012	100.000						

注：提取方法为主成分分析。

4）碎石图

如图 9.13 所示，有两个成分的特征值超过 1，只考虑这两个成分即可。

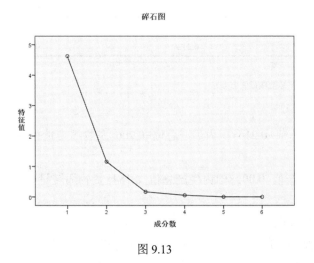

碎石图

图 9.13

5）旋转成分矩阵

由表 9.4 可知，第一个因子在工业总产值、国内生产总值、货物周转量、发电量及原油上有较大的载荷，所以其反映的是除原煤以外的其他变量的信息，第二个因子在原煤这一变量上有较大的载荷，反映的是原煤这一变量的信息。

表 9.4

旋转后的成分矩阵 a		
	组件	
	1	2
工业总产值	0.876	0.347
国内生产总值	0.999	−0.017
货物周转量	0.964	−0.192
原煤	−0.042	0.987
发电量	0.983	−0.157
原油	0.979	0.028

注：1）提取方法为主成分分析。

　　2）旋转方法为 Kaiser 标准化最大方差法。

　　3）a. 旋转在 3 次迭代后已收敛。

6）成分得分系数矩阵

表 9.5 为成分得分系数矩阵，据此可以直接写出各公因子的表达式。值得一提的是，在表达式中各个变量已经不是原始变量而是标准化变量。

表 9.5

成分得分系数矩阵		
	组件	
	1	2
工业总产值	0.194	0.311
国内生产总值	0.216	−0.002
货物周转量	0.206	−0.154
原煤	0.003	0.853
发电量	0.211	−0.124
原油	0.212	0.036

注：1）提取方法为主成分分析。

　　2）旋转方法为 Kaiser 标准化最大方差法。

表达式如下：

F_1=0.194×工业总产值+0.216×国内生产总位+0.206×货物周转量+0.003×原煤+0.211×发电量+0.212×原油

F_2=0.311×工业总产值−0.002×国内生产总值−0.154×货物周转量+0.853×原煤−0.124 ×发电量+0.036×原油

通过分析，可以知道：

（1）由结果分析 1）可知，本例很适合使用因子分析。

（2）由结果分析 2）、3）、4）可知，本例适合选前两个公因子进行分析，因为这已足够替代原来的变量，它们几乎涵盖了原变量的全部信息。

（3）结果分析 5）给出了本例中的两个公因子及其所反映的变量。

（4）结果分析 6）给出了公因子与标准化形式的变量之间的表达式。

9.2　聚类分析

聚类分析指将物理或抽象对象的集合分组成为由类似的对象组成的多个类的分析过程。它是一种重要的人类行为。聚类分析的目标就是在相似的基础上收集数据来分类。聚类源于很多领域，包括数学、计算机科学、统计学、生物学和经济学。在不同的应用领域，很多聚类技术都得到了发展，这些技术方法被用作描述数据，衡量不同数据源间的相似性，以及把数据源分类到不同的类中。

9.2.1　聚类分析的基本原理

1．方法概述

聚类分析又称为群分析，它是研究（样品或指标）分类问题的一种多元统计方法。所谓类，通俗地说，就是指相似元素的集合。

2．聚类分析的分类

根据分类对象的不同可分为样品聚类和变量聚类。

1）样品聚类

样品聚类在统计学中又称为 Q 型聚类。用 SPSS 的术语来说就是对事件（Cases）进行聚类，或对观测量进行聚类。它根据被观测的对象的各种特征，即反映被观测对象的特征的各变量值进行分类。

2）变量聚类

变量聚类在统计学上又称为 R 型聚类。反映同一事物特点的变量有很多，我们往往根据所研究的问题选择部分变量对事物的某一方面进行研究。由于人类对客观事物的认识是有限的，往往难以找出彼此独立的有代表性的变量，而影响对问题的进一步认识和研究。例如，在回归分析中，由于自变量的共线性导致偏回归系数不能真正反映自变量对因变量的影响等。因此往往先要进行变量聚类，找出彼此独立且有代表性的自变量，而又不丢失大部分信息。

值得提出的是，将聚类分析和其他方法联合起来使用，如判别分析、主成分分析、回归分析等往往效果更好。

3．距离和相似系数

为了将样品（或指标）进行分类，就需要研究样品之间的关系。目前用得最多的方法有两个：一种方法是用相似系数，性质越接近的样品，它们的相似系数的绝对值越接近 1，而彼此无关的样品，它们的相似系数的绝对值越接近于零。比较相似的样品归为一类，不怎么相似的样品归为不同的类；另一种方法是将一个样品看作 P 维空间的一个点，并在空间定义距离，距离较近的点归为一类，距离较远的点归为不同的类。但相似系数和距离有各种各样的定义，而这些定义与变量的类型关系极大。

9.2.2　快速聚类法的 SPSS 操作详解

K-均值聚类法又称为快速聚类法，可以用于大量数据进行聚类分析的情形。它是一种非分层的聚类方法。这种方法占用内存少、计算量、处理速度快，特别适合大样本的聚类分析。它的基本操作步骤如下。

（1）指定聚类数目 k，应由用户指定需要聚成多少类，最终也只能输出关于它的唯一解。这点不同于层次聚类。

（2）确定 k 个初始类的中心。两种方式：一是用户指定方式，二是根据数据本身结构的中心初步确定每个类别的原始中心点。

（3）根据距离最近原则进行分类。逐一计算每一记录到各个中心点的距离，把各个记录按照距离最近的原则归入各个类别，并计算新形成类别的中心点。

（4）按照新的中心位置，重新计算每一记录距离新的类别中心点的距离，并重新进行归类。

（5）重复步骤（4），直到达到一定的收敛标准。

这种方法也常称为逐步聚类分析，即先将被聚对象进行初始分类，然后逐步调整，得到最终分类。

步骤 01 打开【K 平均值聚类分析】对话框。

选择菜单栏中的【分析】|【分类】|【K 均值聚类】命令，弹出如图 9.14 所示的【K 平均值聚类分析】对话框，这是快速聚类分析的主操作窗口。

图 9.14

步骤 02 选择聚类分析变量。

在【K 平均值聚类分析】对话框左侧的候选变量列表框中选择进行聚类分析的变量，将其添加至【变量】列表框中。同时可以选择一个标识变量移入【标注个案】列表框中。

步骤 03 确定分类个数。

在【聚类数】文本框中，可以输入确定的聚类分析数目，用户可以根据需要自行修改调整。系统默认的聚类数为 2。

步骤 04 选择聚类方法。

在【方法】选项组中可以选择聚类方法。系统默认选择【迭代与分类】项。

● 迭代与分类：选择初始类中心，在迭代过程中不断更新聚类中心。把观测量分派到与之最近的以类中心为标志的类中去。

- 仅分类：只使用初始类中心对观测量进行分类，聚类中心始终不变。

步骤 05 聚类中心的输入与输出。

在主对话框中，【聚类中心】选项组表示输入和输出聚类中心。用户可以指定外部文件或数据集作为初始聚类中心点，也可以将聚类分析的聚类中心结果输出到指定文件或数据集中。

- 读取初始聚类中心：要求使用指定数据文件中的观测量或建立数据集作为初始类中心。
- 写入最终聚类中心：要求把聚类结果中的各类中心数据保存到指定的文件或数据集中。

在主对话框中单击【迭代】按钮，打开如图 9.15 所示的对话框，这里可以进一步选择迭代参数。

图 9.15

- 最大迭代次数：输入 K-Means 算法中的迭代次数。改变后面参数框中的数字，则改变迭代次数。当达到限定的迭代次数上限时，即使没有满足收敛判据，迭代也停止。系统默认值为 10。选择范围为 1～999。
- 收敛性标准：指定 K-Means 算法中的收敛标准，输入一个不超过 1 的正数作为判定迭代收敛的标准。系统默认的收敛标准是 0.02，表示当两次迭代计算的最小的类中心的变化距离小于初始类中心距离的 2% 时迭代停止。

如果设置了上述两个参数，只要在迭代过程中满足了一个参数，迭代就停止。

- 使用运行平均值：使用移动平均。勾选该复选框，限定在每个观测量被分配到一类后立刻计算新的类中心。如果不选择此项，则在完成所有观测量的一次分配后再计算各类的类中心，这样可以节省迭代时间。

步骤 06 输出聚类结果。

在主对话框中单击【保存】按钮，弹出如图 9.16 所示的对话框，它用于选择保存新变量。

图 9.16

- 聚类成员：在当前数据文件中建立一个名为 "qcl_1" 的新变量。其值表示聚类结果，即各观测量被分配到哪一类。它的取值为 1、2、3、…的序号。

● 与聚类中心的距离：在当前数据文件中建立一个名为"qcl_2"的新变量。其值为各观测量与所属类中心之间的欧氏距离。

步骤07 其他选项输出。

在主对话框中单击【选项】按钮，弹出如图 9.17 所示的对话框，它用于指定要计算的统计量和对带有缺失值的观测量的处理方式。

图 9.17

① Statistics 选项组：选择输出统计量。

● 初始聚类中心。
● ANOVA 表：方差分析表。
● 每个个案的聚类信息：显示每个观测量的聚类信息。
② 【缺失值】选项组：选择处理缺失值的方法。
● 按列表排除个案：分析变量中带有缺失值的观测量都不参与后续分析。
● 按对排除个案：成对剔除带有缺失值的观测量。

步骤08 输出结果。

单击【确定】按钮，结束操作，SPSS 软件自动输出结果。

9.2.3 实例分析：全国环境污染程度分析

1. 实例内容

图 9.18 所示为我国 2006 年各地区能源消耗的情况。根据不同省市的能源消耗情况，对其进行分类，从而了解我国不同地区的能源消耗情况。

图 9.18

2. 实例操作

步骤01 打开【K 平均值聚类分析】对话框。

选择菜单栏中的【分析】|【分类】|【K 均值聚类】命令，弹出如图 9.19 所示的对话框。

步骤 02 选择进行聚类分析的变量。

在对话框左侧的列表中，选择地区并单击 按钮使之进入【标注个案】列表框，选择【单位地区生产总值煤消耗量】、【单位地区生产总值电消耗量】、【单位工业增加值煤消耗量】3 个变量并单击 按钮使之进入【变量】列表框；在【聚类数】文本框中，输入聚类分析的类别数，本例选择 3，如图 9.20 所示。

图 9.19　　　　　　　　　　　　　　　　图 9.20

步骤 03 设置输出及缺失值处理方法。

单击图 9.20 所示的对话框右上角的【选项】按钮，弹出如图 9.21 所示的对话框。在 Statistics 选项组中，选择全部 3 个选择项；缺失值选择默认值。设置完毕后，单击【继续】按钮，返回如图 9.20 所示的对话框。

图 9.21

步骤 04 其他设置。

其他设置使用系统默认设置。

步骤 05 输出结果。

单击【确定】按钮，结束操作，SPSS 软件自动输出结果。

3．实例结果及分析

1）初始聚类中心

从表 9.6 中可以知道初始聚类中心。

表 9.6

初始聚类中心			
	聚类		
	1	2	3
Zscore（单位地区生产总值煤消耗量）	−1.054 38	1.725 86	3.030 62
Zscore（单位地区生产总值电消耗量）	−0.364 23	2.524 29	3.849 59
Zscore（单位工业增加值煤消耗量）	−1.281 78	0.079 20	3.302 88

2）聚类成员分析

从表 9.7 中可以知道，每一个样品属于哪一类，还可以知道每一个样品到最终聚类中心的距离。

表 9.7

聚类成员			
案例号	地区	聚类	距离
1	北京	1	0.991
2	天津	1	0.756
3	河北	1	1.328
4	山西	2	0.867
5	内蒙古	2	1.045
6	辽宁	1	0.724
7	吉林	1	0.548
8	黑龙江	1	0.313
9	上海	1	1.021
10	江苏	1	0.749
11	浙江	1	0.847
12	安徽	1	0.308
13	福建	1	0.836
14	江西	1	0.456
15	山东	1	0.334
16	河南	1	0.795
17	湖北	1	0.540
18	湖南	1	0.217
19	广东	1	1.115
20	广西	1	0.336
21	海南	1	0.793
22	重庆	1	0.145
23	四川	1	0.573
24	贵州	2	0.565
25	云南	1	0.870
26	陕西	1	0.337
27	甘肃	2	0.673
28	青海	2	1.749

续表

聚类成员			
案例号	地区	聚类	距离
29	宁夏	3	0.000
30	新疆	1	0.992

3）最终聚类中心表

从表 9.8 中可以看出，3 类的中心位 K 同初始位置相比，均发生了变化。

表 9.8

最终聚类中心			
	聚类		
	1	2	3
Zscore（单位地区生产总值煤消耗量）	−0.417 75	1.399 06	3.030 62
Zscore（单位地区生产总值电消耗量）	−0.398 29	1.141 86	3.849 59
Zscore（单位工业增加值煤消耗量）	−0.366 77	1.099 93	3.302 88

4）每个聚类中的样本数

从表 9.9 中可以知道，聚类 1 所包含的样本数最多，聚类 3 所包含的样本数最少。

表 9.9

每个聚类中的案例数		
聚类	1	24.000
	2	5.000
	3	1.000
有效		30.000
缺失		0.000

通过 K 中心聚类分析，可以对我国不同地区的能源消耗情况有一个基本的了解。可以将不同地区的能源消耗情况分成 3 类。其中，第一类地区包含的省市最多有 24 个，其他两类包含的省市较少。通过分析，还可以知道每一个地区属于哪一类。

9.3　SPSS 在判别分析中的应用

与前面所讲述的聚类分析不同，判别分析是在已知研究对象分成若干类型，并已知各种类型的样品观测数据的基础上，根据某些准则建立判别方程，然后根据判别方程对位置所属类别的事物进行分类的一种分析方法。判别分析的意义在于可以根据已知的样本的分类情况来判断未知的样本的归属问题。

9.3.1　判别分析的基本原理

1．方法概述

判别分析又称为分辨法，是在分类确定的条件下，根据某一研究对象的各种特征值判别其类型归属问题的一种多变量统计分析方法。在气候分类、农业区划、土地类型划分中有着广泛的应用。其基本原理是按照一定的判别准则，建立一个或多个判别函数，用研究对象的大量资料确定判别函数中的待定系数，并计算判别指标。据此即可确定某一样本属于何类。判别分析有二级判别、多级判别、逐步判别等多种方法。

判别分析是判别样品所属类型的一种统计方法，与回归分析一样，应用广泛。判别分析与聚类分析不同。判别分析是在已知研究对象分成若干类型（或组别）并已取得各种类型的一批已知样品的观测数据，根据某些准则建立判别式，然后对未知类型的样品进行判别分类。

判别分析内容很丰富，方法很多。判别分析按判别的组数来区分，有两组判别分析和多组判别分析；按区分不同总体的所用的数学模型来分，有线性判别和非线性判别；按判别时所处理的变量方法不同，有逐步判别和典型判别等。

2．基本原理

判别分析（Discriminant Analysis，DA）技术是由费舍（R．A．Fisher）于 1936 年提出的。它是根据观察或测量到的若干变量值来判断研究对象如何分类的方法。具体地讲，就是已知一定数量案例的一个分组变量（Grouping Variable）和这些案例的一些特征变量，确定分组变量和特征变量之间的数量关系，建立判别函数（Discriminant Function），然后便可以利用这一数量关系对其他已知特征变量信息、但未知分组类型所属的案例进行判别分组。

沿用多元回归模型的称谓，在判别分析中分组变量称为因变量，而用以分组的其他特征变量称为判别变量（Discriminant Variable）或自变量。

判别分析技术曾经在许多领域得到成功的应用，例如，医学实践中根据各种化验结果、疾病症状、体征判断患者患的是什么疾病；体育选材中根据运动员的体形、运动成绩、生理指标、心理素质指标、遗传因素判断是否选入运动队继续培养；还有动物、植物分类，儿童心理测验，地理区划的经济差异，决策行为预测等。

判别分析的基本条件是：分组变量的水平必须大于或等于 2，每组案例的规模必须至少在一个以上；各判别变量的测度水平必须在间距测度等级以上，即各判别变量的数据必须为等距或等比数据；各分组的案例在各判别变量的数值上能够体现差别。

判别分析对判别变量有三个基本假设。其一是每一个判别变量不能是其他判别变量的线性组合，否则将无法估计判别函数，或者虽然能够求解但参数估计的标准错误很大，以致参数估计统计性不显著。其二是各组案例的协方差矩阵相等。在此条件下，可以使用很简单的公式来计算判别函数和进行显著性检验。其三是各判别变量之间具有多元正态分布，即每个变量对于所有其他变量的固定值有正态分布。

3．判别分析的过程

1）对已知分组属性案例的处理

此过程为判别分析的第一阶段，也是建立判别分析基本模型的阶段，即分析和解释各组指标特征之间的差异，并建立判别函数。

2）判别分析的基本模型及其估计过程

判别分析的基本模型就是判别函数，它表示为分组变量与满足假设条件的判别变量的线性函数关系，其数学形式为：$y=b_0+b_1x_1+b_2x_2+\cdots+b_kx_k$，其中，$y$ 是判别函数值，又简称为判别值（Discriminant Score）；x_i 为各判别变量；b_i 为相应的判别系数（Dicriminant Coefficient or Weight），表示各判别变量对于判别函数值的影响，其中 b_0 是常数项。

判别模型对应的几何解释是，各判别变量代表 k 维空间，每个案例按其判别变量值称为这

k 维空间中的一个点。如果各组案例就其判别变量值有明显不同，就意味着每一组将会在这一空间的某一部分形成明显分离的蜂集点群。可以计算此领域的中心以概括这个组的位置。中心的位置可以用这个组别中各案例在每个变量上的组平均值作为其坐标值。因为每个中心代表所在组的基本位置，可以通过研究它们来取得对于这些分组之间差别的理解。

模型估计的过程可简略描述如下：在 k 维空间中寻找某个角度使各组平均值的差别尽可能大，将其作为判别的第一维度，对应函数为第一判别函数。这一维度可以代表或解释原始变量组间方差中最大的部分。然后依照同样原则建立第二判别函数。建立后续判别函数的条件是，后一个函数必须与前面所有的函数正交，即判别函数之间完全独立。建立判别函数的数目为 $\min(k, g-1)$，每一个函数都反映判别变量组间方差的一部分，比例之和为 100%。

3）建立判别函数的方法

- 全模型法：这是 SPSS 系统的默认方法。它将用户指定的变量全部放入判别函数中，而不管变量对判别函数是否起作用，作用大小如何。当对反映研究对象特征的变量认识比较全面时可以选择此种方法。其缺点是不能剔除对判别贡献很小的变量。

- 向前选择法：此方法是从判别模型中没有变量开始，每一步把一个对判别模型的判断能力贡献最大的变量引入模型。直到没有被引入模型的变量中没有一个符合进入模型的条件（判据）时，变量引入过程结束。当希望比较多的变量留在判别函数中时使用此方法。

- 向后选择法：此方法与向前选择法相反。它从全模型开始，每一步把一个对模型的判断能力贡献最小的变量剔除出模型，直到模型中的所有变量都符合留在模型中的判据时，剔除变量工作结束。在希望较少的变量留在判别函数中时使用此方法。

- 逐步选择法：此方法从模型中没有变量开始，每一步把模型外对模型的判别能力贡献最大的变量加入到模型的同时，也考虑已经在模型中但又不符合留在模型中的条件的变量剔除（因为新变量的引入可能使原来已经在模型中的变量对模型的贡献变得不显著）。直到模型内所有变量都不符合剔除模型的判据，而模型外的变量都不符合进入模型的判据时为止。

4）对判别函数的检验

一般用回代的方法对判别函数的性能进行验证。也就是说，将预测分类与原始数据中的分类变量值进行比较，得出错判率。错判率越小，说明判别函数的判别性能越好。

5）对未知分组属性案例的处理

此阶段为判别分析的第二阶段。它是以第一阶段的分析结果为依据对未知分组属性的案例进行判别分组的。确定一个案例属于哪一类，可以把该观测量的各变量值代入每个线性判别函数，哪个判别函数值大，该案例就属于哪一类。

4．判别分析模型的各参数指标及统计检验

1）非标准化判别系数（Unstandardized Discriminant Coefficient）

该系数又称为粗系数（Raw Codficients），是将原始变量值直接输入模型得到的系数估计。非标准化判别系数可以用来计算判别值，也可以用来作图表示各案例点在 $\min(k, g-1)$ 维空间中的位置，从而分析具体案例点与组别之间的位置。由于测量单位不同，非标准化判别系数的大小不能反映相应变量在判别作用上的大小。

2）标准化判别系数（Standardized Discriminant Coefficient）

以标准化判别系数表达的判别函数无常数项。函数中的自变量不是原始变量，而是标准化的变量。标准化使每个变量以自己的平均值为数轴原点，以标准差为单位。标准化变量一方面表现为与平均值之间的距离，另一方面以正负号形式表示自己偏离平均值的方向。标准化判别系数具有可比性，可用来比较各变量对判别值的相对作用，绝对值大的对判别值影响大，但这不代表对整个判别力的影响大，还要看结构系数。

3）结构系数（Structural Coefficient）

该系数又称为判别负载（discriminant loading），是判别变量 x_i 与判别值 y 之间的相关系数。结构系数表达了 x_i 与 y 之间的拟合水平，当系数的绝对值很大（接近 ＋1 或 －1）时，函数表达的信息与变量的信息几乎相同，当系数接近于 0 时，它们之间几乎没有共同之处。

结构系数有两种。一种是总结构系数，用途在于识别由函数携带的在分组间进行判别的信息；另一种是组内结构系数，又称为合并的组内相关，用途在于探求一个函数与分组内部的变量的紧密联系程度。

4）分组的矩心（Group Centroid）

分组矩心描述在判别空间中每一组案例的中心位置。它通过将所有判别变量的平均值代入基本模型计算得出。可以考查在判别空间中每个案例点与各组的矩心之间的距离，便于分析具体案例分组属性的倾向。

5）判别力指数（Potency Index）

判别力既包括每个判别变量对于判别函数的作用，也包括本判别函数对于所有原始变量总方差的代表性。判别分析通过一个判别函数所能代表的所有原始变量的总方差百分比来表示每个判别函数的判别力，因此判别力指数又称为方差百分比。一个判别函数所代表的方差量用所对应的特征值（Eigenvalue）来相对表示，特征值的合计就相对代表了总方差量，而每个特征值占这一合计的比例就是相应判别函数能够代表的总方差比例，即它的判别力指数。判别力指数越大的判别函数越重要，而那些判别力指数很小的判别函数则可以被精简掉。

6）残余判别力（Residual Discrimination）

对判别函数统计显著性的检验是在推导一个函数之前检查在这个判别模型中的残余判别力。残余判别力是在以前计算的函数已经提取过原始信息之后，残余的变量信息对于判别分组的能力。如果残余判别力过小，那么即使在数学上可行，再推导其他函数也毫无意义。残余判别力用 Wilks' lambda 测量，如果 λ 接近 0，表示判别力高，组均值不同；λ 接近 1，表示组均值没有什么不同。

7）Fisher 判别系数

Fisher 判别系数用来直接进行一个案例的判别。只要把案例的原始变量代入，其中最大的一个值所对应的分组便是判别分组。

9.3.2 判别分析的 SPSS 操作详解

步骤 01 打开【判别分析】对话框。

选择菜单栏中的【分析】|【分类】|【判别】命令，弹出【判别分析】对话框，如图 9.22 所示。这是判别分析的主操作窗口。

图 9.22

步骤02 选择判别分析变量。

在【判别分析】对话框左侧的候选变量中选择进行判别分析的变量，将其添加至【自变量】列表框中，将其作为自变量。

步骤03 指定分类变量及范围。

在主对话框的候选变量中选择分类变量（离散型变量）移入【分组变量】框中。此时它下面的【定义范围】按钮加亮，单击该按钮，弹出如图 9.23 所示的对话框，提供指定该分类变量的数值范围。

● 最小：输入最小值。

● 最大：输入最大值。

步骤04 选择判别分析方法。

在主对话框的【自变量】列表框下面有两个单选按钮，它们提供了判别分析方法选择。

● 一起输入自变量：建立所选择的所有变量的判别式。当认为所有自变量都能对观测量特性提供丰富的信息时使用该选择项。该选项为系统默认设置。

● 使用步进法：采用逐步判别法作判别分析。选择该项后，主菜单中的【方法】按钮加亮。可以进一步选择判别分析方法。

如果希望使用一部分观测量进行判别函数的推导，选择一个能够标记需选择的这部分观测量的变量并将其移入【选择变量】文本框中；再单击其右侧的【值】按钮，弹出如图 9.24 所示的对话框，输入能标记的变量值。

图 9.23

图 9.24

步骤05 基本统计量输出选择。

在对话框中单击 Statistics 按钮，在弹出的如图 9.25 所示的对话框中可以选择进行判别分析的基本统计量输出。具体选项含义如下。

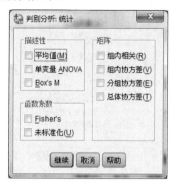

图 9.25

①【描述性】选项组：选择输出描述统计量。

- 平均值：输出各类中各自变量的均值、标准差和各自变量总样本的均值、标准差。
- 单变量 ANOVA：单因素方差分析。对各类中同一自变量进行均值检验，输出单因素方差分析结果。
- Box's M：对各类协方差矩阵相等的假设进行检验。

②【函数系数】选项组：选择输出判别函数的系数。

- Fisher's：输出 Fisher 函数系数。对每一类给出一组系数，并给出该组中判别分数最大的观测量。
- 未标准化：未经标准化处理的判别函数系数。

③【矩阵】选项组：选择输出自变量的系数矩阵。

- 组内相关：在计算相关矩阵之前，将各组（类）协方差矩阵平均后计算类中的相关矩阵。
- 组内协方差矩阵：将各组（类）协方差矩阵平均后再计算，区别于总协方差阵。
- 分组协方差：对每一类分别输出协方差矩阵。
- 总体协方差：总样本的协方差矩阵。

步骤 06 设置逐步判别分析选项。

在主对话框中选择【使用步进法】单选按钮后，就表示采用逐步判别法进行分析。接着单击 Statistics 按钮，在弹出的如图 9.26 所示的对话框图中可以选择逐步判别分析的选项。具体选项含义如下。

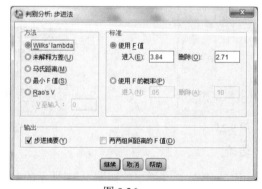

图 9.26

①【方法】选项组：选择变量进入判别函数的方式。

- Wilks' lambda：每步都选择 Wilk 的 λ 统计量最小的变量进入判别函数。

- 未解释方差：每步都选择使类间不可解释的方差和最小的变量进入判别函数。

- 马氏距离：每步都选择使靠得最近的两类间的 Mahalanobis 距离最大的变量进入判别函数。

- 最小 F 值：每步都选择使任何两类间的"最小 F 值"达到最大的变量进入判别函数。

- Rao's V：每步都选择使 Rao's V 统计量产生最大增量的变量进入判别函数。选择此种方法后，应该在该项下面的【V 至输入】文本框中输入这个增量的指定值。当某变量导致的 V 值增量大于指定值的变量时，该变量进入判别函数。

②【标准】选项组：选择逐步判别停止的条件。

- 使用 F 值：系统默认选项，当加入一个变量（或剔除一个变量）后，对在判别函数中的变量进行方差分析。当计算的 F 值大于指定的 Entry 值时，该变量保留在函数中。默认值是 Entry 为 3.84。当该变量使计算的 F 值小于指定的 Removal 值时，该变量从函数中删除。默认值是 Removal 为 2.71。设置这两个值时应该要求 Entry 值大于 Removal 值。

- 使用 F 的概率：使用 F 检验的概率决定变量是否加入函数或被删除。当计算的 F 检验的概率小于指定的 Entry 值时，该变量加入函数中。当该变量使计算的 F 值的概率大于指定的 Removal 值时，该变量从函数中删除。

③【输出】选项组用于逐步选择变量的过程和最后结果的显示。

- 步进摘要：显示每步选择变量之后各变量的统计量结果。

- 两两组间距离的 F 值：显示两类之间的 F 比值矩阵。

步骤 07 设置分类参数与判别结果。

在主对话框单击【分类】按钮，在弹出的对话框中可以设置判别分析的分类参数及结果，如图 9.27 所示。具体选项含义如下。

图 9.27

①【先验概率】选项组：选择先验概率。

- 所有组相等：各类先验概率相等，系统默认选项。若分为 m 类，则各类先验概率均为 $1/m$。

- 根据组大小计算：基于各类样本量占总样本量的比例计算先验概率。

②【使用协方差矩阵】选项组用于选择分类使用的协方差矩阵。

- 在组内：使用合并组内协方差矩阵进行分类。

- 分组：使用各组协方差矩阵进行分类。

③【输出】选项组：选择输出分类结果。

- 个案结果：输出每个观测量的判别分数、实际类、预测类（根据判别函数求得的分类结果）和后验概率等。选择此项后，下面的【将个案限制在前】项被激活，可以在它后面的文本框中输入观测量数 n。选择此项则仅输出前 n 个观测量。

- 摘要表：输出分类的小结表。

- 留一分类：输出对每一个观测量进行分类的结果，所依据的判别函数是由除该观测量外的其他观测量导出的。

④【图】选项组：选择输出统计图。

- 合并组：生成全部类的散点图。该图是根据前两个判别函数值作的散点图。如果只有一个判别函数，就输出直方图。

- 分组：对每一类生成一张散点图。如果只有一个判别函数，就输出直方图。

- 面积图：生成根据判别函数值将观测量分到各类去的边界图。每一类占据一个区域。各类均值在各区中用星号标出。如果仅有一个判别函数，则不作此图。

⑤ 缺失值处理方式。

使用平均值替换缺失值：用该变量的均值代替缺失值。

步骤08 结果保存设置。

在主对话框中单击【保存】按钮，在弹出的对话框中可以设置判别分析的结果输出，如图 9.28 所示。具体选项含义如下。

图 9.28

- 预测组成员：建立新变量（系统默认变量名是 dis_1），保存预测观测量所属类的值。

- 判别分数：建立新变量，保持判别分数。

- 组成员概率：建立新变量，保存各个观测量属于各类的概率值。有 m 类，对一个观测量就会给出 m 个概率值，因此建立 m 个新变量。

步骤09 相关统计量的 Bootstrap 估计。

在主对话框中单击 Bootstrap 按钮，在弹出的对话框中，可以进行如下统计量的 Bootstrap 估计：

- 标准化典则判别函数系数表支持标准化系数的 Bootstrap 估计；

- 典则判别函数系数表支持非标准化系数的 Bootstrap 估计；

- 分类函数系数表支持系数的 Bootstrap 估计。

步骤10 输出结果。

单击【确定】按钮，结束操作，SPSS 软件自动输出结果。

9.3.3　实例分析

1．实例内容

如图 9.29 所示，数据文件记录了 850 位过去和潜在客户的财务和人口统计信息。前 700 个个案是以前曾获得贷款的客户，剩下 150 个个案是潜在客户。获贷款的客户分为履约和违约两类，本实验将应用判别分析方法来分析客户的贷款风险。

	年龄	教育	工龄	地址	收入	负债率	信用卡负债	其他负债	违约	Dis_1
1	41	3	17	12	176.00	9.30	11.36	5.01	1	1
2	27	1	10	6	31.00	17.30	1.36	4.00	0	0
3	40	1	15	14	55.00	5.50	.86	2.17	0	0
4	41	1	15	14	120.00	2.90	2.66	.82	0	0
5	24	2	2	0	28.00	17.30	1.79	3.06	1	1
6	41	2	5	5	25.00	10.20	.39	2.16	0	0
7	39	1	20	9	67.00	30.60	3.83	16.67	0	0
8	43	1	12	11	38.00	3.60	.13	1.24	0	0
9	24	1	3	4	19.00	24.40	1.36	3.28	1	1
10	36	1	0	13	25.00	19.70	2.78	2.15	0	0
11	27	1	0	1	16.00	1.70	.18	.09	0	0
12	25	1	4	0	23.00	5.20	.25	.94	0	0
13	52	1	24	14	64.00	10.00	3.93	2.47	0	0
14	37	1	6	9	29.00	16.30	1.72	3.01	0	1

图 9.29

变量分别为"年龄""教育""工龄""地址""收入""负债率""信用卡负债""其他负债"和"违约"，分别用来表示客户年龄、受教育程度、工龄、现地址居住时间、收入、负债率、信用卡负债、其他负债和是否曾违约。其中，"受教育程度"变量中使用数值"1、2、3、4、5"分别表示"未完成高中""高中""大专""大学"和"研究生"，"违约"变量用"1、0"分别表示"曾违约"和"未曾违约"。

2．实例操作

步骤01 打开【判别分析】对话框。

选择菜单栏中的【分析】|【分类】|【判别】命令，弹出如图 9.30 所示的对话框。

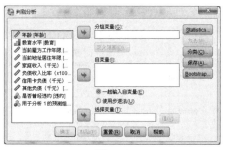

图 9.30

步骤02 选择自变量。

在【判别分析】对话框左侧的候选变量列表框中选择"年龄""教育""工龄""地址""收入""负债率""信用卡负债"和"其他负债"变量，将其添加至【自变量】列表框中，选中"违约"将其添加至【分组变量】列表框中，如图 9.31 所示。

图 9.31

步骤 03 设置范围参数。

单击【定义范围】按钮，弹出【判别分析：定义范围】对话框，如图 9.32 所示，最小值输入 0，最大值输入 1，单击【继续】按钮。

步骤 04 设置统计参数。

在【判别分析】对话框中单击 Statistics 按钮，弹出【判别分析：统计】对话框，如图 9.33 所示，勾选【平均值】复选框，单击【继续】按钮。

图 9.32

图 9.33

步骤 05 设置分类参数。

单击【分类】按钮，弹出【判别分析：分类】对话框，如图 9.34 所示，勾选【面积图】复选框，单击【继续】按钮。

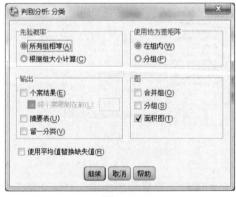

图 9.34

步骤 06 设置保存参数。

单击【保存】按钮，弹出【判别分析：保存】对话框，勾选【预测组成员】复选框，单击【继续】按钮。

步骤 07 输出结果。

单击【确定】按钮，结束操作，SPSS 软件自动输出结果。

3．实例结果及分析

表 9.10 为样本数量、有效值和删除值的相关信息。

表 9.10

分析个案处理摘要			
未加权的个案		数字	百分比
有效		700	82.4
除外	缺失或超出范围组代码	150	17.6
	至少一个缺失差异变量	0	0.0
	两个缺失或超出范围组代码和至少一个缺失差异变量	0	0.0
	总计	150	17.6
总计		850	100.0

表 9.11 为各组和所有观测的平均值、标准偏差和加权与未加权的有效值。

表 9.12 和表 9.13 为 Wilks 的 Lambda 检验的结果。从检验结果可以看出，引入的变量对提高分类精度是有作用的。

表 9.11

组统计					
是否曾经违约		平均值	标准偏差	有效 N（成列）	
				未加权	加权
否	年龄	35.514 5	7.707 74	517	517.000
	教育水平	1.659 6	0.904 43	517	517.000
	当前雇方工作年限	9.508 7	6.663 74	517	517.000
	当前地址居住年限	8.945 8	7.000 62	517	517.000
	家庭收入（千元）	47.154 7	34.220 15	517	517.000
	负债收入比率（x100）	8.679 3	5.615 20	517	517.000
	信用卡负债（千元）	1.245 5	1.422 31	517	517.000
	其他负债（千元）	2.773 4	2.813 94	517	517.000
是	年龄	33.010 9	8.517 59	183	183.000
	教育水平	1.901 6	0.972 79	183	183.000
	当前雇方工作年限	5.224 0	5.542 95	183	183.000
	当前地址居住年限	6.393 4	5.925 21	183	183.000
	家庭收入（千元）	41.213 1	43.115 53	183	183.000
	负债收入比率（x100）	14.727 9	7.902 80	183	183.000
	信用卡负债（千元）	2.423 9	3.232 52	183	183.000
	其他负债（千元）	3.862 8	4.263 68	183	183.000
总计	年龄	34.860 0	7.997 34	700	700.000
	教育水平	1.722 9	0.928 21	700	700.000

续表

组统计				
是否曾经违约	平均值	标准偏差	有效 N（成列）	
			未加权	加权
当前雇方工作年限	8.388 6	6.658 04	700	700.000
当前地址居住年限	8.278 6	6.824 88	700	700.000
家庭收入（千元）	45.601 4	36.814 23	700	700.000
负债收入比率（x100）	10.260 6	6.827 23	700	700.000
信用卡负债（千元）	1.553 6	2.117 20	700	700.000
其他负债（千元）	3.058 2	3.287 55	700	700.000

表 9.12

特征值				
函数	特征值	方差百分比	累积 %	规范相关性
1	0.405[a]	100.0	100.0	0.537

注：a. 在分析中使用第一个 1 规范判别式函数。

表 9.13

Wilks' Lambda				
函数检验	Wilks' Lambda	卡方	自由度	显著性
1	0.712	236.117	8	0.000

表 9.14 为判别函数的系数与结构矩阵，可以看出，所有变量均在判别分析中使用。

表 9.14

标准规范判别式函数系数	
	函数
	1
年龄	0.122
教育水平	0.072
当前雇方工作年限	−0.794
当前地址居住年限	−0.313
家庭收入（千元）	0.179
负债收入比率（×100）	0.604
信用卡负债（千元）	0.568
其他负债（千元）	−0.186
结构矩阵	
	函数
	1
负债收入比率（×100）	0.664
当前雇方工作年限	−0.463
信用卡负债（千元）	0.397
当前地址居住年限	−0.262
其他负债（千元）	0.231
年龄	−0.218

续表

标准规范判别式函数系数	
教育水平	0.181
家庭收入（千元）	−0.112

注：差异变量和标准规范判别式函数之间的共享的组内相关性按函数内相关性绝对大小排序的变量。

表 9.15 为组质心中的判别函数值。

表 9.15

组质心中的函数	
是否曾经违约	函数
	1
否	−0.378
是	1.068

注：组平均值中评估的非标准规范判别式函数。

预测的分组结果作为新的变量被保存，从中可以看出这 150 位潜在客户所处的信用等级分组，并可以看出 SPSS 对未分类观测进行的分类，分类被保存在 "Dis_1" 变量中，"1" 表示违约，"0" 表示履约，这与在建立变量时的设置是一致的，如图 9.35 所示。

图 9.35

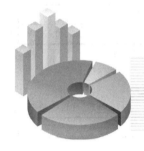

第 10 章
SPSS 在时间序列预测中的应用

时间序列分析是一种动态数据处理的统计方法。该方法基于随机过程理论和数理学统计学方法，研究随机数据序列所遵从的统计规律，以借此解决实际问题。时间序列是按随机过程的一次实现，具有随时间而变化、动态性和随机性数字序列等特点。

时间序列模型不同于一般的经济计量模型，其不以经济理论为依据，而是依据变量自身的变化规律，利用外推机制描述时间序列的变化。时间序列模型在处理的过程中必须明确考虑时间序列的非平稳性。在 SPSS 中提供了多种进行时间序列分析的方法，本章将介绍这些方法。

10.1　时间序列的预处理

SPSS 无法自动识别时间序列数据并且时间序列数据在处理的过程中必须明确考虑时间序列的非平稳性，因此在进行时间序列分析前，必须对时间序列进行预处理。

10.1.1　预处理的基本原理

1．使用目的

通过预处理，一方面能够使序列的随"时间"变化的、"动态"的特征体现得更加明显，利用模型的选择；另一方面也使得数据满足于模型的要求。

2．基本原理

1）数据采样

采样的方法通常有直接采样、累计采样等。

2）直观分析

时间序列的直观分析通常包括离群点的检验和处理、缺损值的补足、指标计算范围是否统一等一些比较简单的、可以采用简单手段处理的分析。

3）特征分析

所谓特征分析就是在对数据序列进行建模之前，通过从时间序列中计算出一些有代表性的特征参数，用以浓缩、简化数据信息，以利数据的深入处理，或通过概率直方图和正态性检验分析数据的统计特性。通常使用的特征参数有样本均值、样本方差、标准偏度系数、标准峰度系数等。

4）相关分析

所谓相关分析就是测定时间序列数据内部的相关程度，给出相应的定量度量，并分析其特征及变化规律。理论上，自相关系数序列与时间序列具有相同的变化周期。所以，根据样本自相关系数序列随增长而衰减的特点或其周期变化的特点判断序列是否具有平稳性，识别序列的模型，从而建立相应的模型。

3．其他注意事项

进行时间序列预处理的时候，常常需要对数据一些变换，例如，取对数，做一阶差分，做季节差分等。

10.1.2　时间序列预处理的 SPSS 操作详解

步骤 01 数据准备。

选择菜单栏中的【数据】|【定义日期】命令，弹出【定义日期】对话框，如图 10.1 所示。

如果选择月度数据或季度数据，将会出现【更高级别的周期】。在其下方将显示数据的最大周期长度，月度数据默认周期长度为 12，季度数据默认周期长度为 4，如图 10.2 所示。

图 10.1　　　　　　　　　　　　　　　　图 10.2

单击【确定】按钮，此时完成时间的定义，SPSS 将在当前数据编辑窗口中自动生成标志时间的变量，如图 10.3 所示。

图 10.3

步骤 02 数据采样。

选择菜单栏中的【数据】|【选择个案】命令，弹出【选择个案】对话框，如图 10.4 所示。

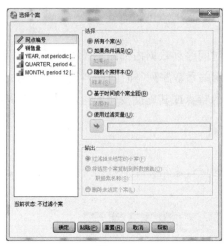

图 10.4

步骤 03 直观分析。

当数据准备好，为认识数据的变化规律，判断数据是否存在离群点和缺损值，最直接的观察方法是绘制序列的图像。选择菜单栏中的【分析】|【预测】|【序列图】命令，弹出如图 10.5 所示的【序列图】对话框。

步骤 04 特征分析。

选择菜单栏中的【图形】|【图表构建器】命令，弹出【图表构建器】对话框，如图 10.6 所示。在【库】选项卡中选择【直方图】，并将直方图形拖入【图表预览使用示例数据】下的白色区域，然后将所需要画直方图的变量拖入 X 轴，单击【确定】按钮即可画出直方图。图中将显示该变量的均值、方差和样本容量。

图 10.5

图 10.6

步骤 05 相关分析。

选择菜单栏中的【分析】|【预测】|【自相关】命令，弹出【自相关】对话框，如图 10.7 所示。

在左侧的候选变量列表框中选择一个变量，将其移入【变量】列表框中。单击【选项】按钮，弹出如图 10.8 所示的对话框。设置完成后，单击【继续】按钮，输出结果。

图 10.7

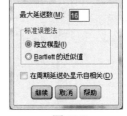

图 10.8

10.1.3　实例图文分析：某国国库券利率与基金利率差额数据的预处理

1．实例内容

图 10.9 所示为从 1960～2008 年某国的工业生产总值数据、某国 10 年期国库券利率与该国联邦基金利率差额。试据此对该组数据进行时间序列的预处理操作。

图 10.9

2．实例操作

步骤 01 打开【定义日期】对话框。

选择菜单栏中的【数据】|【定义日期】命令，弹出如图 10.10 所示的对话框。

步骤 02 选择自变量。

在【个案为】列表框中选择"年份、季度"，然后在【第一个个案为】选项组中的"年"

和"季度"文本框中输入数据开始的具体年份 1960 和季度 1，然后单击【确定】按钮完成时间变量的定义。

步骤 03 设置变量。

在菜单栏中选择【转换】|【创建时间序列】命令，打开如图 10.11 所示的【创建时间序列】对话框，将"工业生产总值"变量选入【变量->新名称】列表框中，在【函数】下拉列表中选择【季节性差分】，单击【确定】按钮。

图 10.10

图 10.11

步骤 04 输出结果。

设置完毕，单击【确定】按钮，等待输出结果。

3．实例结果及分析

1）SPSS 创建序列信息表

从表 10.1 中可以看出对"工业生产总值"序列进行平稳处理的信息，平稳处理后的新序列名称为"工业生产总值_1"，该序列含有 3 个缺失值，有效个案为 587 个，平稳处理的方法是 DIFF，即季节差分方法。

表 10.1

		非缺失值的个案数		有效个案数	创建函数
	序列名	第一个	最后一个		
1	工业生产总值_1	2	588	587	DIFF（工业生产总值,1）

<table>
<tr><td colspan="6" align="center">创建序列</td></tr>
</table>

2）时间序列预处理结果图

图 10.12 所示为时间变量定义和对"工业生产总值"季节差分在 SPSS 数据视图中的处理结果。从该图中可以看到，"DATE_"序列即新定义的时间变量序列，"工业生产总值_1"序列就是对"工业生产总值"序列进行季节差分平稳处理后生成的新序列。

通过分析，可成功地对案例时间序列进行定义，另外结果分析 1）显示对时间序列进行了平稳化处理，这为进行后续的时间序列模型的建模拟合和预测做好了准备。

图 10.12

10.2　时间序列的确定性分析

通过确定性时间序列分析，一方面能够使序列的长期趋势变动特征、季节效应、周期变动体现得更加明显；另一方面能确立模型，从而成功捕捉数据的随"时间"变化的、"动态"的、"整体"的统计规律。因此，对时间序列进行确定分析，从而建立模型是非常必要的。

10.2.1　确定性分析的基本原理

1．使用目的

传统时间序列分析认为长期趋势变动、季节性变动、周期变动是依一定的规则而变化的，不规则变动因素在综合中可以消除。基于这种认识，形成了确定性时间序列分析。

2．基本原理

1）指数平滑法

指数平滑法有助于预测存在趋势和（或）季节的序列。指数平滑法分为两步来建模，第一步确定模型类型，确定模型是否需要包含趋势、季节性，创建最适当的指数平滑模型；第二步选择最适合选定模型的参数。

指数平滑法一般分为无季节性模型、季节性模型。无季节性模型包括简单指数平滑法、布朗单参数线性指数平滑法等，季节性模型包括温特线性和季节性指数平滑法。指数平滑法，又称为指数加权平均法，实际是加权的移动平均法，它是选取各时期权重数值为递减指数数列的均值方法。

2）季节分解法

季节分解的一般步骤如下：

（1）确定季节分解的模型；

（2）计算每一周期点（每季度、每月等）的季节指数（乘法模型）或季节变差（加法模型）；

（3）用时间序列的每一个观测值除以适当的季节指数（或减去季节变差），消除季节影响；

（4）对消除了季节影响的时间序列进行适当的趋势性分析；

（5）剔除趋势项，计算周期变动；

（6）剔除周期变动，得到不规则变动因素；

（7）用预测值乘以季节指数（或加上季节变差），乘以周期变动，计算出最终的带季节影响的预测值。

10.2.2　指数平滑法的 SPSS 操作详解

步骤 01 打开【时间序列建模器】对话框。

当时间序列的数据已经准备好以后，选择菜单栏中的【分析】|【预测】|【创建模型】命令，弹出如图 10.13 所示的对话框。

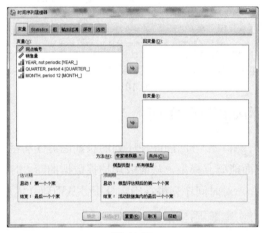

图 10.13

步骤 02 指数平滑模型选择。

在该对话框的左侧的【变量】列表框中选择一个变量，将其移入【因变量】列表框。在【模型】下拉列表框中选择建模方法，在【方法】下拉列表框中选择【指数平滑法】选项，并单击【条件】按钮，弹出【指数平滑条件】对话框，如图 10.14 所示。

步骤 03 统计量的选择。

在如图 10.13 所示的对话框中，选择 Statistics 选项卡，可设置相关参数如图 10.15 所示。

图 10.14

图 10.15

步骤 04 图表的选择。

【图】选项卡分成两部分，如图 10.16 所示。

● 【模型比较图】：该选项组用于设定输出所有模型的拟合统计和自相关函数的图，每个选项分别生成单独的图。可输出图表的统计量有：固定的 R^2、R^2、均方根误差、平均绝对误差百分比、平均绝对误差、最大绝对误差百分比、最大绝对误差、标准化的 BIC、残差自相关函数及残差部分自相关函数。

● 【单个模型图】：该选项组用于设定输出单个模型的拟合统计和自相关函数的图。只有勾选【序列】复选框方可获取每个模型的预测值的图，每张图显示的内容包括观察值、预测值、拟合值、预测值的置信区间及拟合值的置信区间。

图 10.16

步骤 05 输出的选择。

【输出过滤】选项卡包括两部分，如图 10.17 所示。

① 选择"在输出中包括所有的模型"单选按钮表示输出结果中包含所有设定的模型。

② 选择"基于拟合优度过滤模型"单选按钮表示仅输出满足设定的拟合优度条件的模型。只有选中该项的情况下，【输出】选项组才会被激活。

【输出】选项组用于设定输出模型所满足的拟合优度条件。其中选项含义如下。

● 最佳拟合模型：勾选该复选框表示输出拟合优度最好的模型，可以设定满足条件的模型的数量或百分比。

选择【模型的固定数量】单选按钮表示输出固定数量的拟合优度最好的模型，在【数量】文本框中指定模型的数目；

选择【占模型总数的百分比】单选按钮表示输出一定比例于总数的拟合优度最好的模型，在【百分比】文本框中指定输出的百分比。

● 最差拟合模型：勾选该复选框表示输出拟合优度最差的模型，可以设定满足条件的模型的数量或百分比。

选择【模型的固定数量】表示输出固定数量的拟合优度最差的模型，同样在【数量】文本框中指定模型的数目；

选择【占模型总数的百分比】表示输出一定比例于总数的拟合优度最差的模型，并在【百分比】文本框中指定输出的百分比。

③ 拟合优度：该下拉列表用于指定衡量模型拟合优度的具体统计量，包括平稳的 R^2、R^2、均方根误差；平均绝对误差百分比、平均绝对误差、最大绝对误差百分比、最大绝对误差及标准化的 BIC 统计量。

图 10.17

步骤 06 保存变量的选择。

【保存】选项卡包括两部分，如图 10.18 所示。

① 保存变量。

② 选择是否导出模型文件保存变量，将模型文件保存在指定的目录中。

图 10.18

步骤 07 【选项】的设置。

【选项】选项卡主要用于设置预测期、指定缺失值的处理方法、设置置信区间宽度、指定模型标识前缀以及设置为自相关显示的延迟最大阶数，如图 10.19 所示。设置完成后，单击"确定"按钮，输出结果。

①【预测期】选项组主要用于设定预测期间，预测范围共有如下两种。

- 模型评估期后的第一个个案到活动数据集内的最后一个个案：选择该单选按钮表示预测范围从模型估计期所用的最后一个数据开始到活动数据集中的最后一个个案为止。一般当估计模型所用的数据并非全部数据时选择此项，以便将模型预测值与实际值进行比较，进而评估模型的拟合情况。
- 模型评估期后的第一个个案到指定日期之间的个案：选择该单选按钮表示预测范围从模型估计期所用的最后一个数据开始到用户指定的预测期为止，常用来预测超过当前数据集的时间范围的个案。在【日期】列表中指定预测范围的最终日期。如果已经定义了时间变量，【日期】列表中就会显示定义的日期格式；如果没有定义时间变量，【日期】列表中仅会显示【观测值】文本框，只需要在【观测值】文本框中输入相应的记录号。

②【用户缺失值】选项组用于指定缺失值的处理方法。

- 视为无效：选中该单选按钮表示把缺失值当作系统缺失值处理，视为无效数据。
- 视为有效：选中该单选按钮表示把缺失值视为有效数据。

③【置信区间宽度】文本框用于指定模型预测值和残差自相关的置信区间，输入范围为 0~99 的任何正数，系统默认 95% 的置信区间。

④【输出中的模型识别前缀】文本框用于指定模型标识前缀。

⑤【ACF 和 PACF 输出中显示标签最大数】文本框：该文本框用于指定自相关函数和偏相关函数的最大延迟阶数。

图 10.19

10.2.3 实例图文分析：进出口贸易总额的指数平滑建模

1．实例内容

因为时间序列的分析需要建立在预处理的基础上，因此本节沿用 10.2.2 的案例，对数据文件不再赘述。本节利用指数平滑模型对联邦基金利率差额进行拟合，以消除非正常波动得到联邦基金利率差额的 48 年中稳定长期的走势。

2．实例操作

步骤 01 打开【时间序列建模器】对话框。

当时间序列的数据已经准备好以后，选择菜单栏中的【分析】|【预测】|【创建模型】命令，弹出【时间序列建模器】对话框，如图 10.20 所示。

图 10.20

步骤 02 指数平滑模型选择。

在该对话框的左侧的列表框中选择"利差"，将其移入【因变量】列表框。在【方法】下拉列表框中选择【指数平滑法】选项。

步骤 03 设定指数平滑模型的类型。

单击【条件】按钮，弹出如图 10.21 所示的对话框。选中【简单季节性】单选按钮，单击【继续】按钮，保存设置。

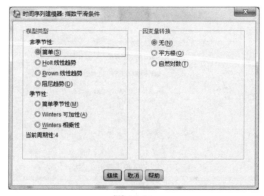

图 10.21

步骤 04 统计量的选择。

在【时间序列建模器】对话框中选择 Statisitics 选项卡，如图 10.22 所示。勾选【参数估计】复选框，然后单击【确定】按钮，保存设置。

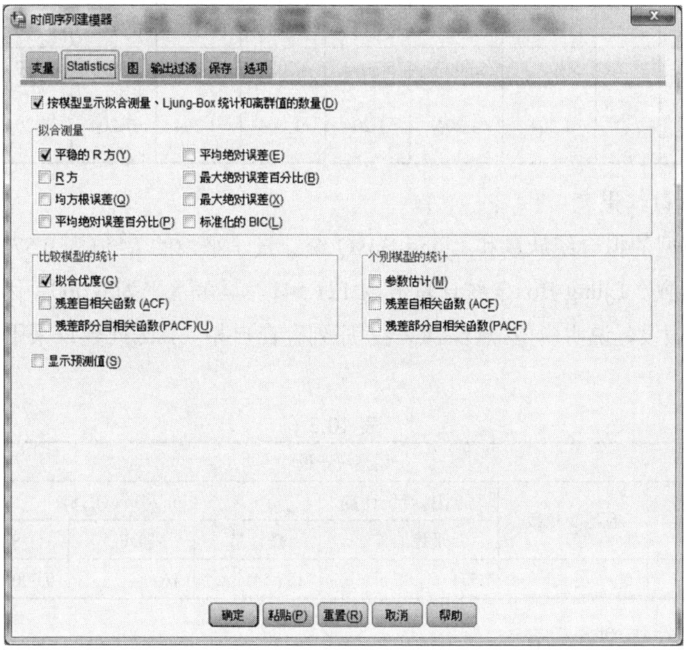

图 10.22

步骤 05 其他设置。

其他设置使用系统默认设置。

步骤 06 输出结果。

单击【确定】按钮，结束操作，SPSS 软件自动输出结果。

3．实例结果及分析

1）模型拟合结果表

从表 10.2 中可以看出模型的 8 个拟合优度指标，包括这些指标的平均值、最小值、最大值及百分位。其中，平稳的 R^2 值为 0.571，而 R^2 值为 0.897，这是由于因变量数据为季节性数据，因此平稳的 R^2 更具有代表性。从两个 R^2 的值来看，该指数平滑模型的拟合情况良好。

表 10.2

拟合统计信息	平均值	SE	最小值（M）	最大值（X）	百分位（T）						
					5	10	25	50	75	90	95
平稳的 R^2	0.571	.	0.571	0.571	0.571	0.571	0.571	0.571	0.571	0.571	0.571
R^2	0.897	.	0.897	0.897	0.897	0.897	0.897	0.897	0.897	0.897	0.897
RMSE	0.542	.	0.542	0.542	0.542	0.542	0.542	0.542	0.542	0.542	0.542
MAPE	65.212	.	65.212	65.212	65.212	65.212	65.212	65.212	65.212	65.212	65.212
MaxAPE	3881.586	.	3881.586	3881.586	3881.586	3881.586	3881.586	3881.586	3881.586	3881.586	3881.586

续表

模型拟合度											
拟合统计信息	平均值	SE	最小值（M）	最大值（X）	百分位（T）						
					5	10	25	50	75	90	95
MAE	0.316	.	0.316	0.316	0.316	0.316	0.316	0.316	0.316	0.316	0.316
MaxAE	5.309	.	5.309	5.309	5.309	5.309	5.309	5.309	5.309	5.309	5.309
标准化的 BIC(L)	−1.204	.	−1.204	−1.204	−1.204	−1.204	−1.204	−1.204	−1.204	−1.204	−1.204

2）模型统计量结果表

表 10.3 为模型的拟合统计量和 Ljung-BoxQ 统计量。平稳的 R^2 值为 0.571，与模型拟合图中的平稳的 R^2 一致。Ljung-BoxQ 统计量值为 121.541，显著水平为 0.000，因此拒绝残差序列为独立序列的原假设，说明模型拟合后的残差序列存在自相关，因此建议采用 ARIMA 模型继续拟合。

表 10.3

模型统计量						
模型	预测变量数	模型拟合统计量	Ljung-Box Q(18)			离群值数
		平稳的 R^2	统计量	DF	Sig.	
US spread-模型_1	0	.571	121.541	16	0.000	0

3）指数平滑法模型参数表

表 10.4 为指数平滑法模型参数估计值列表。本实验拟合的指数平滑模型的水平 Alpha 值为 0.999，*P* 值为 0.000，不仅作用很大而且非常显著。SPREAD 尽管为季节性数据，但该序列几乎没有任何季节性特征。

表 10.4

指数平滑法模型参数						
模型			估计	SE	*t*	Sig.
US spread-模型_1	无转换	Alpha（水平）	0.999	0.041	24.091	0.000
		Delta（季节）	0.000	6.970	5.900E-5	1.000

4）指数平滑模型拟合图

图 10.23 所示为“利差”的指数平滑模型的拟合图和观测值。“利差”序列整体上呈波动状态，拟合值和观测值曲线在整个区间中几乎重合，因此可以说明指数平滑模型对“利差”的拟合情况非常良好。通过指数平滑模型的拟合图可以发现联邦基金利率差额在 48 年中出现过两次剧烈波动下行，并且总体上前二十年的波动较为剧烈，而最近二十年波动相对平缓。

通过指数平滑模型分析，可以发现：

（1）由结果分析 1）可知，从拟合的 R^2 的值来看，该指数平滑模型的拟合情况良好。

（2）由结果分析 2）可知，模型拟合后的残差序列存在自相关，因此建议采用 ARIMA 模型继续拟合。

（3）由结果分析 3）可知，“利差”序列整体上呈波动状态，拟合值和观测值曲线在整个区间中几乎重合，因此可以说明指数平滑模型对“利差”的拟合情况非常良好。

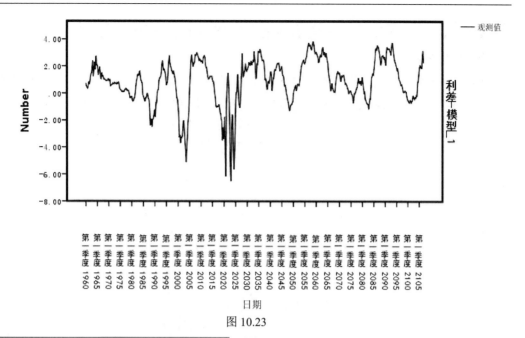

图 10.23

10.2.4　季节分解的 SPSS 操作详解

步骤01 打开【周期性分解】对话框。

选择菜单栏中的【分析】|【预测】|【周期性分解】命令，弹出【周期性分解】对话框，如图 10.24 所示。

步骤02 季节分解模型的选择。

在【周期性分解】对话框左侧的候选变量列表框中选择一个变量，将其移入【变量】列表框。在【模型类型】选项组中选择模型类型；单击【保存】按钮，弹出【保存】对话框，如图 10.25 所示。

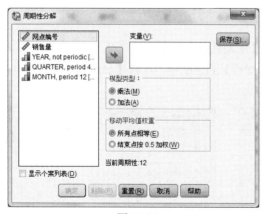

图 10.24

图 10.25

步骤03 完成操作。

如果不改变【保存】对话框中的默认选项，单击【周期性分解】对话框中的【确认】按钮，将进行季节分解。

10.2.5 实例图文分析：某城市的月度平均气温的季节性分解分析

1. 实例内容

如图 10.26 所示数据文件记录了 1995~1999 年我国某城市的月度平均气温。本试验将利用季节性分解对该城市气温进行分析，利用季节分析来分析气温除去季节因素影响外的内在规律。

图 10.26

2. 实例操作

步骤 01 打开【定义日期】对话框。

打开数据文件，进入 SPSS 数据编辑器窗口，选择菜单栏中的【数据】|【定义日期】命令，弹出如图 10.27 所示的对话框。在【个案为】列表框中选择"年份、月份"，然后在【第一个个案为】选项组中的"年"和"月"文本框中输入数据开始的具体年份 1995 和月份 1，然后单击【确定】按钮，完成时间变量的定义。

步骤 02 设置分析变量。

在菜单栏中选择【分析】|【预测】|【周期性分解】命令，打开【周期性分解】对话框，如图 10.28 所示，将【气温】变量选入【变量】列表框中，选择【加法】和【结束点按 0.5 加权】单选按钮。

图 10.27

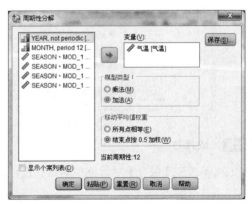

图 10.28

步骤 03 其他设置。

其他设置使用系统默认设置。

步骤 04 输出结果。

单击【确定】按钮，结束操作，SPSS 软件自动输出结果。

3．实例结果及分析

表 10.5 为模型的基本描述。从该表中可以看出，模型名称为 MOD_1，模型类型为"加法"，另外，还可看到移动平均值的计算方法。

表 10.5

模型描述		
模型名称		MOD_1
模型类型		加法
系列名称	1	气温
季节周期长度		12
移动平均值的计算方法		跨度等于周期性加一且端点按 0.5 加权

注：应用 MOD_1 中的模型规范。

表 10.6 为"气温"序列进行季节性分解的季节性因素。因为季节性因素的存在使得气温在不同的月份呈现出相似的性质，因此该季节性因素相当于周期内季节性影响的相对数。

表 10.6

季节因子	
系列名称：气温	
句点（D）	季节因子
1	−15.860 07
2	−11.635 07
3	−6.206 94
4	1.513 89
5	7.248 26
6	11.769 10
7	13.505 56
8	12.238 89
9	7.143 06
10	1.0763 9
11	−7.6173 6
12	−13.175 69

图 10.29 所示为"气温"序列进行季节性分解后的数据文件的变量视图。从该图可以看到数据文件中增加了 4 个序列：ERR_1、SAS_1、SAF_1 和 STC_1。其中，ERR_1 表示"气温"序列进行季节性分解后的不规则或随机波动序列，SAS_1 表示"气温"序列进行季节性分解除去季节性因素后的序列，SAF_1 表示"气温"序列进行季节性分解产生的季节性因素序列，STC_1 表示"气温"序列进行季节性分解出来的序列趋势和循环成分。

图 10.29

10.3 时间序列的随机性分析

虽然长期趋势的分析，季节变动的分析和循环波动的分析控制着时间序列变动的基本样式，但毕竟不是时间序列变动的全貌，而且用随机过程理论和统计理论来考查长期趋势、季节性变动等许多因素共同作用的时间序列更具有合理性和优越性。根据随机过程理论和统计理论，对时间序列进行分析，从而形成了时间序列的随机分析。

10.3.1 随机性分析的原理

1．使用目的

通过随机性时间序列分析，一方面能够建立比较精确地反映序列中所包含的动态依存关系的数学模型，并借以对系统的未来进行预报，另一方面，能够比较精确地揭示系统动态结构和规律的统计方法。随机性时间序列分析大大丰富和发展了时间序列分析的理论和方法，成为时间序列分析的主流。

2．基本原理

时间序列的随机分析通常利用 Box-Jenkins 建模方法。利用 Box-Jenkins 方法建模的步骤如下。

（1）计算观测序列的样本相关系数和样本偏相关系数。

（2）模式识别。检验序列是否为平稳非白噪声序列。如果序列是白噪声序列，建模结束；如果序列为非平稳序列，采用非平稳时间序列的建模方法，建立 ARIMA 模型或 SARIMA 模型；如果序列为平稳序列，建立 ARMA 模型。

（3）初步定阶和参数估计。模型识别后，框定所属模型的最高阶数；然后在已识别的类型中，从低阶到高阶对模型进行拟合及检验。

（4）拟合优度检验。利用定阶方法对不同的模型进行比较，以确定最适宜的模型。

（5）适应性检验。对选出的模型进行适应性检验和参数检验，进一步从选出的模型出发确定最适宜的模型。

（6）预测。利用所建立的模型，进行预测。

10.3.2 ARIMA 模型的 SPSS 操作详解

步骤 01 打开【时间序列建模器】对话框。

当时间序列的数据已经准备好以后，选择菜单栏中的【分析】|【预测】|【创建模型】命令，弹出如图 10.30 所示的对话框。在该对话框左侧的【变量】列表框中选择一个变量，将其移入【因变量】列表框。在【方法】下拉列表框中选择【ARIMA】选项，并单击【条件】按钮，弹出如图 10.31 所示的对话框。

图 10.30

步骤 02 ARIMA 模型选择。

在图 10.31 所示的对话框中选择【模型】选项卡。第一部分为【ARIMA 阶数】选项组，第二部分为【转换】选项组。

图 10.31

步骤03 离群值的处理。

在图 10.31 所示的对话框中选择【界外值】选项卡，如图 10.32 所示，这样可以选择对离群点的处理方式。

图 10.32

步骤04 完成操作。

在图 10.30 所示的对话框中【确定】按钮，将进行 ARIMA 模型建模。

10.3.3 实例图文分析：工业生产值和国库券利率与基金利率差额 ARIMA 模型分析

1. 实例内容

图 10.33 所示为 1960～2008 年某国的工业生产值数据、某国 10 年期国库券利率与该国联邦基金利率差额。

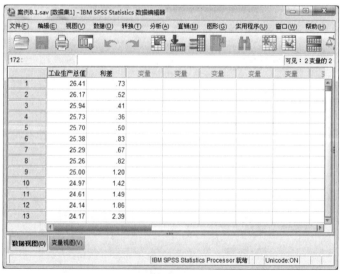

图 10.33

2．实例操作

具体操作步骤如下。

步骤01 定义时间变量。

进入 SPSS 数据编辑器窗口，选择菜单栏中的【数据】|【定义日期】命令，弹出如图 10.34 所示的对话框。在【个案为】列表框中选择"年份、月份"，然后在【第一个个案为】选项组中的"年"和"月"文本框中输入数据开始的具体年份 1960 和月份 1，然后单击【确定】按钮，完成时间变量的定义。

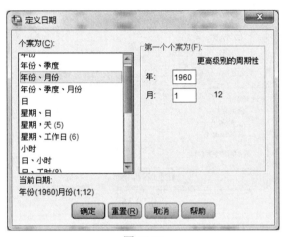

图 10.34

步骤02 输入变量。

在菜单栏中选择【分析】|【预测】|【创建模型】命令，打开【时间序列建模器】对话框，如图 10.35 所示。将 SPREAD 变量选入【因变量】列表框中，在【方法】下拉列表中选择 ARIMA。

图 10.35

步骤 03 设置条件。

单击【条件】按钮，打开【时间序列建模器：ARIMA 条件】对话框，如图 10.36 所示。选择【模型】选项卡，在【自回归】的【季节性】列中输入"4"、【差分】的【季节性】列中输入"1"、【移动平均值】的【季节性】列中输入"2"，单击【继续】按钮，保存设置。

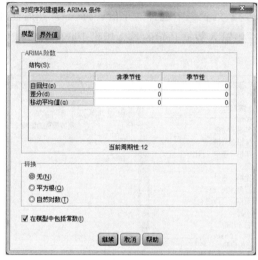

图 10.36

步骤 04 设置统计量。

选择 Statistics 选项卡，勾选【参数估计】复选框和【显示预测值】复选框，如图 10.37 所示。然后单击【继续】按钮，保存设置。

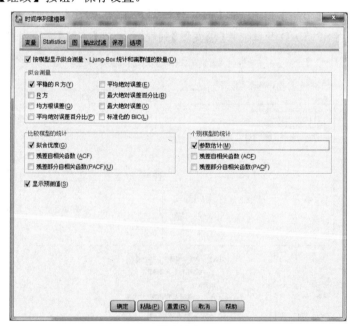

图 10.37

步骤 05 得到结果。

单击【确定】按钮，便可以得到 ARIMA 模型建模的结果。

3．实验结果及分析

表 10.7 为模型的基本描述。从该表中可以看出，所建立的 ARIMA 模型的因变量标签是 US spread，模型名称为"模型_1"，模型的类型为 ARIMA（0,0,0）(3,1,2)。

表 10.7

模型描述			
			模型类型
模型标识	US spread	模型_1	ARIMA(0,0,0)(3,1,2)

表 10.8 为模型的八个拟合优度指标的平均值、最小值、最大值及百分位。从两个 R^2 值来看，ARIMA(3,1,2)的拟合情况良好。其中，平稳的 R^2 值为 0.346，而 R^2 值为 0.196，这是由于因变量数据为季节性数据，因此平稳的 R^2 更具有代表性。

表 10.8

拟合统计信息	平均值	最小值（M）	最大值（X）	百分位（T）						
				5	10	25	50	75	90	95
平稳的 R^2	0.346	0.346	0.346	0.346	0.346	0.346	0.346	0.346	0.346	0.346
R^2	0.196	0.196	0.196	0.196	0.196	0.196	0.196	0.196	0.196	0.196
RMSE	1.498	1.498	1.498	1.498	1.498	1.498	1.498	1.498	1.498	1.498
MAPE	220.270	220.270	220.270	220.270	220.270	220.270	220.270	220.270	220.270	220.270
MaxAPE	15 003.736	15 003.736	15 003.736	15 003.736	15 003.736	15 003.736	15 003.736	15 003.736	15 003.736	15 003.736
MAE	127	1.127	1.127	1.127	1.127	1.127	1.127	1.127	1.127	1.127
MaxAE	6.178	6.178	6.178	6.178	6.178	6.178	6.178	6.178	6.178	6.178
标准化的 BIC（L）	0.886	0.886	0.886	0.886	0.886	0.886	0.886	0.886	0.886	0.886

表 10.9 所示为 ARIMA(3,1,2)模型参数估计值。ARIMA(3,1,2)中有两部分：AR 和 MA。其中 AR 自回归部分的三项显著性水平分别为 0.000、0.000 和 0.074，而 MA 移动平均部分的两项显著性水平分别为 0.000 和 0.000。除 AR(3)不是十分显著外，其他项都非常显著。因此，ARIMA (3,1,2)比较合适。

表 10.9

ARIMA 模型参数					估算	SE	t	显著性
US spread-模型_1	US spread	不转换	常量		0.031	0.005	6.770	0.000
			AR，季节性	延迟 1	−898	0.127	7.052	0.000
				延迟 2	−397	0.080	−4.945	0.000
				延迟 3	−113	0.063	−1.788	0.074
			季节性差异		1			
			MA，季节性	延迟 1	1.443	0.125	11.528	0.000
				延迟 2	0.527	0.115	−4.572	0.000

图 10.38 所示为 SPREAD 的 ARIMA (3,1,2)模型的拟合图和观测值。SPREAD 序列整体上呈波动状态，拟合值和观测值曲线在整个区间整体上拟合情况良好，但是明显可以看出拟合值

的波动性要小于实际观察值。因此可以说明 ARIMA (3,1,2)模型对 SPREAD 的拟合情况一般，
需要进一步探索其他的 ARIMA 模型。

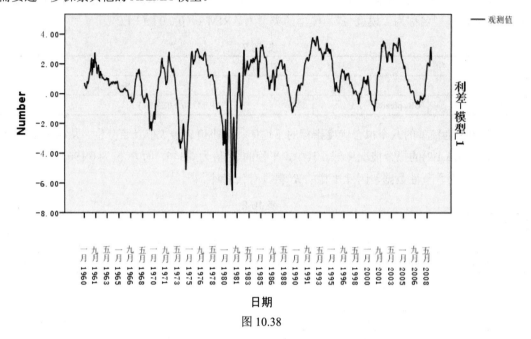

图 10.38

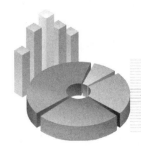

第 11 章
SPSS 在问卷缺失值、信度处理与多重响应分析的应用

在日常工作及科学研究中，当处理样本较大的群体调查时，由于多种原因可能会导致所收集的数据不完整，这时的初始数据中就含有缺失值。缺失值带来许多负面影响，比如，含缺失值的观测可以看作正常观测的系统误差，就会导致计算结果不准确；获得的信息比预期要少，这导致计算统计量的精度较低；许多统计过程的假设是基于完整数据的，数据不完整将导致计算过程无法进行。

在 SPSS 中可以采用多种方式对缺失值进行灵活处理，比如，在各个统分计析过程中加入处理缺失值的选项，或者在分析通过缺失值替换过程前先处理缺失值。本章将介绍专门的缺失值分析过程。

11.1 调查问卷缺失值处理方法

缺失值是统计人员和数据采集人员所不愿见到的，但也是无法避免的。在大型的数据采集中，即使有着非常严格的质量控制，含有缺项、漏项的记录也可能很容易地达到 10%。进行敏感问题的调查时，缺失值问题就更加突出了，比如问卷中涉及家庭收入、婚外性伴侣问题时，许多受访者都会以漏填来避免尴尬。

有些统计分析方法采取将含缺失值的观测记录直接删除的做法，当缺失值较少时，这有太大问题；但当缺失值数量较多时，这样做会直接丢失大量的信息，并有可能会导致错误结论，因此进行更为系统的缺失值分析非常有必要。

11.1.1 缺失值的类型与处理方法

数据的缺失有一定的规律，其缺失方式大致可以分为如下三种：完全随机缺失、随机缺失和非随机缺失。

1. 完全随机缺失

完全随机缺失的含义是指缺失现象完全是随机发生的，和自身或其他量的取值无关。这是缺失值问题中处理起来比较简单的一种，可以直接将缺失值删除，无须计担偏差，这样做唯一的缺点是会丧失一些信息；也可以采用均值替换等方法处理缺失值，以充分利用样本信息。要评估 MCAR 假设是否成立，可以通过比较回答者和未回答者的分布情况进行验证，也可以使用单变量 f 检验或 Little's MCAR 检验进行更精确的推断。事实上，完全垮合 MCAR 的情况非常少见，而且上述的检验方法都只能证明 MCAR 假设不成立，而不是证明其成立，因此在对缺失情况作评价时一定要相当谨慎，切不可妄下结论。

2．随机缺失

这种情况要严重些，但也更加常见，它的含义是指有缺失值的变量缺失情况的发生与数据集中其他无缺失变量的取值有关。此时，缺失值不仅会引起信息损失，还可能导致分析结果的不可信。比如，调查人群的血压时发现数据有缺失，但缺失情况是以高龄组为主，这是由于高龄组的受访者因行动不便，不能到场接受深度访谈和检查所致；此时将缺失值直接删除就不一定合适，而应利用已知变量对缺失的数据进行估计，这样才能对总体有一个综合的评价。

3．非随机缺失

这是最坏的一种情形，数据的缺失不仅和其他变量的取值有关，也和其自身有关，比如在调查收入时，收入高的人出于各种原因不愿意提供其家庭年收入值。这种情形下，缺失值分析模型基本上是无能为力的，只能做一下粗略的估计。

SPSS 的缺失值分析模块，主要对 MCAR 和 MAR 的情况进行研究，尤其是后者。研究者应该在进行调查之前，就考虑哪些重要变量可能会有缺失值出现，以及由此引发问题的严重程度；然后在设计问卷时就包括一些与之相关的变量，以便用这些变量来估算缺失值。

11.1.2　替换缺失值的 SPSS 操作详解

步骤 01 打开【替换缺失值】对话框。

选择菜单栏中的【转换】|【替换缺失值】命令，弹出【替换缺失值】对话框，如图 11.1 所示。

步骤 02 选择检验变量。

在【替换缺失值】对话框左侧的候选变量列表框中选择一个或几个变量，将其移入【新变量】列表框中，这时系统自动产生用于替代缺失值的新变量，用户也可在【名称】文本框中自己定义替代缺失值的新变量名。

步骤 03 选择替换缺失值的方法。

在【方法】下拉下箭头选择缺失值的替代方式，如图 11.2 所示。

- 序列平均值：用该变量的所有非缺失值的均数做替代。
- 邻近点的平均值：用缺失值相邻点的非缺失值的均数做替代，取多少个相邻点可任意定义。
- 邻近点的中位数：用缺失值相邻点的非缺失值的中位数做替代，取多少个相邻点可任意定义。
- 线性插值：用线性插值法填补缺失值。用该列数据缺失值前一个数据和后一个数据建立插值直线，然后用缺失点在线性插值函数的函数值填充该缺失值。

- 邻近点的线性趋势：缺失点处的线性趋势法。应用缺失值所在的整个序列建立线性回归方程，然后用该回归方程在缺失点的预测值填充缺失值。

图 11.1　　　　　　　　　　　　　　图 11.2

步骤 04 其他选项设置。

当选择的替换缺失值的方法为【邻近点的平均值】或【邻近点的中位数】时，选项【邻近点的跨度】处于激活状态，可以选择取相邻点的跨度。

步骤 05 输出结果。

单击【确定】按钮，结束操作，SPSS 软件自动输出结果。

如果分析中没有用到含缺失值的变量，可以不用关心缺失值问题。在 SPSS 相关的分析过程中，选择"按对排除个案（P）"，这时如果没有用到含缺失值的变量，缺失值对分析没有影响；如果选择"按列表排除个案（L）"，含有缺失值的个案将不会用于分析，可能会造成信息损失。

11.1.3　缺失值分析的 SPSS 操作详解

步骤 01 打开【缺失值分析】对话框。

选择菜单栏中的【分析】|【缺失值分析】命令，弹出【缺失值分析】对话框，如图 11.3 所示。

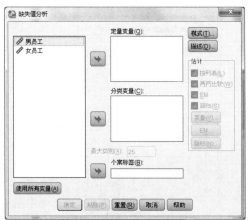

图 11.3

步骤 02 选择检验变量。

在该对话框左侧的候选变量列表框中选择一个或几个变量，将其移入【定量变量】或【分类变量】列表框中。定量变量是选择进入缺失值分析的变量。

步骤 03 选择缺失值估计的方法。

在【估计】选项组中选择缺失值的处理，从而对参数进行设置。

- Listwise：分析时按列表排除个案，将缺失值排除在外，从而对变量进行分析。
- Pairwise：按配对的方式对缺失值进行分析。
- EM：用 Expectationt Maxiumum 方法对缺失值进行修补。
- Regression：用线性回归的方法对缺失值进行修补。

步骤 04 其他选项设置。

在【缺失值分析】对话框中单击【模式】按钮，弹出如图 11.4 所示的对话框，包含输出的模式、变量缺失的模式部分，如图 11.4 所示。

① 输出部分。

- 按照缺失值模式分组的表格个案。
- 按照缺失值模式排序的带有缺失值的个案。
- 按照选定变量指定顺序的所有个案。

② 变量部分。

- 缺失模式
- 附加信息。
- 排序依据。
- 排列顺序。
  - ➢ 升序。
  - ➢ 降序。

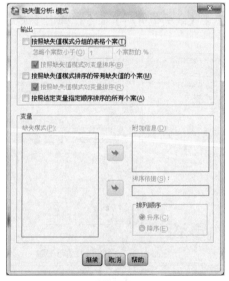

图 11.4

在【缺失值分析】对话框中单击【描述】按钮，弹出如图 11.5 所示的对话框，主要包括单变量统计、指示符变量统计和忽略缺失值占总个案数的比例三部分，如图 11.5 所示。

① 单变量统计。

② 指示符变量统计。

● 百分比不匹配。

● 使用由指示符变量形成的分组进行的 T 检验。

● 为分类变量和指示变量生成交叉表格。

③ 忽略缺失值占总个案数的比例小于。

步骤 05 输出结果。

在【缺失值分析】对话框中单击【确定】按钮，结束操作，SPSS 软件自动输出结果。

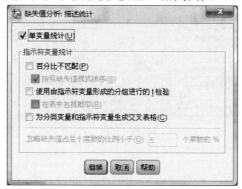

图 11.5

11.1.4　实例图文分析：电信公司客户数据缺失值的分析

1. 实例内容

某电信公司在减少客户群中的客户流失方面的举措，每个个案对应一个单独的客户，并记录各类人口统计和服务用途信息。下面将结合本数据文件详细说明如何得到数据文件的缺失值是否为随机缺失及其他统计量输出结果，从而来认识 SPSS 的缺失值分析过程。数据如图 11.6 所示。

图 11.6

2. 实例操作

步骤01 打开【缺失值分析】对话框。

打开数据文件，进入 SPSS 数据编辑器窗。选择菜单栏中的【分析】｜【缺失值分析】命令，弹出如图 11.7 所示的对话框。

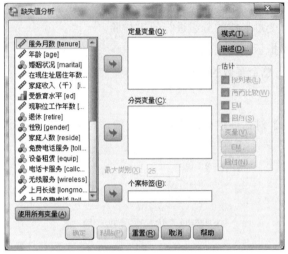

图 11.7

步骤02 选择自变量。

选择"婚姻状况[marital]""受教育水平[ed]""退休[retire]"及"性别[gender]" 4 个变量进入【分类变量】列表框；选择"服务月数[tenure]""年龄[age]""在现住址居住年数[address]""家庭收入（千）[income]""现职位工作年数[employ]"及"家庭人数[reside]" 6 个变量进入【定量变量】列表框，如图 11.8 所示。

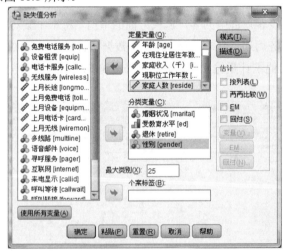

图 11.8

步骤03 进行【模式】设置。

在【缺失值分析】对话框中单击【模式】按钮，弹出【缺失值分析：模式】对话框。勾选【输出】选项组中的【按照缺失值模式分组的表格个案】复选框，从【缺失模式】列表框中选择 income、ed、retire 和 gender 四个变量进入【附加信息】列表框。其他采用默认设置，设置结果如图 11.9 所示。设置完毕，单击【继续】按钮，返回【缺失值分析】对话框。

图 11.9

步骤 04 进行【描述】分析。

　　单击【缺失值分析】对话框中的【描述】按钮，弹出【缺失值分析：描述统计】对话框。勾选【单变量统计量】复选框及【指示符变量统计】选项组中的【使用由指示符变量形成的分组进行的 t 检验】复选框和【为分类变量和指示符变量生成交叉表格】复选框，其他采用默认设置，设置结果如图 11.10 所示。

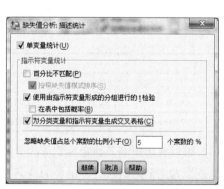

图 11.10

步骤 05 进行【缺失值分析：EM】设置。

　　【缺失值分析：EM】中的参数选用默认设置即可，如图 11.10 所示。

3．实例结果及分析

表 11.1 为"单变量统计"表，给出了所有分析变量未缺失数据的频数、平均值和标偏准差，同时给出了缺失值的个数和百分比以及极值的统计信息。通过这些信息，可以初步了解数据的概貌特征，以 employ 栏为例，employ 变量的有效数据有 904 个，它们的平均值为 11，标准偏差为 10.113，缺失数据有 96 个，占数据总数的比例为 9.6%，有 15 个极大值。

表 11.1

				缺失		极值数目 [a]	
	N	平均值	标准偏差	计数	百分比	低	高
tenure	968	35.56	21.268	32	3.2	0	0
age	975	41.75	12.573	25	2.5	0	0
address	850	11.47	9.965	150	15.0	0	9
income	821	71.146 2	83.144 24	179	17.9	0	71
employ	904	11.00	10.113	96	9.6	0	15
reside	966	2.32	1.431	34	3.4	0	33
marital	885			115	11.5		
ed	965			35	3.5		
retire	916			84	8.4		
gender	958			42	4.2		

单变量统计

注：a. 超出范围 (Q1 - 1.5*IQR, Q3 + 1.5*IQR) 的个案数。

表 11.2 和表 11.3 为使用 EM 法进行缺失值的估计和替换后，总体数据的平均值和标准偏差的变化情况，其中"所有值"为原始数据的统计特征，EM 为使用 EM 法后总体数据的统计特征。

表 11.2

	tenure	age	address	income	employ	reside
所有值	35.56	41.75	11.47	71.146 2	11.00	2.32
EM	36.12	41.91	11.58	77.394 1	11.22	2.29

估算的平均值摘要

表 11.3

	tenure	age	address	income	employ	reside
所有值	21.268	12.573	9.965	83.144 24	10.113	1.431
EM	21.468	12.699	10.265	87.548 60	10.165	1.416

估算的标准偏差摘要

表 11.4 为单个方差 t 检验结果，通过此表，用户可以找出影响其他定量变量的变量的缺失值模式，即通过单个方差 t 统计量结果检验缺失值是否为完全随机缺失。由表 11.4 可以看出，年龄大的人倾向于不报告收入水平，当收入值缺失时，age 的平均值为 49.73；当收入值完整时，age 的平均值为 40.01。通过 income 栏的 t 统计量可以看出，income 的缺失将明显影响其他定量变量，这就说明 income 的缺失不是完全随机缺失。

表 11.4

		tenure	age	address	income	employ	reside
				独立方差 t 测试 [a]			
address	t	0.4	0.3	.	3.5	1.4	1.0
	df	202.2	192.5	.	313.6	191.1	199.5
	# 存在	819	832	850	693	766	824
	# 缺失	149	143	0	128	138	142
	平均值（存在）	35.68	41.79	11.47	74.077 9	11.20	2.34
	平均值（缺失）	34.91	41.49	.	55.273 4	9.86	2.21
income	t	−5.0	−8.3	−3.9	.	−5.9	3.6
	df	249.5	222.8	191.1	.	203.3	315.2
	# 存在	793	801	693	821	741	792
	# 缺失	175	174	157	0	163	174
	平均值（存在）	33.93	40.01	10.67	71.146 2	9.91	2.39
	平均值（缺失）	42.97	49.73	14.97	.	15.93	2.02
employ	t	−1.0	−0.4	−0.7	0.5	.	−0.3
	df	110.5	110.2	97.6	114.9	.	110.9
	# 存在	877	881	766	741	904	874
	# 缺失	91	94	84	80	0	92
	平均值（存在）	35.34	41.69	11.37	71.495 3	11.00	2.31
	平均值（缺失）	37.70	42.27	12.32	67.912 5	.	2.37
marital	t	0.0	1.8	1.2	−0.8	0.9	−2.2
	df	148.1	149.5	138.8	121.2	128.3	134.2
	# 存在	856	862	748	728	805	857
	# 缺失	112	113	102	93	99	109
	平均值（存在）	35.56	42.00	11.61	70.388 7	11.10	2.28
	平均值（缺失）	35.57	39.85	10.43	77.075 3	10.17	2.61
retire	t	−0.6	−0.4	−0.4	0.3	.	0.2
	df	95.4	94.4	84.0	93.2	.	99.0
	# 存在	888	893	777	751	904	885
	# 缺失	80	82	73	70	0	81
	平均值（存在）	35.44	41.70	11.42	71.335 6	11.00	2.32
	平均值（缺失）	36.89	42.29	11.96	69.114 3	.	2.30

注：1）对于每个定量变量，将由指示符变量构成组对（存在，缺失）。

2）a. 不会显示缺失率低于 5% 的指示变量。

表 11.5 以 marital 为例给出了分类变量与其他定量变量间的交叉表。该表给出了在不同婚姻情况下，各分类变量非缺失的个数和百分比，以及各种缺失值的个数和百分比；标识了系统缺失值的取值及在有不同婚姻情况的人中的分布情况。

表 11.5

marital			总计	未婚	已婚	缺失 SysMis
address	现在	计数	850	390	358	102
		百分比	85.0	85.5	83.4	88.7
	缺失	% SysMis	15.0	14.5	16.6	11.3
income	现在	计数	821	380	348	93
		百分比	82.1	83.3	81.1	80.9
	缺失	% SysMis	17.9	16.7	18.9	19.1
employ	现在	计数	904	418	387	99
		百分比	90.4	91.7	90.2	86.1
	缺失	% SysMis	9.6	8.3	9.8	13.9
retire	现在	计数	916	423	392	101
		百分比	91.6	92.8	91.4	87.8
	缺失	% SysMis	8.4	7.2	8.6	12.2

注：不会显示缺失率低于 5% 的指示变量。

表 11.6 给出了"表格模式"输出表格，就是缺失值样式表。它给出了缺失值分布的详细信息，表中用 X 标识使用该模式下缺失的变量。从表中可以看出，所有显示的 950 个个案中，9 个变量值都完整的个案数有 475 个，缺失 income 值的个案有 109 个，同时缺失 address 和 income 值的个案有 16 个，表格其他数据的解释类似。

表 11.6

个案数	缺失模式 [a]										完成条件 [b]	income [c]	reside [c]	gender [d]		ed [d]				
	AGe	reside	tenure	ed	gender	retire	employ	marital	address	income				男	女	未完成中学学历	中学学历	社区学院	大学学位	研究生学位
475											475	76.585 3	2.36	201	274	99	157	87	101	31
109										X	584	.	2.04	47	62	27	35	19	17	11
16									X	X	687	.	2.06	12	4	5	9	0	1	1
87										X	562	54.436 8	2.29	66	21	21	27	9	24	6
13		X									488	56.000 0	.	4	9	4	3	2	3	1
60								X			535	77.216 7	2.83	35	25	1	2	27	24	6
16				X							491	47.812 5	2.38	6	10	0	0	0	0	0
17			X								492	76.235 3	2.35	7	10	2	7	3	4	1
18				X							493	54.111 1	1.94	0	0	3	7	4	4	0
16								X		X	660	.	2.19	6	10	0	0	7	8	1
37							X	X			520	59.459 5	2.35	15	22	9	14	5	8	1

注：1）将不会显示个案比例低于 1%（10 个或更少）的模式 A。

2）a. 按缺失模式对变量排序。

3）b. 不使用该模式（以 X 标记）中缺失的变量时的完整个案数。

4）c. 每个唯一模式的平均值。

5）d. 每个唯一模式的频率分布。

表 11.7～表 11.9 给出了 EM 算法的相关统计量，包括 EM 的平均值、协方差和相关性。从 EM 平均值表中可知，age 变量的均值为 41.91，从 EM 协方差输出表中可知 age 和 tenture 间的协方差值为 135.326，从 EM 相关性输出表中可知，age 与 tenture 的相关系数为 0.496。另外，从三个表格下方的 Little's MCAR 测试可知，卡方检验的显著性值明显小于 0.05，因此，拒绝缺失值为完全随机缺失（MCAR）的假设，这也验证了由表 11.4 所得到的结论。

表 11.7

EM 平均值 [a]					
tenure	age	address	income	employ	reside
36.12	41.91	11.58	77.3941	11.22	2.29

注：a. Little's MCAR 测试：Chi-Square = 179.836, DF = 107, Sig. = 0.000。

表 11.8

EM 协方差 [a]					
	tenure	age	address	income	employ	reside
tenure	460.893					
age	135.326	161.261				
address	111.341	85.440	105.372			
income	547.182	451.109	300.533	7 664.757 10		
employ	113.359	86.871	48.051	525.811 59	103.326	
reside	−1.107	−4.538	−3.098	−14.608 86	−1.916	2.006

注：a. Little's MCAR 测试：Chi-Square = 179.836, DF = 107, Sig. = 0.000。

表 11.9

EM 相关性 [a]					
	tenure	age	address	income	employ	reside
tenure	1					
age	0.496	1				
address	0.505	0.655	1			
income	0.291	0.406	0.334	1		
employ	0.519	0.673	0.461	0.591	1	
reside	−0.036	−0.252	−0. 213	−0.118	−0.133	1

注：a. Little's MCAR 测试：Chi-Square = 179.836, DF = 107, Sig. = 0.000。

11.2　调查问卷的信度分析

做调查问卷时，最看重的是调查问卷的科学性和有效性，如果一个问卷设计出来无法有效地考查问卷中所涉及的各个因素，那么我们为调查问卷所作的抽样、调查、分析、结论等一系列的工作也就白做了。那么，如何检验设计好的调查问卷是否有效与否，信度分析是评价调查问卷是否具有稳定性和可靠性的有效分析方法。

11.2.1　信度分析概述

1．使用目的

为了保证问卷具有较高的可靠性和有效性，在形成正式问卷之前，应当对问卷进行测试，并对测试结果进行信度和效度分析，根据分析结果筛选问卷题项，调整问卷结构，从而提高问卷的信度和效度。信度分析是评价调查问卷是否具有稳定性和可靠性的有效的分析方法。

2．基本原理

重测信度法是用同样的问卷对同一组被调查者间隔一定时间重复测试，计算两次测试结果的相关系数，适用于事实式问卷，如性别、出生年月等在两次测试中不应有任何差异。重测信度法属于稳定系数。复本信度法是让同一组被调查者一次填答两份问卷复本，计算两个复本的相关系数。复本信度属于等值系数。折半信度法是将调查项目分为两半，计算两半得分的相关系数，进而估计整个量表的信度。折半信度属于内在一致性系数，测量的是两半题项得分间的一致性。这种方法一般适用于态度、意见式问卷的信度分析。

克朗巴哈信度系数法用于评价量表中各题的得分之间的一致性，属于内在一致性系数。这种方法适用于态度、意见式问卷的信度分析，是目前最常用的信度系数，其公式为

$$\alpha = \frac{k\bar{r}}{1+(k-1)\bar{r}}$$

其中，k 为调查问卷中题项的总数，$\bar{r}$ 为各项目相关系数的均值。

11.2.2　信度分析的 SPSS 操作详解

步骤01 打开【可靠性分析】对话框。

选择菜单栏中的【分析】|【度量】|【可靠性分析】命令，弹出【可靠性分析】对话框，如图 11.11 所示。

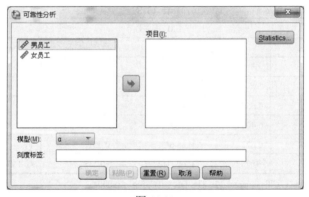

图 11.11

步骤02 选择信度分析变量。

在该对话框左侧的候选变量列表框中选择一个或几个变量，将其移入【项目】列表框中，选择进入信度分析的变量。【刻度标签】主要对信度分析的信度系数做一个标签。

步骤03 选择信度分析的方法。

在【模型】下拉列表中选择信度分析的信度系数，从而对变量进行信度分析，如图 11.12 所示。

- α：克朗巴哈（Cronbach）信度系数法。
- 半分：折半信度系数。

- Guttman：最低下限真实信度法。
- 平行：各题目变异数同质时的最大概率（maximum-likelihood）信度。
- 严格平行：各题目平均数与变异数均同质时的最大概率信度。

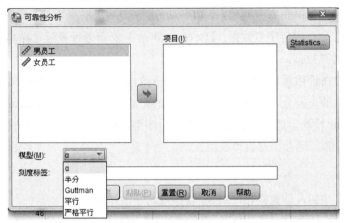

图 11.12

步骤 04 其他选项设置。

Statistics 包含 Hotelling 的检验，Friedman 等级变异数分析、Tukey 的可加性检验等统计分析，如图 11.13 所示。

- 描述性：【项】表示输出各评估项目的基本描述性统计；【度量】表示输出各评估项目的总分的基本描述性统计；【如果项已删除则进行度量】表示输出剔除某评项目后的均值、方差、协方差等基本统计量，从而对评估项目进行逐个评估。

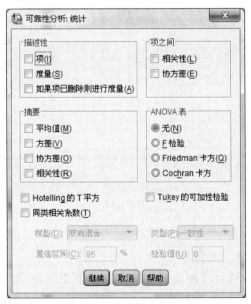

图 11.13

- 【项之间】选项组：分别表示输出各评估项目的协方差系数矩阵和相关系数矩阵。
- 【摘要】选项组：【平均值】输出评估项目总分的平均分的基本描述性统计；【方差】表示评估项目总分的样本方差的描述性统计；【协方差】、【相关性】分别输出评估项目总和的协方差矩阵、相关系数矩阵的描述性统计。

- 【ANOVA 表】选项组：提供了多种方法进行检验。同一评估对象在评估项目上的得分是否具有一致性。【无】表示什么检验都不做；【F 检验】表示进行反复测试的方差分析，只适合于定距型的正态分布数据；【Friedman 卡方对配对样本的进行 Friedman 检验，适合于非正态分布或定序型数据；【Cochran 卡方】表示进行多配对样本的 Cochran 检验，适合于二值型数据。

同一评估对象在评估项目上的得分是否具有一致性。【无】表示什么检验都不做；【F 检验】表示进行反复测试的方差分析，只适合于定距型的正态分布数据；【Friedman 卡方】对配对样本的进行 Friedman 检验，适合于非正态分布或定序型数据；【Cochran 卡方】表示进行多配对样本的 Cochran 检验，适合于二值型数据。

步骤05 输出结果。

单击【确定】按钮，结束操作，SPSS 软件自动输出结果。

11.2.3 实例图文分析：调查问卷的信度

1. 实例内容

图 11.14 所示为某调查问卷的测量数据。该调查问卷共有 10 道题目，均为 10 分量表，高分代表同意题目的观点，共测量了 102 人。试考查此问卷的信度。

图 11.14

2. 实例操作

步骤01 打开【可靠性分析】对话框。

选择菜单栏中的【分析】|【度量】|【可靠性分析】命令，弹出【可靠性分析】对话框，如图 11.15 所示。

步骤02 选择信度分析变量。

在该对话框左侧的候选变量列表框中依次选择题目 1～题目 10 并单击 按钮使之进入【项目】列表框中。

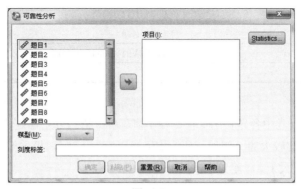

图 11.15

步骤 03 设置相关统计量输出。

单击【可靠性分析】对话框右上角的 Statistics 按钮，弹出如图 11.16 所示的对话框。

图 11.16

勾选【描述性】和【摘要】两个选项组的全部复选框，单击【继续】按钮返回【可靠性分析】对话框。

步骤 04 其他设置。

其他设置使用系统默认设置。

步骤 05 输出结果。

单击【确定】按钮，结束操作，SPSS 软件自动输出结果。

3．实例结果及分析

1）信度系数

Alpha 系数是衡量信度的一种指标，越大表示信度越高。一般而言，信度系数如果在 0.9 以上，则说明信度非常好；如果在 0.8 以上，则说明可以接受；在 0.7 以上，则说明该量表需进行重大修订但不失价值；在 0.7 以下，则说明应该放弃。本例中 Alpha 系数是 0.881，说明信度还是比较不错的，见表 11.10。

表 11.10

可靠性统计量		
Cronbach's Alpha	基于标准化项的 Cronbachs Alpha	项数
0.881	0.920	10

2）项统计量摘要

表 11.11 给出了问卷中各题目的均值、极小值、极大值、方差等统计量。容易发现各道题之间的得分差距还是比较大的。例如，项的均值极小值为 1.196，极大值为 6.304，跨度很大；项方差范围为 2.557，大于 2，差异也很大。

表 11.11

摘要项统计量							
	均值	极小值	极大值	范围	极大值/极小值	方差	项数
项的均值	5.624	1.196	6.304	5.108	5.270	2.531	10
项方差	1.263	0.377	2.934	2.557	7.782	0.704	10
项之间的协方差	0.539	−0.289	2.551	2.840	−8.838	0.279	10
项之间的相关性	0.534	−0.286	1.000	1.286	−3.492	0.209	10

3）项总计统计量

表 11.12 给出了如果将相应的变量（题目）删除，则试卷总的信度如何改变的统计量。依次为总分的均值改变、方差改变、该题与总分的相关系数和 Alpha 系数的改变情况（多相关的平方一栏不予考虑）。其中重要的是后两项，如果相关系数太低，则说明该题的应答分值与总分的高低相关性不强，可考虑删除或改进该题。比如本例中的题目1、题目 2、题目 6，删除之后 Alpha 系数还会上升，信度提高。

表 11.12

项总计统计量					
	项已删除的刻度均值	项已删除的刻度方差	校正的项总计相关性	多相关性的平方	项已删除的 Cronbach's Alpha 值
题目 1	50.84	50.609	0.311	.	0.909
题目 2	55.04	59.226	0.162	.	0.892
题目 3	49.94	48.214	0.888	.	0.852
题目 4	49.93	48.520	0.871	.	0.854
题目 5	49.94	48.214	0.888	.	0.852
题目 6	50.63	54.117	0.179	.	0.918
题目 7	49.94	48.214	0.888	.	0.852
题目 8	49.94	48.214	0.888	.	0.852
题目 9	49.94	48.214	0.888	.	0.852
题目 10	49.97	48.148	0.869	.	0.853

通过分析，可以得出如下结论：

（1）由结果分析 1）可知：本例中 Alpha 系数是 0.881，说明信度比较好。

（2）由结果分析 2）可知：各道题目之间的得分差距比较大。

（3）由结果分析 3）可知：题目 1、题目 2、题目 6 应答分值与总分的高低相关性不强，如果将之删除，试卷总的信度会提高。

11.3　调查问卷的多重响应分析

多重应答又称为多选题，即针对同一个问题被访者可能回答出多个有效的答案，它是市场调查研究中十分常见的数据形式。多重响应分析，也称为多重应答分析或多响应变量分析。常使用 SPSS 中的 Multiple Response 命令进行频数分析和交叉分析。

多重应答资料因其特殊性，不方便应用传统的多元统计分析方法进行研究，利用多重二分法和多重分类法两种数据转换方式可以极大地丰富对其建模的方法。多重响应分析通过定义变量集的方式，能够对多选题选项进行频数分析和交叉分析；除此之外，还可以对其进行回归分析、因子分析等操作。

11.3.1　多重响应分析概述

1．使用目的

多重响应（Multiple Response）是指对同一个问题被调查者可能有多个答案，它是调查研究中十分常见的数据形式。

2．基本原理

多重响应资料因其特殊性，不方便应用传统的多元统计分析方法进行研究，利用多重二分法和多重分类法两种数据转换方式可以极大地丰富对其建模的方法。多重二分法的分类编码为 0 和 1，即将每一个选项拆分为一个独立变量，如果选中的则输入 1，没有选中的则输入为 0。有多少个选项则拆分出多少个变量来，因此选项异常多的情况下此种方法有点麻烦。

11.3.2　多重响应分析的 SPSS 操作详解

步骤01 打开【定义多响应集】对话框。

选择菜单栏中的【分析】|【多重响应)】|【定义多重响应集】命令，弹出【定义多响应集】对话框，如图 11.17 所示。

图 11.17

选择多重响应分析变量。

在【定义多响应集】对话框的左侧列表框列出所有的需要设置的变量，其中包括多选题的变量，在候选变量中选择一个或几个变量，将其移入【集合中的变量】列表框中，选择进入多重响应分析的变量。

步骤 03 设置多重响应集。

然后在下方的【将变量编码为】选项组中选择【二分法】单选按钮，在【计数值】文本框中输入需要统计的变量值，例如，计数值输入"1"，意思是统计变量值为 1 的频率。

【类别】为多重分类法，【范围】表示多重分类法的起点值，【到】表示多重分类法的终值。

【标签】为多重二分法或多重分类法的值标签的定义。

【名称】为输入该多选题的题目名称。

在【名称】文本框中输入该多选题的题目名称，在【标签】文本框中输入分类法的值标签的定义之后，单击【添加】将其添加到【多重响应集】。

步骤 04 设置多重响应分析方法。

单击【关闭】按钮，就设置好多重响应集。再选择菜单栏中的【分析】|【多重响应】命令，可以看到，多出两个菜单选项。

选择菜单栏中的【分析】|【多重响应】|【频率】命令，弹出【多响应频率】对话框如图 11.18 所示。

- 【多响应集】：显示设置好的多重响应集的名称。
- 【表格】：表示对选入的多重响应集进行列表分析。
- 【缺失值】：表示对缺失值的处理方法。
  - ➤ 在二分集内按照列表顺序排除个案：表示对多重二分法的变量进行缺失值的处理。
    在类别内按照列表顺序排除个案：表示对多重分类法的变量进行缺失值的处理。缺失值处理方法都是将缺失值排除在样本外进行频率分析。

选择菜单栏中的【分析】|【多元响应)】|【交叉表】命令，打开【多响应交叉表格】对话框，如图 11.19 所示。

图 11.18

图 11.19

- 【多响应集】：显示设置好的多重响应集的名称。

- 【行】：显示交叉分析的行变量。
- 【列】：显示交叉分析的列变量。
- 【层】：显示交叉分析的分层变量。
- 【定义范围】：定义行变量、列表量或层变量的取值范围。
- 【选项】：交叉分析的一些选项，包括单元百分比（行的、列的、总的）、基于哪种百分比（基于个案的、基于响应的）、缺失值的处理（基于多重二分法的变量的、基于多重分类法的变量的），如图 11.20 所示。

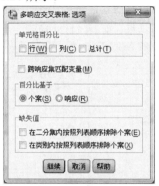

图 11.20

11.3.3　实例图文分析：消费者使用的手机品牌调查

1．实例内容

在一次调查活动中，记录了某消费者使用的手机品牌调查结果。问卷列举了用户可能使用的手机品牌，包括"苹果""三星""小米""联想""HTC""诺基亚""TCL""海尔""其他"。以这些品牌名称为变量名，用"1"代表是，"0"代表否，如图 11.21 所示。本例将介绍如何利用"定义变量集"命令定义多重响应变量集 brand 将这些品牌包含进去。

2．实例操作

步骤 01 打开【定义多响应集】对话框。

选择菜单栏中的【分析】|【多重响应】|【定义变量集】命令，弹出【定义多响应集】对话框，如图 11.22 所示。

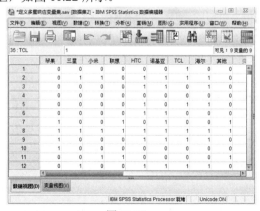

图 11.21

图 11.22

步骤02 选择、设置多重响应分析变量。

在【设置定义】列表框中选择所有变量，将其移入【集合中的变量】列表框中。选择【二分法】单选按钮，并在【计数值】文本框中输入 1，然后在【名称】和【标签】文本框中分别输入 brand 和"品牌"。单击【添加】按钮，将已定义好的多重响应变量集选入【多响应集】列表框中。最终设置结果如图 11.23 所示。

步骤03 设置多重响应分析方法。

单击【关闭】按钮，设置好多重响应集。选择菜单栏中的【分析】|【多重响应】|【频率】命令，弹出【多响应频率】对话框，如图 11.24 所示。

图 11.23

图 11.24

步骤04 选择多响应集。

从【多响应集】列表框中选中"$brand"，然后单击 按钮使之进入【表格】列表框中。其他采用默认设置，设置结果如图 11.25 所示。

图 11.25

步骤05 输出结果。

设置完毕后，单击【确定】按钮，输出结果。

3．实例结果及分析

表 11.13 为个案摘要表，给出了多重响应变量集 brand 中有效数据和缺失数据的基本统计

信息。在本例 1 000 个案例中，有 111 个数据被认为是缺失的，即有 111 个客户没有对问卷进行回答，数据有效率为 88.9%。

表 11.13

个案摘要						
	个案					
	有效		缺失		总计	
	N	百分比	N	百分比	N	百分比
\$brand[a]	889	88.9%	111	11.1%	1 000	100.0%

注：a. 二分法组值为 1 时进行制表。

表 11.14 所示为多重响应分析的频数表。其中，N 表示使用对应品牌洗发水的客户数目。响应百分比表示使用该品牌洗发水的消费者数目占使用总频数的百分比，这在对单个变量的频数分布表中是没有的；个案百分比，是指使用该品牌洗发水的客户数占总客户数的百分比。

表 11.14

\$brand 频率				
		响应		个案数的百分比
		N	百分比	
品牌[a]	苹果	475	12.7%	53.4%
	三星	304	8.1%	34.2%
	小米	261	7.0%	29.4%
	联想	368	9.8%	41.4%
	HTC	481	12.9%	54.1%
	诺基亚	485	13.0%	54.6%
	TCL	493	13.2%	55.5%
	海尔	502	13.4%	56.5%
	其他	371	9.9%	41.7%
总计		3 740	100.0%	420.7%

注：a. 二分法组值为 1 时进行制表。

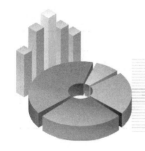

第 12 章
统计图形

统计图是用几何图形或具体形象来描述统计资料的一种重要的形式，与表相比，图形具有更加直观、生动等优势。因此，包括统计软件在内的数据处理软件越来越重视软件的图形输出功能。

SPSS 除提供很多的统计分析功能外，还提供了强大的绘图功能。SPSS 可以生成 20 种以上的图形，并且可以对输出图形进行多种形式的编辑和修改。SPSS 中专门用于统计绘图的是图形 Graph 菜单。在常用的统计图中，除生存曲线（被完全整合到 Survival 模块中）P-P 概率图和 Q-Q 概率图（被整合到 Descriptive Statistics 模块中）外，其他统计绘图均可由【图形】菜单的各子菜单来完成。

SPSS 具有友好的交互功能和图形处理功能，用户可以在短时间内绘制出高质量的统计图形。在 SPSS 的图形菜单中可以绘制的统计图形包括：条形图、2.D 条形图、线图、面积图、饼图、高低图、箱图、误差条形图、人口金字塔、散点/点状图及直方图。

12.1 SPSS 图形的基本功能

SPSS 输出图形的方式有很多种，可以由统计软件分析过程生成，也可以直接从图形菜单中包含的一系列图形选项中直接产生。在 SPSS 中具有友好的交互功能和图形处理功能，用户可以在短时间内绘制出高质量的统计图形，并且可以对生成的图形进行编辑和修改，以保证图形的质量和适用性。

本章主要介绍图形菜单中可以直接根据各种数据绘制图形的过程。下面主要介绍图形菜单下各子菜单的基本功能和主要选项。

12.1.1 图形生成器

SPSS 中【图形】|【旧对话框】下的图形菜单：

SPSS 的图形生成器（Chart Builder）是由早期版本中图形菜单下的 Gallery 过程发展形成的，是 SPSS 14.0 及其以后版本中添加的绘制图表界面。

Chart Builder 是一种简易的绘制图形工具。利用 Chart Builder 对话框可以直接将图形元素用拖动的方式放入图表对话框中的画布区域。例如，可以预先设置横轴的变量及条形图的样式等，其特点是可以产生所见即所得的样式。此外，还可以利用已创建的图形，通过设定快捷方式来创建新的图形。

利用 Chart Builder 方式创建图形是初级用户的一个较好的选择，可以提高创建图形的效率，减少一些不可预见的错误。

12.1.2 利用传统模式创建图形

利用传统模式创建图形（Legacy Chart）是直接生成 SPSS 图形的主要方式。传统图形的生成模式是以对话框设置的方式创建的，这一点和前面的统计分析功能的对话框操作类似。操作时需要在各级对话框中选择图形的变量，设置变量产生的图形类型和参数及其他选项，如对缺失值的处理等。

利用传统图形模式可以生成更多类型的图形，同时还可以利用 SPSS 的语句命令进行创建；

与交互模式相比，传统图形模式缺少灵活性和直观性，这一点可以通过对生成图形的进一步编辑得到改进。

在【旧对话框】菜单中可以创建如下类型的传统模式图形。

- 条形图：该选项用于生成条形图。
- 2.D 条形图：该选项用于生成三维条形图。
- 线图：该选项用于生成线图。
- 面积图：该选项用于生成面积图。
- 饼图：该选项用于生成饼图。
- 高低图，该选项用于生成高低图。
- 箱图：该选项用于生成箱图。
- 误差条形图：该选项用于生成误差条形图。
- 人口金字塔：该选项用于生成金字塔图。
- 散点/点状图：该选项用于生成散点图。
- 直方图：该选项用于生成直方图。

具体的图形生成方法将在本章后面的内容中详细讲解，此处不再赘述。

12.2 条形图

条形图（Bar Chart）是用条带的长短或高低来表示数据指标大小的图形，用于性质相似的间断资料的比较。SPSS 提供了 9 种组合绘制不同数据类型及不同种类的条形图。

12.2.1 条形图的类型和 SPSS 操作详解

条形图是用条带的长短或高低来表示参与比较的指标的大小的图形，具有简洁明快的特点，用于性质相似的间断性资料的比较。可分为 3 种类型，包括简单条形图（简单箱图、条形图）或称单式条形图，表示单个指标的大小；集群条形图（条形图、地图）或称集群条形图，表示两个或多个指标的大小；分段条形图（折叠条形图、地图）或称堆积条形图，表示每个指标条形图中某个因素各水平的构成情况。

SPSS 提供了 9 种组合绘制不同数据类型及不同种类的条形图。

下面介绍绘制条形图的 SPSS 操作详解。

步骤 01 打开【条形图】对话框。

建立或打开数据文件后，从数据编辑窗口中的菜单栏中选择【图形】|
【旧对话框】|【条形图】命令，打开如图 12.1 所示的对话框。

该对话框提供了条形图的一些选项，其中包括条形图类型和统计量
描述方式。

步骤 02 选择条形图类型。

在【条形图】对话框中给出了 3 种条形图模式：简单、集群条形图
和堆积。在该对话框的上方给出了图例，单击图例，即可选择相应的条
形图类型。

图 12.1

- 简单：为系统默认选项。选择该图例，则会做出简单条形图，该
  条形图使用单个条形来对每一个类别、观测量或变量做出对比。

  这种图形用间隔的等宽条带表示各类统计数据的大小，可以很明显地显示基于某种分类
  的各类数据间的对比情况，该图形的形成由两个统计量决定。

- 集群条形图：选择此项，则会做出集群条形图（或复合条形图），适用于对两个变量交
  叉分类的描述。该条形图使用一组条带形来做出对比，每一类的条形图都能表现出——
  群观测、分类的变量或单个观测量。每个组的位置是其中一个变量的取值，在该位置上
  紧密排列的若干条带是以不同颜色标记的另一个变量的取值，条带的长度是要描述的统
  计量的值。这种图形相当于根据其他变量对简单条形图中的每个条带对应的数据作进一
  步的分类，图形的形成由 3 个变量决定。

- 堆积：选择此项，则会做出分段条形图，该图形实际上也是对简单条形图的一种集群。
  该图形适用于两个变量交叉分类的描述，每个条带的位置是其中一个变量的一个取值，
  条带的长度是要描述的统计量的值，但是按另一个变量各类别所占的比例将原条带划分
  为多个段，并用不同的颜色或阴影填充方式来表示这种分段。这样形成的图形在形式上
  就像堆垒条形积木一样，因此称为堆积条形图。由于该图具有明显的分段特征，因此又
  称为分段条形图。

步骤 03 选择统计量的描述方式。

从该对话框下方的【图表中的数据为】选项组中，可以选择条形图中统计量的描述方式，
系统提供了 3 种模式。

- 个案组摘要：该选项为系统默认选项，表示个案分组模式。选择此项，将根据分组变量
  对所有个案进行分组，然后根据分组后的个案数据创建条形图。

- 各个变量的摘要：该选项表示变量分组模式。选择此项，则能描述多个变量。简单类型
  的条形图能描述文件中的每一个变量（包括所有观测量）。复杂类型的条形图能使用另
  一个分类变量来描述一个变量。

- 个案值：该选项表示个案模式。选择此项，将为分组变量中每个观测值生成一个条形图，
  条带的长度表示观测值的大小。当数据文件中包含大量个案时，显然不适合用个案模式

简单条形图来描述，但适用于对原始数据进行一定的整理后形成的概括性的数据文件，例如，利用数据的分类汇总功能等整理后的数据文件。

步骤 04 设置【定义】变量。

设置结束后，单击【定义】按钮，进入具体条形图对话框，可对相关图形做进一步的设置。在后续的各节中将对条形图的几种类型及模式进行详细讲解。

12.2.2　简单条形图 SPSS 操作详解

下面分别说明个案分组、变量分组、个案三种模式下绘制简单条形图的方法与 SPSS 操作详解。

1．SPSS 操作详解与实例

1）SPSS 操作详解

步骤 01 打开【条形图】对话框。

打开数据文件后，从数据编辑窗口中的菜单栏中选择【图形】|【旧对话框】|【条形图】命令，打开【条形图】对话框。

步骤 02 选择各选项。

在【条形图】对话框中，单击选择【简单】图标，并从【图表中的数据为】选项组中选择【个案组摘要】单选按钮。

步骤 03 进行【定义】设置。

单击【定义】按钮，打开【定义简单条形图：个案组摘要】对话框，如图 12.2 所示。

图 12.2

在该对话框中可以定义生成条形图的统计量、应用图形模板等。

- 【类别轴】文本框用于从左边的源变量列表框中选择变量，被选入的变量作为分类变量。分类变量的不同值对应条形图中条带的数目，分类变量可以是字符型变量或数值型变量。

- 【条的表征】选项组中的选项用于定义条形图中条带的长度的统计量，各选项的含义如下。
  - ➤ 个案数：为系统默认选项，选择此项，则条形图的长度为分类变量值的观测数。条形图中条带的长度表示频数，可以视为频数分布表的图形表示。
  - ➤ 个案数的%：选择此项，则条形图的长度为分类变量的观测数在总观测量中所占的百分比，即以频率作为统计量，条形图中的长度表示频率。
  - ➤ 累计数量：选择此项，则条形图的长度为分类变量中到某一个值的累积频数，即分类变量的当前值对应的个案数与以前各值对应的总个案数。
  - ➤ 累积%：选择此项，则条形图的长度为分类变量中到某一个值的累积百分比，即条带的长度表示累计频率。
  - ➤ 其他统计：选择此项，则【变量】文本框被激活，选择变量后，单击向右箭头按钮将其移入该文本框，系统按照默认设置对该变量的数据取均值，并作为条形图中条带的长度。

如果不希望对变量取均值，则需要改变变量的统计量函数。单击【更改统计】按钮，打开如图 12.3 所示的【统计】对话框。

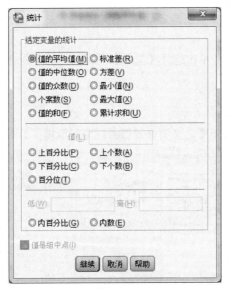

图 12.3

在该对话框中，可以选择总体特征的描述统计量、单侧区间数据的特征描述统计量和双侧区间数据的特征描述统计量。

在【选定变量的统计】选项组中，可以选择描述数据总体特征的统计量。各选项的含义如下。

- 值的平均值：选择此项，则以变量 a 的平均值为条形的长度，该选项为系统默认选项。
- 值的中位数：选择此项，则以变量 a 的中位数为条形的长度。
- 值的众数：选择此项，则以变量 a 的众数为条形的长度。
- 个案数：选择此项，则以变量 a 的观测数为条形的长度。
- 值的和：选择此项，则以变量 a 的值的和为条形的长度。
- 标准差：选择此项，则以变量 a 的标准差为条形的长度。

- 方差：选择此项，则以变量 a 的方差为条形的长度。
- 最小值：选择此项，则以变量 a 的最小值为条形的长度。
- 最大值：选择此项，则以变量 a 的最大值为条形的长度。
- 累计求和：选择此项，则以变量 a 的值的累积和为条形的长度。

该对话框的中间给出了单侧区间数据特征的描述统计量，当选择该部分中的选项时，上方的【值】文本框被激活，在【值】文本框中输入数值，表示单侧区间的固定界限（称为内界）。按照原有数据与内界的大小关系，可见所有数据划分为两个区间，即大于该值的区间和小于该值的区间，各选项的含义如下。

- 上百分比：选择此项，则以变量 a 的值大于阈值（在值栏内设定）的比例作为条形的长度。
- 下百分比：选择此项，则以变量 a 的值小于阈值（在值栏内设定）的比例作为条形的长度。
- 百分位：选择此项，则以变量 a 的值的百分位数作为条带的长度。
- 上个数：选择此项，则以变量 a 的值大于阈值（在值栏内设定）的数目作为纵轴。
- 下个数：选择此项，则以变量 a 的值小于阈值（在值栏内设定）的数目作为纵轴。

该对话框下方为描述双侧区间数据特征的统计量。当选择该方框中的选项后，该方框上方的【低】和【高】文本框被激活（见图 12.3）。在【低】（下限）文本框中输入区间下限，在【高】（上限）文本框中输入区间上限。各选项的含义如下。

- 【内百分比】：选择此项，则以变量 a 的值在指定区间（在下限和上限栏内设定）的比例为纵轴。
- 【内数】：选择此项，则以变量 a 的值在指定区间（在下限和上限栏内设定）的数目为纵轴。

勾选【值是组中点】复选框，则值由中点分类。

设置结束后，单击【继续】按钮确认并返回主对话框。

在【条的表征】选项组下方有【面板依据】选项组，用于建立子图网。

在很多图形中都可以选择一个或多个分组变量来建立图形面板，图形面板由相关的子图构成。子图的类型都相同，并且共享同一个横轴，只是每个图代表不同的组，这样可以直观地比较不同组中相同变量的数据。

如果一个变量的含义依赖于另一个变量，比如城市（City）和国家（State）两个变量，【城市】就是【国家】的下属集合。如果在变量列表中存在这样的变量，则必须勾选【嵌套变量(无空行)】复选框，当建立从属关系时，确保【面板依据】选项组中父变量（如国家）在子变量（如城市）之前，否则就会导致从属关系的颠倒。

若没有勾选【嵌套变量】复选框，则在子图网中输出各个变量的分组的组合。如果变量应该建立从属关系而没有建立，则可能会输出空白的图形。

① 标题

在主对话框中单击【标题】按钮，打开如图 12.4 所示的【标题】对话框。

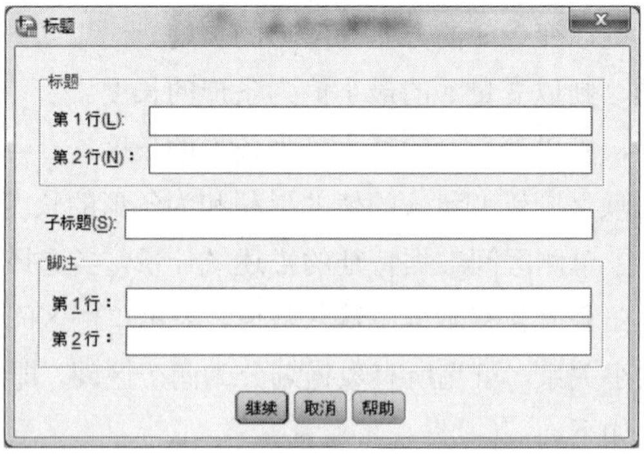

图 12.4

在该对话框中可以设定图形的标题，各选项的含义如下。

- 【标题】选项组的两个文本框用于输入标题，用户可以选择其中的任何一个文本框输入图形的标题。如果用户需要输入的标题太长，可以分成两行分别在两个【线图】文本框中输入。
- 【子标题】文本框用于输入副标题。
- 【脚注】选项组用于输入脚注，该选项组也有两个【线图】文本框，用户可以选择其中的任何一个文本框输入图形的注释。如果用户需要输入的注释太长，可以分成两行分别在两个【线图】文本框中输入。

设置结束后，单击【继续】按钮确认并返回主对话框。

② 选项

在主对话框中单击【选项】按钮，打开如图 12.5 所示的对话框。

在该对话框中可以选择缺失值的处理方式和误差条形图的显示方式。

【缺失值】选项组只有在【条的表征】选项组中有变量时才会被激活。缺失值的处理方式和前面章节中所讲的一样，此处不再赘述。

如果需要将缺失值作为单独的条带显示在条形图中，可以勾选【显示由缺失值定义的组】复选框；如果需要在图中显示个案的标签值，可以勾选【使用个案标签显示图表】复选框。

【误差条形图的表征】选项组用于选择定义误差条形图中条带的长度的统计量。可以定义【置信区间】值，系统默认为 95.0；也可以定义【标准误差】的水平，系统默认为 2.0；还可以定义【标准差】的水平，系统默认水平为 2.0。

步骤 04 输出结果。

选择完毕后，单击【继续】按钮确认并返回主对话框。单击【确定】按钮，执行操作，在结果输出窗口中输出所需要显示的图形。

2）实例图文分析：学历与薪酬收入

① 实例内容

图 12.6 所示为某公司各工种人员受教育水平与薪酬的统计情况。

图 12.5

② 实例操作

步骤 01 打开【条形图】对话框。

打开数据文件【职工信息.sav】后，从数据编辑窗口中的菜单栏中选择【图形】|【旧对话框】|【条形图】命令，打开如图 12.7 所示的【条形图】对话框。

	编号	性别	出生日期	学历	职业类别	当前工资	初始工资	工龄（月）	以前经验	少数民族
1	1	m	02/03/1952	15	3	$57,000	$27,000	98	144	0
2	2	m	05/23/1958	16	1	$40,200	$18,750	98	36	0
3	3	f	07/26/1929	12	1	$21,450	$12,000	98	381	0
4	4	f	04/15/1947	8	1	$21,900	$13,200	98	190	0
5	5	m	02/09/1955	15	1	$45,000	$21,000	98	138	0
6	6	m	08/22/1958	15	1	$32,100	$13,500	98	67	0
7	7	m	04/26/1956	15	1	$36,000	$18,750	98	114	0
8	8	f	05/06/1966	12	1	$21,900	$9,750	98	0	0
9	9	f	01/23/1946	15	1	$27,900	$12,750	98	115	0
10	10	f	02/13/1946	12	1	$24,000	$13,500	98	244	0
11	11	f	02/07/1950	16	1	$30,300	$16,500	98	143	0
12	12	m	01/11/1966	8	1	$28,350	$12,000	98	26	1
13	13	m	07/17/1960	15	1	$27,750	$14,250	98	34	1
14	14	f	02/26/1949	15	1	$35,100	$16,800	98	137	1
15	15	m	08/29/1962	12	1	$27,300	$13,500	97	66	0
16	16	m	11/17/1964	12	1	$40,800	$15,000	97	24	0
17	17	m	07/18/1962	15	1	$46,000	$14,250	97	48	0
18	18	m	03/20/1956	16	3	$103,750	$27,510	97	70	0
19	19	m	08/19/1962	12	1	$42,300	$14,250	97	103	0
20	20	f	01/23/1940	12	1	$26,250	$11,550	97	48	0
21	21	f	02/19/1963	16	1	$38,850	$15,000	97	17	0
22	22	m	09/24/1940	12	1	$21,750	$12,750	97	315	0

图 12.6　　　　　　　　　　　　　　　　图 12.7

步骤 02 选择各选项。

在【条形图】对话框中，单击选择【简单】图标，并从【图表中的数据为】选项组中选择【个案组摘要】选项。

步骤 03 进行【定义】设置。

单击【定义】按钮，打开【定义简单条形图：个案组摘要】对话框，将【学历】选入【类别轴】文本框作为分组变量，从【条的表征】组摘要中选择【其他统计】选项，并且选入变量【当前工资】，然后单击【更改统计】按钮，在【统计】对话框中选择【累计求和】单选按钮，单击【继续】按钮确认并返回主对话框。

步骤 04 输出图形。

选择完毕后，单击【继续】按钮确认并返回主对话框。单击【确定】按钮，执行操作，在结果输出窗口中输出图形。

③ 实例结果及分析

输出结果如图 12.8 所示，图中各条带长度表示各工种人员中具备某一受教育水平的个案数与其前面各受教育水平的个案数的累加值，因此各条带从左到右其长度呈现逐渐递增的趋势，并在最后达到总个案数。

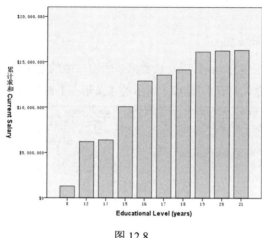

图 12.8

2. 变量分组模式 SPSS 操作详解与实例

1）SPSS 操作详解

步骤01 打开【条形图】对话框。

打开数据文件后，从数据编辑窗口中的菜单栏中选择【图形】|【旧对话框】|【条形图】命令，打开如图 12.1 所示的【条形图】对话框。

步骤02 选择各选项。

在【条形图】对话框中，单击选择【简单箱图】图标，并从【图表中的数为】选项组中选择【各个变量的摘要】单选按钮。

步骤03 进行【定义】设置。

单击【定义】按钮，打开【定义简单条形图：各个变量的摘要】对话框，如图 12.9 所示。

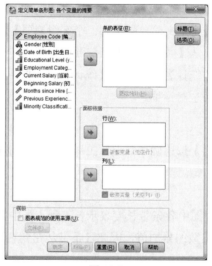

图 12.9

在该对话框中可以定义生成条形图的统计量、条形图分组变量等选项。

【条的表征】选项组用于从左边的源变量列表框中选择需要描述的变量，最少选入两个变量，并且选入的变量必须为数值型变量。选入变量后，列表中默认对所有变量求平均值，显示为 MEAN（变量）。与个案分组模式一样，选入变量后，单击【更改统计】按钮，打开【统计】对话框，改变统计量。该对话框中的选项和个案分组模式中一样，此处不再赘述，读者可以参照上文学习。

在【条的表征】选项组下方有【面板依据】选项组，与个案分组模式中的用法相同，读者可参照上文学习。

如果勾选【图表规范的使用来源】复选框，则需要单击【文件】按钮，然后在打开的对话框中选定图形模板格式（在下面的多个对话框中将出现此选项，将不再另做讲解）。

此模式中的【标题】和【选项】按钮的功能和操作与个案分组模式中一样，此处不再赘述，读者可参照上文学习。

步骤 04 输出结果。

选择完毕后，单击【继续】按钮确认并返回主对话框。单击【确定】按钮，执行操作，在结果输出窗口中输出所需要显示的图形。

2）实例图文分析

① 实例内容

图 12.10 所示为某次考试中一个班级 32 名同学的各科成绩，包括语文、数学、物理、化学、生物 5 个科目。

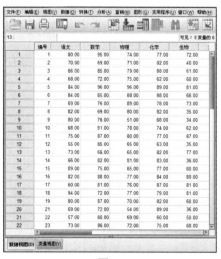

图 12.10

图 12.11

② 实例操作

步骤 01 打开【条形图】对话框。

打开数据文件【学生成绩】后，从数据编辑窗口中的菜单栏中选择【图形】|【旧对话框】|【条形图】命令，打开如图 12.11 所示的【条形图】对话框。

步骤 02 选择各选项。

在【条形图】对话框中，单击选择【简单箱图】图标，并从【图表中的数据为】选项组中选择【各个变量的摘要】单选按钮。

步骤03 进行【定义】设置。

单击【定义】按钮，打开【定义简单条形图：各个变量的摘要】对话框，将语文、数学、物理、化学、生物 5 个变量选入【条的表征】列表框，其他采用默认设置，如图 12.12 所示。

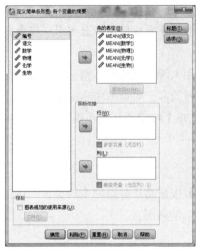

图 12.12

步骤04 输出结果。

选择完毕后，单击【继续】按钮确认并返回主对话框。单击【确定】按钮，执行操作，在结果输出窗口中输出所需要显示的图形。

③ 实例结果及分析

图 12.13 中条带的长度代表各科考试成绩的平均值。可以看出，数学的平均成绩最高，化学次之，而生物的平均成绩最低。

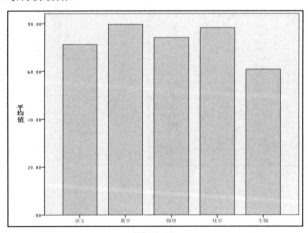

图 12.13

3．个案模式 SPSS 操作详解与实例

1）SPSS 操作详解

步骤01 打开【条形图】对话框。

打开数据文件后，从数据编辑窗口中的菜单栏中选择【图形】|【旧对话框】|【条形图】

命令，打开如图 12.1 所示的【条形图】对话框。

步骤02 选择各选项。

在【条形图】对话框中，单击选择【简单】图标，并从【图表中的数据为】选项组中选择【个案值】单选按钮。

步骤03 进行【定义】设置。

单击【定义】按钮，打开【定义简单条形图：个案值】对话框，如图 12.14 所示。

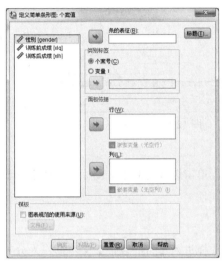

图 12.14

【条的表征】文本框用于从左边的源变量列表框中选入需要描绘的变量。

从【类别标签】选项组中选择分类轴标签，包括两个选项：【个案号】选项为系统默认选择此项，则横轴标签为观测序号；【变量】选项，选择此项，则横轴标签还需要在下面的空文本框设定。

【面板依据】选项组和【模板】选项组的功能及操作方法与前面所讲的一样，此处不再赘述，读者可参照前文学习。在该对话框中没有【选项】按钮，【标题】按钮的功能和操作如前所述，此处不再赘述。

步骤04 输出结果。

选择完毕后，单击【继续】按钮确认并返回主对话框。单击【确定】按钮，执行操作，在结果输出窗口中输出所需要显示的图形。

2）实例图文分析

① 实例内容

图 12.15 所示为某体育运动队男、女运动员训练前后的成绩。

② 实例操作

步骤01 打开【条形图】对话框。

打开数据文件【训练成绩】后，从数据编辑窗口中的菜单栏中选择【图形】|【旧对话框】|【条形图】命令，打开如图 12.16 所示的【条形图】对话框。

图 12.15　　　　　　　　　　　　　　　　图 12.16

步骤 02 选择各选项。

在【条形图】对话框中，单击选择【简单】图标，并从【图表中的数据为】选项组中选择【个案值】单选按钮。

步骤 03 进行【定义】设置。

将变量【训练后成绩】选择进入【条的表征】文本框作为分析变量，从【类别标签】选项组中选择【变量】单选按钮，并将变量【训练前成绩】作为横轴标签，以便对训练前后的成绩进行比较，如图 12.17 所示。

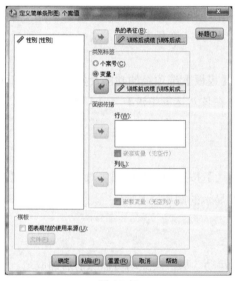

图 12.17

步骤 04 输出结果。

选择完毕后，单击【继续】按钮确认并返回主对话框。单击【确定】按钮，执行操作，在结果输出窗口中输出所需要显示的图形。

③ 实例结果及分析

执行操作后，在结果输出窗口中输出个案模式下的简单条形图，如图 12.18 所示。图中条带长度表示训练后的成绩，而横轴上的数字表示相应个案训练前的成绩，从图中可以直观地看出训练前后成绩的差异。

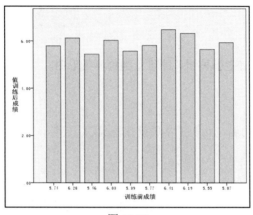

图 12.18

12.2.3　集群条形图

集群条形图（或称分组条形图），适用于对两个变量交叉分类的描述，图中的条带以组的形式进行分类，每个组的位置是其中一个变量的取值。在 SPSS 中同样可以生成 3 种模式下的集群条形图。下面分别对 3 种模式进行讲解。

1. 个案分组模式 SPSS 操作详解与实例

1）SPSS 操作详解

步骤 01 打开【条形图】对话框。

打开数据文件后，从数据编辑窗口中的菜单栏中选择【图形】|【旧对话框】|【条形图】命令，打开如图 12.1 所示的【条形图】对话框。

步骤 02 选择各选项。

在【条形图】对话框中，单击选择【集群条形图】图标，并从【图表中的数据为】选项组中选择【个案组摘要】单选按钮。

步骤 03 进行【定义】设置。

单击【定义】按钮，打开【定义集群条形图：个案组摘要】对话框，如图 12.19 所示。

在该对话框中可以定义生成条形图的统计量、条形图分组变量等，该对话框及其子对话框与简单条形图个案组摘要的对话框基本一致。

【类别轴】文本框用于从左边的源变量列表框中选择分类变量。

图 12.19

【定义聚类】文本框用于从左边的源变量列表框中选择集群分类变量。与简单条形图个案组摘要模式对话框比较可以看出，这是在集群条形图中新增的选项，用于对前面的各个分类做进一步的分类。

该对话框中的其他选项及按钮与简单条形图个案组摘要模式对话框一样，此处不再赘述，读者可参照前文进行学习。

步骤04 输出图形。

设置结束后，单击【确定】按钮，即可绘制集群条形图。

2）实例图文分析

① 实例内容

图 12.20 所示为某公司男、女职工学历统计情况。

② 实例操作

步骤01 打开【条形图】对话框。

打开数据文件【职工数据】后，从数据编辑窗口中的菜单栏中选择【图形】|【旧对话框】|【条形图】命令，打开如图 12.21 所示的【条形图】对话框。

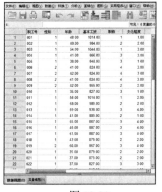

图 12.20

图 12.21

步骤02 选择个选项。

在【条形图】对话框中，单击选择【集群条形图】图标，并从【图表中的数据为】选项组中选择【个案组摘要】单选按钮。

步骤03 进行【定义】设置。

将变量【性别】作为集群分类变量选择进入【定义聚类】文本框，将【文化程度】作为分类变量选择进入【类别轴】文本框，如图 12.22 所示。

步骤04 输出结果。

选择完毕后，单击【继续】按钮确认并返回主对话框。单击【确定】按钮，执行操作，在结果输出窗口中输出所需要显示的图形。

③ 实例结果及分析

从图 12.23 中可以直观地看出，男性的文化程度（学历）普遍高于女性，女性中没有本科学历的个案。

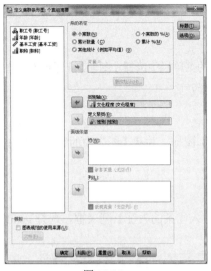

图 12.22

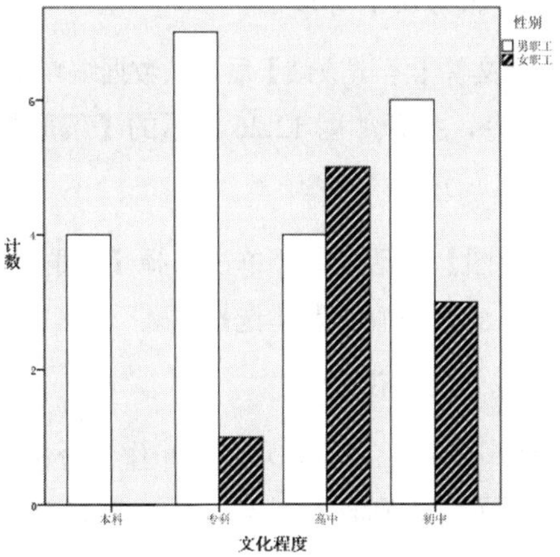

图 12.23

2．变量分组模式

在如图 12.1 所示的【条形图】对话框中，单击选择【集群条形图】图标，并从【图表中的数据为】选项组中选择【各个变量的摘要】单选按钮。单击【定义】 按钮，打开【定义集群条形图：各个变量的摘要】对话框，如图 12.24 所示。

该对话框中的选项及其功能与简单条形图变量分组模式一样，此处不再介绍，读者可参照上文进行学习。

下面通过图文分析实例讲解其具体应用。

① 实例内容

图 12.25 所示为某班级语文、数学、英语考试成绩。

图 12.24

	gender	id	chinese	math	english
1	男	1	78.00	86.00	89.00
2	男	2	77.00	58.00	77.00
3	女	3	85.00	82.00	90.00
4	男	4	76.00	71.00	67.00
5	女	5	88.00	94.00	91.00
6	女	6	89.00	76.00	86.00
7	男	7	90.00	90.00	84.00
8	女	8	76.00	62.00	78.00
9	男	9	82.00	66.00	79.00
10	女	10	79.00	57.00	93.00
11					
12					

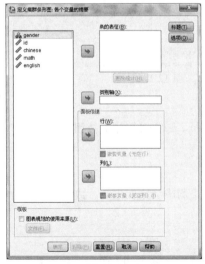

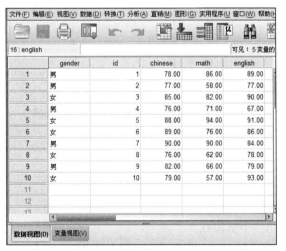

图 12.25

② 实例操作

步骤01 打开【条形图】对话框。

打开数据文件【考试成绩】后，从数据编辑窗口中的菜单栏中选择【图形】|【旧对话框】|【条形图】命令，打开如图 12.26 所示的【条形图】对话框。

步骤02 选择各选项。

在【条形图】对话框中，单击选择【集群条形图】图标，并从【图表中的数据为】选项组中选择【各个变量的摘要】单选按钮。

步骤03 进行【定义】设置。

选择变量 chinese、math、english 作为分析变量进入【条的表征】列表框，选择 gender 作为分类变量进入【类别轴】文本框，如图 12.27 所示。

图 12.26   图 12.27

步骤04 输出结果。

选择完毕后，单击【继续】按钮确认并返回主对话框。单击【确定】按钮，执行操作，在结果输出窗口中输出所需要显示的图形。

③ 实例结果及分析

从图 12.28 中可以直观地看出，男生的语文、英语平均成绩比女生低，数学平均成绩与女生相当。

3. 个案模式

在如图 12.1 所示的【条形图】对话框中，单击选择【集群条形图】图标，并从【图表中的数据为】选项组中选择【个案值】单选按钮。单击【定义】 按钮，打开【定义集群条形图：个案值】对话框，如图 12.29 所示。

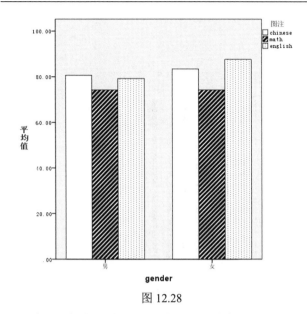

图 12.28

图 12.29

该对话框中的选项及其功能与简单条形图变量分组模式一样，此处不再介绍，读者可参照上文进行学习。

实例图文分析如下：

① 实例内容

如图 12.25 所示为某班级语文、数学、英语考试成绩。

② 实例操作

步骤 01 打开【条形图】对话框。

打开数据文件【考试成绩】后，从数据编辑窗口中的菜单栏中选择【图形】|【旧对话框】|【条形图】命令，打开如图 12.26 所示的【条形图】对话框。

步骤 02 选择各选项。

在【条形图】对话框中，单击选择【集群条形图】图标，并从【图表中的数据为】选项组中选择【个案值】单选按钮。

步骤 03 进行【定义】设置。

选择变量 chinese、math、english 作为分析变量进入【条的表征】列表框，选择【id】作为分类变量进入【类别标签】选项组下的【变量】文本框，如图 12.30 所示。

步骤 04 输出结果。

选择完毕后，单击【继续】按钮确认并返回主对话框。单击【确定】按钮，执行操作，在结果输出窗口中输出所需要显示的图形。

③ 实例结果及分析

从图 12.31 中可以直观地看出每一个学号的各科成绩。

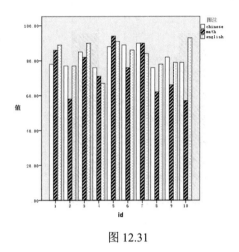

图 12.30　　　　　　　　　　　　　　　　图 12.31

12.2.4　堆积条形图实例

堆积条形图实际上是对简单条形图的一种复合，适用于两个变量交叉分类的描述。在堆积条形图中，可以直观地看出在个案中各变量所占的比例。

打开数据文件后，从数据编辑窗口中的菜单栏中选择【图形】|【旧对话框】|【条形图】命令，打开如图 12.1 所示的【条形图】对话框。与简单条形图和集群条形图一样，根据统计量综述方式的不同，可以生成 3 种不同的堆积条形图。

1．个案分组模式 SPSS 操作详解与实例

1）SPSS 操作详解

在如图 12.1 所示的【条形图】对话框中，单击选择【堆积】图标，然后从【图表中的数据为】选项组中选择【个案组摘要】单选按钮，单击【定义】按钮，打开【定义堆积条形图：个案摘要】对话框，如图 12.32 所示。

图 12.32

该对话框与集群条形图个案组摘要对话框基本一致，唯一不同的是在集群条形图中的【定义聚类】换成了【定义堆积】文本框。在【定义堆栈】文本框中输入变量，将根据该变量的不同值对基于分组变量（【类别轴】文本框中的变量）的分类作进一步的划分。

2）实例图文分析。

① 实例内容

图 12.6 所示为某公司男、女职工信息统计情况。

② 实例操作

步骤 01 打开【条形图】对话框。

打开数据文件【员工信息】后，从数据编辑窗口中的菜单栏中选择【图形】|【旧对话框】|【条形图】命令，打开如图 12.21 所示的【条形图】对话框。

步骤 02 选择各选项。

在【条形图】对话框中，单击选择【堆积】图标，并从【图表中的数据为】选项组中选择【个案组摘要】单选按钮。

步骤 03 进行【定义】设置。

单击【定义】按钮，打开【定义堆积条形图：个案组摘要】对话框。从【条的表征】选项组中选择【其他统计】单选按钮，并选择变量【当前工资】进入该文本框。选择变量【职业类别】进入【类别轴】文本框作为分类变量，选择变量【性别】进入【定义堆积】文本框作为堆积变量，如图 12.33 所示。

步骤 04 输出结果。

单击【确定】按钮，结束操作，SPSS 软件自动输出结果。

③ 实例结果及分析

从图 12.34 中可以直观地看出不同职业的平均工资。

图 12.33

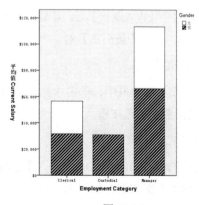

图 12.34

2. 变量分组模式 SPSS 操作详解与实例

1）SPSS 操作详解

在如图 12.1 所示的【条形图】对话框中，单击选择【堆积】图标，然后从【图表中的数据为】选项组中选择【各个变量的摘要】单选按钮，单击【定义】按钮，打开【定义堆积条形图：单个变量摘要】对话框，如图 12.35 所示。

该对话框与变量分组模式集群条形图对话框中的选项和功能基本一致，此处不再详写，读者可参照上文进行学习。

2）实例图文分析

① 实例内容

图 12.36 所示为某公司职工各种收入情况。

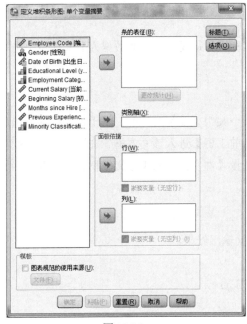

图 12.35　　　　　　　　　　　　　　图 12.36

② 实例操作

步骤 01 打开【条形图】对话框。

打开数据文件【收入支出】后，从数据编辑窗口中的菜单栏中选择【图形】|【旧对话框】|【条形图】命令，打开【条形图】对话框。

步骤 02 选择各选项。

在【条形图】对话框中，单击选择【堆积】图标，并从【图表中的数据为】选项组中选择【各个变量的摘要】单选按钮。

步骤 03 进行【定义】设置。

选择变量 Pay、Bonus 和 Other 进入【条的表征】列表框作为分析变量，Month 作为分类变量进入【类别轴】文本框，如图 12.37 所示。

步骤04 输出结果。

单击【确定】按钮，结束操作，SPSS 软件自动输出结果。

③ 实例结果及分析

从图 12.38 中可以直观地看出，在每个月工资（Pay）、福利（Bonus）和其他（Other）收入中所占的比例。

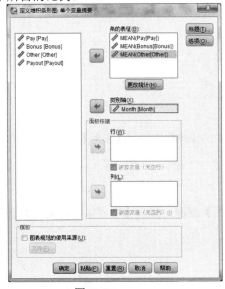

图 12.37

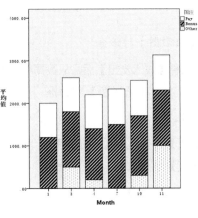

图 12.38

3. 个案值模式 SPSS 操作详解与实例

1）SPSS 操作详解

在如图 12.21 所示的【条形图】对话框中，单击选择【堆积】图标，然后从【图表中的数据为】选项组中选择【个案值】单选按钮，单击【定义】按钮，打开【定义堆积条形图：个案的值】对话框，如图 12.39 所示。

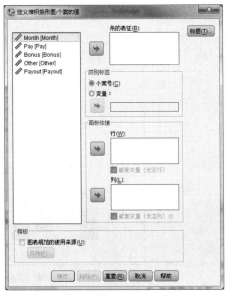

图 12.39

该对话框与个案模式集群条形图对话框完全一致。

【条的表征】列表框用于从左边的源变量列表框中选入需要描绘的变量。

从【类别标签】选项组中选择分类轴标签，包括两个选项：【个案号】选项为系统默认选项，选择此项，则横轴标签为观测序号；【变量】选项，选择此项，则横轴标签还需要在下面的空文本框中设定。

2）实例图文分析

① 实例内容

如图 12.36 所示，为某公司职工各种收入情况。

② 实例操作

步骤 01 打开【条形图】对话框。

打开数据文件【收入支出】后，从数据编辑窗口中的菜单栏中选择【图形】|【旧对话框】|【条形图】命令，打开【条形图】对话框。

步骤 02 选择各选项。

在【条形图】对话框中，单击选择【堆积条形图】图标，并从【图表中的数据为】选项组中选择【个案值】单选按钮。

步骤 03 进行【定义】设置。

将变量 Pay、Bonus 和 Other 选择进入【条的表征】列表框作为分析变量，Month 作为分类变量进入【类别标签】选项组下的【变量】文本框，如图 12.40 所示。

步骤 04 输出结果。

单击【确定】按钮，结束操作，SPSS 软件自动输出结果。

③ 实例结果及分析

从图 12.41 中可以直观地看出，在每个月工资（Pay）、福利（Bonus）和其他（Other）收入的值。

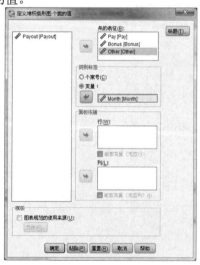

图 12.40

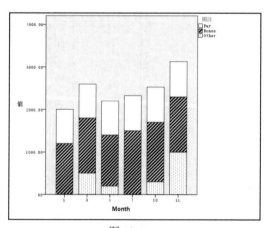

图 12.41

12.3 折线图

折线图（Liner Chart）可以是直线图，也可以是折线图，适用于连续性资料。折线图是在直角坐标系中用线段表示某一事物的发展趋势的图形，能够直观地表示出事物的发展过程及趋势，应用非常广泛。

12.3.1 折线图的类型和 SPSS 操作

折线图是在直角坐标系中用线段的升降表示某一事物量的变化趋势或某事物的量随时间变化的过程的图形。折线图通常用来表示两个因素之间的关系，反映当一个因素变化时，另一个因素对应的变化情况。

折线图分为 3 种类型：简单线图，用一条折线表示某个现象的变化趋势；多线线图，用多条折线表示各种现象的变化趋势；垂直线图又称为下降线图，反映某些现象在同一时期内的差距。和条形图一样，在 SPSS 中可以组合绘制 9 种不同的线图。

下面介绍绘制线图的基本操作。

1．打开主对话框

建立或打开数据文件后，从数据编辑窗口中的主菜单栏中选择【图形】|【旧对话框】|【线图】，打开如图 12.42 所示的【折线图】主对话框。

该对话框提供了折线图的有关选项，其中包括折线图类型和统计量描述方式。

图 12.42

2．选择线图类型

在【折线图】对话框中给出了三种折线图图式：简单折线图（Simple）、多线折线图（Multiple）和垂直折线图（Drop-Line）。在该对话框的上方给出了例图图例，单击图例，即可选择相应的图类型。

- 简单：选择此项，将绘制曲线来表示类别、观测或变量的变动趋势。
- 多线线图：选择此项，将会绘制一组曲线。每一条曲线都能表示一组观测值、单个变量或单个观测值。
- 垂直线图：选择此项，将用垂线连接每一类以反映它们之间的差距。

3．选择统计量的描述方式

在【折线图】对话框下方的【图表中的数据为】选项组中，可以选择线图中统计量的描述方式，系统提供了三种模式。这三种模式的含义和条形图中模式的含义相同，读者可参照 12.2 节学习，此处不再详述。

设置结束后，单击【定义】按钮，可以进入具体线图对话框，对相关图形做进一步的设置。在后续的各节中将对线图的几种类型及模式进行详细讲解。

12.3.2 简单线图实例

从数据编辑窗口中的菜单栏中选择【图形】|【旧对话框】|【折线图】命令，打开如图

12.41 所示的【折线图】对话框。

1．个案分组模式

在【折线图】对话框中，单击选择【简单】图标，然后从【图表中的数据为】选项组中选择【个案组摘要】选项，单击【定义】按钮，打开【定义简单线图：个案组摘要】对话框，如图 12.43 所示。

该对话框和如图 12.2 所示的【定义简单条形图：个案组摘要】对话框的功能和操作一样，读者可参照上文学习，此处不再详述。

下面以数据文件【儿童身高.sav】为例，将变量 cs 选入【类别轴】文本框作为分类变量，在【线的表征】选项组中选择【其他统计】项，并且选择变量 sg 进入【变量】文本框，然后单击【确定】按钮，绘制简单线图。在结果输出窗口中输出线图，如图 12.44 所示。

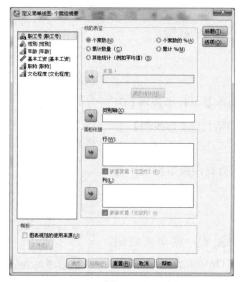

图 12.43

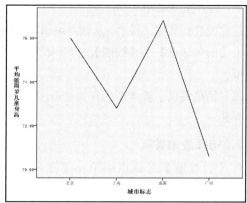

图 12.44

从图 12.44 中可以比较直观地看出 4 个城市周岁儿童平均身高的区别。

2．变量分组模式

在【折线图】对话框中，单击选择【简单】图标，然后从【图表中的数据为】选项组中选择【各个变量的摘要】单选按钮。单击【定义】按钮，打开【定义简单线：单个变量摘要】对话框如图 12.45 所示。

图 12.45

该对话框的选项及功能与【定义简单条形图：各个变量的摘要】对话框的选项及功能一致，此处不再赘述，读者可参照上文学习。

下面以数据文件【test .sav】为例，将变量 Chinese、math、physics、chemist 和 biology 选入【线的表征】列表框作为分析变量。单击【标题】按钮，打开如图 12.4 所示的【标题】对话框，在【标题】选项组下的文本框中输入生成表的标题【各科平均成绩线图】。单击【选项】按钮，打开如图 12.5 所示的【选项】对话框，选择输出标准误差图。最后，单击【确定】按钮，执行操作。

执行上述操作后，在结果输出窗口中，输出绘制的简单线图，如图 12.46 所示。

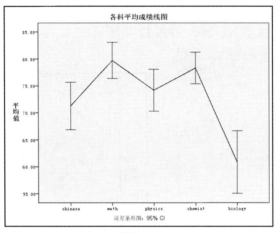

图 12.46

在图 12.46 中，折线的端点代表该科目的平均成绩。可以看出，biology 的平均成绩最低，而 math 的平均成绩最高。误差条形图是以置信区间绘制的，所以误差条的两端分别代表置信区间的上、下限。

简单线图个案模式与简单条形图个案模式的对话框及其功能基本一致，本节中不再进行详细讲解，读者可参照前文进行学习。

12.3.3　多线线图实例

多线线图用多条折线或多条曲线表示多个现象的变化趋势。

从数据编辑窗口中的菜单栏中选择【图形】|【旧对话框】|【线图】命令，打开如图 12.42 所示的【折线图】对话框。

在 SPSS 中多线线图同样有个案分组模式、变量分组模式和个案模式 3 种可供选择的模式。但是各模式对话框中的选项及其功能与集群条形图中的功能基本一致，此处只就个案分组模式进行详细讲解；关于个案模式和变量分组模式，读者可参照前文进行学习。

从【折线图】对话框中选择【多线线图】图标，然后从【图表中的数据为】选项组中选择【个案组摘要】单选按钮。单击【定义】按钮，打开【定义多线线图：个案组摘要】对话框，如图 12.47 所示。

该对话框中的选项和前面的个案分组模式下的图形绘制对话框基本一致，在该对话框中【线的表征】选项组用于选择计算折线长度的折线表示。前面已经讲过各选项的含义，此处不再详述。

【类别轴】文本框用于选入分类变量作为输出图形的横轴。在【定义线的方式】文本框选入变量作为集群分类变量，与简单条形图个案分组模式对话框比较可以看出，这是在多线线图中新增的选项，用于对前面的各个分类作进一步的分类。

该对话框中其他选项及功能与前面所讲的对话框基本一致，此处不再详细阐述，读者可参照上文进行学习。

下面仍然以数据文件【职工数据.sav】为例，将变量 xl 作为分类变量选入【类别轴】文本框，将变量 zc 作为集群分类变量选入【定义线的方式】文本框，然后单击【确定】按钮，执行操作。

在结果输出窗口中输出多线线图，如图 12.48 所示。

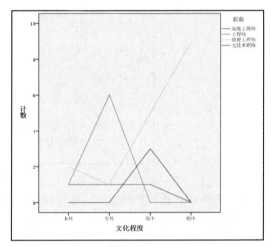

| 图 12.47 | 图 12.48 |

在图 12.48 中，分别以 4 条线表示 4 种职称的受教育程度，可以比较直观地看出不同职业的人的受教育程度的区别。图形的横轴为文化程度，纵轴为系统默认的个案数。

12.3.4 垂直线图实例

垂直线图（Drop-Line）可以反映某些现象在同一时期的差距或各种数据在各分类中所占的比例。

从数据编辑窗口中的菜单栏中选择【图形】|【旧对话框】|【折线图】命令，打开如图 12.42 所示的【折线图】对话框。

在 SPSS 中垂直线图同样有个案分组模式、变量分组模式和个案模式 3 种可供选择的模式，但是各模式对话框中的选项及其功能与集群条形图中的功能基本一致，此处只对个案分组模式进行详细讲解，关于个案分组模式和变量分组模式，读者可参照前文进行学习。

从【折线图】对话框中选择【垂直线图】图标，然后从【图表中的数据为】选项组中选择【个案组摘要】单选按钮，单击【定义】按钮，打开【定义垂直线图：个案组摘要】对话框，如图 12.49 所示。

在垂直线图个案组摘要对话框中的各选项及其功能与前面所讲的基本一致，所不同的是在该对话框中部的【定义点】文本框用于定义折线端点的分类变量。除此之外，垂直线图变量组摘要对话框中的其他选项及其功能与前面所讲的一致，此处不再详细介绍。

下面仍然以数据文件【职工数据.sav】为例，从【线的表征】选项组中选择【其他统计】选项，并且将变量 sr 选入【变量】文本框。在【类别轴】文本框中选入变量 xl，并且在【定义点】文本框中选入变量 xb，以计算不同性别工资的平均值。单击【确定】按钮，绘制垂直线图。

在结果输出窗口输出所绘制的垂直条形图，如图 12.50 所示。

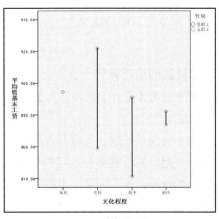

图 12.49　　　　　　　　　　　　　　　　　图 12.50

从图 12.50 中可以直观地看出在不同文化水平上不同性别的职工平均工资水平的差别情况。

12.4　面积图

面积图（Area Chart）又称为区域图，是指用线段下的阴影面积来强调现象变化的一种统计图形，在 SPSS 中提供了简单箱图和堆积面积图两种类型。面积图更厚实，给人印象更深刻，所以在很多领域被广泛应用。

12.4.1　面积图的类型和 SPSS 操作

简单箱图（Simple Area Chart）用区域（或面积）的变化表示某一现象变动的趋势。堆积面积图（Slacked Area Chart）用不同的面积表示多种现象变化的趋势。

同样，SPSS 提供了 3 种模式：【个案组摘要】选项表示个案分组模式即根据分组变量对所有个案进行分组，然后根据分组后的个案数据创建图形；【各个变量的摘要】选项即变量分组模式，能够描述多个变量，再根据变量类型建立图形；【个案值】选项即个案模式，选择此项，将以分组变量中的观测值为单位生成图形。因此，在 SPSS 中可以组合生成 6 种类型的面积图。

图 12.51

下面介绍绘制面积图的基本操作。

1．打开主对话框

建立或打开数据文件后，从数据编辑窗口中的菜单栏中选择【图形】|【旧对话框】|【面积图】命令，打开如图 12.51 所示的【面

积图】对话框。

该对话框提供了面积图的有关选项，其中包括面积图类型和统计量描述方式。

2．选择面积图类型

在【面积图】对话框中给出了两种面积图图式：简单箱图、堆积面积图。在该对话框的上方给出了例图图例，单击图例，即可选择相应的面积图类型。

- 简单：选择此项，则使用一条线来连接一系列点，每个点对应一个类别、观测值或变量。在这条线下的区域为阴影状。
- 堆积：选择此项，则使用两条或更多的线来连接一系列点，每条线下的阴影都有所区别。

3．选择统计量的描述方式

从主对话框下方的【图表中的数据为】选项组中可以选择面积图中统计量的描述方式，系统提供了 3 种模式。

- 个案组摘要：为系统默认选项，表示个案分组模式。选择此项，将根据分组变量对所有个案进行分组，然后根据分组后的个案数据创建面积图。
- 各个变量的摘要：表示变量分组模式。选择此项，则能描述多个变量。简单类型的面积图能描述文件中的每一个变量（包括所有观测值）。复杂类型的面积图能够使用另一个分类变量来描述一个变量。
- 个案值：表示个案模式，选择此项，将为分组变量中每个观测值生成一个面积图，条带的长度表示观测值的大小。当数据文件中包含大量个案时，显然不适合用个案模式简单箱图来描述，但其适用于对原始数据进行一定的整理后形成的概括性的数据文件，例如利用数据的分类汇总功能等整理后的数据文件。
- 设置结束后：单击【定义】按钮，进入具体面积图对话框，对相关图形做进一步的设置。
- 在后续的各节中将对面积图的几种类型及模式进行详细讲解。

12.4.2　简单箱图实例

简单箱图是用区域（或面积）的变化表示某一现象变动的趋势的一种统计图形。

从数据编辑窗口中的菜单栏中选择【图形】|【旧对话框】|【面积图】命令，打开如图 12.52 所示的【面积图】对话框。

在 SPSS 中提供了个案分组摘要、各个变量的摘要和个案值 3 种模式，本节中只提供个案分组模式简单箱图的创建方法，其他模式的创建方法与前面所讲的基本一致，读者可参照前文进行学习。

在【面积图】对话框中，选择【简单】图标绘制简单箱图，然后从【图表中的数据为】选项组中选择【个案组摘要】单选按钮。单击【定义】按钮，打开【定义简单面积图：个案组摘要】对话框，如图 12.52 所示。

在该对话框中，【面积的表征】选项组用于选择计算面积高度的统计量，其中的选项及其含义与前面所讲的定义个案分组模式简单图形对话框基本一致，选择【其他统计】选项并选入变量后，单击【更改统计量】按钮，修改统计量的计算方式，系统默认为【值的均值】选项。

该对话框中的其他选项及其功能与前面所讲的基本一致，读者可参照前文学习。

下面以 SPSS 自带数据文件 Cars.sav 为例，讲解个案分组模式简单箱图的绘制方式。对于不同的面积图类型，将选择不同的变量进行绘制，然后讲解图形所蕴涵的意义。

在本例中，以汽车的原产地分组，以发明汽车模型的数量为纵轴来观察哪些国家在汽车生产中占有较高的比重。

在本例中选用变量 origin 为分类变量，分析的面积图如图 12.53 所示。

图 12.52

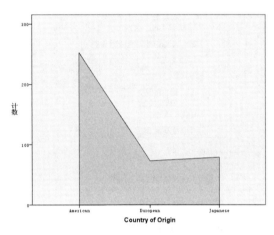

图 12.53

从图 12.53 中可以看出，欧洲和日本所生产的汽车品种数量相差不大，而美洲所生产的汽车品种数量则远远高于欧洲和日本。以面积图来表示这个现象，非常直观。

12.4.3　堆积面积图实例

堆积面积图是用不同的面积表示多种现象变化趋势的一种统计图形。

从数据编辑窗口中的菜单栏中选择【图形】｜【旧对话框】｜【面积图】命令，打开如图 12.51 所示的【面积图】对话框。

同样，根据图形模式的不同，在 SPSS 中可以定义 3 种不同类型的堆积面积图。本节只对个案分组模式进行讲解，其他模式与前面所讲的基本一致，读者可以参照前文进行学习。

在主对话框中选择【堆积】选项，绘制堆积面积图。从【图表中的数据为】选项组中选择【个案组摘要】单选按钮，然后单击【定义】按钮，打开【定义堆积面积：个案组摘要】对话框，如图 12.54 所示。

在该对话框中【面积的表征】选项组用于选择计算面积高度的统计量，其选项与前面所讲的基本一致，唯一不同的是选择【其他统计】选项并选入变量后，单击【更改统计】按钮，在打开的【统计】对话框中系统默认的不再是【值的均值】（平均值），而是【值的和】（求和）选项。

下面仍然以数据文件"职工数据.sav"为例，在如图 12.54 所示的【定义堆积面积：个案组摘要】对话框中，将变量"年龄"作为选入【类别轴】文本框，作为分类变量；将变量"性别"选入【定义面积】文本框，作为复合分类变量。从【面积的表征】选项组中选择【其他统计】，并选入变量"基本工资"，然后单击【更改统计】按钮，打开如图 12.55 所示的【统计】对话框。选择【值的平均值】单选按钮，计算工资的平均值。单击【确定】按钮，绘制个案分组模式堆积面积图。

图 12.54   图 12.55

在结果输出窗口中输出所绘制的堆积面积图，如图 12.56 所示。

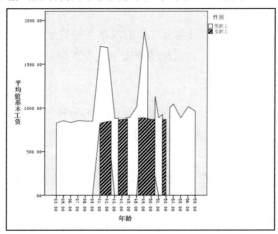

图 12.56

从图 12.56 中可以看出，男职工的平均工资明显高于女职工。

12.5 饼图

饼图（Pie Chart）又称为圆形图或饼形图，通常用来表示整体的构成部分及各部分之间的比例关系。在 SPSS 中为饼图提供了三种模式，即个案分组模式、变量分组模式和个案模式。

12.5.1 饼图的类型和 SPSS 操作

饼图用同一个二维圆形表示不同部分的比例情况。其中，整个圆的面积表示分析对象整体，其中的扇形部分是按构成整体的各部分在整体中所占比例的大小切割而成的。饼图可以直观地反映各部分与整体之间的关系以及各部分之间的关系。

在 SPSS 中根据创建模式的不同，提供三种不同的饼图类型，即个案分组模式饼图、变量分组模式饼图和个案模式饼图。

下面介绍绘制饼图的基本操作。

1．打开主对话框

建立或打开数据文件后，从数据编辑窗口中的菜单栏中选择【图形】|【旧对话框】|【饼图】命令，打开如图 12.57 所示的【饼图】对话框，该对话框提供了绘制饼图的 3 种模式。

图 12.57

2．选择饼图的模式

从主对话框中【图表中的数据为】选项组中选择饼图中统计量的描述方式，系统提供了三种模式。

- 个案组摘要：选择此项，则以一个分类变量所定义的子群将变量用饼图表示出来。
- 各个变量的摘要：选择此项，则能描述多个变量。简单类型的饼图能够描述文件中的每一个变量（包括所有观测值）。复杂类型的饼图能够使用另一个分类变量来描述一个变量。
- 个案值：选择此项，则对一个或多个变量的观测值生成饼图。

设置结束后，单击【定义】按钮，进入具体绘制饼图对话框，对相关图形做进一步的设置。下面以绘制个案分组模式饼图为例，在图 12.57 所示的【饼图】对话框中，选择【个案组摘要】单选按钮，然后单击【定义】按钮，打开【定义饼图：个案组摘要】对话框，如图 12.58 所示。

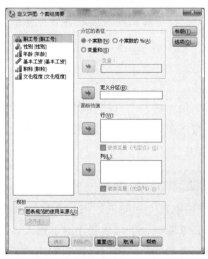

图 12.58

在该对话框中【分区的表征】选项组用于选择计算分片大小的表示方式，与前面所讲的个案分组模式对话框有所不同的是，在饼图个案模式对话框的【分区的表征】选项组有三个选项：【个案数】表示个案观测数，【个案数的%】表示个案百分比，【变量和】表示对变量求和。

下方的【定义分区】文本框用于选择变量作为分类变量，用于定义分片。

【面板依据】选项组、【标题】按钮和【选项】按钮的功能及操作方法与前面所讲的基本一致，此处不再赘述，读者可参照前文学习。

所有设置结束后，单击【确定】按钮，绘制饼图。

12.5.2　饼图实例

在 SPSS 中可以绘制三种饼图，下面仅以个案分组模式为例，简单讲解绘制饼图绘制方法。

本节以 SPSS 自带数据文件 Employee data.sav 为例，打开如图 12.58 所示的【定义饼图：个案组摘要】对话框。选择变量 educ 进入【定义分区】文本框，用作定义分片的变量。从【分区的表征】选项组中选择【个案数的%】选项，以百分比作为计算分片的统计量。

设置结束后，单击【确定】按钮，绘制饼图。在结果输出窗口中，输出所定义的饼图，如图 12.59 所示。

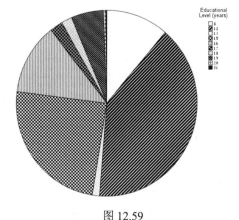

图 12.59

在结果输出窗口中，双击所生成的饼图，即可对该图进行编辑和修饰，在分片上加上标签，然后再将所有的分片全部脱离，这样更加直观地反映各分片在整体中所占比例及分片之间的比例关系。

12.6　高-低图

高-低图（Hight-Low Chart）是一种利用直线、条带或阴影来描述数据在一段时间内的变化幅度的统计图形，适用于反映数据在一定时间段内的波动情况。高低图在股票、商品价格变动等领域都有广泛的应用。

12.6.1　高-低图的类型和 SPSS 操作

高-低图是一种能说明某种现象在一定时间段内的变化情况的统计图形，它利用直线、条带或阴影来描述数据的变化。高低图适合于描述每小时、每天、每周等时间段内不断波动的资料，可以说明某些现象在短时间内的变化，也可以说明它们的长期变化趋势，如股票、商品价格、外汇变动等信息。

建立或打开数据文件后，从数据编辑窗口中的菜单栏中选择【图形】|【旧对话框】|【高-低图】命令，打开如图 12.60 所示的【高-低图】对话框。

图 12.60

SPSS 提供了 5 种类型高-低图，即简单高低关闭、分组聚类高低关闭、差别面积、简单范围条形和复式范围条形。

- 简单高低关闭：选择此项，则会给出简单高低收盘图。该图利用小方框表示某段时间内的最终数值，用小方框上下的触须表示该短时间内取值的最大值和最小值。这种方法频繁用于股票或期货的每天最高价、最低价和收盘价的图形绘制。
- 聚类高低关闭：选择此项，则会分类给出高低收盘图。利用不同的简单高低收盘图表示分类变量的不同取值时对应的情况。
- 差别面积：选择此项，则会绘制一个反映两个现象在同一时间内相互变化对比关系的统计图。这种图形利用不同的曲线表示同一段时间内的两种不同情况，并且用阴影填充曲线之间的区域。
- 简单范围条形：选择此项，则会给出简单条形图。这种图形利用简单条形图来表示简单高低极差图中最大值和最小值之间的长度。
- 复式范围条形：选择此项，则会输出复合条形图。该种图形用不同的简单高-低极差图表示分类变量的不同取值时对应的情况。

在图 12.60 中可以看出，SPSS 在【图表中的数据为】选项组中提供了 3 种模式。

- 个案组摘要：选择此项，则以一个分类变量所定义的子群将变量用高-低图表示出来。
- 各个变量的摘要：选择此项，则能描述多个变量。简单类型的高-低图能分析文件中的每一个变量（包括所有观测值），复杂类型的高-低图能使用另一个分类变量来描述当前变量。
- 个案值：选择此项，则对一个或多个变量的观测值生成高-低图。

在 SPSS 中根据类型和统计量计算方式的不同，提供了 15 种组合绘制高-低图的方法。

选择相应的高-低图类型后，单击【定义】按钮，进入具体的高-低图图形对话框，可以对具体图形进行进一步的设置。

12.6.2　简单高-低图实例

打开主对话框，从数据编辑窗口中的菜单栏中选择【图形】|【旧对话框】|【高-低图】

命令，打开如图 12.60 所示的【高-低图】对话框。

在该对话框中选择【简单高低关闭】选项，绘制简单高低图。从【图表中的数据为】选项组中选择定义高低图的模式，然后单击【定义】按钮，打开如图 12.61 所示的【定义简单高低闭合：各个变量的摘要】对话框。

本节只介绍变量分组模式简单高低图的创建方法，其他模式的创建方法类似，读者可参照学习。

在如图 12.61 所示的对话框中，【条的表征】选项组中的文本框用于选择计算条带高度的变量，其中【高】表示最大值，【低】表示最小值，【闭合】表示最后的收盘值，此时系统自动计算各变量的平均值。单击【更改统计】按钮，打开如图 12.62 所示的【统计】对话框，在该对话框中可以改变统计量的有关参数。

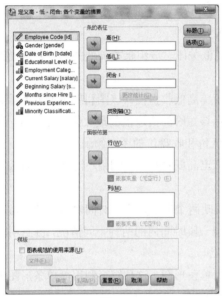

图 12.61   图 12.62

【类别轴】文本框用于选择分类变量作为分类轴。

该对话框中其他选项及功能与前面所讲的基本一致，不再详细介绍，读者可参照前文学习。

下面以数据文件"股票.sav"为例，该数据文件中的数据为某股票 20 天的行情，变量包括 time（期数）、open（开盘价）、close（收盘价）、上限（最高价）和下限（最低价）。

在如图 12.61 所示的【定义高低闭合：各个变量的摘要】对话框中，将变量上限选入【高】文本框，变量下限选入【低】文本框，变量 close 选入【闭合】文本框。在【类别轴】文本框中选入变量 time 作为分类变量。单击【确定】按钮，绘制简单高低收盘图。

在结果输出窗口中输出所定义的简单高低收盘图，如图 12.63 所示。图中显示了 20 天内每天股票的最高价、最低价和收盘价格，可以发现，在 20 天内，该股票的收盘价有下降的趋势，可以得出结论：股票价格处在持续下跌状态，在第 10 天达到一个低谷。这种高低图可以帮助用户判断是否购买某只股票。

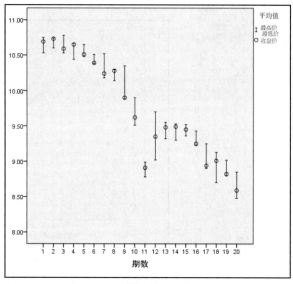

图 12.63

在结果输出窗口中双击该图形，打开图形编辑窗口。在图形上加入 Interpolation 线图之后，可以更加明显地看出数据变化的趋势。

12.6.3 分类高低收盘图实例

打开主对话框，从数据编辑窗口中的主菜单栏中选择【图形】|【旧对话框】|【高-低图】命令，打开如图 12.60 所示的【高-低图】对话框。

本节只介绍变量分组模式简单高-低图的创建方法，其他模式的创建方法类似，读者可参照学习。

在该对话框中选择【聚类高低关闭】选项，绘制分类高-低图。从【图表中的数据为】选项组中选择定义高-低图的模式，然后单击【定义】按钮，打开如图 12.64 所示的【定义复式-高-低闭合图：各个变量的摘要】对话框。

在该对话框中，【1 的变量集 1】选项组用于选择最大值（上限）、最小值（下限）和收盘值（闭合）。单击【更改统计】按钮改变统计量，系统默认为【值的平均值】（平均值)。输入一组数据结束后，【下一页】按钮和【上一页】按钮被激活，单击【下一页】按钮即可输入下一组数据，单击【上一页】按钮可以查看上一组数据。通过单击向左箭头，可以移除和修改已经选入的分析变量。

【类别轴】文本框用于选择分类变量，输入变量名或变量标签，则将其对应的变量作为分类轴的轴变量。

该对话框其他选项及其功能与前面所讲的基本一致，读者可参照前文进行学习。

下面以数据文件 stock .sav 为例，该数据文件中的数据为 3 种股票某期的最大值、最小值和收盘值。将变量 Hz_highest 选入【高】文本框，变量 Hz_lowest 选入【低】文本框，变量 Hz_close 选入【闭合】文本框，此时【下一页】按钮被激活，单击该按钮，继续选入下一组变量 Sz 和 Sc。之后，将变量 week 作为分组变量选入【类别轴】文本框，作为分组变量。单击【确定】按钮，在结果输出窗口中输出复合高低收盘图，如图 12.65 所示。

图 12.64

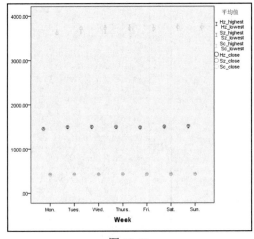

图 12.65

图 12.63 是在输出图形的基础上编辑过的图形，在结果输出窗口中双击所输出的图形，即可打开图形编辑窗口，可以修改标记的形状、颜色等，以及对图形的其他方面进行编辑，用户可以根据自身需要编辑所输出的图形。

高-低图还有很多类型，此处不再一一介绍，读者可以自行学习。

12.7 箱图

箱图（Box Plot）又称为箱线图，它是一种用来描述数据分布的统计图形，可以用来表现观测数据的中位数、4 分位数和极值等描述性统计量。箱图包括简单箱形图和集群条箱图两种类型。

12.7.1 箱图的类型和 SPSS 操作

箱图又称为箱线图，利用箱图可以直观地反映观测数据的中位数、4 分位数和极值等描述性统计量，从视觉的角度观测变量值的分布情况。

在 SPSS 中，简单箱形图用于描述某个变量的数据分布；集群条箱图又称为复合箱图，用于描述某个变量关于另一个变量的数据分布。

根据不同的模式，SPSS 提供了四种组合绘制的箱图类型。

在箱图中，SPSS 提供了【各个变量的摘要】（变量分组）和【个案组摘要】（个案分组）两种模式。

建立或打开数据文件后，从数据编辑窗口中的菜单栏中选择【图形】|【旧对话框】|【箱图】命令，打开【箱图】对话框，如图 12.66 所示。

选择所需要的箱图类型图标：选择【简单】选项，则绘制简单箱图；选择【集群条形图】选项，则绘制分层箱图。

在【图表中的数据为】选项组中选定统计量的描述模式：【各个变量的摘要】选项表示变量分组模式，【个案组摘要】选项表示个案分组模式。

图 12.66

单击【定义】按钮，进入具体箱图对话框，可以对图形做进一步的设置。

12.7.2 简单箱图实例

打开主对话框，从数据编辑窗口中的菜单栏中选择【图形】|【旧对话框】|【箱图】命令，打开【箱图】对话框，如图 12.66 所示。

在主对话框中选择【简单】图标，绘制简单箱图，从【图表中的数据为】选项组中选择定义箱图的模式，然后单击【定义】按钮，打开如图 12.67 所示的【定义简单箱图：个案组摘要】对话框。

图 12.67

其中，【变量】文本框用于选入需要分析的变量，【类别轴】文本框用于选入分类变量，该变量作为分类横轴。

在该对话框中减少了【标题】按钮，除此以外，该对话框中其他选项及其功能与前面所讲的基本一致，此处不再赘述，读者可参照前文学习。

本节只以个案分组模式为例进行讲解，其他模式的创建方法基本类似，读者可参照学习。

下面以数据文件"考试成绩.sav"为例，选择变量 Chinese 作为分析变量，选择 gender 作为分类轴，即以性别为类别分析学生语文成绩的差异。单击【确定】按钮，绘制箱图。

在结果输出窗口中，输出个案摘要表和箱图，表 12.1 为个案摘要表，包括有效值（Valid）、缺失值（Missing）和总个案数（Total）各自的数目及百分比。图 12.68 所示为所绘制的箱图。

表 12.1

个案处理摘要							
		个案					
gender		有效		缺失		总计	
		数字	百分比	数字	百分比	数字	百分比
chinese	男	5	100.0%	0	0.0%	5	100.0%
	女	5	100.0%	0	0.0%	5	100.0%

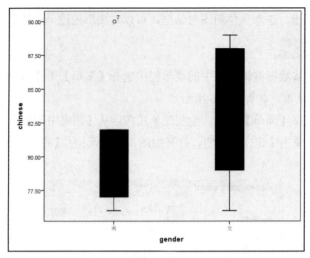

图 12.68

图 12.68 中的小圆代表离群值。中间的黑线为中位数，灰色的箱体为 4 分位（箱体下端为25%分位数、上端为 75%分位数），两头伸出的线条表现极值（下面为最小值、上面为最大值）。可以看出，女生的整体成绩比男生好。

12.7.3 复合箱图实例

打开主对话框，从数据编辑窗口中的菜单栏中选择【图形】|【旧对话框】|【箱图】命令，打开【箱图】对话框，如图 12.66 所示。

在主对话框中选择【集群条形图】图标，绘制复合箱图，从【图表中的数据为】选项组中选择定义高低图的模式，然后单击【定义】按钮，打开图 12.69 所示的【定义复式箱图: 个案组摘要】对话框。

图 12.69

该对话框中的选项及含义，不再详述，读者可参照上文学习。

下面以数据文件 children.sav 为例，选择变量 x5 作为分析变量进入【变量】文本框，选择age 作为分类轴，选择变量 x2 作为复合分类变量，即以年龄为类别在性别的基础上分析儿童身高的差异。单击【确定】按钮，绘制箱图。

在结果输出窗口中输出个案摘要表和复合箱图。表 12.2 为个案摘要表，包括有效值、缺失值的个数及百分比。图 12.70 所示为所绘制的个案分组模式复合箱图。

表 12.2

个案处理摘要								
年龄 性别			个案					
			有效		缺失		总计	
			数字	百分比	数字	百分比	数字	百分比
身高（cm）	5（周岁）	男	10	100.0%	0	0.0%	10	100.0%
		女	6	100.0%	0	0.0%	6	100.0%
	6（周岁）	男	14	100.0%	0	0.0%	14	100.0%
		女	12	100.0%	0	0.0%	12	100.0%
	7（周岁）	男	3	100.0%	0	0.0%	3	100.0%
		女	5	100.0%	0	0.0%	5	100.0%

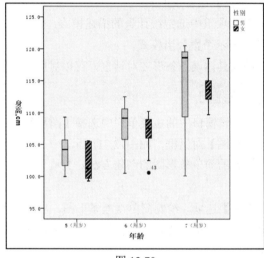

图 12.70

从图 12.70 中可以直观地看出，不同年龄男孩和女孩的身高差异。图中小圆代表离群值，即非正常值。

12.8　误差条形图

误差条形图（ErrorBar）是一种描述数据总体离散情况分布的统计图形，可以反映数据的离差情况，并且描绘正态分布资料的描述性指标（如均值、标准差），并由此求得参数值的范围、总体均值的置信区间等。

12.8.1　误差条形图的类型和 SPSS 操作

利用误差条形图可以观测样本的离散情况，在误差条形图中，小方框表示平均数，图形的两端为置信区间和标准误差。

误差条形图包括简单误差条形图和集群误差条形图两种。与前面的箱图一样，SPSS 提供了两种误差条形图的模式，因此可以组合绘制 4 种误差条形图。

建立或打开数据文件后，从数据编辑窗口中的菜单栏中选择【图形】|【旧对话框】|【误

差条形图】命令，打开【误差条形图】对话框，如图 12.71 所示。

图 12.71

选择所需要的误差条形图类型：选择【简单条形图】选项，则绘制简单误差条形图；选择【集群条形图】选项，则绘制集群误差条形图。

在【图表中的数据为】选项组中选定统计量的描述模式：【各个变量的摘要】选项表示变量分组模式，【个案组摘要】表示个案分组模式。

单击【定义】按钮，进入具体误差条形图对话框，可以对图形进行进一步的设置。

12.8.2　简单误差条形图实例

打开主对话框，从数据编辑窗口中的主菜单栏中选择【图形】｜【旧对话框】｜【误差条形图】命令，打开【误差条形图】对话框，如图12.71所示。

本节只介绍个案分组模式的简单条形图的创建方法，变量分组模式的创建方法与之类似，读者可参照学习。

在主对话框中选择【简单】选项，绘制简单误差条形图，从【图表中的数据为】选项组中选择定义误差条形图的模式，然后单击【定义】按钮，打开如图 12.72 所示的【定义简单误差条形图：个案组摘要】对话框。

图 12.72

其中，【条的表征】选项组用于选择误差条形图中条带的含义，在下拉列表中有三个选项。

● 平均值的置信区间：该选项为系统默认选项，表示以平均值的置信区间表示条带的含义。选择此项，则可以在下方的【度】文本框中设置置信区间，系统默认为 95%。

- 平均值的标准误：表示以平均值的标准误差作为条带的含义。
- 标准差，表示以标准差作为条带的含义。

该对话框中其他选项及其功能与前面的箱图对话框基本一致，此处不再赘述，读者可参照前文进行学习。

下面仍以数据文件 children.sav 为例，选择变量 x5 作为分析变量进入【变量】文本框。选择 age 作为分类轴，其他设置采用系统默认设置。单击【确定】按钮，绘制误差条形图。

在结果输出窗口中输出的误差条形图如图 12.73 所示。

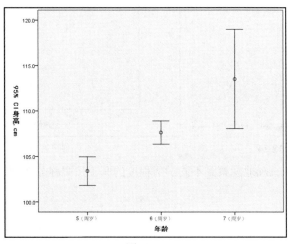

图 12.73

从图 12.73 中可以观察到，不同年龄的儿童在置信度为 95% 的身高置信区间的误差条形图，图中的小圆表示平均数，上、下两条横线表示置信区间的上、下限和标准误差。

12.8.3　集群误差条形图实例

打开主对话框，从数据编辑窗口中的菜单栏中选择【图形】|【旧对话框】|【误差条形图】命令，打开【误差条形图】对话框，如图 12.71 所示。

本节只介绍个案分组模式的简单条形图的创建方法，变量分组模式的创建方法与之类似，读者可参照学习。

在主对话框中选择【集群条形图】选项，绘制复合误差条形图，从【图表中的数据为】选项组中选择定义误差条形图的模式，然后单击【定义】按钮，打开如图 12.74 所示的【定义复式误差条形图：个案组摘要】对话框。

其中，【条的表征】选项组用于选择误差条形图中条带的含义，在下拉列表中也有 3 个选项。

- 平均值的置信区间：该选项为系统默认选项，表示以平均值的置信区间表示条带的含义。

选择此项，则可以在下方的【度】文本框中设置置信区间，系统默认为 95%。

- 平均值的标准误：表示以均值的标准误差作为条带的含义。
- 标准差：表示以标准差作为条带的含义。

该对话框中其他选项及其功能与前面所讲的对话框基本一致，此处不再赘述，读者可参照前文进行学习。

下面以数据文件"职工数据.sav"为例，选择变量 sr 进入【变量】文本框作为分析变量，选择变量 x1 作为分类变量，sc 作为复合分类变量。单击【确定】按钮，绘制个案分组模式集群误差条形图，在结果输出窗口中输出图形，如图 12.75 所示。

 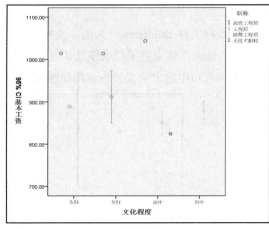

图 12.74　　　　　　　　　　　　图 12.75

从图 12.75 中可以直观地观察到不同学历程度的职工按职称分布的工资置信区间的误差条形图。

12.9　散点图

散点图（Scatter Diagram）是以点的分布情况反映变量之间相关关系的一种统计图形，可以通过点的位置判断观测值的高低、大小、变动趋势或变化范围。SPSS 提供了 5 种类型的散点图。

12.9.1　散点图的作图步骤

根据散点图中各点的分布走向和密集程度，可以判断变量之间的关系和变化趋势。

SPSS 提供了 5 种类型的散点图，包括简单分布、重叠分布、矩阵分布、3D 分布和简单点。

与其他几种图形不同的是，在散点图中没有提供图形模式。

建立或打开数据文件后，从数据编辑窗口中的菜单栏中选择【图形】|【旧对话框】|【散点图/点图】命令，打开【散点图/点图】对话框，如图 12.76 所示。

图 12.76

从该对话框中选择相应模式，单击【定义】按钮，进入相应类型【散点图/点图】的相关参数设置对话框。

12.9.2　简单分布实例

打开主对话框，从数据编辑窗口中的菜单栏中选择【图形】|【旧对话框】|【散点/点状】命令，打开【散点图/点图】对话框，如图 12.76 所示。

单击选择【简单分布】图标，然后单击【定义】按钮，打开【简单散点图】对话框，如图 12.77 所示。

【X 轴】文本框用于选入 X 轴变量，【Y 轴】文本框用于选入 Y 轴变量。【设置标记】文本框用于设置标记，用对应的颜色区分对应变量不同取值所对应的标记。【标注个案】文本框用于选入变量，作为标签变量。

该对话框中的【面板依据】选项组、【标题】和【选项】按钮与前面所讲的基本一致，此处不再赘述。

下面以数据文件"职工数据.sav"为例，将变量 sr 作为横轴变量，nl 作为纵轴变量，xb 作为标记变量选入【设置标记】文本框，然后单击【确定】按钮，绘制简单分布图在结果输出窗口中输出所定义的简单分布散点图，如图 12.78 所示。

 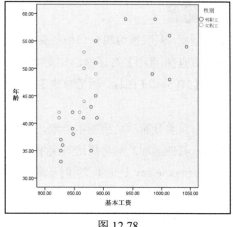

图 12.77　　　　　　　　　　　　　　　　图 12.78

从图 12.78 中可以直观地看出男、女职工的年龄和基本工资的分布情况。

12.9.3　重叠分布实例

打开主对话框，从数据编辑窗口中的菜单栏中选择【图形】|【旧对话框】|【散点/点状】命令，打开【散点图/点图】对话框，如图 12.76 所示。

单击选择【重叠分布】图标，然后单击【定义】按钮，打开【重叠散点图】对话框，如图 12.79 所示。

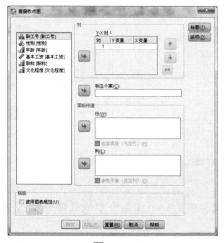

图 12.79

该对话框的上方为【Y-X 对】表格，用于选择两个变量作为重叠分布的配对变量。从左侧的源变量列表框中选择一个变量，按住 Ctrl 键，再选择另一个变量，然后单击向右箭头按钮，将两个变量配对选入【Y-X 对】表格中。

【标注个案】文本框、【面板依据】选项组、【标题】和【选项】按钮的功能及其操作方法均与前面所讲的一致，读者可参照前文学习，此处不再详细阐述。

下面仍然沿用 12.9.2 节中的数据文件【职工数据.sav】为例，将变量 sr 与 xl 作为配对变量选入【Y-X 对】表格中，再将变量 sr 与变量 zc 作为配对变量选入【Y-X 对】表格中，然后单击【确定】按钮，即可绘制重叠散点图。

12.9.4　3D 分布

打开主对话框，从数据编辑窗口中的菜单栏中选择【图形】|【旧对话框】|【散点/点状】命令，打开【散点图/点图】对话框，如图 12.76 所示。

单击选择【3D 分布】图标，然后单击【定义】按钮，打开【3D 散点图】对话框，如图 12.80 所示。

该对话框与简单分布对话框基本一致，只是增加了【Z 轴】文本框，用于选择 Z 轴变量以形成三维图形。其他选项及其功能均与简单分布对话框一样，读者可参照前文学习。

数据文件 hemoglo.sav 是根据 29 例儿童的血红蛋白、钙、镁等含量的数据建立的，现根据该数据文件绘制 3D 散点图。

将变量 Fe 选入【Y 轴】文本框作为 Y 轴变量，将变量 Hemoglo 选入【X 轴】文本框作为 X 轴变量，将变量 Cu 选入【Z 轴】文本框作为 Z 轴变量。

单击【确定】按钮，绘制三者的 3D 散点图。在结果输出窗口中输出结果，如图 12.81 所示。

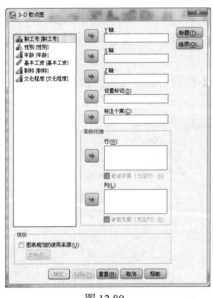

图 12.80

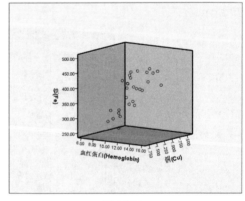

图 12.81

从图 12.81 中可以直观地看出每一个观测个案的具体分布情况。

12.10　直方图

直方图（Histogram）是用条形的长短来表示连续性变量的绝对数（或称为频数）资料的多少，其意义与本章前面所介绍的面积图相似，但面积图能够进行多组资料的比较（如堆积式区域图），而直方图则不能。

12.10.1　直方图的类型和 SPSS 操作

直方图中，各矩形的面积表示各组段的频数，各矩形面积的总和为总频数，适用于表示连续性资料的频数分布。

没有绘制正态曲线的直方图与条形图十分相似，它们的区别在于，直方图的条带的长度与宽度都有具体含义，而条形图则没有。

建立或打开数据文件后，从数据编辑窗口中的菜单栏中选择【图形】|【旧对话框】|【直方图】命令，打开【直方图】对话框，如图 12.82 所示。

在前面的很多模块的统计分析过程中，都会有【图】对话框，在该对话框中已经多次提到关于直方图的内容，直方图也是读者比较常用和熟悉的图形。在各行业具体实践中，直方图应用非常广泛。

【变量】文本框用于从左边的源变量列表框中选入分析变量，下方的【显示正态曲线】复选框用于选择是否在输出的图形上绘制正态曲线。该对话框的其他选项及其功能都与前面所讲的大部分图形设置对话框一致，此处不再详细介绍，读者可参照前文学习。

设置结束后，单击【确定】按钮，即可绘制直方图统计图形。

图 12.82

12.10.2　直方图实例

本例中所使用的数据文件为 SPSS 系统自带的数据文件 cars.sav，分析步骤如下：

从数据编辑窗口中的菜单栏中选择【图形】|【旧对话框】|【直方图】命令，打开【直方图】对话框，如图 12.82 所示。

从左边的源变量列表框中将变量 accel 选入【变量】文本框中。勾选【显示正态曲线】复选框，要求在结果中显示正态曲线。

单击【确定】按钮，绘制所定义的直方图，如图 12.83 所示。

从该图中可以看出，加速时间恰好为正态分布。

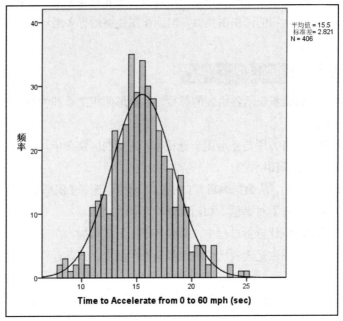

图 12.83

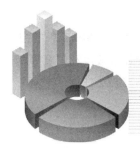

第 13 章

SPSS 在上市公司财务
数据分析中的应用

随着我国改革开放的实践和经济理论的发展，实证方法和数据分析已成为经济研究中的重要方面。大量经验证据的分析和运用对于经济理论的发展和决策的支持都具有重要的意义。而经济实证研究离不开现代统计分析方法的运用，SPSS 的统计分析过程为经济管理研究提供了有力的工具。回归分析、因子分析、聚类分析和时间序列分析等分析方法是经济管理研究中常用的分析方法。

13.1　研究背景及目的

股票价格是股票在市场上出售的价格。它的决定及其波动受制于各种经济、政治因素，并受投资心理和交易技术等的影响。概括起来，影响股票市场价格及其波动的因素，主要分为两大类，一是基本因素，另一种是技术因素。最重要的就是基本因素。所谓基本因素，是指来自股票市场以外的经济与政治因素以及其他因素，其波动和变化往往会对股票的市场价格趋势产生决定性影响。一般地说，基本因素主要包括经济性因素、政治性因素等。其中，股票价格的经济因素中最为重要的因素是财务因素。

本案例的研究目的是分析银行业上市公司的财务数据，分析股票价格的财务影响因素，为对银行业上市公司的投资提供科学的依据。

分析思路如下，首先利用描述性分析对银行业上市公司的财务数据进行基础性描述，以便对整个行业形成直观的印象，然后利用因子分析提取对银行业上市公司股票价格影响较为明显的因素，分析银行业上市公司股价的决定因素，最后利用回归分析方法确定这些因素对股票价格的影响方向和强弱。

为利用银行业上市公司的财务数据，本案例观测了流动比率、净资产负债比率、资产固定资产比率、每股收益、净利润、增长率、股价 1 和公布时间等数据，所有数据均来源于 WIND 资讯。该案例的原始数据如图 13.1 所示。

13.2 研究方法

1．描述性分析

描述性分析主要是对数据进行基础性描述，主要用于描述变量的基本特征。SPSS 中的描述性分析过程可以生成相关的描述性统计量，如均值、方差、标准差、全距、峰度和偏度等，同时描述性分析过程还将原始数据转换为 Z 分值并作为变量储存，通过这些描述性统计量，读者可以对变量变化的综合特征进行全面的了解。

2．因子分析

因子分析是一种数据简化的技术。它通过研究众多变量之间的内部依赖关系，探求观测数据中的基本结构，并用少数几个独立的不可观测变量的变化来表示其基本的数据结构。这几个假想变量能够反映原来众多变量的主要信息。

3．回归分析

回归分析是研究一个因变量与一个或多个自变量之间的线性或非线性关系的一种统计分析方法。回归分析通过规定因变量和自变量来确定变量之间的因果关系，建立回归模型，并根据实测数据来估计模型的各个参数，然后评价回归模型是否能够很好地拟合实测数据；并可以根据自变量作进一步预测。

13.3 数据分析与报告

首先在 SPSS 变量视图中建立变量"流动比率""净资产负债比率""资产固定资产比率""每股收益""净利润""增长率""股价 1"和"公布时间"，分别用来表示流动比率、净资产负债比率、资产固定资产比率、每股收益、净利润、增长率、股价和业绩公布时间等观测信息。然后在 SPSS 活动数据文件的数据视图中，把相关数据输入到各个变量中，输入完毕后如图 13.1 所示。

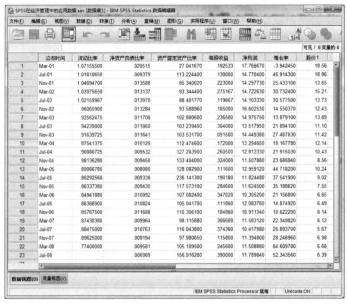

图 13.1

13.3.1　银行业上市公司股价及财务指标的描述统计分析

步骤 01 打开数据文件，进入 SPSS 数据编辑器窗口，如图 13.2 所示，然后在菜单栏中依次选择【分析】|【描述统计】|【描述】命令，弹出【描述性】对话框，选择变量"流动比率""净资产负债比率""资产固定资产比率""每股收益""净利润""增长率""股价 1"进入【变量】列表框。

步骤 02 单击【选项】按钮进入【描述：选项】对话框，如图 13.3 所示，勾选【最大值】、【最小值】、【平均值】、【标准偏差】和【方差】复选框，然后单击【继续】按钮，返回【描述性】对话框。

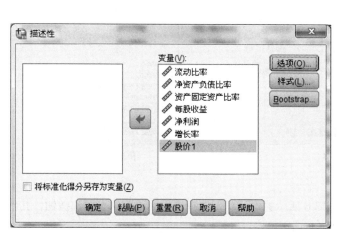

图 13.2

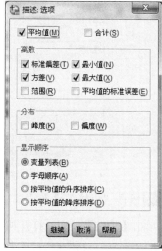

图 13.3

步骤 03 单击【确定】按钮，输出分析结果。

结果分析如下。

由表 13.1 可知，在 2001～2008 年的各个季度中，我国银行业上市公司股价的平均值为 10.343 9 元，最大值与最小值之间的差距为 13.19 元，标准差为 3.971 34 元，可见我国银行业上市公司的股价在样本期间波动幅度较大。另外，就净利润指标看，我国银行业上市公司净利润均值为 13 亿元，可见在样本期间我国银行业经营状况良好。

表 13.1

描述性统计资料					
	N	最小值	最大值	平均数	标准偏差	变异数
流动比率	22	0.774 000 00	1.071 555 00	0.918 985 512 3	0.076 833 643 63	0.006
净资产负债比率	23	0.006 989	0.020 515	0.011 088 52	0.002 713 630	0.000
资产固定资产比率	23	27.041 670	236.141 300	111.397 780 43	35.888 806 150	1 288.006
每股收益	23	0.091 500	0.390 000	0.225 058 57	0.090 158 0 50	0.008
净利润	23	10.305 200	17.766 670	13.009 793 48	1.954 010 448	3.818
增长率	23	−3.942 450	64.609 780	27.428 020 00	14.850 958 776	220.551
股价 1	23	5.67	18.86	10.343 9	3.971 34	15.772
有效的 N（listwise）	22					

13.3.2 银行业上市公司的各个财务指标的因子分析

步骤01 选择变量。

打开数据文件，进入 SPSS 数据编辑器窗口，如图 13.4 所示。在菜单栏中依次选择【分析】|【降维】|【因子分析】命令，将"流动比率""净资产负债比率""资产固定资产比率""每股收益""净利润""增长率""股价 1"变量选入【变量】列表框。

步骤02 保存"描述"设置结果。

单击【描述】按钮，打开如图 13.5 所示的对话框。勾选【原始分析结果】复选框和【KMO 与 Bartlett 的球形度检验】复选框，单击【继续】按钮，保存设置结果。

图 13.4

图 13.5

步骤03 保存"旋转"设置结果。

单击【旋转】按钮，打开如图 13.6 所示的对话框。选择【最大方差法】单选按钮，其他为系统默认选择，单击【继续】按钮，保存设置结果。

步骤04 保存"得分"设置结果。

单击【得分】按钮，打开如图 13.7 所示的对话框。勾选【保存为变量】和【显示因子得分系数矩阵】复选框，保存设置结果。

图 13.6

图 13.7

步骤05 其他设置。

其他设置使用系统默认设置即可。

步骤06 输出结果。

设置完毕，单击【确定】按钮，等待输出结果。

结果分析如下。

表 13.2 为 KMO 和 Bartlett 的检验结果。其中，KMO 值越接近 1，表示越适合做因子分析，从该表中可以得到 KMO 的值为 0.743，表示比较适合做因子分析。Bartlett 球形度检验的原假设为相关系数矩阵为单位阵，Sig 值为 0.000 小于显著水平 0.05，因此拒绝原假设表示变量之间存在相关关系，适合做因子分析。

表 13.2

KMO 和 Bartlett 检验		
KMO 取样适切性量数		0.743
Bartlett 的球形度检验	上次读取的卡方	95.892
	自由度	21
	显著性	0.000

表 13.3 为每个变量共同度的结果。该表左侧表示每个变量可以被所有因素所能解释的方差，右侧表示变量的共同度。从该表中可以看到，因子分析的变量共同度都非常高，表明变量中的大部分信息均能够被因子所提取，说明因子分析的结果有效。

表 13.3

公因子方差		
	初始值	提取
流动比率	1.000	0.818
净资产负债比率	1.000	0.861
资产固定资产比率	1.000	0.606
每股收益	1.000	0.565
净利润	1.000	0.895
增长率	1.000	0.664
股价 1	1.000	0.870

注：提取方法为主成分分析。

表 13.4 为因子贡献率的结果。该表中左侧部分为初始特征值，中间为提取主因子结 果，右侧为旋转后的主因子结果。"总计"指因子的特征值，"方差百分比"表示该因子的特征值占总特征值的百分比，"累积%"表示累积的百分比。其中只有前两个因子的特征值大于 1， 并且前两个因子的特征值之和占总特征值的 75.392%，因此，提取前两个因子作为主因子。

表 13.4

组件	初始特征值			提取载荷平方和			旋转载荷平方和		
	总计	方差百分比	累积 %	总计	方差百分比	累积 %	总计	方差百分比	累积 %
1	3.916	55.938	55.938	3.916	55.938	55.938	2.718	38.830	38.830
2	1.362	19.454	75.392	1.362	19.454	75.392	2.559	36.562	75.392
3	0.731	10.443	85.835						
4	0.545	7.779	93.614						
5	0.197	2.813	96.427						
6	0.193	2.753	99.180						

续表

总方差解释								
组件	初始特征值			提取载荷平方和			旋转载荷平方和		
	总计	方差百分比	累积 %	总计	方差百分比	累积 %	总计	方差百分比	累积 %
7	0.057	0.820	100.000						

注：提取方法为主成分分析。

表 13.5 所示为旋转后的因子载荷值，其中旋转方法是 Kaiser 标准化的正交旋转法。通过因子旋转，各个因子有了比较明确的含义。第一个因子与流动比率和净资产负债比率相关性最强因此将流动比率作为对第一个因子的解释；第二个因子与净利润最为相关，因此分别将净利润作为对第二个因子的代表。

表 13.5

旋转后的成分矩阵 [a]		
	组件	
	1	2
流动比率	0.742	0.517
净资产负债比率	0.400	0.837
资产固定资产比率	−0.247	−0.738
每股收益	−0.686	0.308
净利润	0.833	0.449
增长率	0.071	−0.812
股价 1	0.882	0.304

注：1）提取方法为主成分分析。

2）旋转方法为 Kaiser 标准化最大方差法。

3）a. 旋转在 3 次迭代后已收敛。

13.3.3 银行业股票价格与主因子财务指标的回归分析

步骤 01 选择变量。

打开数据文件，进入 SPSS 数据编辑器窗口，在菜单栏中选择【分析】|【回归】|【线性】命令，打开【线性回归】对话框，如图 13.8 所示。然后将"股价 1"变量选入【因变量】列表框，将"流动比率"和"净利润"变量选入【自变量】列表框。

图 13.8

步骤 02 保存"统计"设置。

单击 Statistics 按钮，打开【线性回归：统计】对话框，如图 13.9 所示。勾选【估计】、【模型拟合度】和 Durbin-Watson 复选框，然后单击【继续】按钮，保存设置。

步骤 03 保存"选项"设置。

单击【选项】按钮，打开【线性回归：选项】对话框，如图 13.10 所示。勾选【在等式中包含常量】复选框，然后单击【继续】按钮，保存设置。

步骤 04 其他设置。

其他设置使用系统默认设置即可。

步骤 05 输出结果。

设置完毕，单击【确定】按钮，等待输出结果。

图 13.9

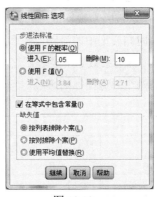

图 13.10

结果分析如下。

对利用因子分析得到的主因子进行回归分析，可进一步发掘我国银行业股价与其主要财务指标的关系。

由上文的对银行业财务指标的因子分析，可以用两个主因子（流动比率、净利润）来代替解释所有 6 个财务指标提供的近 80% 的信息。因此下面将利用分析的两个主因子——流动比率、净利润两个财务指标，作为自变量对因变量银行业上市公司的平均股价进行回归，回归结果如下。

表 13.6 为评价模型的检验统计量。从该表中可以得到 R、R^2、调整的 R^2、标准估算的错误及 D-W 统计量。如本实验中回归模型调整的 R^2 是 0.838，说明回归的拟合度非常高，并且 D-W 为 2.209，说明模型残差不存在相关。该回归模型非常优良。

表 13.6

模型摘要 [b]				
模型	R	R^2	调整后的 R^2	标准估算的错误	Durbin-Watson(U)
1	0.924[a]	0.853	0.838	1.598 17	2.209

注：1）a. 预测变量（常量）为净利润，流动比率。

　　2）b. 因变量为股价 1。

表 13.7 为方差分析的结果。由该表可以得到回归部分的 F 值为 55.224，相应的 P 值是 0.000，小于显著水平 0.05，因此可以判断流动比率、净利润两个财务指标对银行业上市公司的平均股

价解释能力非常显著。

表 13.7

ANOVAª						
模型		平方和	自由度	均方	F	显著性
1	回归	282.102	2	141.051	55.224	0.000ᵇ
	残差	48.529	19	2.554		
	总计	330.631	21			

注：1）a. 因变量为股价 1。

2）b. 预测变量（常量）为净利润，流动比率。

表 13.8 为线性回归模型的回归系数及相应的一些统计量。由该表可以得到线性回归模型中的流动比率和净利润的系数分别为 21.352 和 1.125，说明流动比率的小部分增加会带动银行业上市公司股价近 21 倍的增加，说明并证实了银行业公司的股价与银行资产的流动性高度相关的现实状况，这是因为银行资产的流动性决定了该银行的经营稳健性，是利润产生的根本前提。另外，线性回归模型中的流动比率和净利润两个指标的 t 值分别为 2.89 和 3.927，相应的概率值为 0.000，说明系数非常显著，这与上表方差分析的结果一致，即银行业股价高度受流动比率和净利润两个财务指标的影响。

表 13.8

系数 ª						
模型		非标准化系数		标准系数	t	显著性
		B	标准错误	贝塔		
1	（常量）	−23.800	4.486		−5.306	0.000
	流动比率	21.352	7.388	0.413	2.890	0.009
	净利润	1.125	0.286	0.562	3.927	0.001

注：a. 因变量为股价 1。

13.4 研究结论

综述，在银行业数据中，可以用两个主因子（流动比率、净利润）来代替解释所有 6 个财务指标提供的近 80% 的信息。因子分析的变量共同度都非常高，表明变量中的大部分信息均能够被因子所提取，说明因子分析的结果有效。

银行业股价高度受流动比率和净利润两个财务指标的影响。其中，流动比率的小部分增加会带动银行业上市公司股价近 21 倍的增加，说明并证实了银行业公司的股价与银行资产的流动性高度相关的现实状况，这是因为银行资产的流动性决定了该银行的经营稳健性，是利润产生的根本前提。

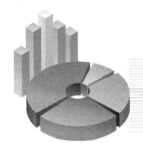

第 14 章
SPSS 在环境保护中的应用

空气污染问题已经成为一个日益严重的科学和社会问题，空气污染给人们的生产生活带来了诸多的问题。对空气污染的防治和监测已成为各主要城市的一项重要工作。SPSS 的非参数检验、时间序列分析和聚类分析等分析方法为空气污染的分析和监测研究提供了有效的工具。

14.1　研究背景及目的

随着经济的发展和社会的进步，环境污染问题越来越成为人们关心的问题。生态环境方面已经成为一个城市综合竞争力的重要组成部分。对城市污染问题的研究和判断对于工业布局、城市发展战略和产业政策的制定具有重要的指导意义。1997 年国务院决定对重点城市进行空气质量周报，空气质量周报包括对几种主要污染物的监测状况和结果，以空气污染指数的形式报告。空气污染指数反映了一个城市的污染情况和污染的变动规律，对环保工作的开展具有重要的指导意义。

本案例的研究目的是对全国部分主要城市的空气质量进行横向比较，分析我国当前空气污染的总体情况和地区差异，为环境政策的制定提供科学的依据；同时，对代表性城市的空气污染状况进行分析和预测，全面把握空气污染状况的发展趋势，最后对各主要城市的空气污染状况进行合理的分类，为国家环境政策的制定提供科学合理的依据。

本案例的分析思路如下，首先利用描述性统计分析的方法对各主要城市的空气质量进行横向比较，然后利用非参数检验检验各城市空气污染在年内的分布状况是否具有一致性，判断在全国范围内是否存在影响空气质量的共同因素，最后利用时间序列分析方法对其代表性城市的空气污染状况进行分析和预测。

本案例选取了兰州、大同、西安、苏州、济南、南宁、南昌和北京等城市 270 天的空气质量报告数据，记录了空气污染指数，另外选取了某代表性城市 2 301 天的数据利用时间序列分析方法对代表性城市的空气污染状况进行分析和预测，所有数据均来源于环保部网站及各省市环保厅（局）的网站及相关报告。

本案例原始数据如图 14.1 所示。

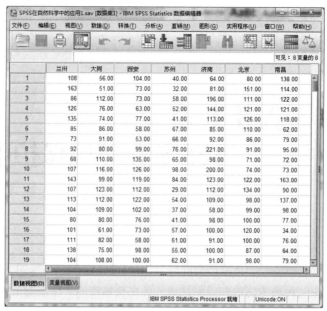

图 14.1

14.2 研究方法

1．描述性分析

描述性分析主要是对数据进行基础性描述，主要用于描述变量的基本特征。SPSS 中的描述性分析过程可以生成相关的描述性统计量，如均值、方差、标准差、全距、峰度和偏度等，同时描述性分析过程还将原始数据转换为 Z 分值并作为变量储存，通过这些描述性统计量，读者可以对变量变化的综合特征进行全面的了解。

2．非参数检验

非参数检验就是主要的方法之一。非参数检验是相对于参数检验而言的，非参数检验由于一般不涉及总体参数而针对总体的某些一般性假设而得名，又称为分布自由检验。非参数检验在统计分析和实际工作中具有广泛的应用。非参数检验不需要对总体分布情况进行严格限定的统计推断方法，这类检验方法的假设前提比参数检验要少得多并且容易满足。

3．指数平滑分析

指数平滑分析是在移动平均模型基础上发展起来的一种时间序列分析预测法，其原理是任一期的指数平滑值都是本期实际观察值与前一期指数平滑值的加权平均。指数平滑分析的思想是对过去值和当前值进行加权平均以及对当前的权数进行调整以抵消统计数值的摇摆影响，得到平滑的时间序列。指数平滑法不舍弃过去的数据，但是对过去的数据给予逐渐减弱的影响程度（权重）。

14.3 数据分析与报告

数据分析与报告通过对项目数据全方位的科学分析来评估项目的可行性，为作出决策提供科学、严谨的依据，降低项目投资的风险。

14.3.1　各主要城市空气污染指数的描述性横向比较

步骤01 选择变量。

打开数据文件，进入 SPSS 数据编辑器窗口，然后在菜单栏中依次选择【分析】|【描述统计】|【描述】命令，弹出【描述性】对话框，如图 14.2 所示。将"兰州""大同""西安""苏州""济南""北京""南昌"和"南宁"选入【变量】列表框。

步骤02 打开【描述：选项】对话框并设置参数。

单击【选项】按钮，打开【描述：选项】对话框，如图 14.3 所示。勾选【最大值】、【最小值】、【平均值】、【标准偏差】、【峰度】和【偏度】复选框，然后单击【继续】按钮，返回【描述性】对话框。

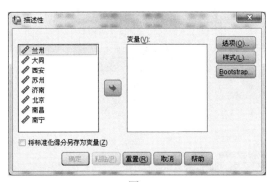

图 14.2

图 14.3

步骤03 输出结果。

单击【确定】按钮，输出显示结果。

14.3.2　各主要城市空气污染指数年内的分布状况是否具有一致性的检验

步骤01 打开【多个独立样本检验】对话框。

打开数据文件，进入 SPSS 数据编辑器窗口，在菜单栏中依次选择【分析】|【非参数检验】|【旧对话框】|【K 个独立样本】命令，打开【多个独立样本检验】对话框，如图 14.4 所示。

图 14.4

步骤 02 选择变量。

从源变量列表中选择【空气污染指数】变量，单击■按钮使之进入【检验变量列表】列表框；选择【城市】变量，单击■按钮使之进入【分组变量】列表框；单击【定义范围】按钮，弹出如图 14.5 所示的对话框，输入组标记值的取值范围，最小为 1，最大为 8。

步骤 03 打开【多自变量样本：选项】对话框并设置参数。

单击【选项】按钮，打开【多自变量样本：选项】对话框，勾选【描述性】、【四分位数】复选框，如图 14.6 所示，单击【继续】按钮。

图 14.5　　　　　　　　　　　　图 14.6

步骤 04 输出结果。

单击【确定】按钮，输出检验结果。

14.3.3　代表性城市空气质量预测的指数平滑操作

步骤 01 选择变量。

打开数据文件，进入 SPSS 数据编辑器窗口，在菜单栏中选择【数据】|【定义日期】命令，弹出【定义日期】对话框，如图 14.7 所示。在【个案为】列表框中选择【年份、月份】，然后在【第一个个案为】选项组中的【日】文本框中输入数据开始的具体日为 1，然后单击【确定】按钮，完成时间变量的定义。

图 14.7

步骤 02 打开【时间序列建模器】对话框并设置参数。

在菜单栏中选择【分析】|【预测】|【创建模型】命令，打开【时间序列建模器】对话框，如图 14.8 所示。将【污染指数】变量选入【因变量】列表框中，在【方法】下拉列表中选择【指数平滑模型】选项。

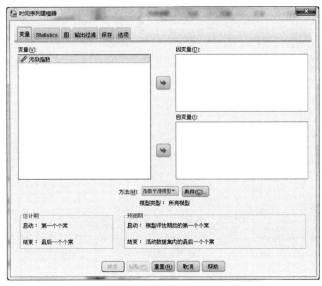

图 14.8

步骤 03 设置指数平滑条件并保存设置。

单击【条件】按钮，打开【时间序列建模器：指数平滑条件】对话框，如图 14.9 所示，选中【简单】单选按钮，单击【继续】按钮，保存设置。

图 14.9

步骤 04 设置 Statistics 参数并保存设置。

单击 Statistics 选项卡，如图 14.10 所示，勾选【参数估计】复选框，然后单击【确定】按钮，保存设置。

图 14.10

步骤 05 得到结果。

单击【确定】按钮，便可以得到指数平滑模型建模的结果。

14.4 研究结论

1. 各主要城市空气污染指数的描述性横向比较

表 14.1 为描述性分析的主要结果。从该表中可以得到各个变量的个数、最大值、最小值等统计量。从描述性统计结果可以看出，兰州的空气污染情况最为严重，平均空气污染指数达到了中度污染的水平；苏州的空气质量最佳，平均空气污染指数处于良好状态，因此苏州每天的空气污染状况较为稳定。

表 14.1

	数字	最小值（M）	最大值（X）	平均值（E）		标准偏差	偏度		峰度	
	统计	统计	统计	统计	标准错误	统计	统计	标准错误	统计	标准错误
兰州	269	18	500	165.59	6.979	114.471	1.655	0.149	1.860	0.296
大同	269	10.00	500.00	119.483	4.058 8	66.569 3	2.977	0.149	12.054	0.296
西安	269	0.00	345.00	84.290 0	1.533 4	25.150 1	4.198	0.149	43.223	0.296
苏州	269	22.00	159.00	69.996 3	1.367 4	22.428 1	0.679	0.149	0.752	0.296
济南	269	55.00	238.00	96.646 8	1.715 3	28.134 1	1.754	0.149	4.584	0.296
北京	269	33.00	293.00	94.167 3	1.993 1	32.690 4	1.750	0.149	5.395	0.296
南昌	269	34.00	350.00	98.687 7	2.520 9	41.345 9	2.285	0.149	8.735	0.296

描述统计

续表

描述统计											
	数字	最小值（M）	最大值（X）	平均值（E）		标准偏差	偏度		峰度		
	统计	统计	统计	统计	标准错误	统计	统计	标准错误	统计	标准错误	
南宁	269	28.00	500.00	98.821 6	4.027 6	66.057 6	4.362	0.149	22.149	0.296	
有效 N（成列）	269										

2．各主要城市空气污染指数年内的分布状况是否具有一致性的检验

表 14.2 为两个变量的"样本数""平均数""标准偏差""最小值"和"最大值"等描述性统计量，从描述性统计量表中，可对全国的空气污染状况有一个全局的认识。

表 14.2

描述性统计资料								
	N	平均数	标准偏差	最小值	最大值	百分位数		
						25 日	第 50（中位数）	第 75
空气污染指数	2152	103.46	63.543	0	500	72.0	88.00	111.0
城市	2152	4.50	2.292	1	8	2.25	4.50	6.75

表 14.3 为与 Kruskal-Wallis H 检验相关的检验统计量。从表中可以看出，P 值为 0.0（小于显著性水平）。故拒绝原假设，认为 8 个代表性城市的空气污染情况存在显著差异。

表 14.3

检定统计资料	
	空气污染指数
卡方	412.391
df	7
渐近显著性	0.000

注：1）a. Kruskal Wallis 检定。

　　2）b. 分组为城市。

3．代表性城市空气质量预测的指数平滑

表 14.4 为模型的基本描述。从该表中可以看出，所建立的指数平滑模型的因变量标签是"污染指数"，模型名称为"模型_1"，模型的类型为简单非季节性。

表 14.4

模型描述			
			模型类型
模型标识	污染指数	模型_1	简单

表 14.5 为模型的 8 个拟合优度指标，包括这些指标的平均值、最小值、最大值及百分位数。其中，平稳的 R^2 值为 0.139，而 R^2 值为 0.263，这是由于因变量数据为季节性数据，因此平稳的 R^2 更具有代表性。从两个 R^2 值来看，该指数平滑模型的拟合情况比较良好。

表 14.5

模型拟合度											
拟合统计信息	平均值	SE	最小值（M）	最大值（X）	百分位（T）						
					5	10	25	50	75	90	95
平稳的 R^2	0.139	.	0.139	0.139	0.139	0.139	0.139	0.139	0.139	0.139	0.139
R^2	0.263	.	0.263	0.263	0.263	0.263	0.263	0.263	0.263	0.263	0.263
RMSE	31.509	.	31.509	31.509	31.509	31.509	31.509	31.509	31.509	31.509	31.509
MAPE	18.735	.	18.735	18.735	18.735	18.735	18.735	18.735	18.735	18.735	18.735
MaxAPE	256.286	.	256.286	256.286	256.286	256.286	256.286	256.286	256.286	256.286	256.286
MAE	18.340	.	18.340	18.340	18.340	18.340	18.340	18.340	18.340	18.340	18.340
MaxAE	380.376	.	380.376	380.376	380.376	380.376	380.376	380.376	380.376	380.376	380.376
标准化的 BIC(L)	6.904	.	6.904	6.904	6.904	6.904	6.904	6.904	6.904	6.904	6.904

表 14.6 为模型的拟合统计量和 Ljung-BoxQ 统计量。平稳的 R^2 值为 0.139，与模型拟合图中的平稳的 R^2 一致。Ljung-BoxQ 统计量值为 311.626，显著水平为 0.000，因此拒绝残差序列为独立序列的原假设，说明模型拟合后的残差序列存在自相关，因此建议采用 ARIMA 模型继续拟合。

表 14.6

模型	预测变量个数	模型拟合度统计信息	Ljung-Box Q(18)			界外值数
		平稳的 R^2	统计	DF	显著性	
污染指数-模型_1	0	0.139	311.626	17	0.000	0

表 14.7 为指数平滑法模型参数估计值列表。从该表中可以看到本实验拟合的指数平滑模型的水平 Alpha 值为 0.38，P 值为 0.00，不仅作用很大而且非常显著。

表 14.7

指数平滑法模型参数						
模型			估算	SE	t	显著性
污染指数-模型_1	不转换	Alpha（级别）	0.380	0.016	23.412	0.000

图 14.11 所示为污染指数平滑模型的拟合图和观测值。污染指数序列整体上呈波动状态，拟合值和观测值曲线在整个区间中几乎重合，因此可以说明指数平滑模型对污染指数的拟合情况非常良好。通过指数平滑模型的拟合图可以发现，该城市的污染指数出现过三次剧烈波动，并且总体上的波动较为剧烈，但是最近波动相对平缓，说明污染控制政策开始发挥效力。

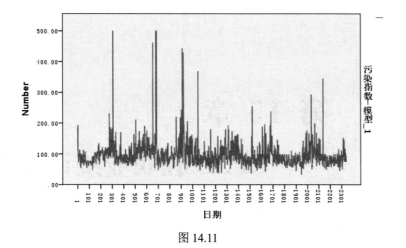

图 14.11

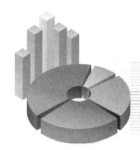

第 15 章

SPSS 在农业统计分析中的应用

农业属于第一产业，通过培育动植物来生产食品及工业原料。农业是支撑国民经济建设与发展的基础部门，是人类衣食之源、生存之本，是一切生产的首要条件，为国民经济其他部门提供粮食、副食品、工业原料、资金和出口物资。基于农业在国民经济中的地位和作用，学者们对农业的研究一直经久不衰。伴随着统计学的发展和各种技术的进步，对数据进行定量：研究分析被广泛地应用到农业统计分析研究中。SPSS 作为一种功能强大的统计分析软件，完全可以用于农业统计分析研究，定量分析变量之间的联系与区别。下面就来介绍 SPSS 在农业统计分析中的应用。

15.1 研究背景及目的

背景一：进入 21 世纪以来，中国农业快速发展，主要农业产品人均产量迅速增加。

根据《中国统计摘要 2009》提供的数据（见表 15.1），可以发现，除人均粮食产量在 2003 年有所下降外，各种主要的农产品人均产量都呈现出不断递增的趋势。

表 15.1

年份	2001	2002	2003	2004	2005	2006	2007	2008
粮食（千克）	356	357	334	362	371	380	381	399
水果（千克）	52.3	54.3	112.7	118.4	123.6	130.4	137.6	145.1
水产品（千克）	29.9	30.9	31.6	32.8	33.9	35	36	37

背景二：我国在农业上的投入增长迅速。

根据《中国统计摘要 2009》提供的数据（见表 15.2），可以发现，从 2001～2007 年，化肥施用量不断递增，有效灌溉面积除 2003 年稍有下降外，也一直呈递增趋势。

表 15.2

年份	2001	2002	2003	2004	2005	2006	2007
化肥施用量（万吨）	4 254	4 339	4 412	4 637	4 766	4 928	5 108
有效灌溉面积（万公顷）	5 424.9	5 435.5	5 401.4	5 447.8	5 502.9	5 575.1	5 651.8

背景三：进入 21 世纪以后，中国农林牧渔业总产值及单项产值都持续增长。

根据《中国奶业年鉴 2008》提供的数据（见表 15.3），可以发现，除牧业和渔业上的小波动外，我国的农、林、牧、渔业无论总产值还是单项产值都保持着持续增长的趋势。

表 15.3

年份	农林牧渔业总产值	农业	林业	牧业	渔业
2000	24 915.8	13 873.6	936.5	7 393.1	2 712.6
2003	29 691.8	14 870.1	1 239.9	95 38.8	3 137.6
2004	36 239	18 138.4	1 327.1	12 173.8	3 605.6
2005	39 450.9	15 613.4	1 425.5	13 310.8	4 016.1
2006	40 810.8	21 522.3	1 610.8	12 083.9	3 970.5
2007	48 893	24 658.1	1 861.6	16 124.9	4 457.5

背景四：党和国家对农业问题非常重视。

2008 年 10 月，中共十七届三中全会专题研究了新形势下推进农村改革发展问题，并通过了《中共中央关于推进农村改革发展若干重大问题的决定》，在积极发展现代农业，提高农业综合生产能力等方面做了具体指导；2009 年 2 月 1 日党中央国务院出台了《中共中央　国务院关于 2009 年促进农业稳定发展农民持续增收的若干意见》，在加大对农业的支持保护力度、稳定发展农业生产、强化现代农业物质支撑和服务体系等方面提出了具体政策。

从以上背景中可以推断出：在政策支持、技术进步、投入增加、产出增长的多重推动之下，我国农业注定要继续快速发展，所以农业统计分析这一领域注定要引起人们更多的思考和关注。在这种背景下，对农业统计的相关问题进行定量研究分析有着不同寻常的意义。

现阶段，中国农业包括农业（农作物栽培，包括大田作物和园艺作物的生产）、林业（林木的培育和采伐）、牧业（畜禽饲养）、副业（采集野生植物、捕猎野兽及农民家庭手工业生产）、渔业（水生动植物的采集、捕捞和养殖）等；主要农产品包括粮食、油料、棉花、糖料、蔬菜、水果、肉类、奶类、水产品等；农业机械产品包括种植业机械、畜牧业机械、渔业机械、林业机械、农产品加工机械、农业运输机械、可再生能源利用机械等。

本章主要从农业各部门、主要农产品、农业机械产品三个角度从宏观上研究我国农业。

15.2　研究方法

1. 研究思路

对于我国农业各部门的研究，一方面对我国各地区农、林、牧、渔业总产值指数进行研究，判断各个部门总产值地域发展情况的差异；另一方面对我国各年份农、林、牧、渔业总产值指数进行研究，判断各个部门总产值在我国整体发展速度的差异。

对于我国主要农产品的研究，一方面使用我国主要农业产品产量的时间序列数据，对我国主要农业产品提取主成分，从而找出能够代表我国主要农业产品的指标；另一方面使用我国某一时间的主要农业产品在各地区产量的横截面数据，将我国主要农业产品进行地区聚类，以发现我国主要农产品的地区间分布。

对我国农业机械产品的研究，一方面分析我国农业机械产品在用途方面的构成；另一方面分析我国农业机械产品在型号方面的构成。

2．所用数据

本例采用的数据有我国部分年份人均主要农业产品产量统计、我国 2007 年农业机械产品分类情况统计、我国部分年份农林牧渔业总产值指数统计、我国 2008 年第二季度分地区农产品生产价格指数统计、我国 2008 年各地区主要农产品产量统计、我国 2008 年各地区农、林、牧、渔业总产值及增长速度统计、我国 2007 年灌溉面积统计（按全国水资源一级区划分）等。

数据分析方法均值比较分析、主成分分析、聚类分析和列联图分析。

15.3 数据分析与报告

数据分析与报告通过对项目数据全方位的科学分析来评估项目的可行性，为作出决策提供科学、严谨的依据，降低项目投资的风险。

15.3.1 对我国各地区农、林、牧、渔业总产值指数的独立样本 T 检验

表 15.4 为我国 2008 年第二季度 15 个省市的农产品生产价格指数统计数据（以上年同期价格为 100）。试用独立样本 T 检验方法研究四种产品的指数有无明显的差别。

表 15.4

地区	种植业产品	林业产品	畜牧业产品	渔业产品
山西	111.89	100.89	122.29	160.00
内蒙	113.39	115.61	118.99	111.87
辽宁	108.69	104.30	145.73	100.70
吉林	107.34	111.40	126.83	113.77
黑龙江	141.62	101.28	150.85	125.00
上海	109.85	109.82	121.92	113.77
江苏	114.14	111.11	143.98	110.47
浙江	109.81	100.13	141.34	115.48
安徽	112.25	109.59	133.04	113.33
福建	107.76	116.86	136.85	110.18
江西	110.60	104.71	142.57	113.76
山东	118.15	96.63	127.33	119.86
河南	107.49	109.13	130.59	128.31
湖北	123.87	118.59	142.65	118.67
湖南	122.86	113.53	146.97	119.90

在用 SPSS 进行分析之前，要把数据输入到 SPSS 中。本例中有三个变量，分别是编号、产品和指数。将所有变量定义为数值型变量，并对变量产品进行值标签操作，用"1"表示"种植业产品"，"2"表示"林业产品"，"3"表示"畜牧业产品"，"4"表示"渔业产品"，然后输入相关数据。输入完成后，数据如图 15.1 所示。

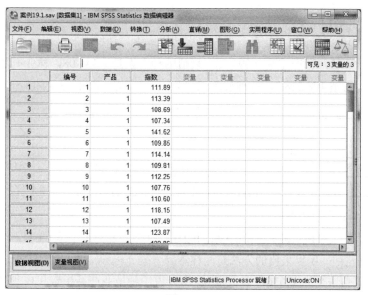

图 15.1

先进行数据保存，然后展开分析，步骤如下：

步骤 01 进入 SPSS，打开【独立样本 T 检验】对话框。

选择【分析】｜【比较平均值】｜【独立样本 T 检验】命令，弹出如图 15.2 所示的对话框。

步骤 02 选择进行独立样本 T 检验的变量。

在如图 15.2 所示对话框中，选择"指数"并单击 按钮使之进入【检验变量】列图框。

步骤 03 选择分组变量。

在左侧的列图中，选择"产品"并单击 按钮使之进入【分组变量】列表框。然后单击【定义组】按钮，弹出如图 15.3 所示的对话框。

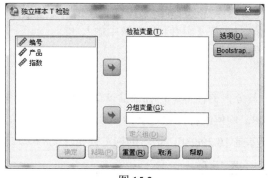

图 15.2

图 15.3

其中【组 1】、【组 2】分别表示第一、二组类别变量的取值。在【组 1】文本框中输入 1，在【组 2】文本框中输入 2。设置完毕后，单击【继续】按钮返回【独立样本 T 检验】对话框。

步骤 04 输出结果。

其他参数使用默认设置，单击【确定】按钮，等待输出结果。

结果分析如下。

1）数据基本统计量表

从表 15.5 中可以读出如下信息：参与分析的样本中，种植业产品指数的样本容量是 15，样本均值是 114.647 3，标准差是 9.094 08，均值的标准误是 2.348 08，林业产品指数的样本容量是 15，样本均值是 108.238 7，标准差是 6.644 41，均值的标准误是 1.715 58。

表 15.5

组统计量					
	产品	N	均值	标准差	均值的标准误
指数	种植业产品	15	114.647	9.094 08	2.348 08
	林业产品	15	108.2387	6.644 41	1.715 58

2）独立样本 T 检验结果表

从表 15.6 中可以发现，F 统计量的值是 0.218，对应的置信水平是 0.644，说明两样本方差之间不存在显著差别，所以采用的方法是两样本等方差 T 检验。T 统计量的值是 2.204，自由度是 28，临界置信水平为 0.036，小于 5%。所以说明种植业产品指数和林业产品指数之间有着明显的差别。

表 15.6

独立样本检验									
		列文方差相等性检验		平均值相等性的 T 检验						
		F	显著性	T	自由度	显著性（双尾）	平均差	标准误差差值	差值 95%置信区间	
									下限	上限
指数	已假设方差齐性	0.218	0.644	2.204	28	0.036	6.408 67	2.908 04	0.451 82	12.365 52
	未假设方差齐性			2.204	25.632	0.037	6.408 67	2.908 04	0.426 93	12.390 41

接着进行种植业产品和畜牧业产品的指数比较。类比上述操作过程，在如图 15.3 所示的对话框中重新设置。在【组 1】文本框中输入 1，在【组 2】文本框中输入 3。

得到分析结果如下。

1）数据基本统计量表

从表 15.7 中可以读出如下信息：参与分析的样本中，种植业产品指数的样本容量是 15，样本均值是 114.647 3，标准差是 9.094 08，均值的标准误是 2.348 08，畜牧业产品指数的样本容量是 15，样本均值是 135.462 0，标准差是 10.296 80，均值的标准误是 2.658 62。

表 15.7

	产品	N	均值	标准差	均值的标准误
指数	种植业产品	15	114.647 3	9.094 08	2.348 08
	畜牧业产品	15	135.462 0	10.296 80	2.658 62

2）独立样本 T 检验结果表

从表 15.8 中可以发现，F 统计量的值是 1.693，对应的置信水平是 0.204，说明两样本方差之间不存在显著差别，所以采用的方法是两样本等方差 T 检验。T 统计量的值是-5.868，自由度是 28，临界置信水平为 0.000，远小于 5%。所以说明种植业产品指数和畜牧业产品指数之间有着明显的差别。

表 15.8

		列文方差相等性检验		平均值相等性的 T 检验						
		F	显著性	T	自由度	显著性（双尾）	平均差	标准误差差值	差值 95%置信区间	
									下限	上限
指数	已假设方差齐性	1.693	0.204	−5.868	28	0.000	−20.814 67	3.547 08	−28.080 53	−13.548 81
	未假设方差齐性			−5.868	27.579	0.000	−20.814 67	3.547 08	−28.085 53	−13.543 80

下面对种植业产品和渔业产品进行比较。类比之前的操作过程，在【组 1】文本框中输入1，在【组 2】文本中输入 4。

得到分析结果如下：

1）数据基本统计量图

从表 15.9 中可以读出如下信息：参与分析的样本中，种植业产品指数的样本容量是 15，样本均值是 114.647 3，标准差是 9.094 08，均值的标准误是 2.348 08；渔业产品指数的样本容量是 15，样本均值是 118.286 7，标准差是 13.280 85，均值的标准误是 3.429 10。

表 15.9

	产品	N	均值	标准差	均值的标准误
指数	种植业产品	15	114.647 3	9.094 08	2.348 08
	渔业产品	15	118.286 7	13.280 85	3.429 10

2）独立样本 T 检验结果表

从表 15.10 中可以发现：F 统计量的值是 0.374，对应的置信水平是 0.546，说明两样本方差之间不存在显著差别，所以采用的方法是两样本等方差 T 检验。T 统计量的值是−0.876，自由度是 28，临界置信水平为 0.389，远大于 5%。所以说明种植业产品指数和渔业产品指数之间没有明显的差别。

表 15.10

		列文方差相等性检验		平均值相等性的 T 检验						
		F	显著性	T	自由度	显著性（双尾）	平均差	标准误差差值	差值的 95%置信区间	
									下限	上限
指数	已假设方差齐性	0.374	0.546	−0.876	28	0.389	−3.639 33	4.155 98	−12.152 48	4.873 82
	未假设方差齐性			−0.876	24.763	0.390	−3.639 33	4.155 98	−12.202 91	4.924 24

15.3.2 对我国主要农业产品的主成分分析

表 15.11 为我国部分年份人均主要农业产品产量统计（1978~2007）的相关数据。试用主成分分析法对这些指标提取主成分并写出提取的主成分与这些指标之间的表达式。

表 15.11

年份	粮食	棉花	油料	糖料	水果	水产品
1978	315	2.3	5.5	24.9	6.9	4.9
1980	327	2.8	7.8	29.7	6.9	4.6
1985	361	3.9	15	57.5	11.1	6.7
1989	364	3.4	11.6	51.9	16.4	10.3
2004	362	4.9	23.7	73.8	118.4	37.8
2005	371	4.4	23.6	72.5	123.6	39.2
2006	380	5.7	20.1	76.4	130.4	35
2007	381	5.8	15.3	86.9	137.6	36

在用 SPSS 进行分析之前，要把数据输入到 SPSS 中。本例中有 7 个变量，分别是年份、粮食、棉花、油料、糖料、水果和水产品。所有变量都定义为数值型变量，然后输入相关数据。输入完成后，数据如图 15.4 所示。

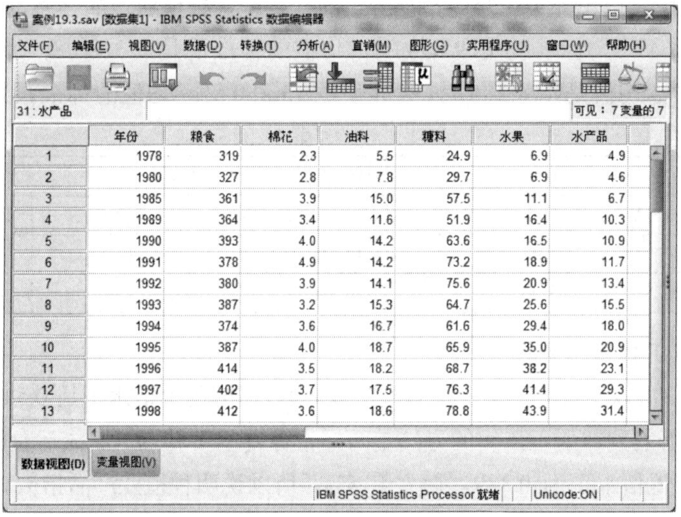

图 15.4

先进行数据保存，然后开始展开分析，步骤如下：

步骤 01 打开【因子分析】对话框。

进入 SPSS，打开相关数据文件，选择【分析】|【降维】|【因子分析】命令，弹出如图 15.5 所示的对话框。

步骤 02 选择进行因子分析的变量。

在如图 15.5 所示的对话框中，依次选择粮食、棉花、油料、糖料、水果、水产品并单击 按钮使之进入【变量】列表框。

步骤 03 选择输出系数相关矩阵。

单击【因子分析】对话框右上角的【描述】按钮，弹出如图 15.6 所示的对话框。在【相关性矩阵】选项组中勾选【系数】复选框，单击【继续】按钮返回【因子分析】对话框。

图 15.5

图 15.6

步骤 04 其余设置采用系统默认即可。输出结果。

设置完毕，单击【确定】按钮，等待输出结果。

结果分析如下。

1）系数相关矩阵

从表 15.12 中可以看出，各个变量之间都具有一定的相关关系，而且有些相关系数还比较大，　所以本例很适合使用主成分分析。

表 15.12

相关矩阵		粮食	棉花	油料	糖料	水果	水产品
相关	粮食	1.000	0.219	0.304	0.581	0.013	0.224
	棉花	0.219	1.000	0.493	0.697	0.708	0.479
	油料	0.304	0.493	1.000	0.746	0.692	0.916
	糖料	0.581	0.697	0.746	1.000	0.588	0.699
	水果	0.013	0.708	0.692	0.588	1.000	0.823
	水产品	0.224	0.479	0.916	0.699	0.823	1.000

2）各成分的方差贡献率和累计贡献率

由表 15.13 知，只有前两个特征值大于 1，所以 SPSS 只选择了前两个主成分。第一主成分的方差贡献率是 64.567%，前两个主成分的方差占所有主成分方差的 83.152%。由此可见，选前两个主成分已足够替代原来的变量。

表 15.13

成分	初始特征值			提取平方和载入		
	合计	方差的 %	累积 %	合计	方差的 %	累积 %
1	3.874	64.567	64.567	3.874	64.567	64.567
2	1.115	18.586	83.152	1.115	18.586	83.152

解释的总方差

续表

解释的总方差					
成分	初始特征值			提取平方和载入		
	合计	方差的 %	累积 %	合计	方差的 %	累积 %
3	0.663	11.051	94.203			
4	0.204	3.406	97.609			
5	0.110	1.825	99.434			
6	0.034	0.566	100.000			

注：提取方法为主成分分析。

3）主成分系数矩阵

表 15.14 输出了主成分系数矩阵，可以说明各个主成分在各个变量上的载荷，从而得出各主成分的表达式。值得一提的是，在表达式中各个变量已经不是原始变量，而是标准化变量。

表 15.14

成分矩阵 [a]		
	成分	
	1	2
粮食	0.407	0.886
棉花	0.760	−0.077
油料	0.897	−0.052
糖料	0.892	0.315
水果	0.846	−0.432
水产品	0.903	−0.189

注：1）提取方法为主成分分析法。

2）a. 已提取了两个成分。

由此可知：

F_1=0.407×粮食+0.760×棉花+0.897×油料+0.892×糖料+0.846×水果+0.903×水产品

F_2=0.886×粮食−0.077×棉花−0.052×油料+0.315×糖料−0.432×水果−0.189×水产品

在第一主成分中，除粮食以外的变量的系数比较大，可以看成反映那些变量方面的综合指标；在第二主成分中，变量粮食的系数比较大，可以看成反映粮食的综合指标。

15.3.3 对我国各地区按其主要农产品产量进行的聚类分析

数据资料为我国 2008 年各地区主要农产品的产量统计数据。在用 SPSS 进行分析之前，要把数据输入 SPSS 中。本例中有 10 个变量，分别为"地区""粮食""油料""棉花""糖料""蔬菜""水果""肉类""奶类""水产品"。将"地区"定义为字符型变量，其余 9 个变量均定义为数值型字符变量，然后输入，数据如图 15.7 所示。

观察到不同变量的数量级相差不大，所以无须先对数据进行标准化处理，直接进行分析即可。

图 15.7

先进行数据保存，然后开始展开分析，步骤如下：

步骤01 打开【K 平均值聚类分析】对话框。

进入 SPSS，打开相关数据文件，选择【分析】|【分类】|【K 均值聚类】命令，弹出如图 15.8 所示的对话框。

步骤02 选择进行聚类分析的变量。

在如图 15.8 所示的对话框中选择【地区】并单击 按钮使之进入【标注个案】列表框，选择其他 9 个变量并单击 按钮使之进入【变量】列表框；在【聚类数】文本框中，输入聚类分析的类别数 4，在【方法】选项组中勾选【仅分类】复选框。

步骤03 设置输出及缺失值处理方法。

单击如图 15.8 所示的对话框右上角的【选项】按钮，弹出如图 15.9 所示的对话框。在 Statisistics 选项组中勾选三个复选框；其他选择默认值。设置完毕后，单击【继续】按钮返回【K 平均值聚类分析】对话框。

图 15.8

图 15.9

步骤04 其他设置。

其他设置采用系统默认即可。

步骤05 输出结果。

设置完毕，单击【确定】按钮，等待输出结果。

结果分析如下：

1）聚类结果

从表 15.15 中可以知道，北京、天津、山西、上海、海南、重庆、贵州、西藏、陕西、甘肃、青海、宁夏、新疆属于第一类，内蒙古、吉林、黑龙江、安徽、四川属于第二类，河北、山东、河南属于第三类，辽宁、江苏、浙江、福建、江西、湖北、湖南、广东、云南属于第四类。

表 15.15

聚类成员			
案例号	地区	聚类	距离
1	北京	1	300.215
2	天津	1	281.227
3	河北	3	2 715.035
4	山西	1	1 299.401
5	内蒙古	2	2 162.840
6	辽宁	4	1 463.730
7	吉林	2	1 499.890
8	黑龙江	2	0.000
9	上海	1	381.274
10	江苏	4	2 574.527
11	浙江	4	1 466.793
12	安徽	2	1 639.103
13	福建	4	1 675.893
14	江西	4	2 068.663
15	山东	3	0.000
16	河南	3	2 640.781
17	湖北	4	1 701.454
18	湖南	4	2 036.910
19	广东	4	0.000
20	海南	1	717.745
21	重庆	1	1 442.006
22	四川	2	2 404.411
23	贵州	1	1 436.121
24	云南	4	1791.258
25	西藏	1	0.000
26	陕西	1	1 909.841
27	甘肃	1	1 368.911

聚类成员			
案例号	地区	聚类	距离
28	青海	1	73.389
29	宁夏	1	404.744
30	新疆	1	1 606.776

2）最终聚类中心

从表 15.16 中可以看出，第一类地区粮食、油料、蔬菜、水果、肉类、奶类、水产品产量都很低，棉花产量相对较高；第二类地区粮食、油料、糖料肉类、奶类产量较高，棉花产量很低；第三类地区粮食、油料、棉花、蔬菜、水果、肉类、奶类产量非常高，糖料产量很低，水产品产量较高；第四类地区糖料、水产品产量非常高，奶类产量很低，粮食、棉花、油料产量较低，蔬菜、水果、肉类产量较高。

表 15.16

最终聚类中心				
	聚类			
	1	2	3	4
粮食	566.83	3 071.92	4 177.27	1 801.78
油料	27.14	135.14	332.83	98.68
棉花	26.50	7.74	80.97	13.64
糖料	83.50	120.06	26.72	382.01
蔬菜	604.65	1 655.62	7 237.97	2 152.56
水果	310.72	441.32	2 091.70	649.28
肉类	72.19	307.94	555.40	309.37
奶类	59.32	311.68	356.27	41.78
水产品	20.26	65.68	292.50	350.2

15.4　研究结论

根据上述所做的分析，可以比较有把握地得出如下结论：

（1）通过对我国各地区农林牧渔业总产值指数进行研究发现，种植业产品指数和林业产品指数之间有着明显的差别，种植业产品指数和畜牧业产品指数之间有着明显的差别，种植业产品指数和渔业产品指数之间没有明显的差别。这说明我国种植业与林业、畜牧业在各地区的发展速度是有着明显差别的，种植业与渔业在各地区的发展速度没有明显差别。

（2）通过对我国各年份农、林、牧、渔业总产值指数进行研究发现，种植业产品指数和林业产品指数之间没有明显的差别，种植业产品指数和畜牧业产品指数之间有着明显的差别，种植业产品指数和渔业产品指数存在明显的差别。这说明我国种植业与渔业、畜牧业整体发展速度是有着明显的差别，种植业与林业的整体发展速度没有明显的差别。

（3）使用两个指标就可以描述我国人均主要农业产品的产量，其中一个主要用来描述粮食这一农产品，另一个指标主要用来描述其他的农产品。

（4）北京、天津、山西、上海、海南、重庆、贵州、西藏、陕西、甘肃、青海、宁夏、新疆的粮食、油料、蔬菜、水果、肉类、奶类、水产品产量都很低，棉花产量相对较高；内蒙古、吉林、黑龙江、安徽、四川的粮食、油料、糖料、肉类、奶类产量较高，棉花产量很低；河北、山东、河南的粮食、油料、棉花、蔬菜、水果、肉类、奶类产量非常高，糖料产量很低，水产品产量较高；辽宁、江苏、浙江、福建、江西、湖北、湖南、广东、云南的糖料、水产品产量非常高，奶类产量很低，粮食、棉花、油料产量较低，蔬菜、水果、肉类产量较高。

经过上述研究，可以从一种宏观的视野上对我国农业有一个比较全面的了解，在以后的政策制定及开发市场等方面都可以做到统筹规划、有的放矢。比如某上市公司欲大量收购奶产品，就应该去内蒙古、吉林、黑龙江、安徽、四川、河北、山东、河南等省份进行采购，而避免去那些产量低的省份去面对更加激烈的市场竞争；又如某农产品机械产品制造商欲新推广一种大类可再生能源利用机械，那么就需要做好面临重大困难的准备。

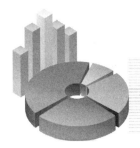

第 16 章

SPSS 在研究城市综合经济实力中的应用

改革开放以来，随着工业化进程的加快，我国城市的数量不断增加，个体的规模不断扩大，在社会经济生活中所起的主导作用也越来越显著。当今世界已经进入了全球经济一体化的时代，城市作为国家的经济、政治、科技和教育文化发展中心已经成为经济循环的主角，而决定每个城市的地位、作用及未来发展态势的主要因素是它们各自拥有的综合经济实力。城市综合实力是指一个城市在一定时期内经济、社会、基础设施、环境、科技、文教等各个领域所具备的现实实力和发展能力的集合。SPSS 软件可以用来进行城市综合经济实力的相关分析研究。下面来介绍 SPSS 在研究城市综合经济实力中的应用。

16.1 研究背景及目的

2009 年 10 月 17 日，第六届中国城市论坛北京峰会在朝阳规划艺术馆召开。这次峰会不仅吸引了城市发展领域内几百位专家的关注和参与，更让来自全国各个城市的会议代表们受益匪浅。会议指出，"十二五"期间既是全球经济复苏的关键时期，也是我国加快城市化进程的关键时期。

以前我国采取的城市外延式扩张战略导致城市发展中出现了资源浪费、环境污染、不注重保护城市历史文脉和特点等各种各样的问题。所以"十二五"期间，城市必须从规模、质量、结构和效益等各个角度，推进实施"内涵式发展"模式。城市发展将呈现五个新变化：一是城市发展开始从外延式扩张向内涵式发展转变；二是城市软实力成为城市发展的核心竞争力；三是城乡统筹和城乡一体化成为城市发展的新格局；四是综合配套改革实验区的示范意义进一步凸显；五是城市群对城市建设与发展的作用日益增强。

在这种大背景下对我国各城市的综合经济实力进行研究，不论是对于促进我国城市本身又好又快地发展，还是对于充分发挥城市在社会经济生活中所起的主导作用，都有着极为重要的意义。

本章的研究目的如下：通过对描述我国各城市综合经济实力的各种指标进行各种分析，一方面找出用来衡量我国城市综合经济实力的各个指标之间的内在联系，另一方面找出各城市经济实力的差异。

16.2　研究方法

对城市综合经济实力的概念，中国城市经济发展研究中心提出：城市综合经济实力是指城市所拥有的全部实力、潜力及其在国内外经济社会中的地位和影响力。据此可以看出，评价城市综合经济实力的指标应该包括人口、地区生产总值、拥有的交通运输以及通信能力、地方财政预算内收支、固定资产投资总额、城乡居民工资水平及储蓄水平、环境污染治理投资总额、商贸市场水平、人才状况及社会医疗保障水平等方面。所以我们采用的数据指标有：年底总人口、地区生产总值、第一产业增加值、第二产业增加值、第三产业增加值、客运量、货运量、地方财政预算内收入、地方财政预算内支出、固定资产投资总额、城乡居民储蓄年末余额、在岗职工平均工资、年末邮政局数、年末固定电话用户数、社会商品零售总额、货物进出口总额、年末实有公共汽车营运车辆数、影剧院数、普通高等学校在校学生数、医院数、执业医师、环境污染治理投资总额 22 个指标。

本例采用的数据是《中国-2007 年省会城市和计划单列市主要经济指标统计（包括市辖县）》，数据摘编自《中国统计年鉴 2008》。

采用的数据分析方法主要有回归分析、相关分析和因子分析等。

基本思路是：首先使用回归分析、相关分析等方法研究构成城市综合经济实力的各个变量之间的关系；然后使用因子分析对构成城市综合经济实力的各个变量提取公因子；最后使用一些简单的 SPSS 数据处理技巧，依照提取的公因子对各城市进行分类及排序。

16.3　数据分析与报告

因为本例采用的是现成的数据，所以根据第 1 章介绍的方法直接将所用数据输入 SPSS 中即可。共设置了 23 个变量，分别是"城市名称""年底总人口""地区生产总值""第一产业增加值""第二产业增加值""第三产业增加值""客运量""货运量""地方财政预算内收入""地方财政预算内支出""固定资产投资总额""城乡居民储蓄年末余额""在岗职工平均工资""年末邮政局数""年末固定电话用户数""社会商品零售总额""货物进出口总额""年末实有公共汽车营运车辆数""影剧院数""普通高等学校在校学生数""医院数""执业医师""环境污染治理投资总额"等。其中，"城市名称"为字符串变量，其余变量均为数值型变量。样本是中国 2007 年省会城市和计划单列市主要经济指标统计的相关数据。输入完成后，数据如图 16.1 所示。

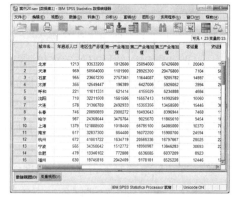

图 16.1

16.3.1　用相关分析法研究构成城市综合经济实力变量之间的关系

对于相关分析，包括如下内容：

第一，对"地区生产总值"的 3 个组成部分："第一产业增加值""第二产业增加值""第三产业增加值"进行简单相关分析；

第二，在控制"地区生产总值"的前提下，对"第一产业增加值""第二产业增加值""第三产业增加值"进行偏相关分析；

第三，在控制"年底总人口"的前提下，对"客运量"和"货运量"进行偏相关分析；

第四，在控制"年底总人口"的前提下，对"地方财政预算内收入"和"地方财政预算内支出"进行偏相关分析；

第五，对"年底总人口""地区生产总值""环境污染治理投资总额" 3 个变量进行简单相关分析。

（1）对"地区生产总值"的 3 个组成部分进行简单相关分析。

操作步骤如下：

步骤 01 打开【双变量相关性】对话框。

进入 SPSS，打开相关数据文件，选择【分析】|【相关】|【双变量】命令，弹出如图 16.2 所示的对话框。

步骤 02 选择进行相关分析的变量。

在如图 16.2 所示的对话框左侧的列表中，选择"第一产业增加值""第二产业增加值""第三产业增加值"并单击　按钮使之进入【变量】列表框。

步骤 03 其他设置。

其他设置使用系统默认设置即可。

步骤 04 输出结果。

图 16.2

设置完毕，单击【确定】按钮，等待输出结果。

结果分析见表 16.1。

表 16.1

相关性		第一产业增加值	第二产业增加值	第三产业增加值
第一产业增加值	Pearson 相关性	1	0.209	0.121
	显著性（双侧）		0.222	0.483
	N	36	36	36
第二产业增加值	Pearson 相关性	0.209	1	0.867**
	显著性（双侧）	0.222		0.000
	N	36	36	36
第三产业增加值	Pearson 相关性	0.121	0.867**	1
	显著性（双侧）	0.483	0.000	
	N	36	36	36

注：**. 在 0.01 水平（双侧）上显著相关。

从表 16.1 中可以看出，构成"地区生产总值"的 3 个组成部分，只有"第二产业增加值"与"第三产业增加值"之间具有很强的相关性并且在 0.01 的显著性水平上显著，其他的变量之间相关性很不显著。

（2）在控制"地区生产总值"的前提下，对"第一产业增加值""第二产业增加值""第三产业增加值"进行偏相关分析。

操作步骤如下：

步骤 01 打开【偏相关】对话框。

进入 SPSS，打开相关数据文件，选择【分析】|【相关】|【偏相关】命令，弹出如图 16.3 所示的对话框。

图 16.3

步骤 02 选择进行偏相关分析的变量和控制变量。

在如图 16.3 所示的对话框左侧的列表中，同时选择"第一产业增加值""第二产业增加值""第三产业增加值"并单击 按钮使之进入【变量】列表框，然后选择"地区生产总值"并单击 按钮使之进入【控制】列表框。

步骤 03 取消勾选【显示实际显著性水平】复选框。

在如图 16.3 所示的对话框的左下方，取消勾选【显示实际显著性水平】复选框。

步骤 04 其他设置。

其他设置使用系统默认即可。

步骤 05 输出结果。

设置完毕，单击【确定】按钮，等待输出结果。

结果分析见表 16.2。从表 16.2 中可以看出，在控制"地区生产总值"的前提下，构成"地区生产总值"的 3 个组成部分中，"第二产业增加值"与"第三产业增加值"之间的相关关系依旧非常显著（在 0.01 的水平上显著），但是相关系数却变为负值；"第三产业增加值"与"第一产业增加值"之间也有一定的相关性（在 0.05 的水平上显著），这种相关性也是负的；"第二产业增加值"与"第一产业增加值"之间的相关关系依旧不显著。

表 16.2

相关性			第一产业增加值	第二产业增加值	第三产业增加值
控制变量					
地区生产总值	第一产业增加值	相关性	1.000	0.052	-0.341*
	第二产业增加值	相关性	0.052	1.000	-0.957**
	第三产业增加值	相关性	-0.341*	-0.957**	1.000

注：1）*.在 0.05 水平上显著相关。

　　2）**.在 0.01 水平上显著相关。

（3）在控制"年底总人口"的前提下，对"客运量"和"货运量"进行偏相关分析。

步骤01 打开对话框。

进入 SPSS，打开相关数据文件，选择【分析】|【相关】|【偏相关】命令，弹出【偏相关】对话框，如图 16.3 所示。

步骤02 选择进行偏相关分析的变量和控制变量。

在如图 16.3 所示的对话框左侧的列表中，同时选择"客运量"和"货运量"并单击 按钮使之进入【变量】列表框，然后选择"年底总人口"并单击 按钮使之进入【控制】列表框。

步骤03 取消勾选复选框。

在如图 16.3 所示的对话框的左下方，取消勾选【显示实际显著性水平】复选框。

步骤04 其他设置。

其他设置使用系统默认。

步骤05 输出结果。

设置完毕，单击【确定】按钮，等待输出结果。

结果分析见表 16.3。从表 16.3 中可以看出，在控制"年底总人口"的前提下，"客运量"与"货运量"之间的相关系数很小而且这种相关关系很不显著。

表 16.3

相关性			客运量	货运量
控制变量				
年底总人口	客运量	相关性	1.000	0.053
	货运量	相关性	0.053	1.000

（4）在控制"年底总人口"的前提下，对"地方财政预算内收入"和"地方财政预算内支出"进行偏相关分析。

步骤01 打开【偏相关】对话框。

进入 SPSS，打开相关数据文件，选择【分析】|【相关】|【偏相关】命令，弹出【偏相关】对话框（见图 16.3）。

步骤02 选择进行偏相关分析的变量和控制变量。

在如图 16.3 所示的对话框左侧的列表中，同时选择"地方财政预算内收入"和"地方财政预算内支出"并单击 ⬇ 按钮使之进入【变量】列表框，然后选中"年底总人口"并单击 ⬇ 按钮使之进入【控制】列表框。

步骤 03 取消勾选【显示实际显著性水平】复选框。

在如图 16.3 所示的对话框的左下方，取消勾选【显示实际显著性水平】复选框。

步骤 04 其他设置。

其他设置使用系统默认设置即可。

步骤 05 输出结果。

设置完毕，单击【确定】按钮，等待输出结果。

结果分析见表 16.4。从表 16.4 中可以看出，在控制"年底总人口"的前提下，"客运量"与"货运量"之间的相关系数很大而且这种相关关系非常显著（在 0.01 的水平上显著）。

表 16.4

相关性				
控制变量			客运量	货运量
年底总人口	客运量	相关性	1.000	0.053
	货运量	相关性	0.053	1.000

（5）对"年底总人口""地区生产总值""环境污染治理投资总额"个变量进行简单相关分析。

操作步骤如下：

步骤 01 打开【双变量相关性】对话框。

进入 SPSS，打开相关数据文件，选择【分析】|【相关】|【双变量】命令，弹出如图 16.2 所示的对话框。

步骤 02 选择进行相关分析的变量。

在如图 16.2 所示的对话框左侧的列表中，选择"年底总人口""地区生产总值""环境污染治理投资总额"并单击 ⬇ 按钮使之进入【变量】列表框。

步骤 03 其他设置。

其他设置使用系统默认。

步骤 04 输出结果。

设置完毕，单击【确定】按钮，等待输出结果。

结果分析见表 16.5。从表 16.5 中可以看出，年底总人口与地区生产总值为正相关而且这种相关关系十分显著（在 0.01 的水平上显著）；地区生产总值与环境污染治理投资总额之间也为正相关而且这种相关关系也非常显著（在 0.01 的水平上显著）；年底总人口与环境污染治理投资总额之间也为正相关，但这种相关关系不如前两者显著（仅在 0.05 的水平上显著）。

表 16.5

相关性		年底总人口	地区生产总值	环境污染治理投资总额
年底总人口	Pearson 相关性	1	0.468**	0.362*
	显著性（双侧）		0.004	0.033
	N	36	36	35
地区生产总值	Pearson 相关性	0.468**	1	0.674**
	显著性（双侧）	0.004		0.000
	N	36	36	35
环境污染治理投资总额	Pearson 相关性	0.362*	0.674**	1
	显著性（双侧）	0.033	0.000	
	N	35	35	35

注：1）**. 在.01 水平（双侧）上显著相关。

2）*. 在 0.05 水平（双侧）上显著相关。

16.3.2　用回归分析法研究构成城市综合经济实力变量之间的关系

对于回归分析，以"地区生产总值"为因变量，"年底总人口""客运量""货运量""地方财政预算内收入""地方财政预算内支出""固定资产投资总额""城乡居民储蓄年末余额""在岗职工平均工资""年末邮政局数""年末固定电话用户数""社会商品零售总额""货物进出口总额""年末实有公共汽车营运车辆数""影剧院数""普通高等学校在校学生数""医院数""执业医师""环境污染治理投资总额"等为自变量，进行多重线性回归。

操作步骤如下：

步骤01 打开【线性回归】对话框。

进入 SPSS，打开相关数据文件，选择【分析】|【相关】|【线性】命令，弹出如图 16.4 所示的对话框。

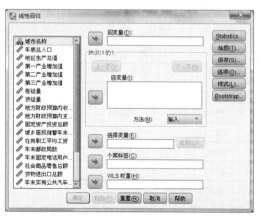

图 16.4

步骤02 选择进行多重线性回归分析的变量。

在如图 16.4 所示的对话框左侧的列表中，选择"地区生产总值"并单击 ➡ 按钮使之进入【因变量】列表框。选择"年底总人口""客运量""货运量""地方财政预算内收入""地方财政预算内支出""固定资产投资总额""城乡居民储蓄年末余额""在岗职工平均工资""年末邮政局数""年末固定电话用户数""社会商品零售总额""货物进出口总额""年末实有公共汽车营运车辆数""影剧院数""普通高等学校在校学生数""医院数""执业医师""环境污染治理投资总额"并单击 按钮使之进入【自变量】列表框。最后在【自变量】下方的【方法】下拉列表中采用【逐步】法进行回归。

步骤 03 其他设置。

其他设置使用系统默认即可。

步骤 04 输出结果。

设置完毕，单击【确定】按钮，等待输出结果。

结果分析如下：

1）变量输入或者移去的情况

表 16.6 为变量进入回归模型或者退出模型的情况。因为采用的是逐步法，所以本例中显示的是依次进入模型的变量以及变量进入与删除的判别标准。

表 16.6

模型	输入的变量	移去的变量	方法
		输入/移去的变量 [a]	
1	社会商品零售总额	.	步进（准则：F-to-enter 的概率 <= 0.050, F-to-remove 的概率 >= 0.100）
2	货物进出口总额	.	步进（准则：F-to-enter 的概率 <= 0.050, F-to-remove 的概率 >= 0.100）
3	货运量	.	步进（准则：F-to-enter 的概率 <= 0.050, F-to-remove 的概率 >= 0.100）
4	年末实有公共汽车营运车辆数	.	步进（准则：F-to-enter 的概率 <= 0.050, F-to-remove 的概率 >= 0.100）

注：a. 因变量为地区生产总值。

2）模型拟合情况表

表 16.7 为随着变量进入依次形成的 4 个模型的拟合情况。可以发现 4 个模型的修正的可决系数在依次递增，而且都在 0.95 以上。所以，模型的拟合情况非常好。

表 16.7

模型	R	R^2	调整 R^2	标准估计的误差
		模型汇总		
1	0.975[a]	0.951	0.949	5 852 275.896
2	0.989[b]	0.978	0.977	3 965 621.433
3	0.995[c]	0.990	0.989	2 709 844.129
4	0.996[d]	0.991	0.990	2 545 120.700

注：1）a.预测变量（常量）为社会商品零售总额。

2）b.预测变量（常量）为社会商品零售总额，货物进出口总额。

3）c.预测变量（常量）为社会商品零售总额，货物进出口总额，货运量。

4）d.预测变量（常量）为社会商品零售总额，货物进出口总额，货运量，年末实有公共汽车营运车辆数。

3）方差分析表

表 16.8 给出了随着变量进入依次形成的 4 个模型的方差分解结果。可以发现为 0.000。所以，模型整体是极为显著的。

表 16.8

模型		平方和	df	均方	F	Sig.
1	回归	2.172E16	1	2.172E16	634.040	0.000a
	残差	1.130E15	33	3.425E13		
	总计	2.285E16	34			
2	回归	2.234E16	2	1.117E16	710.355	0.000b
	残差	5.032E14	32	1.573E13		
	总计	2.285E16	34			
3	回归	2.262E16	3	7.539E15	1026.697	0.000c
	残差	2.276E14	31	7.343E12		
	总计	2.285E16	34			
4	回归	2.265E16	4	5.663E15	874.207	0.000d
	残差	1.943E14	30	6.478E12		
	总计	2.285E16	34			

注：1）a. 预测变量（常量）为社会商品零售总额。

2）b. 预测变量（常量）为社会商品零售总额，货物进出口总额。

3）c. 预测变量（常量）为社会商品零售总额，货物进出口总额，货运量。

4）d. 预测变量（常量）为社会商品零售总额，货物进出口总额，货运量，年末实有公共汽车营运车辆数。

5）e. 因变量为地区生产总值。

4）回归方程的系数以及系数的检验结果

表 16.9 给出了随着变量进入依次形成的 4 个模型的自变量的系数。可以发现最后成型的也就是第 4 个模型的各个自变量系数都非常显著。

表 16.9

模型		非标准化系数		标准系数	t	Sig.
		β	标准误差	试用版		
1	（常量）	−1 509 226.73	1 565 713.712		−0.964	0.342
	社会商品零售总额	2.851	0.113	0.975	25.180	0.000
2	（常量）	1 394 557.51	1 156 342.223		1.206	0.237
	社会商品零售总额	2.254	0.122	0.771	18.520	0.000
	货物进出口总额	0.948	0.150	0.263	6.314	0.000
3	（常量）	543 543.274	802 285.772		0.677	0.503
	社会商品零售总额	1.836	0.108	0.628	17.071	0.000
	货物进出口总额	1.047	0.104	0.290	10.077	0.000
	货运量	259.319	42.329	0.165	6.126	0.000
4	（常量）	1045 840.11	785 397.741		1.332	0.193

续表

系数 a					
模型	非标准化系数		标准系数	t	Sig.
	β	标准误差	试用版		
4 社会商品零售总额	2.204	0.191	0.754	11.538	0.000
货物进出口总额	1.127	0.104	0.312	10.858	0.000
货运量	236.429	41.018	0.150	5.764	0.000
年末实有公共汽车营运车辆数	−876.590	386.551	−0.139	−2.268	0.031

注：a. 因变量为地区生产总值。

综上所述，可得出如下结论。

（1）最终模型的表达式（即模型 4）为：

地区生产总值=1 045 571.596+2.164×社会商品零售总额+1.127×货物进出口总额+236.428×货运量−876.676×年末实有公共汽车营运车辆数

（2）最终模型的拟合优度很好，修正的可决系数近乎 1。

（3）模型整体显著，显著性 P 值为 0.000。

（4）模型中各自变量系数的显著性 P 值都小于 0.05，显著。

经过上述多重线性回归分析，可以发现我国城市的地区生产总值与社会商品零售总额、货物进出口总额、货运量、年末实有公共汽车营运车辆数有显著关系，与其他变量之间的关系并不显著。其中社会商品零售总额、货物进出口总额、货运量对地区生产总值起正向作用，尤其是货运量，每增加一单位，地区生产总值就增加 236.428 个单位，而年末实有公共汽车营运车辆数对地区生产总值起反向作用。

16.3.3 用因子分析法研究构成城市综合经济实力的变量

对于因子分析，对构成城市综合经济实力的各个变量提取公因子。

操作步骤如下：

步骤 01 打开【因子分析线性】对话框。

进入 SPSS，打开相关数据文件，选择【分析】|【降维相关】|【因子分析线性】命令，弹出如图 16.5 所示的对话框。

步骤 02 选择进行因子分析的变量。

在如图 16.5 所示的对话框左侧的列表中，依次选择"年底总人口""地区生产总值""客运量""货运量""地方财政预算内收入""地方财政预算内支出""固定资产投资总额""城乡居民储蓄年末余额""在岗职工平均工资""年末邮政局数""年末固定电话用户数""社会商品零售总额""货物进出口总额""年末实有公共汽车营运车辆数""影剧院数""普通高等学校在校学生数""医院数""执业医师""环境污染治理投资总额"并单击 ➡ 按钮使之进入【变量】列表框。

步骤 03 选择输出系数相关矩阵。

单击【因子分析】对话框右上角的【描述】按钮，弹出如图 16.6 所示的对话框。

在【相关性矩阵】选项组中勾选【KMO 和 Bartlett 的球形度检验】复选框，单击【继续】按钮返回【因子分析】对话框。

图 16.5

图 16.6

步骤 04 设置对提取公因子的要求及相关输出内容。

单击【因子分析】对话框右上角的【抽取】按钮，弹出如图 16.7 所示的对话框。在【输出】选项组中勾选【碎石图】复选框，单击【继续】按钮返回【因子分析】对话框。

图 16.7

步骤 05 设置因子旋转方法。

单击【因子分析】对话框右上角的【旋转】按钮，弹出如图 16.8 所示的对话框。在【方法】选项组中选择【最大方差法】单选按钮。

步骤 06 设置有关因子得分的选项。

单击【因子分析】对话框右上角的【得分】按钮，弹出如图 16.9 所示的对话框。在本对话框中勾选【保存为变量】、【显示因子得分系数矩阵】复选框，然后单击【继续】按钮返回【因子分析】对话框。

图 16.8   图 16.9

步骤 07 其他设置。

其余设置采用系统默认即可。

步骤 08 输出结果。

设置完毕，单击【确定】按钮，等待输出结果。

结果分析如下：

1）KMO 检验和 Bartlett 检验结果

由表 16.10 可知，本例中 KMO 的取值为 0.794，表明进行因子分析还好。Bartlett 检验的 Sig 值为 0.000，说明数据来自正态分布总体，适合进一步分析。

表 16.10

KMO 和 Bartlett 的检验		
取样足够度的 Kaiser-Meyer-Olkin 度量		0.790
Bartlett 的球形度检验	近似卡方	1 527.771
	df	171
	Sig.	0.000

2）变量共同度

由表 16.11 可知，本例中大多数变量共同度都在 90%以上，所以提取的这几个公因子对各变量的解释能力还可以。

表 16.11

公因子方差		
	初始	提取
年底总人口	1.000	0.893
地区生产总值	1.000	0.972
客运量	1.000	0.784
货运量	1.000	0.726
地方财政预算内收入	1.000	0.979
地方财政预算内支出	1.000	0.976
固定资产投资总额	1.000	0.933
城乡居民储蓄年末余额	1.000	0.958

续表

公因子方差		
	初始	提取
在岗职工平均工资	1.000	0.740
年末邮政局数	1.000	0.933
年末固定电话用户数	1.000	0.960
社会商品零售总额	1.000	0.955
货物进出口总额	1.000	0.859
年末有公共汽车营运车辆数	1.000	0.901
影剧院数	1.000	0.969
普通高等学校在校学生数	1.000	0.576
医院数	1.000	0.975
执业医师	1.000	0.969
环境污染治理投资总额	1.000	0.645

注：提取方法为主成分分析。

3）解释的总方差

由表 16.12 可知，"初始特征值"一栏显示只有前三个特征值大于 1，所以 SPSS 只选择前三个公因子；"提取平方和载入"一栏显示第一公因子的方差贡献率是 57.068%，前三个公因子的方差占所有主成分方差的 87.905%，由此可见，选前三个公因子已足够替代原来的变量；"旋转平方和载入"一栏显示的是旋转以后的因子提取结果，与未旋转之前差别不大。

表 16.12

解释的总方差									
成分	初始特征值			提取平方和载入			旋转平方和载入		
	合计	方差的%	累积%	合计	方差的%	累积%	合计	方差的%	累积%
1	10.843	57.068	57.068	10.843	57.068	57.068	8.948	47.096	47.096
2	3.786	19.929	76.997	3.786	19.929	76.997	4.350	22.896	69.992
3	2.073	10.908	87.905	2.073	10.908	87.905	3.404	17.914	87.905
4	0.744	3.918	91.823						
5	0.608	3.201	95.025						
6	0.341	1.796	96.821						
7	0.195	1.029	97.850						
8	0.133	0.699	98.548						
9	0.102	0.539	99.088						
10	0.052	0.275	99.363						
11	0.036	0.192	99.555						
12	0.034	0.178	99.733						
13	0.025	0.130	99.863						
14	0.014	0.075	99.937						
15	0.006	0.034	99.971						

续表

解释的总方差									
成份	初始特征值			提取平方和载入			旋转平方和载入		
	合计	方差的%	累积%	合计	方差的%	累积%	合计	方差的%	累积%
16	0.004	0.020	99.991						
17	0.001	0.007	99.998						
18	0.000	0.002	100.000						
19	2.338E-5	0.000	100.000						

注：提取方法为主成分分析。

4）碎石图

如图 16.10 所示，有三个成分的特征值超过了 1，只考虑这三个成分即可。

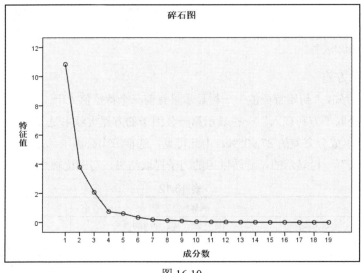

图 16.10

5）旋转成分矩阵

由表 16.13 可知，第一个因子在地区生产总值、货运量、地方财政预算内收入、地方财政预算内支出、固定资产投资总额、城乡居民储蓄年末余额、在岗职工平均工资、年末固定电话用户数、社会商品零售总额、货物进出口总额、年末实有公共汽车营运车辆数、环境污染治理投资总额等变量上有较大的载荷，所以其反映的是这些变量的信息；第二个因子反映的是年末邮政局数、影剧院数、医院数、执业医师等变量的信息；第三个因子反映的是年底总人口、客运量、普通高等学校在校学生数等变量的信息。

表 16.13

旋转成分矩阵 [a]			
	成分		
	1	2	3
年底总人口	0.242	0.080	0.910
地区生产总值	0.925	0.218	0.263

续表

旋转成分矩阵 [a]			
	成分		
	1	2	3
客运量	0.064	0.493	0.732
货运量	0.640	0.240	0.509
地方财政预算内收入	0.973	0.022	0.180
地方财政预算内支出	0.951	0.045	0.266
固定资产投资总额	0.757	0.033	0.598
城乡居民储蓄年末余额	0.909	0.246	0.267
在岗职工平均工资	0.795	0.222	−0.240
年末邮政局数	0.240	0.858	0.374
年末固定电话用户数	0.790	0.205	0.542
社会商品零售总额	0.877	0.233	0.363
货物进出口总额	0.919	0.038	−0.116
年末有公共汽车营运车辆数	0.892	0.127	0.299
影剧院数	0.085	0.980	−0.039
普通高等学校在校学生数	0.183	−0.349	0.649
医院数	0.095	0.983	−0.002
执业医师	0.120	0.977	−0.011
环境污染治理投资总额	0.765	−0.173	0.170

注：1）提取方法为主成分分析法。

2）旋转法为具有 Kaiser 标准化的正交旋转法。

3）a.旋转在 4 次迭代后收敛。

6）成分得分系数矩阵

表 16.14 给出了成分得分系数矩阵，据此可以直接写出各公因子的表达式。

表 16.14

成分得分系数矩阵			
	成分		
	1	2	3
年底总人口	−0.087	−0.020	0.349
地区生产总值	0.108	0.012	−0.022
客运量	−0.107	0.096	0.284
货运量	0.027	0.020	0.120
地方财政预算内收入	0.135	−0.036	−0.056
地方财政预算内支出	0.119	−0.033	−0.018
固定资产投资总额	0.042	−0.040	0.149
城乡居民储蓄年末余额	0.104	0.019	−0.019
在岗职工平均工资	0.155	0.035	−0.217
年末邮政局数	−0.043	0.194	0.096

成分得分系数矩阵			
	成分		
	1	2	3
年末固定电话用户数	0.049	0.004	0.115
社会商品零售总额	0.086	0.014	0.027
货物进出口总额	0.165	−0.020	−0.175
年末有公共汽车营运车辆数	0.101	−0.011	0.001
影剧院数	−0.017	0.245	−0.062
普通高等学校在校学生数	−0.045	−0.117	0.262
医院数	−0.020	0.244	−0.048
执业医师	−0.014	0.242	−0.055
环境污染治理投资总额	0.109	−0.077	−0.026

注：1）提取方法为主成分分析法。

2）旋转法为具有 Kaiser 标准化的正交旋转法。

值得一提的是，如下各式中的变量值都应是标准化的取值。

F_1=−0.087×年底总人口+0.108×地区生产总值−0.107×客运量+0.027×货运量+0.135×地方财政预算内收入+0.119×地方财政预算内支出+0.042×固定资产投资总额+0.104×城乡居民储蓄年末余额+0.155×在岗职工平均工资−0.043×年末邮政局数+0.049×年末固定电话用户数+0.086×社会商品零售总额+0.165×货物进出口总额 +0.101×年末实有公共汽车营运车辆数−0.017×影剧院数−0.045×普通高等学校在校学生数−0.016×医院数−0.014×执业医师+0.109×环境污染治理投资总额

F_2=−0.020×年底总人口+0.012×地区生产总值+0.096×客运量+0.020×货运量−0.036×地方财政预算内收入−0.033×地方财政预算内支出−0.040×固定资产投资总额+0.019×城乡居民储蓄年末余额+0.035×在岗职工平均工资+0.194×年末邮政局数+0.004×年末固定电话用户数+0.014×社会商品零售总额−0.020×货物进出口总额−0.011×年末实有公共汽车营运车辆数+0.245×影剧院数−0.117×普通高等学校在校学生数+0.244×医院数+0.242×执业医师−0.077×环境污染治理投资总额

F_3=0.349×年底总人口−0.022×地区生产总值+0.284×客运量+0.120×货运量−0.056×地方财政预算内收入−0.018×地方财政预算内支出+0.149×固定资产投资总额−0.019×城乡居民储蓄年末余额−0.217×在岗职工平均工资+0.096×年末邮政局数+0.115×年末固定电话用户数+0.027×社会商品零售总额−0.175×货物进出口总额+0.001×年末实有公共汽车营运车辆数−0.062×影剧院数+0.262×普通高等学校在校学生数−0.048×医院数−0.055×执业医师−0.026×环境污染治理投资总额

16.3.4 因子分析之后续分析

对于本部分分析，依照提取的公因子对各城市进行分类及排序。

操作步骤如下：

步骤 01 打开【计算变量】对话框。

进入 SPSS，打开相关数据文件，选择【转换】|【计算变量】|【因子分析线性】命令，弹出如图 16.11 所示的对话框。

在【目标变量】文本框中输入【综合得分】，这一变量将最终代表各个城市的综合经济实力；在【数字表达式】文本框中输入"0.570 68 *FAC1_1 +0.199 29* FAC2_1 +0.109 08 * FAC3_1"，其中 FAC1_1、FAC2_1、FAC3_1 是在做因子分析时对提取的公因子保存的变量，前面的系数是各个公因子的方差贡献率。

设置完成后，单击【确定】按钮，然后返回数据文件，可以看到数据中多了【综合得分】这一变量，如图 16.12 所示。

图 16.11

图 16.12

步骤 02 对数据进行整理。

在如图 16.12 所示的数据文件中，在【综合得分】单元格上右击，在弹出的快捷菜单中选择【降序排列】，对数据进行整理，如图 16.13 所示。

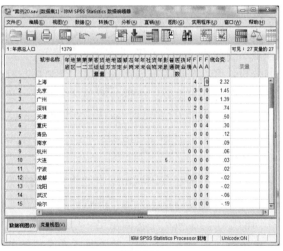

图 16.13

观察【综合得分】一列，可以发现：上海是唯一一个超过 2 的城市，所以上海是中国综合经济实力最强的城市；北京、广州两个城市的综合得分在 1～2 之间，综合经济实力也是很强的，与上海构成前三甲；深圳、天津、重庆、杭州、南京、青岛、宁波、大连等城市综合得分在 0～1 之间，综合经济实力较强；成都、沈阳、武汉、哈尔滨、西安、济南、厦门、郑州、福州、长春、昆明、乌鲁木齐、石家庄、太原、拉萨、合肥、南宁、呼和浩特、南昌、银川、兰州、海口、西宁、贵阳等城市综合得分均为负值：实力相对较弱，其中最弱的是贵阳，得分为-0.51。所有城市的综合经济排名依次为：上海、北京、广州、深圳、天津、重庆、杭州、南京、青岛、宁波、大连、成都、沈阳、武汉、长沙、哈尔滨、西安、济南、厦门、郑州、福州、长春、昆明、乌鲁木齐、石家庄、太原、拉萨、合肥、南宁、呼和浩特、南昌、银川、兰州、海口、西宁、贵阳。

16.4 研究结论

（1）简单相关分析表明：构成"地区生产总值"的 3 个组成部分，只有"第二产业增加值"与"第三产业增加值"之间具有很强的相关性并且在 0.01 的显著性水平上显著，其他变量之间相关性很不显著。

（2）偏相关分析表明：

①在控制"地区生产总值"的前提下，构成"地区生产总值"的 3 个组成部分中，"第二产业增加值"与"第三产业增加值"之间的相关关系依旧非常显著（在 0.01 的水平上显著），但是相关系数却变为负值；"第三产业增加值"与"第一产业增加值"之间也有一定的相关性（在 0.05 的水平上显著），这种相关性也是负的；"第二产业增加值"与"第一产业增加值"之间的相关关系依旧不显著。

②偏相关分析表明：在控制"年底总人口"的前提下，"客运量"与"货运量"之间的相关系数很小而且这种相关关系很不显著。

③偏相关分析表明：在控制"年底总人口"的前提下，"客运量"与"货运量"之间的相关系数很大而且这种相关关系非常显著（在 0.01 的水平上显著）。

④简单相关分析表明：年底总人口与地区生产总值为正相关而且这种相关关系十分显著（在 0.01 的水平上显著）；地区生产总值与环境污染治理投资总额之间也为正相关而且这种相关关系也非常显著（在 0.01 的水平上显著）；年底总人口与环境污染治理投资总额之间也为正相关，但这种相关关系不如前两者显著（仅在 0.05 的水平上显著）。

⑤经过多重线性回归分析，可以发现我国城市的地区生产总值与社会商品零售总额、货物进出口总额、货运量、年末实有公共汽车营运车辆数有显著关系，与其他变量之间的关系并不显著。其中社会商品零售总额、货物进出口总额、货运量对地区生产总值起正向作用，尤其是货运量，每增加一单位，地区生产总值就增加 236.428 个单位，而年末实有公共汽车营运车辆数对地区生产总值起反向作用。

⑥可以用三个公因子来概括所有描述我国城市综合经济实力的指标。第一个因子用来反映地区生产总值、货运量、地方财政预算内收入、地方财政预算内支出、固定资产投资总额、城乡居民储蓄年末余额、在岗职工平均工资、年末固定电话用户数、社会商品零售总额、货物进出口总额、年末实有公共汽车营运车辆数、环境污染治理投资总额等变量的信息；第二个因子用来反映年末邮政局数、影剧院数、医院数、执业医师等变量的信息；第三个因子用来反映年底总人口、客运量、普通高等学校在校学生数等变量的信息。

⑦因子分析之后续分析表明：所有城市的综合经济实力排名依次为上海、北京、广州、深圳、天津、重庆、杭州、南京、青岛、宁波、大连、成都、沈阳、武汉、长沙、哈尔滨、西安、济南、厦门、郑州、福州、长春、昆明、乌鲁木齐、石家庄、太原、拉萨、合肥、南宁、呼和

浩特、南昌、银川、兰州、海口、西宁、贵阳。

经过上述研究，可以从一种宏观的视野上对我国的城市综合经济实力有一个比较全面的了解，这对于以后我国城市的发展有重要的借鉴和指导意义。比如根据回归分析部分的结论，为提高地区生产总值，我国各城市必须要积极扩大货运量，"要想富，先修路"这句话非常有道理。再如，因子分析之后续分析表明，排名在前的大都是东部城市，排名在后的基本上都是中西部城市，由于城市经济往往代表着一个地区的先进的生产力，所以为使我国经济均衡发展，加强中西部建设非常有必要。

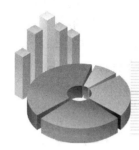

第 17 章

SPSS 在高校本科生就业
调查研究中的应用

高校毕业生是我国宝贵的人力资源，但由于我国相关体制的不合理以及受当前经济形势的影响，使就业成为困扰毕业生的很大的问题。为了使这种强大的人力资源有效地转化为生产力，从而在建设有中国特色的社会主义市场经济中发挥出应有的作用，有必要对高校本科生就业问题展开分析。SPSS 作为一种功能强大的统计分析软件，完全可以用来进行高校本科毕业生就业问题的相关调查研究，定量分析变量之间的联系与区别。下面介绍 SPSS 在高校本科生就业调查研究中的应用。

17.1　研究背景及目的

根据研究需要设计调查问卷，最终设计成的调查问卷如下：

对本科生就业情况的调查问卷

一、个人情况

1. 您的性别是（　　　）。

A．男　　　　　　　　　B．女

2. 您在本科期间的学习成绩（　　　）。

A．优秀　　　　　　B．良好　　　　　　C．中等　　　　D．差

3. 您在本科期间是否得过奖学金，（　　　）。

A．经常（3次以上）　B．偶尔（1～3次）　C．从未得过

4. 您的专业是（　　　）。

A．理工农医类　　　B．文科类　　　　　C．艺术、体育

5. 您是否已经签约？（　　　）。

A．是　　　　　　　　　B．否

6. 您在本科期间是否经常参加社会实践活动或者实习，（　　　）。

A．经常（5次以上）　B．偶尔（1～5次）　　　C．从不

7．您的家庭在（　　　）。

A．农村　　　　　　　　B．城市

二、对于就业的看法

8．您认为性别对就业的影响（　　　）。

A．很大　　　　　　　　B．比较大　　　　　　　　C．一般

9．您认为个人外在形象（包括身体素质）对就业的影响（　　　）。

A．很大　　　　　　　　B．比较大　　　　　　　　C．一般

10．您认为英语水平对就业的影响（　　　）。

A．很大　　　　　　　　B．比较大

11．您认为计算机水平对就业的影响（　　　）。

A．很大　　　　　　　　B．比较大

12．您认为毕业院校的知名度对就业的影响（　　　）。

A．很大　　　　　　　　B．比较大

13．您认为专业背景对就业的影响（　　　）。

A．很大　　　　　　B．比较大　　　　　　C．一般　　　　　　D．较小

14．您认为各种资格证书对就业的影响（　　　）。

A．很大　　　　　　B．比较大　　　　　　C．一般　　　　　　D．较小

15．您认为社会实践经历或者实习经历对就业的影响（　　　）。

A．很大　　　　　　B．比较大　　　　　　C．一般　　　　　　D．较小

16．您认为您在本科期间所取得的成绩（学习成绩，项目参与状况，论文或者专利等学术成果）对就业的影响（　　　）。

A．很大　　　　　　B．比较大　　　　　　C．一般　　　　　　D．较小

17．您对目前就业形势的态度是（　　　）。

A．很乐观　　　B．比较乐观　　　C．一般　　　D．比较悲观　　　E．很悲观

18．您可以接受的薪酬是（　　　）。

A．2 000 元以下　　　B．2 000～4 000 元

C．4 000～6 000 元　　D．6 000 元以上

19．您的理想就业单位是（　　　）。

A．政府部门　　　B．事业单位　　　C．国有企业　　　D．外资企业　　　E．私营企业

20．您认为学校的培养模式与用人单位的要求之间（　　　）。

A．契合得很好　　　B．差强人意　　　C．不是很适合　　　D．差距非常大

21．您觉得自己在学校的努力与最终的就业情况之间（　　　）。

A．成正比　　　　　　B．没什么关系　　　　　　C．成反比

22．您认为所学专业与从事的事业之间应该（　　　）。

A．一致　　　　　　B．不要差距很大　　　C．可以没什么关联

17.2　研究方法

研究方法的基本思路是：首先根据研究需要设计出调查问卷，然后使用设计好的调查问卷对面临毕业的本科生展开调查，再使用 SPSS 的相关数据处理方法对收集上来的问卷进行处理，提取有效信息，分析变量之间的联系与区别，最后写出研究结论。

采用的数据分析方法有列联表分析、方差分析、相关分析、聚类分析等。

17.3　数据分析与报告

首先，发放问卷进行调查并将所得数据输入到 SPSS 中。我们将设计好的 300 份调查问卷，随机发放到面临毕业的本科生手中，回收 283 份，回收率为（283/300）×100%=94.33%。回收效果还是很不错的。

将回收上来的问卷进行一系列的整理，并做成一个 SPSS 格式的文件。其中一共设置了 22 个变量，分别是"性别"、"本科期间学习成绩"、"是否得过奖学金"、"专业"、"是否签约""是否经常参加社会卖践""家庭住址""性别影响""形象影响""英语水平影响""计算机水平影响""毕业院校影响""专业背景影响""资格证书影响""社会实践经历影响""成绩影响""就业形势看法""预期薪酬""理想就业单位""培养模式契合""在校努力与最终就业""所学专业与就业应该怎样"等。

将所有变量均定义为数值型变量，并进行相应值标签操作：

- 对"性别"，用"1"表示"男"，"2"表示"女"。
- 对"本科期间学习成绩"，用"1"表示"优秀"，"2"表示"良好"，"3"表示"中等"，"4"表示"差"。
- 对"是否得过奖学金"，用"1"表示"经常"，"2"表示"偶尔"，"3"表示"从未得过"。
- 对"专业"，用"1"表示"理工农医类"，"2"表示"文科类"，"3"表示"艺体类"。
- 对"是否签约"，用"1"表示"已经签约"，"2"表示"没有签约"。
- 对表示"是否经常参加社会实践"，用"1"表示"经常"，"2"表示"偶尔"，"3"表示"从不"。
- 对"家庭住址"，用"1"表示"农村"，"2"表示"城市"。
- 对"性别影响""形象影响""英语水平影响""计算机水平影响""毕业院校影响""专业背景影响""资格证书影响""社会实践经历影响""成绩影响"等，都用"1"表示"很大"，"2"表示"较大"，"3"表示"一般"，"4"表示"较小"。
- 对"就业形势看法"，用"1"表示"很乐观"，"2"表示"比较乐观"，"3"表示"一般"，"4"表示"比较悲观"，"5"表示"很悲观"。
- 对"预期薪酬"用"1"表示"2 000 元以下"，"2"表示"2 000～4 000 元"，"3"表示"4 000～6 000 元"，"4"表示"6 000 元以上"。
- 对"理想就业单位"，用"1"表示"政府部门"，"2"表示"事业单位"，"3"表示"国有企业"，"4"表示"外资企业"，"5"表示"私营企业"。
- 对"培养模式契合"，用"1"表示"契合得很好"，"2"表示"差强人意"，"3"表示"不是很适合"，"4"表示"差距非常大"。

- 对"在校努力与最终就业",用"1"表示"成正比","2"表示"没什么关系","3"表示"成反比"。
- 对"所学专业与就业应该怎样",用"1"表示"一致","2"表示"不要差距很大","3"表示"可以没什么关联"。

输入完成后,数据如图 17.1 所示。

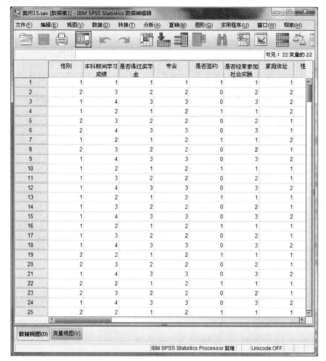

图 17.1

17.3.1　列联表分析

1. 列联表分析第一部分

操作步骤如下:

步骤01 打开【交叉表格】对话框。

进入 SPSS,选择【分析】|【描述统计】|【交叉表】命令,弹出如图 17.2 所示的对话框。

首先定义行变量,在如图 17.2 所示的对话框的左侧选择"性别"并单击 ➡ 按钮使之进入右侧【行】列表框。然后定义列变量,在左侧的列表中选择"专业"、"家庭住址"并单击 ➡ 按钮,使之进入右侧的【列】列表框。因为没有别的变量参与列联表分析,所以这里没有层控制变量。

步骤02 选择列联表单元格中需要计算的指标。

单击【交叉表格】对话框右侧的【单元格】按钮,弹出如图 17.3 所示的对话框,在该对话框中可以设置相关输出内容。

图 17.2　　　　　　　　　　　　　　　　　　图 17.3

在【计数】选项组中勾选【观察值】复选框，在【百分比】选项组中勾选【行】、【列】、【总计】复选框，设置完毕后，单击【继续】按钮返回【交叉表格】对话框。

步骤 03 其他设置。

其他设置采取系统默认设置即可。

步骤 04 输出结果。

单击【确定】按钮，等待输出结果。

结果分析如下：

1）本例的数据信息

由表 17.1 可知，样本数为 283，没有缺失值。

表 17.1

	个案					
	有效		缺失		总计	
	数字	百分比	数字	百分比	数字	百分比
性别 * 专业	283	100.0%	0	0.0%	283	100.0%
性别 * 家庭住址	283	100.0%	0	0.0%	283	100.0%

2）列联表

由表 17.2 可知，参与调查的男生有 135 人（占总数的 47.7%），女生有 148 人（占 52.3%）；参与调查的理工农医类专业的学生共 103 人（占总数的 36.4%），其中包括 51 位男生和 52 位女生；文科类专业的学生共 125 人（占总数的 44.2%），其中包括 40 位男生和 85 位女生；艺体类专业的学生共 55 人（占总数的 19.4%），其中包括 44 位男生和 11 位女生。这说明样本无论在性别还是在专业方面都是很有代表性的。

表 17.2

			专业			总计
			理工农医类	文科类	艺体类	
性别	男	计数	51	40	44	135
		百分比在性别内	37.8%	29.6%	32.6%	100.0%
		百分比在专业内	49.5%	32.0%	80.0%	47.7%
		占总数的百分比	18.0%	14.1%	15.5%	47.7%
	女	计数	52	85	11	148

续表

性别	女	百分比在性别内	35.1%	57.4%	7.4%	100.0%
		百分比在专业内	50.5%	68.0%	20.0%	52.3%
		占总数的百分比	18.4%	30.0%	3.9%	52.3%
总计		计数	103	125	55	283
		百分比在性别内	36.4%	44.2%	19.4%	100.0%
		百分比在专业内	100.0%	100.0%	100.0%	100.0%
		占总数的百分比	36.4%	44.2%	19.4%	100.0%

由表 17.3 可知，参与调查的家庭住址为农村的学生有 192 个（占总数的 67.8%），其中包括 45 位男生和 147 位女生；家庭住址为城市的学生有 91 个（占总数的 32.2%），其中包括 90 位男生和 1 位女生。从家庭住址分布的角度来讲，样本的代表性也是可以接受的。

表 17.3

			家庭住址		总计
			农村	城市	
性别	男	计数	45	90	135
		百分比在性别内	33.3%	66.7%	100.0%
		百分比在家庭住址内	23.4%	98.9%	47.7%
		占总数的百分比	15.9%	31.8%	47.7%
	女	计数	147	1	148
		百分比在性别内	99.3%	0.7%	100.0%
		百分比在家庭住址内	76.6%	1.1%	52.3%
		占总数的百分比	51.9%	0.4%	52.3%
总计		计数	192	91	283
		百分比在性别内	67.8%	32.2%	100.0%
		百分比在家庭住址内	100.0%	100.0%	100.0%
		占总数的百分比	67.8%	32.2%	100.0%

2．列联表分析第二部分

操作步骤如下：

步骤01 设置变量。

选择【分析】|【描述统计】|【交叉表】命令，弹出如图 17.2 所示的对话框。首先定义行变量，在对话框左侧选择"是否签约"并单击　按钮使之进入右侧的【行】列表框。然后定义列变量，在左侧的列表中选择"就业形势看法"、"预期薪酬"、"理想就业单位"、"培养模式契合"、"在校努力与最终就业"、"所学专业与就业应该怎样"并单击　按钮，使之进入右侧的【列】列表框。

步骤02 选择列联表单元格中需要计算的指标。

单击【交叉表】对话框右侧的【单元格】按钮，弹出如图 17.3 所示的对话框。在该对话框中的【计数】选项组中勾选【观察值】复选框，在【百分比】选项组中勾选【行】、【列】、【总计】复选框。设置完毕后，单击【继续】按钮返回【交叉表格】对话框。

步骤03 其他设置。

其余设置采取系统默认即可。

步骤04 输出结果。

设置完毕，单击【确定】按钮，等待输出结果。

结果分析如下：

1）本例的数据信息

由表 17.4 可知，样本数为 283，没有缺失值。

表 17.4

	个案					
	有效		缺失		总计	
	数字	百分比	数字	百分比	数字	百分比
是否签约*就业形势看法	283	100.0%	0	0.0%	283	100.0%
是否签约*预期薪酬	283	100.0%	0	0.0%	283	100.0%
是否签约*理想就业位	283	100.0%	0	0.0%	283	100.0%
是否签约*培养模式契合	283	100.0%	0	0.0%	283	100.0%
是否签约*在校努力与最终就业	283	100.0%	0	0.0%	283	100.0%
是否签约*所学专业与就业应该怎样	283	100.0%	0	0.0%	283	100.0%

2）列联表

由表 17.5 可知，已经签约的学生占总调查人数的 34.3%，其中签约的学生中有 74.2% 的人认为就业形势比较乐观，这与没有签约的学生中有 82.3% 的人认为就业形势比较悲观形成强烈的对比。

表 17.5

			就业形势看法			总计
			很乐观	比较乐观	比较悲观	
是否签约	否	计数	0	33	153	186
		百分比在是否签约内	0.0%	17.7%	82.3%	100.0%
		百分比在就业形势看法内	0.0%	31.4%	86.4%	65.7%
		占总数的百分比	0.0%	12.7%	54.1%	65.7%
	是	计数	1	72	24	97
		百分比在是否签约内	1.0%	74.2%	24.7%	100.0%
		百分比在就业形势看法内	100.0%	68.6%	13.6%	34.3%
		占总数的百分比	0.4%	25.4%	8.5%	34.3%
总计		计数	1	125	177	283
		百分比在是否签约内	0.4%	37.1%	62.5%	100.0%
		百分比在就业形势看法内	100.0%	100.0%	100.0%	100.0%
		占总数的百分比	0.4%	37.1%	62.5%	100.0%

从表 17.6 中看出，预期薪酬为 2 000～4 000 元的学生占总数的 37.1%，预期薪酬为 4 000～6 000 元的学生占总数的 62.9%。其中，签约的学生中有 74.2% 人的预期薪酬为 2 000～4 000 元，这与没有签约的学生中有 82.3% 的人的预期薪酬为 4 000～6 000 元形成强烈的对比。

表 17.6

| | | | 预期薪酬 | | 总计 |
			2 000～4 000 元	4 000～6 000 元	
是否签约	否	计数	33	153	186
		百分比在是否签约内	17.7%	82.3%	100.0%
		百分比在预期薪酬内	31.4%	86.0%	65.7%
		占总数的百分比	12.7%	54.1%	65.7%
	是	计数	72	25	97
		百分比在是否签约内	74.2%	25.8%	100.0%
		百分比在预期薪酬内	68.6%	14.0%	34.3%
		占总数的百分比	25.4%	8.8%	34.3%
总计		计数	125	178	283
		百分比在是否签约内	37.1%	62.9%	100.0%
		百分比在预期薪酬内	100.0%	100.0%	100.0%
		占总数的百分比	37.1%	62.9%	100.0%

从表 17.7 中看出，没有签约的学生的理想就业单位都是政府部门或国有企业，而已经签约的学生的理想就业单位则显得更加多元化。

表 17.7

| 是否签约* 理想就业单位 交叉制表 | | | | | | | |
| | | | 理想就业单位 | | | | 合计 |
			政府部门	国有企业	外资企业	私营企业	
是否签约	否	计数	99	87	0	0	186
		是否签约 中的 %	53.2%	46.8%	0.0%	0.0%	100.0%
		理想就业单位 中的 %	69.7%	95.6%	0.0%	0.0%	65.7%
		总数的 %	35.0%	30.7%	0.0%	0.0%	65.7%
	是	计数	43	4	43	7	97
		是否签约 中的 %	44.3%	4.1%	44.3%	7.2%	100.0%
		理想就业单位 中的 %	30.3%	4.4%	100.0%	100.0%	34.3%
		总数的 %	15.2%	1.4%	15.2%	2.5%	34.3%
合计		计数	142	91	43	7	283
		是否签约 中的 %	50.2%	32.2%	15.2%	2.5%	100.0%
		理想就业单位 中的 %	100.0%	100.0%	100.0%	100.0%	100.0%
		总数的 %	50.2%	32.2%	15.2%	2.5%	100.0%

从表 17.8 看出，在已经签约的学生中，认为学校的培养模式与用人单位的要求之间契合得很好的学生占到 56.7%，这与没有签约的学生中有 0% 的人认为学校的培养模式与用人单位的要求之间契合形成强烈的对比。

表 17.8

| | | | 培养模式契合 | | | 总计 |
			契合得很好	不是很适合	差距非常大	
是否签约	否	计数	0	92	94	186
		百分比在是否签约内	0.0%	49.5%	50.5%	100.0%
		百分比在培养模式契合内	0.0%	100.0%	69.1%	65.7%
		占总数的百分比	0.0%	32.5%	33.2%	65.7%
	是	计数	55	0	42	97
		百分比在是否签约内	56.7%	0.0%	43.3%	100.0%
		百分比在培养模式契合内	100.0%	0.0%	30.9%	34.3%
		占总数的百分比	19.4%	0.0%	14.8%	34.3%
总计		计数	55	92	136	283
		百分比在是否签约内	19.4%	32.5%	48.1%	100.0%
		百分比在培养模式契合内	100.0%	100.0%	100.0%	100.0%
		占总数的百分比	19.4%	32.5%	48.1%	100.0%

从表 17.9 中看出，在已经签约的学生中，认为自己在学校的努力与最终的就业情况之间成正比的学生占 61.9%，这与没有签约的学生中所有的人都认为自己在学校的努力与最终的就业情况之间没什么关系形成强烈的对比。

表 17.9

| | | | 在校努力与最终就业 | | 总计 |
			成正比	没什么关系	
是否签约	否	计数	0	186	186
		百分比在是否签约内	0.0%	100.0%	100.0%
		百分比在在校努力与最终就业内	0.0%	83.4%	65.7%
		占总数的百分比	0.0%	65.7%	65.7%
	是	计数	60	37	97
		百分比在是否签约内	61.9%	38.1%	100.0%
		百分比在在校努力与最终就业内	100.0%	16.6%	34.3%
		占总数的百分比	21.2%	13.1%	34.3%
总计		计数	60	223	283
		百分比在是否签约内	21.2%	78.8%	100.0%
		百分比在在校努力与最终就业内	100.0%	100.0%	100.0%
		占总数的百分比	21.2%	78.8%	100.0%

从表 17.10 中看出，在已经签约的学生中，认为所学专业与从事的职业之间应该一致的学生占 40.2%，认为不要差距很大的占 59.8%，而没有签约的学生中认为所学专业与从事的职业之间应该一致的学生占到 60.8%，认为不要差距很大的占 39.2%，这也形成很好的对照。

表 17.10

| | | | 所学专业与就业应该怎样 | | 总计 |
			一致	不要差距很大	
是否签约	否	计数	123	73	186

续表

		百分比在是否签约内	60.8%	39.2%	100.0%
		百分比在所学专业与就业应该怎样内	74.3%	55.7%	65.7%
		占总数的百分比	39.9%	25.8%	65.7%
	是	计数	39	58	97
		百分比在是否签约内	40.2%	59.8%	100.0%
		百分比在所学专业与就业应该怎样内	25.7%	44.3%	34.3%
		占总数的百分比	13.8%	20.5%	34.3%
总计		计数	152	131	283
		百分比在是否签约内	53.7%	46.3%	100.0%
		百分比在所学专业与就业应该怎样内	100.0%	100.0%	100.0%
		占总数的百分比	53.7%	46.3%	100.0%

17.3.2　方差分析

1．方差分析第一部分

操作步骤如下：

步骤 01 打开【单因素方差分析】对话框。

进入 SPSS，打开相关数据文件，选择【分析】|【比较平均值】|【单因素 ANOV】命令，弹出如图 17.4 所示的对话框。

图 17.4

步骤 02 选择进行单因素方差分析的变量。

在如图 17.4 所示的对话框左侧的列表中，选择"性别影响"、"形象影响"、"英语水平影响"、"计算机水平影响"、"毕业院校影响"、"专业背景影响"、"资格证书影响"、"社会实践经历影响"、"成绩影响"并单击 按钮使之进入【因变量列表】列表框，选择"性别"并单击 按钮使之进入【因子】列表框。

步骤 03 其他设置。

其他设置采用系统默认即可。

步骤 04 设置完毕，单击【确定】按钮，等待输出结果。

结果分析见表 17.11，所有因变量的显著性 P 值都小于 0.005，说明这些变量都在 0.05 的显著性水平上显著。这意味着，不同性别的被调查者在性别、形象、英语水平、计算机水平、毕业院校、专业背景、资格证书、社会实践经历、在校成绩这些因素对就业的影响方面的看法都是显著不同的。

表 17.11

		平方和	df	均方	F	显著性
性别影响	组之间	81.091	1	81.091	93.668	0.000
	组内	243.269	281	0.866		
	总计	324.360	282			
形象影响	组之间	81.091	1	81.091	93.668	0.000
	组内	243.269	281	0.866		
	总计	324.360	282			
英语水平影响	组之间	5.824	1	5.824	7.574	0.006
	组内	216.056	281	0.769		
	总计	221.880	282			
计算机水平影响	组之间	5.824	1	5.824	7.574	0.006
	组内	216.056	281	0.769		
	总计	221.880	282			
毕业院校影响	组之间	21.090	1	21.090	131.091	0.000
	组内	45.207	281	0.161		
	总计	66.297	282			
专业背景影响	组之间	21.090	1	21.090	131.091	0.000
	组内	45.207	281	0.161		
	总计	66.297	282			
资格证书影响	组之间	4.620	1	4.620	3.166	0.076
	组内	412.016	281	1.459		
	总计	414.636	282			
社会实践经历影响	组之间	81.362	1	81.362	125.065	0.000
	组内	182.807	281	0.651		
	总计	264.170	282			

2．方差分析第二部分

操作步骤如下：

步骤01 打开【单因素方差分析】对话框。

进入 SPSS 打开相关数据文件，选择【分析】|【比较均值】|【单因素 ANOVA】命令，并弹出见图 17.4 所示的对话框。

步骤02 设置变量。

在如图 17.4 所示的对话框左侧的列表中，选择"性别影响"、"形象影响"、"英语水平影响"、"计算机水平影响"、"毕业院校影响"、"专业背景影响"、"资格证书影响"、"社会实践经历影响"、"成绩影响"并单击 按钮使之进入【因变量列表】列表框，选择"专业"并单击 按钮使之进入【因子】列表框。

步骤03 其他设置。

其他设置采用系统默认。

步骤 04 输出结果。

设置完毕，单击【确定】按钮，等待输出结果。

结果分析见表 17.12，所有因变量的显著性 P 值也都小于 0.05，说明这些变量都在 0.05 的显著性水平上显著。这意味着，性别、形象、英语水平、计算机水平、毕业院校、专业背景、资格证书、社会实践经历、学校成绩这些因素对就业的影响力方面的看法都是显著不同的。

表 17.12

		平方和	df	均方	F	显著性
性别影响	组之间	13.488	2	6.744	6.074	0.003
	组内	312.872	280	1.121		
	总计	324.360	282			
形象影响	组之间	13.488	2	6.744	6.074	0.003
	组内	312.872	280	1.121		
	总计	324.360	282			
英语水平影响	组之间	14.459	2	7.229	9.759	0.000
	组内	207.421	280	0.741		
	总计	221.880	282			
计算机水平影响	组之间	14.459	2	7.229	9.759	0.000
	组内	207.421	280	0.741		
	总计	221.880	282			
毕业院校影响	组之间	7.127	2	3.553	16.809	0.000
	组内	59.190	280	0.212		
	总计	66.297	282			
专业背景影响	组之间	7.127	2	3.553	16.809	0.000
	组内	59.190	280	0.212		
	总计	66.297	282			
资格证书影响	组之间	88.882	2	44.441	38.199	0.000
	组内	325.754	280	1.163		
	总计	414.636	282			
社会实践经历影响	组之间	28.419	2	14.209	16.877	0.000
	组内	235.751	280	0.842		
	总计	264.170	282			
成绩影响	组之间	23.564	2	12.782	77.276	0.000
	组内	42.691	280	0.152		
	总计	66.254	282			

3．方差分析第三部分

操作步骤如下：

步骤 01 打开【单因素方差分析】对话框。

进入 SPSS 打开相关数据文件，选择【分析】|【比较均值】|【单因素 ANOVA】命令，并弹出见图 17.4 所示的对话框。

步骤02 设置变量。

在如图 17.4 所示的对话框左侧的列表中，选择"性别影响"、"形象影响"、"英语水平影响"、"计算机水平影响"、"毕业院校影响"、"专业背景影响"、"资格证书影响"、"社会实践经历影响"、"成绩影响"并单击 ⚫ 按钮使之进入【因变量列表】列表框，选择"家庭住址"并单击 ⚫ 按钮使之进入【因子】列表框。

步骤03 其他设置。

其他设置采用系统默认。

步骤04 输出结果。

设置完毕，单击【确定】按钮，等待输出结果。

结果分析见表 17.13。同样，不同家庭信址类别的被调查者在性别、形象、英语水平、计算机水平、毕业院校、专业背景、资格证书、社会实践经历、在校成绩这些因素对就业的影响方面的看法都是显著不同的。

表 17.13

		平方和	df	均方	F	显著性
性别影响	组之间	50.571	1	50.571	51.903	0.000
	组内	273.790	281	0.974		
	总计	324.360	282			
形象影响	组之间	50.571	1	50.571	51.903	0.000
	组内	273.790	281	0.974		
	总计	324.360	282			
英语水平影响	组之间	7.602	1	7.602	9.969	0.002
	组内	214.278	281	0.763		
	总计	221.880	282			
计算机水平影响	组之间	7.602	1	7.602	9.969	0.002
	组内	214.278	281	0.763		
	总计	221.880	282			
毕业院校影响	组之间	16.674	1	16.674	94.421	0.000
	组内	49.623	281	0.177		
	总计	66.297	282			
专业背景影响	组之间	16.674	1	16.674	94.421	0.000
	组内	49.623	281	0.177		
	总计	66.297	282			
资格证书影响	组之间	212.598	1	212.598	292.848	0.000
	组内	203.038	281	0.723		
	总计	414.636	282			
社会实践经历影响	组之间	65.366	1	65.366	92.392	0.000
	组内	198.803	281	0.707		
	总计	264.170	282			

续表

		平方和	df	均方	F	显著性
成绩影响	组之间	58.359	1	58.359	2076.871	0.000
	组内	7.896	281	0.028		
	总计	66.254	282			

4．方差分析第四部分

操作步骤如下：

步骤01 打开【单因素方差分析】对话框。

进入 SPSS 打开相关数据文件，选择【分析】|【比较均值】|【单因素 ANOVA】命令，弹出见图 17.4 所示的对话框。

步骤02 设置变量。

在如图 17.4 所示的对话框左侧的列表中，选择"性别影响"、"形象影响"、"英语水平影响"、"计算机水平影响"、"毕业院校影响"、"专业背景影响"、"资格证书影响"、"社会实践经历影响"、"成绩影响"并单击 按钮使之进入【因变量列表】列表框，选择"是否签约"并单击 按钮使之进入【因子】列表框。

步骤03 其他设置。

其他设置采用系统默认。

步骤04 输出结果。

设置完毕，单击【确定】按钮，等待输出结果。

结果分析见表 17.14，除"资格证书"这一因变量之外的其他因变量的显著性 P 值都小于 0.05，说明这些变量都在 0.05 的显著性水平上显著。这意味着，已经签约和尚未签约的被调查者在性别、形象、英语水平、计算机水平、毕业院校、专业背景、社会实践经历、在校成绩这些因素对就业的影响方面的看法都显著不同，但是关于资格证书对就业的影响作用是有共识的。

表 17.14

		平方和	df	均方	F	显著性
性别影响	组之间	81.091	1	81.091	93.668	0.000
	组内	243.269	281	0.866		
	总计	324.360	282			
形象影响	组之间	81.091	1	81.091	93.668	0.000
	组内	243.269	281	0.866		
	总计	324.360	282			
英语水平影响	组之间	5.824	1	5.824	7.574	0.006
	组内	216.056	281	0.769		
	总计	221.880	282			
计算机水平影响	组之间	5.824	1	5.824	7.574	0.006
	组内	216.056	281	0.769		

续表

		平方和	df	均方	F	显著性
	总计	221.880	282			
毕业院校影响	组之间	21.090	1	21.090	131.091	0.000
	组内	45.207	281	0.161		
	总计	66.297	282			
专业背景影响	组之间	21.090	1	21.090	131.091	0.000
	组内	45.207	281	0.161		
	总计	66.297	282			
资格证书影响	组之间	4.620	1	4.620	3.166	0.076
	组内	412.016	281	1.459		
	总计	414.636	282			
社会实践经历影响	组之间	81.362	1	81.362	125.065	0.000
	组内	182.807	281	0.651		
	总计	264.170	282			
成绩影响	组之间	6.162	1	6.162	28.813	0.000
	组内	60.093	281	0.214		
	总计	66.254	282			

17.3.3 相关分析

操作步骤如下：

步骤 01 打开【双变量相关性】对话框。

进入 SPSS，打开相关数据文件，选择【分析】|【相关】|【双变量】命令，弹出如图 17.5 所示的对话框。

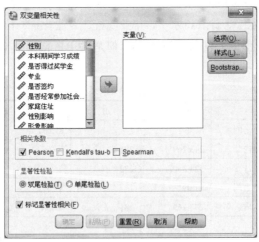

图 17.5

步骤 02 选择进行相关分析的变量。

在图 17.5 所示的对话框左侧的列表中，选择"本科期间学习成绩"、"是否得过奖学金"、"是否签约"、"是否经常参加社会实践"并单击 按钮使之进入【变量】列表框。

步骤 03 其他设置。

其他设置使用系统默认即可。

步骤 04 输出结果。

设置完毕，单击【确定】按钮，等待输出结果。

结果分析见表 17.15，可以看出，"本科期间学习成绩"、"是否得过奖学金"、"是否经常参加社会实践" 3 个变量之间是高度显著相关的。这很好理解，因为学生的学习成绩、社会实践都是与奖学金直接挂钩的。"是否签约"与其他三个变量之间是显著相关的。但是在进行值标签操作的时候，对于"本科期间学习成绩"、"是否得过奖学金"、"是否经常参加社会实践"这三个变量的设置都是越小越优秀（学习成绩好、经常拿奖学金、经常参加社会实践都被设置为 1），而对于"是否签约"采用的是 1 表示签约且 0 表示未签（大数字表示签约），因此结论就是优秀的学生签约的可能性大。

表 17.15

相关性			本科期间学习成绩	是否得过奖学金	是否签约	是否经常参加社会实践
斯皮尔曼等级相关系数	本科期间学习成绩	相关系数	1	0.997**	-0.498*	0.997**
		显著性（双尾）	.	0	0	0
		N	283	283	283	283
	是否得过奖学金	相关系数	0.997**	1	-0.498*	1.000**
		显著性（双尾）	0	.	0	.
		N	283	283	283	283
	是否签约	相关系数	-0.498*	-0.496*	1	-0.496*
		显著性（双尾）	0	0	.	0
		N	283	283	283	283
	是否经常参加社会实践	相关系数	0.997**	1.000**	-0.496*	1
		显著性（双尾）	0	.	0	.
		N	283	283	283	283

17.3.4　聚类分析

观察到不同变量的数量级相差不大，所以无须先对数据进行标准化处理，直接进行分析即可。

步骤如下：

步骤 01 打开【K 平均值聚类分析】对话框。

进入 SPSS，打开相关数据文件，选择【分析】|【分类】|【K 均值聚类】命令，弹出如图 17.6 所示的对话框。

图 17.6

步骤 02 选择进行聚类分析的变量。

在如图 17.6 所示的对话框左侧的列表中，选择"性别影响"、"形象影响"、"英语水平影响"、"计算机水平影响"、"毕业院校影响"、"专业背景影响"、"资格证书影响"、"社会实践经历影响"、"成绩影响"并单击 按钮使之进入【变量】列表框；在编辑框【聚类数】文本框中，输入聚类分析的类别数，本例选择 4。之所以选择 4 是因为研究者认为分成 4 类最合适，如果根据实际情况和研究目的认为分类更多或更少更合适，那么可以进行修正；其他选择默认值。

步骤 03 在【方法】选项组中选择【仅分类】单选按钮。

步骤 04 其他设置。

其他设置采用系统默认即可。

步骤 05 输出设置。

设置完毕，单击【确定】按钮，等待输出结果。

结果分析如下：

1）最终聚类中心

从表 17.16 中可以看出，各类学生都认为在校成绩对就业的影响不大。除成绩影响因素外，第一类学生认为取得各类资格证书和社会实践经历对于就业的影响非常大，其他各种因素对就业的影响都比较大；第二类学生认为性别和形象对于就业的影响非常大，英语水平和计算机水平对就业影响很小；第三类学生则认为英语水平和计算机水平对就业影响很大，各类资格证书和成绩对就业影响很小；第四类学生认为英语水平、计算机水平、毕业院校、专业背景对就业影响很大，性别、形象对就业影响很小。另外值得一提的是，除第一类学生之外的被调查者都认为资格证书对就业的影响很小，这与前面方差分析的结论是有所契合的。

表 17.16

	聚类			
	1	2	3	4
性别影响	2	1	2	4
形象影响	2	1	2	4

续表

	聚类			
	1	2	3	4
英语水平影响	2	4	1	1
计算机水平影响	2	4	1	1
毕业院校影响	2	2	2	1
专业背景影响	2	2	2	1
资格证书影响	1	3	4	3
社会实践经历影响	1	2	1	3
成绩影响	3	3	4	3

2）每个聚类中的样本数

从表 17.17 中可以知道，聚类 4 所包含的样本数最多，为 92 个；聚类 2 所包含的样本数最少，为 35 个。

表 17.17

	1	79
聚类	2	35
	3	77
	4	92
有效		283
缺失		0.000

17.4　研究结论

根据上述所做的分析，可以得出如下结论：

（1）所选取的样本无论从性别、专业还是家庭住址的角度来看，都很具有代表性。换言之，这次调查可以比较好地探索出本校这一批毕业生的真实就业理念。

（2）已经签约的学生相对于没有签约的学生来讲，在就业理念方面有如下不同：

① 认为就业形势是比较乐观的；

② 期望薪酬相对较低；

③ 理想就业单位多元化；

④ 大部分人认为学校的培养模式与用人单位的要求之间契合得很好；

⑤ 多数人认为自己在学校的努力与最终的就业情况之间成正比；

⑥ 有更多的人认为就业不一定非得与所学专业一致，只要不差距太大就好。

（3）不同性别、不同专业者、不同家庭地址的被调查者在性别、形象、英语水平、计算机水平、毕业院校、专业背景、资格证书、社会实践经历、在校成绩这些因素对就业的影响方面都是显著不同的。

（4）已经签约和尚未签约的被调查者在性别、形象、英语水平、计算机水平、毕业院校、专业背景、社会实践经历、在校成绩这些因素对就业的影响方面的看法都显著不同，但是关于资格证对就业的影响作用是有共识的。

（5）优秀的学生签约的可能性更大。

（6）根据对就业影响因素看法的不同，可以把学生分为四类。第一类学生认为取得各类资格证书和社会实践经历对于就业的影响非常大，其他各种因素对就业的影响都比较大；第二类学生认为性别和形象对于就业的影响非常大，英语水平和计算机水平对就业的影响很小；第三类学生则认为英语水平和计算机水平对就业的影响很大，各类资格证书对就业的影响很小；第四类学生认为英语水平、计算机水平、毕业院校、专业背景对就业的影响很大，性别、形象对就业的影响很小。

综上所述，该高校就业指导中心的工作方向应该是：一方面根据已签约学生和未签约学生之间就业理念的差异，对没有签约的学生进行思想教育，比如劝其不要追逐过高薪酬、改变一定要去政府部门或国有企业就业的就业思路等；另一方面要注意到学生对就业影响因素看法的不同，对学生要统一思想认识，适时纠正一些不正确的想法，比如有的学生认为英语水平和计算机水平对就业影响很小，这种想法显然很不合理。

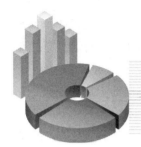

第 18 章
SPSS 在商品营销管理分析中的应用

中小企业最关心的是商品销售额的增长，所采用的一切手段都是为了促进销售额直接增长，但企业对销售方式的运用实在太简单、太粗放。相关管理人员所认为的即时见效的方式，结果却损害了销售额的持续增长，最终形成了无法突破的销售瓶颈，使企业束手无策，陷入恶性循环的境地。营销管理是销售工作的核心，只有建立良好的管理机制，销售才能获得持续增长。

信息传播的速度与广度使得企业营销环境发生了巨大变化，企业在以往经验上积累的营销理念和营销技术都将受到巨大挑战。无论是市场的领导者还是新加入者，在全新的网络市场上都处于同一起点，每个竞争者都有同等的机会。因此，无论过去是辉煌，还是默默无闻，每一家企业都必须在营销理念、营销方式、营销策略及营销手段上进行相应的变革与创新，以适应信息时代的要求，才能获得持续的生存和发展。

18.1 商品营销管理的现状和研究价值

传统营销管理的经济学理论基础是厂商理论，即企业利润最大化，实际决策过程是市场调研—营销—战略—营销策略—反向营销控制这样一个单向的链条。它没有把顾客整合到整个营销决策过程中去，而是将厂商利润建立在满足消费者之上。传统经济体系中的消费者，只能以购买企业生产的产品的方式来实现需求的满足，尽管这一产品是经过厂家市场调查后开发的，但并不是对每一个消费者的个性化需求的设计，因而消费者的这种满足，只是一种约束条件下的满足。随着信息时代的来临，网络即时互动的特点使顾客参与到营销管理的全过程成为可能，这就迫使企业必须真正贯彻以消费者需求为出发点的现代营销思想，将顾客整合到营销过程中来。为此，企业就必须将顾客的需求和利益最大化放到同等的位置，以追求顾客价值实现为出发点，形成信息时代企业营销的整合模式。

在传统营销中，企业通过市场调查后，便根据统计结果中出现频数最高的需求特征来设计、生产产品，最终将产品通过广泛的销售渠道推向各个细分市场。这种状况的形成一方面是由于技术水平的限制，企业无法了解也无法满足顾客的独特需求；另一方面也是由于传统消费者的需求还停留在较低的层次上，没有形成或意识到自身的个性需求。然而在信息时代，企业所面对的消费者与传统的处于被动商品接受者地位的消费者有本质的区别，他们要求自己在市场中处于主动地位，要求供应商提供给他们个性化的商品，要求企业按照自己的意愿来设计、生产产品。由于网络使得消费者不仅可以接收信息，而且可以发出信息，形成生产者与消费者之间充分的双向信息交流，从而使生产者可以为消费者"量身定做"产品。

传统大众传媒的促销方式（如人员推销、广告等），其信息流动是单向的，且流动速度在很大程度上受制于有关物理媒介的空间移动速度，在信息发送与反馈之间存在较为明显的"时滞"现象。网络的实时性则为企业与顾客提供了一个全新的沟通方式，几乎所有传统的促销方式都能在网上找到实现的方法。在网络上提供与产品相关的专业知识进一步服务于消费者，不但可以增加产品的价值，同时还可以提升企业形象。网络促销除将企业产品的性能、特点、品质及顾客服务等内容充分加以显示以外，更重要的是能够以人性化与顾客导向的方式，针对个别需求做出一对一的促销服务。所有这些活动和目的在于加强企业与消费者之间的深入沟通。

随着生活节奏的加快，消费者外出购物的时间越来越少，迫切要求快捷方便的购物方式和服务。在这样一个交互性的信息时代，企业怎样才能吸引顾客的注意力呢？很简单的一个方法就是为他们提供方便，而最方便的购物莫过于网上购物了。毋庸置疑，网络交易的产生对企业现有渠道结构将是一大挑战。互联网直接与消费者建立联系，将商品直接展示在顾客面前，回答顾客疑问，并接受顾客订单。这种直接互动与超越时空的网络购物，无疑是营销渠道上的革命。

每个企业的成功取决于它形成的能够重复购买的忠实顾客群体的能力，顾客往往是因为他们感兴趣而回头，而不愿尝试培养另外一个供应商。传统的营销手段莫过于在信息媒体上进行大量的广告轰炸，或配之以名人效应、上门推销等加强手段，并依赖于层层严密的分销渠道来赢得消费者的注意力。这些方式，无论从企业成本的角度出发还是从消费者满意度出发，都存在多种多样的缺陷，而且营销成本在今天看来已成为无法承担的负荷。在未来，人员营销、市场调查、广告促销、经销代理等传统营销手法，将与网络营销结合并充分运用网上的各项资源，形成以最低成本投入，获得最大市场销售量的新兴营销模式。

18.2　商场营业时间分析

18.2.1　实例内容

某商场每晚 19:00 关门，有人建议应延长营业时间至 22:00。经测算若商场的经常性顾客中有 30%以上愿意在延长时间内购买商品，则值得延长营业时间。随机抽取了 60 个家庭，发现有 35 个经常性顾客，其中有 14 个家庭表示愿意在延长营业时间内购买商品。下面判断该商场是否应决定延长营业时间（$a=0.05$）。

18.2.2　实例 SPSS 操作详解

步骤 01 设置变量。

打开 SPSS 主界面，单击窗口下方的【变量视图】按钮，变量设置如图 18.1 所示。

图 18.1

步骤 02 数据输入。

单击窗口下方的【数据视图】按钮，输入数据如图 18.2 所示。输入完成后，将文件保存为 shangchang.sav。

步骤 03 打开【加权个案】对话框。

从菜单栏中依次选择【数据】│【加权个案】命令，弹出【加权个案】对话框，如图 18.3 所示。

图 18.2

图 18.3

选择【加权个案】单选按钮，然后从对话框左侧的变量列表框中选择频数[F]，单击 按钮使之进入【频率变量】文本框，设置结果如图 18.4 所示。单击【确定】按钮保存设置。

步骤 04 打开【二项式检验】对话框。

从菜单栏中依次选择【分析】│【非参数检验】│【旧对话框】│【二项式】命令，弹出【二项式检验】对话框，如图 18.5 所示。

图 18.4

图 18.5

步骤05 参数设置。

从窗口左侧的变量列表框中选择变量【X】，单击 按钮使之进入【检验变量列表】列表框。在【检验比例】文本框中输入 0.30，从【定义二分法】选项组中选择【从数据中获取】单选按钮，如图 18.6 所示。

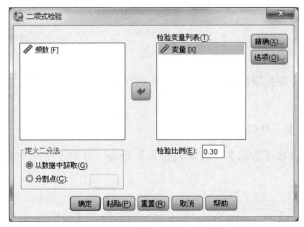

图 18.6

步骤06 输出结果。

步骤完成后，单击【确定】按钮，输出结果。

18.2.3 实例结果及分析

输出二项式检验表。由表 18.1 可知，检验单侧渐近概率为 0.135>0.05，因而测试数据不支持延长营业时间。

表 18.1

		类别	数字	观测到的比例	检验比例	精确显著性水平（单尾）
变量	组 1	1.00	14	0.4	0.3	0.135
	组 2	0.00	21	0.6		
	总计		35	1.0		

18.3 营销方式与销售量关系分析

18.3.1 实例内容

5 个商场以不同的营销方式卖出新型健身器，连续 4 天各商场健身器的销售量见表 18.2。销售量服从正态分布，且具有方差齐性，试分析营销方式对销售量有无显著影响，并对销售量作两两比较。

表 18.2

试验号	销售方式				
	A1	A2	A3	A4	A5
1	10	12	10	12	15
2	8	13	8	15	13

试验号	销售方式				
	A1	A2	A3	A4	A5
3	11	14	9	14	16
4	7	17	11	13	18
列和 T	36	56	38	54	62
平均数	9	14	9.5	13.5	15.5

18.3.2　实例操作

步骤 01 变量设置。

打开主界面，单击窗口下方的【变量视图】按钮，变量设置如图 18.7 所示。

步骤 02 输入数据。

单击窗口下方的【数据视图】按钮，输入数据如图 18.8 所示。输入完成后，将文件保存为 xiaoshou.sav。

图 18.7　　　　　　　　　　　　图 18.8

步骤 03 打开对话框。

从菜单栏中依次选择【分析】|【比较均值】|【单因素 ANOVA】命令，弹出【单因素方差分析】对话框，如图 18.9 所示。

步骤 04 分析设置。

从窗口左侧的变量列表框中选择销售量[X]，单击 按钮使之进入【因变量列表】列表框；选择组别[G]，单击 按钮使之进入【因子】文本框，设置结果如图 18.10 所示。

图 18.9

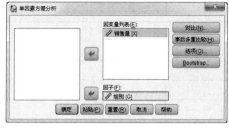

图 18.10

步骤05 【事后多重比较】参数设置。

单击图 18.10 中的【事后多重比较】按钮，弹出【单因素 ANOVA：事后多重比较】对话框。从【假定方差齐性】选项组中选择 LSD 和 Duncan 方法，如图 18.11 所示。单击【继续】按钮返回 【单因素方差分析】对话框。

步骤06 【选项】参数设置。

单击图 18.10 中的【选项】按钮，弹出【单因素 ANOVA：选项】对话框。从 Statisitics 选项组中勾选【描述性】和【方差同质性检验】复选框，从【缺失值】选项组中选择【按分析顺序排除个案】单选按钮，如图 18.12 所示。单击【继续】按钮返回【单因素方差分析】对话框。

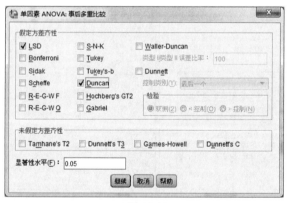

图 18.11

图 18.12

步骤07 输出结果。

上述步骤完成后，单击图 18.10 中的【确定】按钮，输出结果。

18.3.3 实例结果及分析

（1）输出描述统计量表。表 18.3 反映了各种不同销售方式下销售量的平均值、标准偏差、标准错误、均值 95%的置信区间、最小值和最大值等。

表 18.3

	N	平均值	标准偏差	标准错误	均值 95%置信区间		最小值	最大值
					下限值	上限		
1	4	9.000 0	1.825 74	0.912 87	6.094 8	11.905 2	7.00	11.00
2	4	14.000 0	2.160 25	1.080 12	10.562 6	17.437 4	12.00	17.00
3	4	9.500 0	1.290 99	0.645 50	7.445 7	11.554 3	8.00	11.00
4	4	13.500 0	1.290 99	0.645 50	11.445 7	15.554 3	12.00	15.00
5	4	15.500 0	2.081 67	1.040 83	12.187 6	18.812 4	13.00	18.00
总计	20	12.300 0	3.079 64	0.688 63	10.858 7	13.741 3	7.00	18.00

（2）输出方差齐性检验表。由表 18.4 可知，Levene 统计为 0.375，两个自由度分别为 4 和 15，双侧检验概率为 0.823，所以不能拒绝方差齐性的假设。

表 18.4

Levene 统计	df1	df2	显著性
0.375	4	15	0.823

（3）输出单因素方差分析表，见表 18.5。组之间离差平方和 SSR 为 133.200，组间均方 MSR 为 33.300，组内离差平方和 SSE 为 47.000，组内均方 MSE 为 3.133，总离差平方和 SST 为 180.200，F 为 10.628，F 检验概率为 0.000<0.05，故不同销售方式的销售量之间有显著性差异。

表 18.5

	平方和	df	均方	F	显著性
组之间	133.200	4	33.300	10.628	0.000
组内	47.000	15	3.133		
总计	180.200	19			

（4）输出均数多重比较检验表。表 18.6 为采用 LSD 和 Duncan 两种方法进行均值多重比较的结果。结果显示，第 1、第 3 种销售方式，第 2、第 4 种销售方式，第 2、第 5 种销售方式和第 4、第 5 种销售方式的销售量均值之间没有显著性差异。在实际中，常常需要首先检验数据资料是否服从正态分布，是否方差齐性，然后才进行进一步的分析。

表 18.6

（I）组别		（J）组别	平均差 (I-J)	标准错误	显著性	95% 置信区间	
						下限值	上限
LSD(L)	1	2	−5.000 00*	1.251 67	0.001	−7.667 9	−2.332 1
		3	−0.500 00	1.251 67	0.695	−3.167 9	2.167 9
		4	−4.500 00*	1.251 67	0.003	−7.167 9	−1.832 1
		5	−6.500 00*	1.251 67	0.000	−9.167 9	−3.832 1
	2	1	5.000 00*	1.251 67	0.001	2.332 1	7.667 9
		3	4.500 00*	1.251 67	0.003	1.832 1	7.167 9
		4	0.500 00	1.251 67	0.695	−2.167 9	3.167 9
		5	−1.500 00	1.251 67	0.249	−4.167 9	1.167 9
	3	1	0.500 00	1.251 67	0.695	−2.167 9	3.167 9

续表

(I) 组别			平均差 (I-J)	标准错误	显著性	95% 置信区间	
(J) 组别						下限值	上限
LSD(L)	3	2	−4.500 00*	1.251 67	0.003	−7.167 9	−1.832 1
		4	−4.000 00*	1.251 67	0.006	−6.667 9	−1.332 1
		5	−6.000 00*	1.251 67	0.000	−8.667 9	−3.332 1
	4	1	4.500 00*	1.251 67	0.003	1.832 1	7.167 9
		2	−0.500 00	1.251 67	0.695	−3.167 9	2.167 9
		3	4.000 00*	1.251 67	0.006	1.332 1	6.667 9
		5	−2.000 00	1.251 67	0.131	−4.667 9	0.667 9
	5	1	6.500 00*	1.251 67	0.000	3.832 1	9.167 9
		2	1.500 00	1.251 67	0.249	−1.167 9	4.167 9
		3	6.000 00*	1.251 67	0.000	3.332 1	8.667 9
		4	2.000 00	1.251 67	0.131	−0.667 9	4.667 9

注：* 表示均值差的显著性水平为 0.05。

18.4　销售额影响因素分析

18.4.1　实例内容

为了研究销售额是否受到促销方式、售后服务和奖金 3 个变量的影响以及如何影响，收集了一些销售数据资料，见表 18.7。其中，促销方式分为无促销（0）、被动促销（1）和主动促销（3）三种，售后服务分为无（0）和有（1）两种。

表 18.7

编号	促销方式	售后服务	销售额	奖金
1	0	0	23	2
2	0	0	19	1.5
3	0	0	17	2
4	0	0	26	2.1
5	0	1	28	1.5
6	0	1	23	1.2
7	0	1	24	1.6
8	0	1	30	1.8
9	1	0	26	1.8
10	1	0	22	1.1
11	1	0	20	0.9
12	1	0	30	2.1
13	1	1	36	2.1
14	1	1	28	1.21
15	1	1	30	1.91
16	1	1	32	2.15
17	2	0	30	1.8
18	2	0	23	1.2

续表

编号	促销方式	售后服务	销售额	奖金
19	2	0	25	1.3
20	2	0	32	1.92
21	2	1	48	1.7
22	2	1	40	1.3
23	2	1	41	1.2
24	2	1	46	1.81

18.4.2　实例操作

步骤01 变量设置。

打开 SPSS 主界面，单击窗口下方的【变量视图】按钮，变量设置如图 18.13 所示。

图 18.13

步骤02 数据输入。

单击窗口下方的【数据视图】按钮，数据输入如图 18.14 所示。输入完成后，将文件保存为 cuxiao.sav。

图 18.14

步骤 03 打开对话框。

从菜单栏中依次选择【分析】|【一般线性模型】|【单变量】命令，弹出【单变量】对话框，如图 18.15 所示。

步骤 04 设置变量。

从窗口左侧的变量列表框中选择销售额[sales]，单击➡按钮使之进入【因变量】列表框中。选择促销方式[promot]和售后服务[service]分别单击➡按钮使之进入【固定因子】列表框中。选择奖金[bonus]，单击➡按钮使之进入【协变量】列表框中，如图 18.16 所示。

图 18.15

图 18.16

步骤 05 【模型】参数设置。

单击【模型】按钮，弹出【单变量：模型】对话框，在【指定模型】选项组中选择【定制】单选按钮，在【因子与协变量】列表框中分别选择 promot、service 和 bonus，分别单击➡按钮使之进入【模型】列表框中。从【平方和】下拉列表中选择【类型Ⅲ】选项，勾选【在模型中包含截距】复选框，如图 18.17 所示。单击【继续】按钮返回。

图 18.17

步骤 06 【对比】参数设置。

单击【对比】按钮，弹出【单变量：对比】对话框。从【更改对比】选项组中的【对比】下拉列表中选择【无】选项，如图 18.18 所示。单击【继续】按钮返回。

图 18.18

步骤 07 【绘制】参数设置。

单击【绘图】按钮，弹出【单变量：概要图】对话框。从对话框左侧的【因子】列表框中选 promot，单击　按钮使之进入【水平轴】列表框中；选择 service，单击　按钮使之进入【单图】列表框中，如图 18.19 所示。此时，【添加】按钮被激活，单击此按钮，使 promot、service 进入【图】下面的列表框中，如图 18.19 所示。单击【继续】按钮返回。

步骤 08 【选项】参数设置。

单击【选项】按钮，弹出【单变量：选项】对话框。从对话框左侧的变量列表框中选择 promot、service 和 promot*service，分别单击　按钮使之进入【显示平均值】列表框中，如图 18.20 所示。单击【继续】按钮返回【单变量】对话框。

图 18.19

图 18.20

步骤 09 输出结果。

上述步骤完成后，单击图 18.16 中的【确定】按钮，输出结果。

18.4.3　实例结果及分析

（1）输出单变量方差分析表。由表 18.8 可知，促销方式因素有三个水平，每个水平有八例，售后服务因素有四个水平，每个水平有 12 例。

表 18.8

主体间因子		数字
促销方式	0	8
	1	8
	2	8
售后服务	0	12
	1	12

（2）输出目标间效应检验表。由表 18.9 可知，促销方式（promot）的 F 检验统计量取值为 68.784，P 值为 0.000；而售后服务（service）的 F 检验统计量为 107.547，P 值为 0.000；R^2 为 0.943。

表 18.9

主体间效应的检验					
因变量：销售额					
源	Ⅲ类平方和	自由度	均方	F	显著性
校正的模型	1 441.550[a]	6	240.258	46.907	0.000
截距	217.908	1	217.908	42.543	0.000
promot	704.633	2	352.317	68.784	0.000
service	550.862	1	550.862	107.547	0.000
bonus	186.175	1	186.175	36.348	0.000
promot * service	165.256	2	82.628	16.132	0.000
错误	87.075	17	5.122		
总计	21 887.000	24			
校正后的总变异	1 528.625	23			

注：a. R^2= 0.943 （调整后的 R^2= 0.923）。

（3）输出不同因素估计边缘均值表，见表 18.10～表 18.12。

表 18.10

1. 促销方式				
因变量：销售额				
促销方式	平均值	标准错误	95% 的置信区间	
			下限值	上限值
0	23.079[a]	0.808	21.374	24.783
1	27.785[a]	0.801	26.095	29.474
2	36.512[a]	0.814	34.795	38.228

注：a. 按下列值对模型中显示的协变量进行求值：奖金 = 1.633 3。

表 18.11

2. 售后服务				
因变量：销售额				
售后服务	平均值	标准错误	95% 的置信区间	
			下限值	上限值
0	24.332[a]	0.653	22.953	25.711
1	33.918[a]	0.653	32.539	35.297

注：a. 按下列值对模型中显示的协变量进行求值：奖金 = 1.633 3。

表 18.12

3. 促销方式 * 售后服务					
因变量：销售额					
促销方式	售后服务	平均值	标准错误	95% 的置信区间	
				下限值	上限值
0	0	18.989[a]	1.192	16.474	21.505
	1	27.168[a]	1.142	24.759	29.577
1	0	25.842[a]	1.153	23.409	28.275
	1	29.727[a]	1.169	27.260	32.194
2	0	28.164[a]	1.137	25.765	30.563
	1	44.859[a]	1.146	42.440	47.278

注：a. 按下列值对模型中显示的协变量进行求值：奖金=1.633 3。

（4）输出估计边缘均数图，如图 18.21 所示。可以看出，两条线不平行，表示两因素间存在交互作用。有没有交互作用可以从点图中直观看出，图中两条折线都不与有或没有售后服务的 3 种促销状况的销售均值连接。

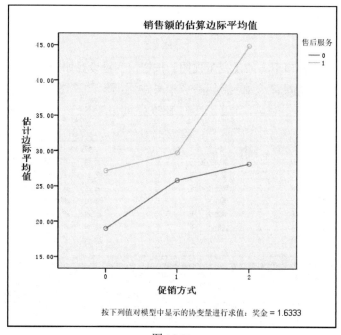

图 18.21

18.5　电话线缆年销售量分析

18.5.1　实例内容

表 18.13 为电话线缆年销售量资料。其中，Y 为年销售量（百万线对英尺）；X_1 为 GNP（亿元）；X_2 为新迁住宅（千户）；X_3 为失业率（%）；X_4 为半年期最低利率；X_5 为话费收益率（%）。

表 18.13

time	Y	X_1	X_2	X_3	X_4	X_5
1	587 3	1 051.8	1 053.6	3.6	5.8	5.9
2	785 2	1 078.8	1 486.7	3.5	6.7	4.5
3	818 9	1 075.3	1 434.8	5	8.4	4.2
4	749 7	1 107.5	2 035.6	6	6.2	4.2
5	853 4	1 171.1	2 360.8	5.6	5.4	4.9
6	868 8	1 235	2 043.9	4.9	5.9	5
7	727 0	1 217.8	1 331.9	5.6	9.4	4.1
8	502 0	1 202.3	1 160	8.5	9.4	3.4
9	603 5	1 271	1 535	7.7	7.2	4.2
10	742 5	1 332.7	1 961.8	7	6.6	4.5
11	940 0	1 399.2	2 009.3	6	7.6	3.9
12	935 0	1 431.6	1 721.9	6	10.6	4.4
13	654 0	1 480.7	1 298	7.2	14.9	3.9
14	767 5	1 510.3	1 100	7.6	16.6	3.1
15	741 9	1 492.2	1 039	9.2	17.5	0.6
16	792 3	1 535.4	1 200	8.8	16	1.5

18.5.2　实例操作

步骤 01　变量设置。

打开主界面，单击窗口下方的【变量视图】按钮，变量设置如图 18.22 所示。

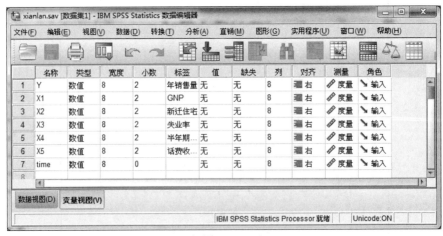

图 18.22

步骤 02 输入数据。

单击窗口下方的【数据视图】按钮，输入数据如图 18.23 所示。输入完成后，将文件保存为 xianlan.sav。

	Y	X1	X2	X3	X4	X5	time
1	5873.00	1051.80	1053.60	3.60	5.80	5.90	1
2	7852.00	1078.80	1486.70	3.50	6.70	4.50	2
3	8189.00	1075.30	1434.80	5.00	8.40	4.20	3
4	7497.00	1107.50	2035.60	6.00	6.20	4.20	4
5	8534.00	1171.10	2360.80	5.60	5.40	4.90	5
6	8688.00	1235.00	2043.90	4.90	5.90	5.00	6
7	7270.00	1217.80	1331.90	5.60	9.40	4.10	7
8	5020.00	1202.30	1160.00	8.50	9.40	3.40	8
9	6035.00	1271.00	1535.00	7.70	7.20	4.20	9
10	7425.00	1332.70	1961.80	7.00	6.60	4.50	10
11	9400.00	1399.20	2009.30	6.00	7.60	3.90	11
12	9350.00	1431.60	1721.90	6.00	10.60	4.40	12
13	6540.00	1480.70	1298.00	7.20	14.90	3.90	13
14	7675.00	1510.30	1100.00	7.60	16.60	3.10	14
15	7419.00	1492.20	1039.00	9.20	17.50	.60	15
16	7923.00	1535.40	1200.00	8.80	16.00	1.50	16

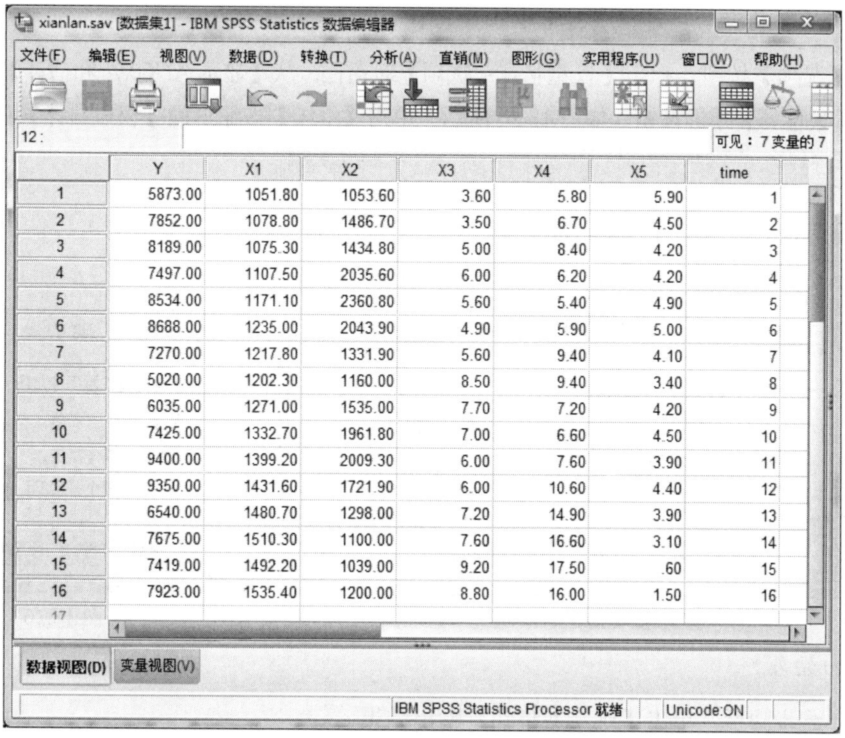

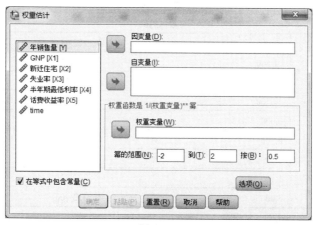

图 18.23

步骤 03 打开【权重估计】对话框。

从菜单栏中依次选择【分析】|【回归】|【权重估计】命令，弹出【权重估计】对话框，如图 18.24 所示。

图 18.24

步骤 04 选择变量。

从对话框左侧的变量列表框中选择年销售量[Y]，单击按钮使之进入【因变量】列表框中；选择 GNP[X1]、新迁住宅[X2]、失业率[X3]、半年期最低利率[X4]和话费收益率[X5]分别单击 ![] 按钮使之进入【自变量】列表框中；选择 time，单击 ![] 按钮使之进入【权重变量】框中，如图 18.25 所示。

步骤 05 打开【权重估计：选项】对话框。

单击【选项】按钮，弹出【权重估计：选项】对话框。从【显示 ANOVA 和估计】选项组中选择【对于最佳幂】单选按钮，如图 18.26 所示。单击【继续】按钮返回【权重估计】对话框。

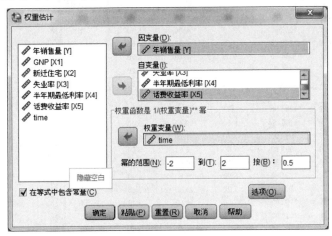

图 18.25   图 18.26

步骤 06 输出结果。

完成上述步骤后，单击【确定】按钮，输出结果。

18.5.3 实例结果及分析

（1）输出对数概率值表。由表 18.14 可知，最大对数概率值为-120.067，对应的最佳权数为-0.5。

表 18.14

对数似然值 [b]		
幂	−2.000	−123.684
	−1.500	−122.012
	−1.000	−120.744
	−0.500	−120.067[a]
	0.000	−120.076
	0.500	−120.707
	1.000	−121.732
	1.500	−122.826
	2.000	−123.706

注：1）a. 将选择相应的幂进行进一步分析，这是因为，它将对数似然函数最大化。

2）b. 因变量为 Y。源变量为 time。

（2）输出模型描述表，见表 18.15。

（3）输出模型概要表，见表 18.16。

表 18.15

模型描述		
因变量		Y
自变量	1	X1
	2	X2
	3	X3
	4	X4
	5	X5
宽度	源	time
	幂值	−0.500

注：模型为 MOD_1。

表 18.16

模型摘要	
复 R	0.938
R^2	0.880
调整后的 R^2	0.820
标准估算的错误	855.792
对数似然函数值	−120.067

（4）输出方差分析表，见表 18.17。

表 18.17

ANOVA					
	平方和	自由度	均方	F	显著性
回归	53 751 322.496	5	10 750 264.499	14.679	0.000
残差	7 323 796.355	10	732 379.635		
总计	61 075 118.850	15			

（5）输出相关系数表，见表 18.18。用加权最小平均方法求出多元线性回归模型为

$$Y=6\,557.479+5.255X1+2.026X2-903.668X3-5.387X4-788.881X5$$

表 18.18

系数						
	非标准化系数		标准系数		t	显著性
	β	标准错误	β	标准错误		
（常量）	6 557.479	2 144.631			3.058	0.012
$X1$	5.255	2.108	0.696	0.279	2.493	0.032
$X2$	2.026	0.683	0.694	0.234	2.967	0.014
$X3$	−903.668	163.323	−1.183	0.214	−5.533	0.000
$X4$	−5.387	116.078	−0.020	0.428	−0.046	0.964
$X5$	−788.881	227.085	−0.886	0.255	−3.474	0.006

18.6 新产品营销资料分析

18.6.1 实例内容

某新产品制造企业欲研究不同的包装和不同类型的商品对该产品的销售影响,选择了三类商店:副食品店、食品店和超市。每种产品的包装不同,但价格和数量相同,其他因素可以认为大致相同。若以 A 表示商店,B 表示包装,调查时销售额见表 18.19。分析不同包装和商店类型对该产品销售是否有显著影响。

表 18.19

包装						
			B1	B2	B3	B4
商店		A1	29	30	29	29
			29	30	28	30
			29	29	29	30
			30	29	30	31
		A2	32	33	29	32
			31	35	31	32
			31	34	29	32
			31	34	29	31
		A3	31	35	30	33
			31	35	30	32
			33	36	29	32
			32	34	30	31

18.6.2 实例操作

步骤 01 变量设置。

打开主界面,单击窗口下方的【变量视图】按钮,变量设置如图 18.27 所示。

步骤 02 输入数据。

单击窗口下方的【数据视图】按钮,输入数据如图 18.28 所示。输入完成后,将文件保存为 baozhuang.sav。

步骤 03 打开【单变量】对话框。

从菜单栏中依次选择【分析】|【一般线性模型】|【单变量】命令,弹出【单变量】对话框,如图 18.29 所示。

步骤 04 设置单变量参数。

在对话框左侧的变量列表框中选择产品销售额[X],单击➡按钮使之进入【因变量】列表框中;选择不同商店[a]和不同包装[b],分别单击➡按钮使之进入【固定因子】列表框中,如图 18.30 所示。

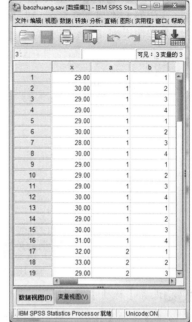

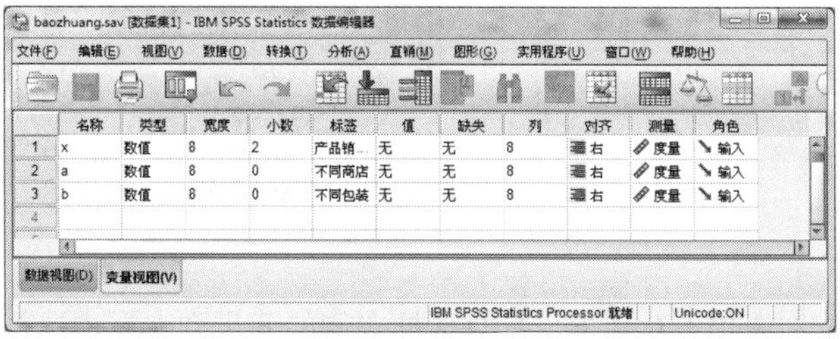

图 18.28

图 18.27

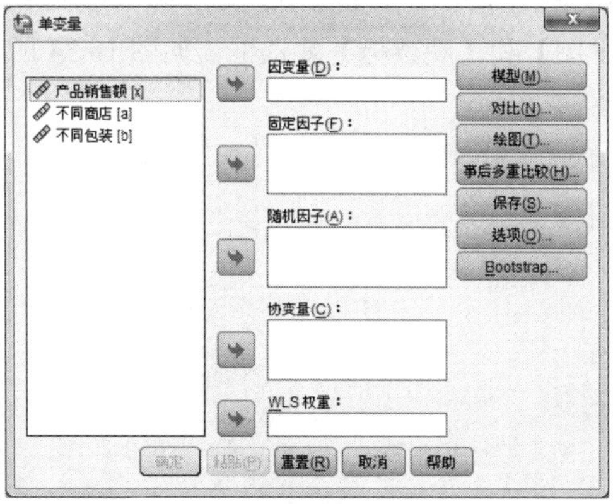

图 18.29

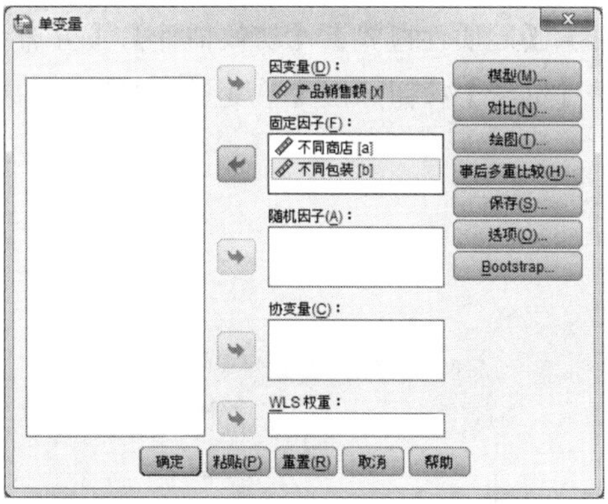

图 18.30

步骤 05 设置【模型】变量。

单击【模型】按钮，弹出【单变量：模型】对话框。从【指定模型】选项组中选择【全因子】单选按，从【平方和】下拉列表中选择类型Ⅲ，同时勾选【在模型中包含截距】复选框，如图 18.31 所示。单击【继续】按钮返回单变量窗口。

步骤 06 设置【对比】变量。

单击【对比】按钮，弹出【单变量：对比】对话框。从【更改对比】选项组中的【对比】下拉列表中选择【无】选项，如图 18.32 所示。单击【继续】按钮返回【单变量】对话框。

步骤 07 设置【绘制】变量。

单击【绘图】按钮，弹出【单变量：概要图】对话框。从对话框左侧的【因子】列表框中选择 a，单击 按钮使之进入【水平轴】中；选择 b，单击 按钮使之进入【单图】列表框中。

此时，【添加】按钮变黑，单击此按钮，使 a、b 进入下面的列表框中，如图 18.33 所示。单击
【继续】按钮返回【单变量】对话框。

图 18.31

图 18.32

步骤 08 设置【选项】变量。

单击【选项】按钮，弹出【单变量：选项】对话框。从对话框左侧的变量列表框中选择 a、
b 及 a*b 分别单击 ⯈ 按钮使之进入【显示平均值】列表框中；在【输出】选项组中勾选【描述
统计】、【同质性检验】、【功效估计】、【分布-水平图】和【观察势】复选框，如图 18.34 所示。
单击【继续】按钮返回【单变量】对话框。

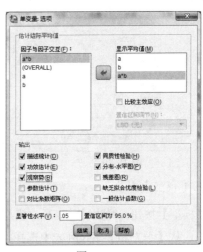

图 18.33

图 18.34

步骤 09 输出结果。

上述步骤完成后，单击【确定】按钮，输出结果。

18.6.3 实例结果及分析

（1）输出单变量方差分析表。由表 18.20 可知，不同商店因素有 3 个水平，每个水平有 16
例，不同包装因素有 4 个水平，每个水平有 12 例。

表 18.20

主体间因子		
		数字
不同商店	1	16
	2	16
	3	16
不同包装	1	12
	2	12
	3	12
	4	12

（2）输出统计描述表（见表 18.21），显示各格子和总的平均数、标准偏差和数字。

表 18.21

描述统计				
因变量：产品销售额				
不同商店	不同包装	平均值	标准偏差	数字
1	1	29.250 0	0.500 00	4
	2	29.500 0	0.577 35	4
	3	29.000 0	0.816 50	4
	4	30.000 0	0.816 50	4
	总计	29.437 5	0.727 44	16
2	1	31.250 0	0.500 00	4
	2	34.000 0	0.816 50	4
	3	29.500 0	1.000 00	4
	4	31.750 0	0.500 00	4
	总计	31.625 0	1.784 19	16
3	1	31.750 0	0.957 43	4
	2	35.000 0	0.816 50	4
	3	29.750 0	0.500 00	4
	4	32.000 0	0.816 50	4
	总计	32.125 0	2.061 55	16
总计	1	30.750 0	1.288 06	12
	2	32.833 3	2.587 85	12
	3	29.416 7	0.792 96	12
	4	31.250 0	1.138 18	12
	总计	31.0625	1.982 97	48

（3）输出因变量描述表。由表 18.22 可知，显示方差齐性 Levene 的检验的值为 0.967，按 0.05 检验水准，接受无效假设，可认为各格子因变量的残差方差齐次。

表 18.22

误差方差的齐性 Levene's 检验 [a]			
因变量：产品销售额			
F	df1	df2	显著性
0.351	11	36	0.967

注：1）检验各组中因变量的误差方差相等的零假设。

2）a.设计截距+a+b+a*b。

（4）输出目标间效应检验表。由表 18.23 可知，因素 A：F 为 59.582，P 为 0.000，按 0.05 检验水准，拒绝无效假设，可以认为因素 A 效应显著，即表示不同类型商店对产品的销售有显著性影响；因素 B：F 为 43.582，P 为 0.000，按 0.05 检验水准，拒绝无效假设，可以认为因素 A 效应显著，即表示不同包装对产品的销售有显著性影响；因素 A*B：F 为 8.494，P 为 0.000，按 0.05 检验水准，拒绝无效假设，可以认为因素 A*B 效应显著，即表示不同类型商店与不同包装两因素有交互作用；偏 $Eta^2B > Eta^2A Eta^2A*B$，可以认为各因素对总变异的贡献是因素 B > 因素 A > 因素 A*B；观察效能 A、观察效能 B 和观察效能 A*B 都等于 1，可以认为各因素的检验效能均很大，无须增加样本含量。

表 18.23

主体间效应的检验								
因变量：产品销售额								
源	Ⅲ类平方和	自由度	均方	F	显著性 P	偏 Eta 平方	非中心参数	观测幕 [b]
校正的模型	165.062[a]	11	15.006	27.352	0.000	0.893	300.873	1.000
截距	46 314.188	1	46 314.18	84 420.79	0.000	1.000	84 420.79	1.000
A	65.375	2	32.687	59.582	0.000	0.768	119.165	1.000
B	71.729	3	23.910	43.582	0.000	0.784	130.747	1.000
A*B	27.958	6	4.660	8.494	0.000	0.586	50.962	1.000
错误	19.750	36	0.549					
总计	46 499.000	48						
校正后总变异	184.812	47						

注：1）a.R^2=0.893（调整后的 R^2=0.860）。

2）b.用 α=0.05 进行计算。

（5）输出不同因素估计边缘均值表。见表 18.24～表 18.26。

表 18.24

1.不同商店				
因变量：产品销售额				
不同商店	平均值	标准错误	95%的置信区间	
			下限值	上限值
1	29.438	0.185	29.062	29.813
2	31.625	0.185	31.249	32.001
3	32.125	0.185	31.749	32.501

表 18.25

不同包装	平均值	标准错误	95%的置信区间	
2.不同包装				
因变量：产品销售额				
			下限值	上限值
1	30.750	0.214	30.316	31.184
2	32.833	0.214	32.400	33.267
3	29.417	0.214	28.983	29.850
4	31.250	0.214	30.816	31.684

表 18.26

不同商店	不同包装	平均值	标准错误	95%的置信区间	
3.不同商店*不同包装					
因变量：产品销售额					
				下限值	上限值
1	1	29.250	0.370	28.499	30.001
	2	29.500	0.370	28.749	30.251
	3	29.000	0.370	28.249	29.751
	4	30.000	0.370	29.249	30.751
2	1	31.250	0.370	30.499	32.001
	2	34.000	0.370	33.249	34.751
	3	29.500	0.370	28.749	30.251
	4	31.750	0.370	30.999	32.501
3	1	31.750	0.370	30.999	32.501
	2	35.000	0.370	34.249	35.751
	3	29.750	0.370	28.999	30.501
	4	32.000	0.370	31.249	32.751

（6）输出因变量 x 的水平散点图。如图 18.35 和图 18.36 所示，可知平均值与标准差或平均值与方差均不成比例，表示各格子方差齐次。

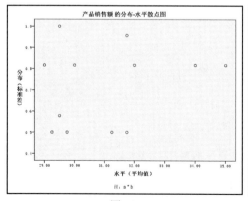

图 18.35　　　　　　　　　　　　　　图 18.36

（7）输出估计边际平均值图，如图 18.37 所示。可以看出，四条线不平行，表示因素 a 和因素 b 存在交互作用。

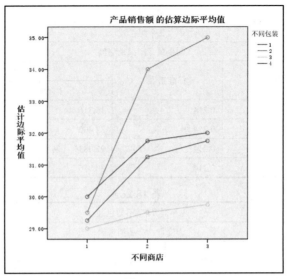

图 18.37

18.7　本章小结

本章利用 SPSS 软件，结合实例分析了商品营销、管理销售额与各影响因素之间的关系，并给出了详细的操作步骤和结果分析说明。读者可根据实际需要进行调整，输出相应的数据和结果。

第 19 章

SPSS 在房地产交易分析中的应用

现在中国市场调研当中统计方法应用的结果要求并不很高,因为在一个行业的起步阶段并不会对市场分析要求很高的精度,只要求有一个总体的了解即可。但是,任何一个成熟的行业必然是一个专业性很强的结合体,房地产行业亦然。随着将来房地产行业的不断整合和专业化,定性分析占主导地位必定要被定量分析占主导地位的分析方法所取代,经验的重要性将逐渐被统计分析所弱化。

19.1 房地产交易分析的现状和研究价值

在房地产交易分析中,主要研究影响购房者的因素,以及对房地产价格准确、客观的评估,以此来预测和指导房地产行业的发展。我国的房地产评估从无到有,已发展为一个富有生命力的朝阳行业。作为一个特殊行业,它不同于一般的物品定价。由于房地产持有人的用途、目的、时间等因素不同,价格也会差之千里。它不同于会计做账,房地产价格不能以简单的成本累加计算。近几年,国内诸多社会经济活动都离不开房地产估价,如土地批租、房地产买卖、租赁、抵押、保险、课税、拍卖、征用拆迁补偿、纠纷处理,以及企业各种经济活动中涉及的房地产等,整个市场对于专业房地产评估分析的需求变得越来越大。

随着我国房地产行业的不断整合和专业化,定性分析占主导地位的分析方法必定要被定量分析占主导地位的分析方法所取代,定性分析是根据经验进行分析判断,而定量分析的主要手段是统计分析。积累经验固然重要,但事实证明统计分析方法将会更具发展和使用空间。尽管统计分析本身是对以往获得的经验的定量分析,是基于经验数据来完成的。但不同的是:统计是理性化的,统计数据是不会说谎的。在一个行业的起步阶段,他们可能不会对市场分析要求很高的精度。现在的发达国家的决策主要依靠统计分析来完成;而在我国,大到整个国家,小到一个地区的房地产行业,统计分析还只是在一个初级应用阶段,技术水平也不高,甚至不被重视。

在房地产行业,需要用统计数据来分析消费者的心理,分析楼盘的价格及确定楼盘的定位等,最直接的方法就是使用 SPSS 去分析。本章将通过一些具体的例子和模块进行讲解。

19.2 家庭购房需求分析

19.2.1 实例内容

为研究各影响因素对不同家庭购房的影响，收集到 55 个家庭住房需求数据，见表 19.1。其中 1 为单身，2 为夫妻，3 为三口之家，4 为三代同堂，5 为城市富有阶层或其他人。

表 19.1

家庭人数	购买面积（平方米）	购房单价（元/平方米）	总购房款（元）
1	108	1 850	199 800
1	60	1 920	115 200
1	65	1 950	126 750
1	100	2 000	200 000
1	86	2 060	177 160
1	95	2 010	190 950
1	120	2 110	253 200
1	80	3 130	250 400
1	110	2 050	225 500
1	85	1 820	154 700
2	106	1 800	190 800
2	117	1 900	222 300
2	110	1 950	214 500
2	120	2 100	252 000
2	150	2 300	345 000
2	165	3 600	594 000

19.2.2 操作步骤和结果分析

下面介绍具体操作步骤。

步骤 01 变量设置。

打开 SPSS 主界面，单击窗口下方的【变量视图】按钮，变量设置如图 19.1 所示。

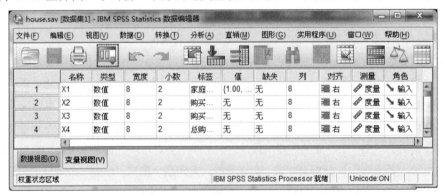

图 19.1

步骤 02 设置值标签变量。

在图 19.1 中，单击变量 X1 的值到所对应的按钮，弹出【值标签】对话框，在【值】文本框中输入变量 X1 的不同值，在【标签】文本框中输入对应于变量 X1 值的名称，单击【添加】按钮，进入空白列表框，如图 19.2 所示。设置完成后，单击【确定】按钮返回主界面。

步骤 03 输入数据。

单击窗口下方的【数据视图】按钮，输入数据，如图 19.3 所示。部分输入完成后，将文件保存为 house.sav。

图 19.2　　　　　　　　　　　　　　　　　图 19.3

步骤 04 打开【描述性】对话框。

从菜单栏中依次选择【分析】|【描述统计】|【描述】命令，弹出【描述性】对话框，如图 19.4 所示。

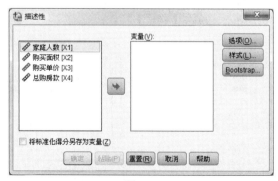

图 19.4

步骤 05 设置描述性变量。

从对话框左侧的变量列表框中选择购买单价，单击 按钮，变量【购买单价】的标签就会移入右侧的【变量】列表框中，如图 19.5 所示。

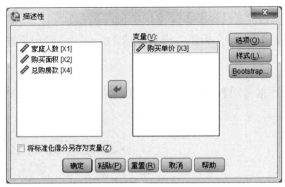

图 19.5

步骤06 输出结果。

完成上述步骤后，单击【确定】按钮，输出分析结果。

实例结果及分析。

输出购买单价变量描述表，见表 19.2。可知购买单价的最大值、最小值、平均值和标准偏差等信息，55 个数据总的平均值为 2 560.090 9，标准偏差为 720.968 03。

表 19.2

描述统计					
	数字	最小值（M）	最大值（X）	平均值（E）	标准偏差
购买单价	55	1 800.00	4 400.00	2 560.090 9	720.968 03
有效 N（成列）	55				

总的描述是不够的，还应当看看分组的描述情况，这里要用到文件分割功能。

步骤01 打开【拆分文件】对话框。

从菜单栏中依次选择【数据】|【拆分文件】命令，弹出【拆分文件】对话框，如图 19.6 所示。

步骤02 设置拆分文件变量。

选择【按组组织输出】单选按钮，对话框左侧列表框中，将家庭人数变量选入右侧的【分组方式】列表框，如图 19.7 所示，单击【确定】按钮。

图 19.6

图 19.7

步骤 03 打开【描述性】对话框。

从菜单栏中依次选择【分析】|【描述统计】|【描述】命令，弹出【描述性】对话框，如图 19.4 所示。

步骤 04 设置描述性变量。

从对话框左侧的变量列表框中选择购买单价，单击 按钮，变量【购买单价】的标签就会移入右侧的【变量】列表框中，见图 19.5 所示。

步骤 05 输出结果。

完成上述步骤后，单击【确定】按钮，输出分析结果。

实例结果及分析。

输出购买单价分类描述表。由表 19.3～表 19.7 可知，不同家庭人数下购房的最大值、最小值、平均值和标准偏差等信息。从描述可知，5 组的平均值和标准偏差等数值很明显，四世同堂的消费水平最高，标准差排第二，说明这个群体期望的房价比较稳定。一个人的消费水平最低，且收入比较稳定，如果样本数量多，则说明当地租赁形式会比较好。

表 19.3

描述统计 a				
	数字	最小值（M）	最大值（X）	平均值（E）	标准偏差
购买单价	10	1 820.00	3 130.00	2 090.000 0	376.828 87
有效 N（成列）	10				

注：a. 家庭人数 = 单身。

表 19.4

描述统计 a				
	数字	最小值（M）	最大值（X）	平均值（E）	标准偏差
购买单价	16	1 800.00	3 600.00	2 231.2500	508.145 32
有效 N（成列）	16				

注：a. 家庭人数 = 夫妻。

表 19.5

描述统计 a				
	数字	最小值（M）	最大值（X）	平均值（E）	标准偏差
购买单价	15	1 900.00	3 700.00	2 333.666 7	485.851 49
有效 N（成列）	15				

注：a. 家庭人数 = 三口之家。

表 19.6

描述统计 a				
	数字	最小值（M）	最大值（X）	平均值（E）	标准偏差
购买单价	5	3 200.00	4 400.00	3 660.0000	466.904 70
有效 N（成列）	5				

注：a. 家庭人数 = 四世同堂。

表 19.7

描述统计 a					
	数字	最小值（M）	最大值（X）	平均值（E）	标准偏差
购买单价	9	3 000.00	4 200.00	3 433.333 3	374.165 74
有效 N（成列）	9				

注：a. 家庭人数 = 其他。

如果定义了文件分割，则它会在以后的所有统计分析中起作用，直到重新定义文件分割方式为止。在接下来的分析过程中，要取消变量分割，以免它影响以后的统计分析。再次调出图 19.6 所示的【拆分文件】对话框，然后选择【分析所有个案，不创建组】单选按钮，单击【确定】按钮，如图 19.8 所示。

图 19.8

统计指标只能给出数据的大致情况，没有直方图那样直观，下面绘制一个直方图来观察一下。

步骤 01 打开【图表构建器】对话框。

从菜单栏中依次选择【图形】|【图】命令，弹出【图表构建器】对话框，如图 19.9 所示。

步骤 02 选择变量。

双击【选择范围】列表框中的【直方图】实例，然后从对话框左侧的变量列表框中选择购买单价，用鼠标将其拖入横轴的框内，如图 19.10 所示。

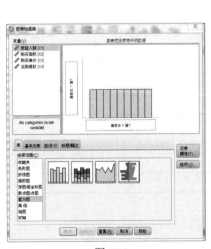

图 19.9

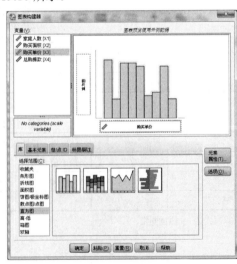

图 19.10

步骤 03 输出结果。

上述步骤完成后，单击【确定】按钮，输出直方图，如图 19.11 所示。

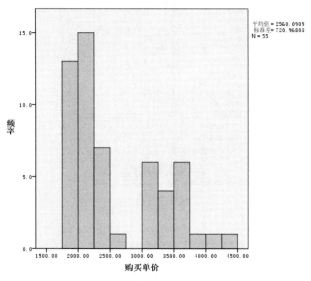

图 19.11

从图 19.11 中可以直观地比较不同价格水平的购买频率。下面利用比较均值对样本进行分析。

步骤 01 打开【平均值】对话框。

从菜单栏中依次选择【分析】|【比较均值】|【均值】命令，弹出【平均值】对话框，如图 19.12 所示。

步骤 02 设置平均值变量。

从对话框左侧的变量列表框中选择购买单价，单击 按钮，将其选入【因变量列表】列表框中。选择家庭人数，单击 按钮，将其选入【自变量列表】列表框中，如图 19.13 所示。

图 19.12

图 19.13

步骤 03 设置【选项】变量。

单击图 19.13 中的【选项】按钮，弹出【平均值：选项】对话框。从对话框左侧的 Statistics 列表框中将平均值、个案数、标准差、组内中位数、总和的百分比及总个案数的百分比选择进入【单元格统计】列表框中，如图 19.14 所示。单击【继续】按钮返回【平均值】对话框。

图 19.14

步骤04 输出结果。

上述步骤完成后，单击图 19.13 中的【确定】按钮，输出分析结果。

实例结果及分析。

（1）输出样本处理概览表，见表 19.8。

表 19.8

个案处理摘要						
	个案					
	已包括		除外		总计	
	数字	百分比	数字	百分比	数字	百分比
购买单价 * 家庭人数	55	100.0%	0	0.0%	55	100.0%

（2）输出报告表，见表 19.9。图中基本的统计结果和数据一目了然。假如抽取样本时抽取的样本比例和整个购房者家庭情况的真实比例相符，从整个总访问者所占的比重可以看到单身、夫妻、三口之家所占的比重最大，分别为 18.2%、29.1%和 27.3%，那么是否可以说，针对的消费群体主要是这 3 个群体而忽略三代同堂和其他呢？是否投资也按这个比例呢？当然不是，因为还要考虑购买力。如何衡量家庭的购买力呢？还是用平均值，不过这次因变量是总房款。

表 19.9

报告						
购买单价						
家庭人数	平均值	数字	标准偏差	组内中位数	在总计中所占的百分比	在总 N 项中所占的百分比
单身	2 090.000 0	10	376.828 87	2 005.000 0	14.8%	18.2%
夫妻	2 231.250 0	16	508.145 32	2 040.000 0	25.4%	29.1%
三口之家	2 333.6667	15	485.851 49	2 200.000 0	24.9%	27.3%
四世同堂	3 660.000 0	5	466.904 70	3 500.000 0	13.0%	9.1%
其他	3 433.333 3	9	374.165 74	3 350.000 0	21.9%	16.4%
总计	2 560.090 9	55	720.968 03	2 240.000 0	100.0%	100.0%

步骤 01 设置变量。

在图 19.12 中，从对话框左侧的变量列表框中选择总购房款，使其进入【因变量列表】列表框中。选择家庭人数，使其进入【自变量列表】列表框中，如图 19.15 所示。

步骤 02 设置【选项】变量。

单击图 19.15 中的【选项】按钮，弹出【平均值：选项】对话框。从对话框左侧的 Statistics 列表框中选择平均值、个案数、标准差、组内中位数、总和的百分比及总个案数的百分比，使其进入【单元格统计】列表框中，如图 19.16 所示。单击【继续】按钮返回【平均值】对话框。

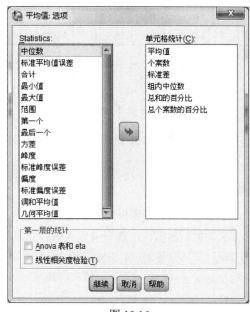

图 19.15　　　　　　　　　　　　图 19.16

步骤 03 输出结果。

上述步骤完成后，单击图 19.15 中的【确定】按钮，输出分析结果。

实例结果及分析。

（1）输出样本处理概览表，见表 19.10。

表 19.10

	个案处理摘要					
	个案					
	已包括		除外		总计	
	数字	百分比	数字	百分比	数字	百分比
总购房款 ＊ 家庭人数	55	100.0%	0	0.0%	55	100.0%

（2）报告表，见表 19.11。从总房款所占的比例：单身 7.8%，夫妻 21.0%、三口之家 21.8%、四世同堂 18.50%、其他 30.9% 来看，更应该关注夫妻，三口和其他 3 个群体，特别是富有阶层或其他人群体。房地产开发投资也应该参考这个比例，毕竟总房款是房地产商最为关注的。

表 19.11

报告						
总购房款						
家庭人数	平均值	数字	标准偏差	组内中位数	在总计中所占的百分比	在总 N 项中所占的百分比
单身	189 366.000 0	10	47 260.661 40	195 375.000 0	7.8%	18.2%
夫妻	319 133.125 0	16	100 455.885 56	282 540.000 0	21.0%	29.1%
三口之家	354 150.000 0	15	83 272.075 58	338 250.000 0	21.8%	27.3%
四世同堂	899 400.000 0	5	143 399.093 44	875 000.000 0	18.5%	9.1%
其他	836 500.000 0	9	104 348.948 84	837 500.000 0	30.9%	16.4%
总计	442 500.727 3	55	268 058.567 08	345 000.000 0	100.0%	100.0%

用图形方式进行表示，从视觉角度能够更为直观地认识，以购买面积家庭人数直线图为例说明。

步骤 01 打开【图表构建器】对话框。

从菜单栏中依次选择【图形】|【图表构建程序】，弹出【图表构建器】对话框，如图 19.17 所示。

步骤 02 设置变量。

在【选择元素】列表框中选择【折线】，从对话框左侧的【变量】列表框中选择购买面积，用鼠标拖进横轴的框内；选择家庭人数，用鼠标拖进纵轴的框内，如图 19.18 所示。

图 19.17　　　　　　　　　　　　图 19.18

步骤 03 输出图形。

上述步骤完成后，单击【确定】按钮，输出直线图，如图 19.19 所示。

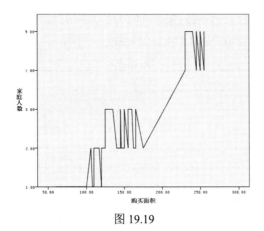

图 19.19

现在把住宅的均价定在 2500 元/米 ^{2}，判断所考查的消费者能接受的房价和预定的房价比，是否差异很大或者接近，有什么差异？这就要用到 T 检验的过程。

步骤01 打开【单样本 T 检验】对话框。

从菜单栏中依次选择【分析】|【比较均值】|【单样本 T 检验】命令，打开如图 19.20 所示的对话框。

步骤02 设置变量。

在对话框左侧的变量列表框中将购买单价变量选入【检验变量】列表框中。建立无效假设，设两个数据相等，即在【检验值】的文本框中填入已知单价 2500，结果如图 19.21 所示。

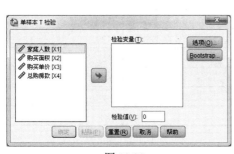

图 19.20

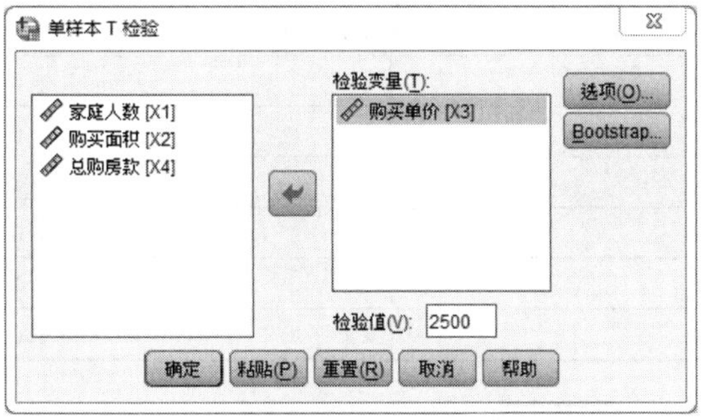

图 19.21

步骤03 输出结果。

上述步骤完成后，单击【确定】按钮，输出分析结果。

实例结果及分析。

（1）单一样本分析表，见表 19.12。

表 19.12

单样本统计			
	数字	平均值（E）	标准偏差	标准误差平均值
购买单价	55	2 560.090 9	720.968 03	97.215 31

（2）输出单一样本检验表，见表 19.13。样本平均值 2560 与 2500 比较，略高；T 值 0.618，自由度 54，双侧 T 检验的 P 值为 0.539>5%，说明无效假设成立，即已定的房价的平均值和消

费者预期的房价均值基本相等，不同的置信区间为差值的 95%置信区间。说明消费者期望的均值和定价的差有 95%的可能性在-134.814 1~254.995 9 之间。

表 19.13

	单样本检验					
	检验值=2 500					
	T	自由度	显著性 （双尾）	平均差	差值的 95% 置信区间	
					下限值	上限值
购买单价	0.618	54	0.539	60.090 91	-134.814 1	254.995 9

19.3 住房抵押申贷分析

19.3.1 实例内容

有一对夫妇用他们拥有的一套面积为 1800 平方米，每年房屋税为 1500 美元且配有游泳池的住房，向银行提出抵押 19 万美元的申请，银行搜集的房屋销售资料见表 19.14，试以此判断银行能否接受这对夫妇的申请。

表 19.14

居住面积（百平方米）	房屋税（百元）	游泳池（1 为有，0 为无）	销售价格（千元）
15	1.9	1	145
38	2.4	0	228
23	1.4	0	150
23	1.4	0	130
16	1.5	1	160
13	1.8	0	114
20	2.4	0	142
24	4	0	265
19	2.3	0	140
21	2.6	1	149
17	2.1	0	135

19.3.2 操作步骤和结果分析

下面介绍具体的分析操作步骤。

步骤 01 变量设置。

打开 SPSS 主界面，单击窗口下方的【变量视图】按钮，变量设置如图 19.22 所示。其中，X1 为居住面积，X2 为房屋税，X3 为游泳池，Y 为销售价格。

图 19.22

步骤 02 输入数据。

单击窗口下方的【数据视图】按钮，输入数据如图 19.23 所示。输入完成后，将文件保存为 diya.sav。

步骤 03 打开【线性回归】对话框。

从菜单栏中依次选择【分析】|【回归】|【线性】命令，弹出【线性回归】对话框，如图 19.24 所示。

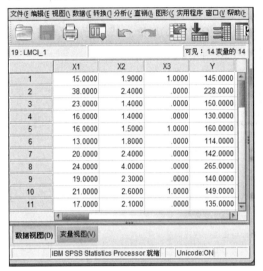

图 19.23

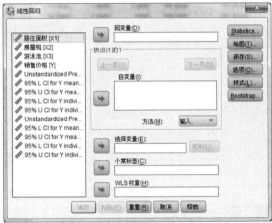

图 19.24

步骤 04 选择变量。

在对话框左侧的变量列表框中将销售价格[Y]，选入【因变量】列表框；将居住面积【X1】、房屋税[X2]和游泳池[X3]选入【自变量】列表框；从【方法】下拉列表中选择【输入】选项，如图 19.25 所示。

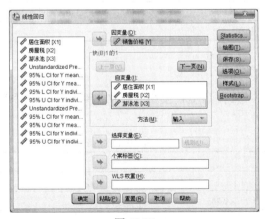

图 19.25

方法指设置变量分析法，在【方法】下拉列表中，共有 5 个选项。

● 输入：全部入选法，所选择的变量将全部引入方程。

● 逐步：逐步引入剔除法，根据所设定的标准，在计算过程中逐一加入并剔除单个变量直到没有一个自变量能引入方程和没有一个自变量可以从方程中剔除为止。

- 删除：强制剔除法，将根据设定的条件剔除自变量。
- 向后：向后剔除法，根据所设定的标准，自变量由多到少逐个从回归方程中剔除直到方程中不再含有可剔除的变量为止。
- 向前：向前引入法，根据设定的标准，变量由多到少，每次增加一个，直至没有引入的变量为止。

步骤05 打开【线性回归：统计】对话框。

单击图 19.25 中的 Statistics 按钮，弹出【线性回归：统计】对话框。从【回归系数】选项组中勾选【估计】和【模型拟合度】复选框，如图 19.26 所示。

图 19.26

步骤06 输出结果。

上述步骤完成后，单击【确定】按钮，输出分析结果。

实例结果及分析。

（1）输出引入/剔除变量表，见表 19.15。表明使用全部引入法将变量引入。

表 19.15

已输入/除去变量 [a]			
模型	已输入变量	已除去变量	方法
1	游泳池，房屋税，居住面积 [b]	.	输入

注：1）a. 因变量为销售价格。

2）b. 已输入所有请求的变量。

（2）输出模型摘要表，见表 19.16。复相关系数 $R=0.885$，可决系数 $R^2=0.783$，标准估算的错误 $S=25.159$。

表 19.16

模型摘要			
模型	R	R^2	调整后的 R^2	标准估算的错误
1	0.885 [a]	0.783	0.691	25.1590248

注：a. 预测变量（常量）为游泳池，房屋税，居住面积。

（3）输出方差分析表，见表 19.17。可知 SSR=16 028.801，SSE=4 430.836，SST=20 459.636，MSR=5342.934，MSE=632.977，$F=8.441$，$P=0.010<0.05$。可认为变量 Y 与 X_1、X_2 和 X_3 之间的线性回归关系显著。

表 19.17

ANOVA^a					
模型	平方和	自由度	均方	F	显著性
1　回归	16 028.801	3	5 342.934	8.441	0.010^b
残差	4 430.836	7	632.977		
总计	20 459.636	10			

注：1）a. 因变量为销售价格。

　　2）b. 预测变量（常量）为游泳池，房屋税，居住面积。

（4）输出回归系数表，见表 19.18。显示模型中的回归系数、常数及 T 检验结果。从要表中可以看到，T 检验的 P 值，X1 回归系数的 P_1=0.030，X_2 回归系数的 P_2=0.023，X_3 回归系数的 P_3=0.598。

表 19.18

系数 ^a					
模型	非标准化系数		标准系数	t	显著性
	B	标准错误	贝塔		
1　（常量）	12.698	31.507		0.403	0.699
居住面积	3.529	1.298	0.532	2.719	0.030
房屋税	33.851	11.617	0.555	2.914	0.023
游泳池	9.770	17.697	0.101	0.552	0.598

注：a. 因变量为销售价格。

因为 P_3=0.598>0.05，故变量 Y 与 X_3 之间不存在线性关系。因而，剔除 X_3。重复操作。

步骤01 打开【线性回归】对话框。

从菜单栏中依次选择【分析】|【回归】|【线性】命令，弹出【线性回归】对话框，如图 19.27 所示。

步骤02 先择变量。

从窗口左侧的变量列表框中选销售价格[Y]，单击按钮使之进入【因变量】框；选择居住面积【X1】、房屋税[X2]，单击按钮使之进入【自变量】列表框；从方法下拉列表中选择【输入】方法，如图 19.28 所示。

图 19.27

图 19.28

步骤03 打开【线性回归：保存】对话框。

单击【保存】按钮，弹出【线性回归：保存】对话框。从【预测值】栏中选择【未标准化】项，在【预测区间】栏中选择平均值和单值，如图 19.29 所示。单击【继续】按钮返回【线性回归】对话框。

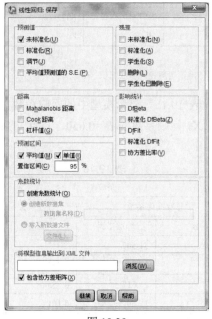

图 19.29

步骤04 输出结果。

完成上述设置后，单击【确定】按钮，输出结果。

实例结果及分析。

（1）输出引入/剔除变量表。由表 19.19 可知，输出结果是使用全部引入法将变量引入。

表 19.19

已输入/除去变量 ª			
模型	已输入变量	已除去变量	方法
1	房屋税，居住面积 ᵇ	.	输入

注：1）a. 因变量为销售价格。

2）b. 已输入所有请求的变量。

（2）输出模型摘要表。由表 19.20 可知，复相关系数 $R=0.880$，可决系数 $R^2=0.774$。估计标准误 $S=24.041$。

表 19.20

模型摘要 ᵇ				
模型	R	R^2	调整后的 R^2	标准估算的错误
1	.880ª	0.774	0.718	24.041 029 1

注：1）a. 预测变量（常量）为房屋税，居住面积。

2）b. 因变量为销售价格。

（3）输出方差分析表。由表 19.21 可知，SSR=15 835.868，SSE=4 623.769，SST=20 459.636，MSR=7 917.934，MSE=577.971，$F=13.700$，$P=0.003<0.05$。仍可认为变量 Y 与 X_1 和 X_2 之间的线

性回归关系显著。

表 19.21

ANOVAᵃ					
模型		平方和	自由度	均方	F	显著性
1	回归	15 835.868	2	7 917.934	13.700	0.003ᵇ
	残差	4 623.769	8	577.971		
	总计	20 459.636	10			

注：1）a. 因变量为销售价格。

2）b. 预测变量（常量）为房屋税，居住面积。

（4）输出回归系数表。由表 19.22 可知，显示模型中的回归系数、常数及 T 检验结果。从表 19.22 中可以看到，T 检验的 P 值，X_1 回归系数的 $P_1=0.024$、X_2 的回归系数 $P_2=0.016$，均小于 0.05 则可认为线性回归关系，且回归方程为 $Y=19.354+3.361X_1+33.569X_2$。

表 19.22

系数 ᵃ						
模型		非标准化系数		标准系数	t	显著性
		B	标准错误	贝塔		
1	（常量）	19.354	27.815		0.696	0.506
	居住面积	3.361	1.206	0.507	2.787	0.024
	房屋税	33.569	11.090	0.551	3.027	0.016

注：a. 因变量为销售价格。

（5）保存结果的返回，如图 19.30 所示。可以看出，居住面积为 18，房屋税为 1.5 时，售价的点估计值（PRE_1）为 130.207 14，其所有住家平均售价 95%置信区间为 107.284 45 (LMCI_1)～153.129 83(UMCI_1)其某一住家售价的 95%置信区间为 70.216 3(LICI_1)～190.197 98(UICI_1)。因而，这对夫妇的房屋售价的预测区间在 7.021 63～19.0197 98 之间，而现在他们向银行申请的抵押金额已经是房屋售价的上限，风险较大，所以以不应同意抵押。

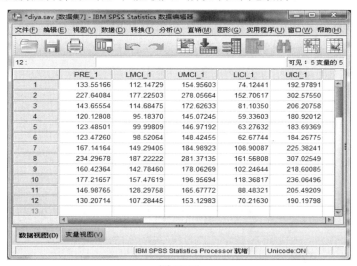

图 19.30

本章介绍了 SPSS 在房地产业中的应用，通过两个实例详细说明了数据描述方法和样本检验方法的操作，对输出的结果也做了详细的说明。读者可以按照文中介绍的步骤，根据自己的需要进行设置、调整、输出想要的结果。

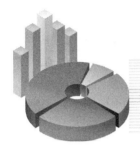

第 20 章

SPSS 在企业经济效益评价中的应用

企业经济效益从其内涵与提高途径角度看，可分为潜在经济效益、资源配置经济效益、规模经济效益、技术进步经济效益及管理经济效益。对企业来说，企业经济效益是企业一切经济活动的根本出发点。提高经济效益，有利于增强企业的市场竞争力。企业要发展，必须降低劳动消耗，以最小的投入获得最大的效益。只有这样，才能在市场竞争中不被淘汰，获得发展。运用科学的企业管理手段，有效地发挥人力、物力、财力等各种资源的效能，以最小的消耗生产出最多的适应市场需要的产品，有利于企业提高经济效益。

20.1　企业经济效益研究的现状和价值

采用现代管理方法来提高经营管理水平是提高企业经济效益的主要方法，科学的管理也是现代企业制度的重要内容。企业经营中涉及产品结构调整、市场开发、人力资源配置、产品质量等一系列环节，在经济管理中能否分清经营中的"大石块"并首先处理好，是一个企业管理科学与否的问题。作为企业的组织者和经营者，既要合理规划企业战略，又要从我国的基本国情出发，遵循价值规律，适时适宜地组织企业生产，把握市场信息，了解市场行情，提高产品质量，搞好售后服务等各个环节。

在努力提高企业经济效益的同时，如何对企业的经济效益做出符合实际的评价，也是应该重点考虑的问题。对经济效益进行评价有多种方法，单项指标只能从一个侧面或一个角度反映宏观经济效益的状况，而根据不同的生产环节、不同角度的指标来评价的企业经济效益，有时会得到不完全一致的结论。常规的综合评价方法和多元统计方法是实用性较强的两种综合评价方法，但都有各自的局限，因此在使用时要权衡每种方法的优劣，以对公司经济效益有一个全面客观的评价。

本章使用 SPSS 的判别分析过程和因子分析过程，对不同企业按效益水平分类和排序，以期对企业的总体评估起到很好的评价效果。

20.2　企业经济效益分类分析

20.2.1　案例描述

用一套打分体系来描绘企业的状况，该体系对每个企业的一些指标（变量）进行评分。这些指标包括：企业规模作（is）、服务（se）、雇员工资比例（sa）、利润增长（prr）、市场份额增长（msr）、流动资金比例（cp）、资金周转速度（cs）等。该数据有 21 个企业（21 个观测值），其中 7 个属于上升型，7 个属于稳定型，7 个属于下降型，具体数据如图 20.1 所示。希望根据这些企业的上述变量的打分和它们已知的类别（group-1 代表上升，group-2 代表稳定，group-3 代表下降）找出一个分类标准，对没有分类的企业进行分类。

企业编号	企业规模	服务	工资比例	利润增长	市场份额	市场份额增长	流动资金	资金周转速度
1	43.2	0	8.5	214.1	23.2	95.4	15.4	8.6
1	42.2	0.1	14.4	61.8	15.4	47.5	22.6	9.1
1	2	0.1	10.7	248.2	14.5	53.9	18.9	8.7
1	34.4	0.2	14.2	123.8	21.3	62.4	12.9	8.2
1	31.8	0	5.8	268.1	2.8	60.1	24.9	9.4
1	22.7	0.2	12	153.5	3.4	97.2	27.9	8.7
1	41.8	0.1	14.8	140.3	1.8	53.6	12.2	8.4
2	37.8	0.2	15.4	197	8.9	73.8	25.9	9.4
2	24.6	0.1	14.8	95.8	24.2	69.9	21.3	7.7
2	22	0.2	15.8	256.7	10.6	32.9	26.9	9.3
2	18	0.2	7.4	271.9	17.5	96.1	10.8	7.2
2	11.9	0	15.8	162	12.2	55.5	13	7.1
2	41.7	0.1	15	175.5	19.3	35.3	24.1	7.8
2	19.3	0.1	12.1	217.7	8.8	89.2	14.4	8.2
3	43.2	0.3	7.2	131.9	8.2	46	12.2	9.3
3	13.4	0.1	11.3	161.5	18.2	68.3	13.8	9.4
3	26	0.2	11.6	185.9	12.8	76.7	24.8	7
3	22	0.1	15.1	190	11.7	59.8	29.8	7.1
3	7.2	0	15	64.8	22.9	80.7	24.1	7
3	8.2	0.2	8	115.1	9.6	32.6	15.5	8.9
3	9.6	0.1	15.2	78.3	13.1	40.4	14.2	9.4

图 20.1

20.2.2　操作步骤及结果说明

下面介绍具体操作步骤。

步骤 01 设置变量。

打开主界面，单击窗口下方的【变量视图】按钮，变量设置如图 20.2 所示。

步骤 02 输入数据。

单击窗口下方的【数据视图】按钮，输入数据如图 20.3 所示。输入完成后，将文件另存为 qiye.sav。

图 20.2

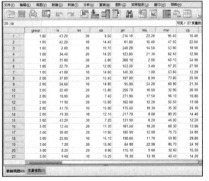

图 20.3

步骤 03 打开【判别分析】对话框。

从菜单栏中依次选择【分析】|【分类】|【判别】命令，弹出【判别分析】对话框，如图 20.4 所示。

步骤 04 设置变量。

从对话框左侧的变量列表框中将组别【group】，选入【分组变量】列表框。单击【定义范围】按钮，然后在弹出的如图 20.5 所示的对话框中的【最小】文本框中输入 1，【最大】文本框中输入 3。单击【继续】按钮返回【判别分析】对话框。

图 20.4　　　　　　　　　　　图 20.5

步骤 05 选择变量。

将所有变量选入【自变量】列表框中，如图 20.6 所示。

步骤 06 设置选项。

如果要用逐步判别，则不选入变量作为自变量，而选择【使用步进法】单选按钮，此时图 20.7 中的【方法】按钮变黑。单击【方法】按钮，然后从弹出的对话框中的【方法】选项组中选择挑选变量的准则，此处默认值为 Wilks' lambda，如图 20.8 所示。

图 20.6　　　　　　　　　　　图 20.7

系统有 5 种逐步选择方式。

- Wilks' lambda：按统计量 Wilks' lambda 最小值选择变量。
- 未解释方差：按所有组方差之和的最小值选择变量。
- Mahalanobis 距离：按相邻两组的最大 Mahalanobis 距离选择变量。
- 最小 F 值：按组间最小 F 值比的最大值选择变量。
- Rao's V：按统计量 Rao's V 最大值选择变量。

因为本例选择了一起输入自变量，所以这里不需要设置。

步骤 07 打开【判别分析：统计】对话框并设置参数。

为了输出 Fisher 分类函数的结果，单击图 20.7 中的 Statistics 按钮，弹出【判别分析：统计】对话框，然后从【描述性】选项组中勾选【平均值】复选框，从【函数系数】选项组中勾选 Fisher's 和【未标准化】复选框，从【矩阵】选项组中选择输出所需的相关矩阵，这里全部选择，设置如图 20.9 所示。单击【继续】按钮返回【判别分析】对话框。

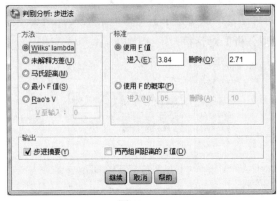

图 20.8   图 20.9

步骤 08 选择各选项。

单击图 20.7 中的【分类】按钮，弹出【判别分析：分类】对话框。从【先验概率】选项组中【所有组相等】单选按钮，表示对所有的类平等对待，而另一个选项根据组大小计算，即按照类的大小加权，这里选择默认。从【输出】选项组勾选【个案结果】和【摘要表】复选框，从【图】选项组中勾选【合并组】、【分组】和【面积图】复选框，如图 20.10 所示。单击【继续】按钮返回【判别分析】对话框。

步骤 09 打开【判别分析：保存】对话框。

单击图 20.7 中的【保存】按钮，弹出【判别分析：保存】对话框。全部选择其中的选项，如图 20.11 所示。

图 20.10   图 20.11

步骤 10 输出结果。

完成上述步骤后，单击【确定】按钮，输出分析结果。

实例结果及分析如下。

（1）输出样本处理概览表。由表 20.1 可知，显示了一些处理过程的全局情况。

表 20.1

分析个案处理摘要		
未加权的个案	数字	百分比
有效	21	100.0

除外			
除外	缺失或超出范围组代码	0	0.0
	至少一个缺失差异变量	0	0.0
	两个缺失或超出范围组代码和至少一个缺失差异变量	0	0.0
	总计	0	0.0
总计		21	100.0

（2）输出组内分析表。由表 20.2 可知，反映的是组内数据的分析，从中可以看出平均值等信息。

表 20.2

组别		平均值	标准偏差	有效 N（成列）	
				未加权	加权
1.00	企业规模	31.157 1	14.792 10	7	7.000
	服务	0.100 0	0.081 65	7	7.000
	工资比例	11.485 7	3.390 39	7	7.000
	利润增长	172.828 6	73.737 91	7	7.000
	市场份额	11.771 4	9.055 52	7	7.000
	市场份额增长	67.157 1	20.488 28	7	7.000
	流动资金比例	19.257 1	6.095 59	7	7.000
	资金周转速度	8.728 6	0.407 08	7	7.000
2.00	企业规模	25.042 9	10.839 57	7	7.000
	服务	0.128 6	0.075 59	7	7.000
	工资比例	13.757 1	3.077 80	7	7.000
	利润增长	196.657 1	59.903 33	7	7.000
	市场份额	14.500 0	5.922 84	7	7.000
	市场份额增长	64.671 4	24.685 67	7	7.000
	流动资金比例	19.485 7	6.634 11	7	7.000
	资金周转速度	8.100 0	0.930 95	7	7.000
3.00	企业规模	18.514 3	13.022 98	7	7.000
	服务	0.157 1	0.097 59	7	7.000
	工资比例	11.914 3	3.378 57	7	7.000
	利润增长	132.500 0	49.703 89	7	7.000
	市场份额	13.785 7	5.116 45	7	7.000
	市场份额增长	57.785 7	18.587 22	7	7.000
	流动资金比例	19.200 0	6.886 94	7	7.000
	资金周转速度	8.300 0	1.197 22	7	7.000
总计	企业规模	24.904 8	13.407 18	21	21.000

续表

组别		平均值	标准偏差	有效 N（成列）	
				未加权	加权
	服务	0.128 6	0.084 5 2	21	21.000
	工资比例	12.385 7	3.276 32	21	21.000
	利润增长	167.328 6	64.692 00	21	21.000
	市场份额	13.352 4	6.661 80	21	21.000
	市场份额增长	63.204 8	20.709 65	21	21.000
	流动资金比例	19.314 3	6.212 51	21	21.000
	资金周转速度	8.376 2	0.901 06	21	21.000

（3）合并类内相关矩阵和协方差矩阵，见表 20.3。总协方差矩阵，见表 20.4。

表 20.3

共享的组内矩阵 [a]									
		企业规模	服务	工资比例	利润增长	市场份额	市场份额增长	流动资金比例	资金周转速度
协方差	企业规模	168.633	0.281	−0.593	−112.381	−4.615	−26.080	5.978	1.652
	服务	0.281	0.007	−0.057	0.538	−0.147	−0.112	−0.057	0.029
	工资比例	−0.593	−0.057	10.794	−114.347	3.220	−17.326	6.581	−0.506
	利润增长	−112.381	0.538	−114.347	3832.055	−124.443	245.863	41.406	2.860
	市场份额	−4.615	−0.147	3.220	−124.443	47.753	27.257	−5.674	−2.114
	市场份额增长	−26.080	−0.112	−17.326	245.863	27.257	458.212	−1.115	−7.591
	流动资金比例	5.978	−0.057	6.581	41.406	−5.674	−1.115	42.866	−0.397
	资金周转速度	1.652	0.029	−0.506	2.860	−2.114	−7.591	−0.397	0.822
相关系数	企业规模	1.000	0.254	−0.014	−0.140	−0.051	−0.094	0.070	0.140
	服务	0.254	1.000	−0.201	0.102	−0.250	−0.061	−0.102	0.373
	工资比例	−0.014	−0.201	1.000	−0.562	0.142	−0.246	0.306	−0.170
	利润增长	−0.140	0.102	−0.562	1.000	−0.291	0.186	0.102	0.051
	市场份额	−0.051	−0.250	0.142	−0.291	1.000	0.184	−0.125	−0.337
	市场份额增长	−0.094	−0.061	−0.246	0.186	0.184	1.000	−0.008	−0.391
	流动资金比例	0.070	−0.102	0.306	0.102	−0.125	−0.008	1.000	−0.067
	资金周转速度	0.140	0.373	−0.170	0.051	−0.337	−0.391	−0.067	1.000

注：a. 协方差矩阵具有 18 个自由度。

表 20.4

协方差矩阵 [a]									
组别		企业规模	服务	工资比例	利润增长	市场份额	市场份额增长	流动资金比例	资金周转速度
1.00	企业规模	218.806	−0.298	9.201	−534.524	14.659	15.211	−27.385	−0.192
	服务	−0.298	0.007	0.198	−3.415	−0.022	0.068	0.008	−0.018
	工资比例	9.201	0.198	11.495	−216.421	2.305	−22.244	−7.791	−0.811
	利润增长	−534.524	−3.415	−216.421	5437.279	−93.546	295.020	59.088	8.737
	市场份额	14.659	−0.022	2.305	−93.546	82.002	19.490	−24.351	−1.291
	市场份额增长	15.211	0.068	−22.244	295.020	19.490	419.770	29.306	−1.530

续表

	组别	企业规模	服务	工资比例	利润增长	市场份额	市场份额增长	流动资金比例	资金周转速度
协方差矩阵 a									
1.00	流动资金比例	−27.385	0.008	−7.791	59.088	−24.351	29.306	37.156	1.828
	资金周转速度	−0.192	−0.018	−0.811	8.737	−1.291	−1.530	1.828	0.166
2.00	企业规模	117.496	0.264	10.404	−113.560	9.653	−86.684	51.824	4.503
	服务	0.264	0.006	−0.079	2.838	−0.070	0.299	0.194	0.043
	工资比例	10.404	−0.079	9.473	−98.709	−2.568	−56.690	13.951	1.218
	利润增长	−113.560	2.838	−98.709	3588.410	−188.410	231.390	−61.502	14.705
	市场份额	9.653	−0.070	−2.568	−188.410	35.080	−6.985	−1.207	−3.042
	市场份额增长	−86.684	0.299	−56.690	231.390	−6.985	609.382	−106.882	−6.033
	流动资金比例	51.824	0.194	13.951	−61.502	−1.207	−106.882	44.011	4.820
	资金周转速度	4.503	0.043	1.218	14.705	−3.042	−6.033	4.820	0.867
3.00	企业规模	169.598	0.879	−21.385	310.940	−38.158	−6.768	−6.503	0.643
	服务	0.879	0.010	−0.289	2.192	−0.351	−0.704	−0.373	0.062
	工资比例	−21.385	−0.289	11.415	−27.912	9.924	26.957	13.583	−1.925
	利润增长	310.940	2.192	−27.912	2470.477	−91.373	211.178	126.632	−14.862
	市场份额	−38.158	−0.351	9.924	−91.373	26.178	69.265	8.535	−2.010
	市场份额增长	−6.768	−0.704	26.957	211.178	69.265	345.485	74.232	−15.208
	流动资金比例	−6.503	−0.373	13.583	126.632	8.535	74.232	47.430	−7.838
	资金周转速度	0.643	0.062	−1.925	−14.862	−2.010	−15.208	−7.838	1.433
总计	企业规模	179.752	0.127	−1.383	−9.790	−8.527	−2.632	5.519	2.415
	服务	0.127	0.007	−0.047	0.081	−0.113	−0.195	−0.052	0.022
	工资比例	−1.383	−0.047	10.734	−84.821	3.875	−15.240	6.042	−0.686
	利润增长	−9.790	0.081	−84.821	4185.055	−108.544	309.998	40.308	1.346
	市场份额	−8.527	−0.113	3.875	−108.544	44.380	22.111	−5.024	−2.220
	市场份额增长	−2.632	−0.195	−15.240	309.998	22.111	428.889	−0.778	−6.341
	流动资金比例	5.519	−0.052	6.042	40.308	−5.024	−0.778	38.595	−0.378
	资金周转速度	2.415	0.022	−0.686	1.346	−2.220	−6.341	−0.378	0.812

注：a. 总协方差矩阵具有 20 个自由度。

（4）输出特征值表，见表 20.5。特征值用于分析前两个典型判别函数的特征值，是组间平方和与组内平方和之比值。最大特征值与组均值最大的向量对应，第二大特征值对应于第二大组均值向量。

表 20.5

特征值				
函数	特征值	方差百分比	累积 %	规范相关性
1	1.042a	65.9	65.9	0.714
2	0.539a	34.1	100.0	0.592

注：a.常用于分析的二次典型判别函数。

（5）Wilks' lambda 输出统计量表，见表 20.6。检验的零假设是各组变量均值相等。

Lambda 接近 0，表示组均值不同；接近 1，表示组均值相同。Chi-square 是 Lambda 的卡方转换，用于确定其显著性。

表 20.6

函数检验	Wilks' lambda	卡方	自由度	显著性
Wilks' lambda				
1 通过 2	0.318	16.606	16	0.412
2	0.650	6.255	7	0.510

（6）输出标准化的典型判别函数系数表。见表 20.7 可知，必须用标准化自变量，判别函数为（x 代表企业的各个指标）：

$$y_1 = .623x_1 - 0.416x_2 + 1.12x_3 + 0.086x_4 + 0.349x_5 - 0.448x_6 + 0.319x_7 + 0.976x_8$$
$$y_2 = -0.386x_1 + 0.694x_2 + 0.554x_3 + 0.317x_4 - 0.345x_5 - 0.139x_6 - 0.587x_7 + 0.639x_8$$

（7）输出非标准化典型判别函数系数，如表 20.8 所示。判别函数为（x 代表企业的各个指标）：

$$y_1 = 0.048x_1 - 4.864x_2 + 0.018x_3 + 0.012x_4 + 0.016x_5 - 0.068x_6 + 0.352x_7 + 0.297x_8 - 10.078$$
$$y_2 = -0.03x_1 + 8.127x_2 + 0.009x_3 + 0.046x_4 - 0.016x_5 - 0.021x_6 - 0.648x_7 + 0.195x_8 + 2.028$$

表 20.7

标准规范判别式函数系数		
	函数	
	1	2
企业规模	0.623	−0.386
服务	−0.416	0.694
工资比例	0.976	0.639
利润增长	1.112	0.554
市场份额	0.086	0.317
市场份额增长	0.349	−0.345
流动资金比例	−0.448	−0.139
资金周转速度	0.319	−0.587

表 20.8

结构矩阵		
	函数	
	1	2
利润增长	0.444[*]	0.119
市场份额增长	0.177[*]	−0.117
资金周转速度	0.006	−0.425[*]
工资比例	0.161	0.380[*]
企业规模	0.324	−0.372[*]
服务	−0.219	0.262[*]
市场份额	−0.015	0.245[*]
流动资金比例	0.016	0.017[*]

注：1）差异变量和标准规范判别式函数之间的共享的组内相关性按函数内相关性绝对大小排序的变量。

2）*. 每个变量和任何判别式函数之间的最大绝对相关性。

（8）输出典型判别函数值表。由表 20.9 可知，显示典型判别函数（前面两个函数）在类均值（重心）处的值。

（9）用判别函数对观测量分类结果见表 20.10～表 20.12。表中给出了 3 个线性分类函数的系数。把每个观测点带入 3 个函数，可以得到分别代表三类的 3 个值，哪个值最大，该点就属于相应的类。当然，不需要自己去算，计算机软件的选项可以把这些测量数据的每个点按照这里的分类法分到某一类。当然，我们一开始就知道这些测量数据的各个观测值的归属，但即使是这些测试样本的观测值（企业）按照这里推导出的分类函数来分类，也不一定全都能够正确划分。

表 20.9

组别	函数	
	1	2
1.00	0.443	-0.907
2.00	0.870	0.730
3.00	-1.313	0.178

注：组平均值中评估的非标准规范判别式函数。

表 20.10

分类处理摘要		
已处理		21
除外	缺失或超出范围组代码	0
	至少一个缺失差异变量	0
输出中使用的		21

表 20.11

组别	先验	已在分析中使用的个案	
		未加权	加权
1.00	0.333	7	7.000
2.00	0.333	7	7.000
3.00	0.333	7	7.000
总计	1.000	21	21.000

组的先验概率

表 20.12

分类函数系数	组别		
	1.00	2.00	3.00
企业规模	0.273	0.245	0.157
服务	−30.665	−19.441	−13.305
工资比例	4.255	4.701	3.944
利润增长	0.168	0.191	0.146
市场份额	0.919	0.999	0.947
市场份额增长	0.504	0.484	0.458

续表

分类函数系数			
	组别		
	1.00	2.00	3.00
流动资金比例	−0.124	−0.188	−0.027
资金周转速度	20.140	19.231	18.820
（常量）	−151.824	−152.948	−132.292

注：Fisher 的线性判别式函数。

（10）输出判别结果表。由表 20.13 可知，为原始数据逐一回代的判别结果显示，其中，1 组有 3 个企业被错判（打*者），编号为 3、4 和 6；2 组有 1 个企业被错判，编号为 9；3 组有 1 个企业被错判，编号为 18。

表 20.13

			个案统计								
			最高组				第二最高组			判别得分	
	实际组	预测组	$P(D>d \mid G=g)$		$P(G=g \mid D=d)$	Mahalanobis 到质心距离的平方	分组	$P(G=g \mid D=d)$	Mahalanobis 到质心距离的平方	函数 1	函数 2
			p	自由度							
原始	1	1	1	0.114	2	0.927	4.345	2	0.071	9.477	2.183	-2.055
	2	1	1	0.525	2	0.710	1.288	3	0.247	3.396	-0.530	-1.491
	3	1	2**	0.678	2	0.560	0.776	3	0.279	2.166	-0.003	0.847
	4	1	2**	0.852	2	0.681	0.321	3	0.161	3.200	0.327	0.890
	5	1	1	0.151	2	0.979	3.782	3	0.011	12.821	0.606	-2.845
	6	1	3**	0.477	2	0.497	1.479	1	0.446	1.696	-0.859	-0.950
	7	1	1	0.639	2	0.671	0.896	2	0.311	2.434	1.376	-0.746
	8	2	2	0.479	2	0.590	1.471	1	0.399	2.254	1.727	-0.129
	9	2	3**	0.743	2	0.558	0.594	2	0.250	2.199	-0.573	0.392
	10	2	2	0.521	2	0.952	1.302	2	0.035	7.917	1.411	1.735
	11	2	2	0.761	2	0.810	0.546	3	0.107	4.588	0.476	1.355
	12	2	2	0.961	2	0.800	0.079	1	0.131	3.704	0.764	0.990
	13	2	2	0.990	2	0.799	0.021	1	0.152	3.334	0.956	0.845
	14	2	2	0.648	2	0.561	0.869	1	0.414	1.476	1.332	-0.080
	15	3	3	0.535	2	0.818	1.250	1	0.165	4.452	-1.667	-0.883
	16	3	3	0.684	2	0.488	0.759	2	0.268	1.959	-0.446	0.254
	17	3	3	0.588	2	0.681	1.061	2	0.251	3.060	-0.841	1.093
	18	3	2**	0.606	2	0.620	1.001	3	0.274	2.630	-0.029	1.168
	19	3	3	0.917	2	0.906	0.173	1	0.065	5.433	-1.697	0.017
	20	3	3	0.088	2	0.996	4.870	1	0.004	16.004	-3.491	-0.181
	21	3	3	0.884	2	0.702	0.246	1	0.214	2.617	-1.024	-0.225

注：**. 误分类个案。

（11）输出函数图，如图 20.12 所示。根据输出结果（6）和（7）的函数，从任何一个观测值都可以算出两个数。把这两个数目当成该观测值的坐标，这样数据中的 21 个观测值就是二维平面上的 21 个点。从图中基本能够分辨出 3 个企业类型。这两个典型判别函数并不是平等的，其实一个函数就已经能够把这三类分清楚。

（12）输出按组别分类函数图，如图 20.13～图 20.15 所示。

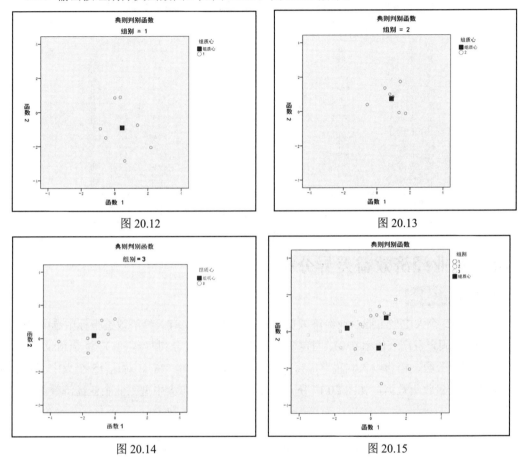

图 20.12　　　　　　　　　　　　　　　图 20.13

图 20.14　　　　　　　　　　　　　　　图 20.15

（13）输出聚类结果表，可以看出分错率，见表 20.14。从这个表的结果可知，有 16 个点（76.2%）得到正确划分，有 5 个点被错误判别。其中，第一类有两个被误判为第一类，有一个被误判为第三类；第二类有一个被误判为第三类；第三类有一个被误判为第二类。

表 20.14

分类结果 [a]						
		组别	预测组成员资格			总计
			1.00	2.00	3.00	
原始	计数	1.00	4	2	1	7
		2.00	0	6	1	7
		3.00	0	1	6	7
	%	1.00	57.1	28.6	14.3	100.0
		2.00	.0	85.7	14.3	100.0
		3.00	.0	14.3	85.7	100.0

注：a. 76.2% 正确分类的原始分组个案。

（14）系统将判别的结果以 dis1_1 等为变量名存入原始数据文件中，如图 20.16 所示。用户可通过翻动原始数据库详细查阅。

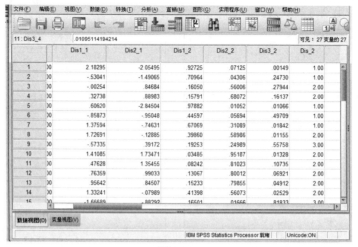

图 20.16

20.3 企业经济效益差异分析

20.3.1 实例内容

对某市 15 个大中型工业企业经济效益差异进行分析。从有关经济效益指标中选取 7 个指标作分析，即固定资产产值率（%）、固定资产利税率（%）、资金利润率（%）、资金利税率（%）、流动资金周转天数、销售收入利税率（%）和全员劳动生产率（%）。对这 15 个大中型企业同时按这 7 个变量收集数据，如图 20.17 所示。以此来研究该市大中型工业企业经济效益的状况及差异。

企业编号	固定资产产值率	固定资产利税率	资金利润率	资金利税率	流动资金周转天数	销售收入利税率	全员劳动生产率
1	53.25	16.68	18.4	26.75	0.0182	31.84	1.75
2	59.82	19.7	19.2	27.56	0.0182	32.94	2.87
3	46.78	15.2	16.24	23.4	0.0154	32.98	1.53
4	34.39	7.29	4.76	8.97	0.0161	21.3	1.63
5	75.32	29.45	43.68	56.49	0.0145	40.74	2.14
6	66.46	32.93	33.87	42.78	0.02	47.98	2.6
7	68.18	25.39	27.56	37.85	0.0159	33.76	2.43
8	56.13	15.05	14.21	19.49	0.0132	27.21	1.75
9	59.25	19.82	20.17	28.78	0.0141	33.41	1.83
10	52.47	21.13	26.52	35.2	0.0161	39.16	1.73
11	55.76	16.75	19.23	28.72	0.0172	29.62	1.52
12	61.19	15.83	17.43	28.03	0.0164	26.4	1.6
13	50.41	16.53	20.63	29.73	0.0145	32.49	1.31
14	67.95	22.24	37	54.59	0.0159	31.05	1.57
15	51.07	12.92	12.54	20.82	0.0152	25.12	1.83

图 20.17

20.3.2 实例操作和实例结果及分析

下面介绍具体操作步骤。

步骤 01 设置变量。

打开 SPSS 主界面，单击窗口下方的【变量视图】按钮，变量设置如图 20.18 所示。

步骤 02 输入数据。

单击窗口下方的【数据视图】按钮，输入数据如图 20.19 所示。输入完成后，将文件保存为 gongsi.sav。

图 20.18　　　　　　　　　　　　　　　图 20.19

步骤 03 打开【因子分析】对话框。

在菜单栏中依次选择【分析】|【降维】|【因子分析】命令，弹出对话框，如图 20.20 所示。

步骤 04 选择变量。

从窗口左侧的变量列表框中将 X1、X2、X3、X4、X5、X6 和 X7 选入【变量】列表框。设置结果如图 20.21 所示。

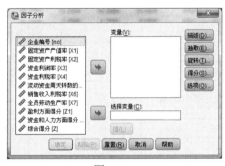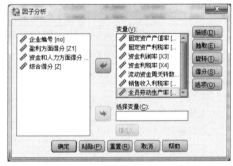

图 20.20　　　　　　　　　　　　　　　图 20.21

步骤 05 选择各选项。

单击【描述】按钮，弹出【因子分析：描述统计】对话框，从 Statistics 选项组中选择【原始分析结果】复选框，从【相关性矩阵】选项组中勾选【系数】和【显著性水平】两项，如图 20.22 所示。单击【继续】按钮，返回【因子分析】对话框。

步骤 06 打开【因子分析：抽取】对话框并设置参数。

单击【抽取】按钮，弹出【因子分析：抽取】对话框，从【方法】下拉列表中选择【主成份】，从【分析】选项组中选择【相关性矩阵】单选按钮，从【抽取】选项组中选择【因子的固定数量】单选按钮，并在【要提取的因子】文本框中输入 7。从【输出】选项组中勾选【未旋转的因子解】和【碎石图】复选框，如图 20.23 所示。单击【继续】按钮返回【因子分析】对话框。

图 20.22　　　　　　　　　　　　　　图 20.23

步骤 07 输出结果。

完成上述步骤后，单击【确定】按钮，输出分析结果。

实例结果及分析如下。

（1）输出相关矩阵表，见表 20.15。各变量间存在较强的相关关系，因此有必要进行主成分分析。表中的空格表明自身相关的相关系数为 1，其不相关的显著性概率为 0，因此不再显示。

表 20.15

相关系数矩阵							
		固定资产产值率	固定资产利税率	资金利润率	资金利税率	流动资金周天转数的倒数	销售收入利税率	全员劳动生产率
相关系数	固定资产产值率	1.000	0.850	0.856	0.860	0.089	0.585	0.493
	固定资产利税率	0.850	1.000	0.902	0.849	0.314	0.904	0.598
	资金利润率	0.856	0.902	1.000	0.988	0.122	0.767	0.329
	资金利税率	0.860	0.849	0.988	1.000	0.108	0.683	0.265
	流动资金周天转数的倒数	0.089	0.314	0.122	0.108	1.000	0.375	0.485
	销售收入利税率	0.585	0.904	0.767	0.683	0.375	1.000	0.497
	全员劳动生产率	0.493	0.598	0.329	0.265	0.485	0.497	1.000
显著性（单尾）	固定资产产值率		0.000	0.000	0.000	0.377	0.011	0.031
	固定资产利税率	0.000		0.000	0.000	0.127	0.000	0.009
	资金利润率	0.000	0.000		0.000	0.332	0.000	0.115
	资金利税率	0.000	0.000	0.000		0.351	0.003	0.170
	流动资金周天转数的倒数	0.377	0.127	0.332	0.351		0.084	0.033
	销售收入利税率	0.011	0.000	0.000	0.003	0.084		0.030
	全员劳动生产率	0.031	0.009	0.115	0.170	0.033	0.030	

（2）输出变量共度表，见表 20.16。变量的共同度对所有变量都是 1，表明模型解释了每一个变量的全部方差，而不需要特殊因子，即特殊因子的方差为 0。

表 20.16

公因子方差		
	初始值	提取
固定资产产值率	1.000	1.000
固定资产利税率	1.000	1.000
资金利润率	1.000	1.000
资金利税率	1.000	1.000
流动资金周天转数的倒数	1.000	1.000
销售收入利税率	1.000	1.000
全员劳动生产率	1.000	1.000

注：提取方法为主成分分析。

（3）输出总方差解释表，见表 20.17。变量相关性有两个最大特征根，即 4.661 和 1.318，它们一起解释总方差的 85.419%（累计贡献率）。表明前两个主成分提供了原始数据的足够信息。过程内取特征值大于 1 的规则，因子分析过程抽取了两个主成分。

表 20.17

总方差解释						
组件	初始特征值			提取载荷平方和		
	总计	方差百分比	累积 %	总计	方差百分比	累积 %
1	4.661	66.592	66.592	4.661	66.592	66.592
2	1.318	18.827	85.419	1.318	18.827	85.419
3	0.555	7.924	93.343	0.555	7.924	93.343
4	0.361	5.154	98.497	0.361	5.154	98.497
5	0.090	1.290	99.786	0.090	1.290	99.786
6	0.013	0.180	99.966	0.013	0.180	99.966
7	0.002	0.034	100.000	0.002	0.034	100.000

注：提取方法为主成分分析。

（4）输出碎石图，如图 20.24 所示。第一主成分与第二主成分的特征值大于 1，而其他成分的特征值小于 1，可认为前两个主成分能概括绝大部分信息。

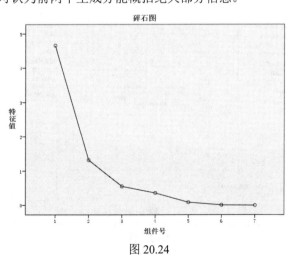

图 20.24

（5）输出因子负荷矩阵，见表 20.18。由表可知第一主成分、第二主成分与原始变量关系，可用下列线性组合表示：

$$Z1=0.410*X1+0.456*X2+0.435*X3+0.419*X4+0.512*X5+0.400*X6+0.274*X7$$
$$Z2=-0.193*X1+0.0023*X2-0.256*X3-0.298*X4+0.72*X5+0.127*X6+0.524*X7$$

表 20.18

成分矩阵 [a]							
	组件						
	1	2	3	4	5	6	7
固定资产产值率	0.886	−0.219	−0.263	0.244	−0.192	0.034	0.004
固定资产利税率	0.985	0.026	−0.004	−0.121	−0.074	−0.092	−0.006
资金利润率	0.939	−0.293	0.115	0.053	0.121	−0.003	0.036
资金利税率	0.904	−0.343	0.130	0.175	0.129	0.014	−0.032
流动资金周天转数的倒数	0.331	0.825	0.365	0.275	−0.026	0.001	0.002
销售收入利税率	0.864	0.143	0.230	−0.417	−0.054	0.051	−0.003
全员劳动生产率	0.591	0.603	−0.519	−0.058	0.114	0.010	−0.001
提取方法：主成分分析。							

注：a. 已提取 7 个成分。

从上述输出信息及分析结果未能看出 15 个企业的综合经济效益的好坏，以及企业在经营过程中的优势与不足，故需要计算各企业在第一、第二个主成分及综合效益方面的得分，以此作为评价的依据。

步骤01 打开【计算变量】对话框。

从菜单栏中依次选择【转换】｜【计算变量】命令，弹出【计算变量】对话框，如图 20.25 所示。

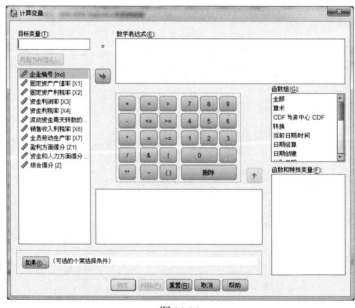

图 20.25

步骤 02 输入变量。

在【目标变量】文本框中输入第一主成分名 Z1，单击【类型与标签】按钮，然后在【标签】文本框中填入【盈利方面得分】，如图 20.26 所示。

图 20.26

步骤 03 输入公式。

在【数字表达式】列表框中输入 Z1=0.410*X1+0.456*X2+0.435*X3+0.419*X4+0.512*X5+0.400*X6+0.274*X7，如图 20.27 所示。单击【确定】按钮。

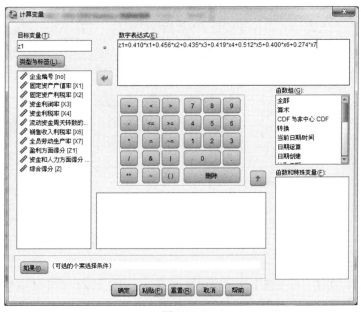

图 20.27

步骤 04 再次输入变量。

重复步骤 02，在【目标变量】文本框中输入第一主成分名 Z2，单击【类型与标签】按钮，然后在【标签】文本框中输入【资金和人力方面得分】，如图 20.28 所示。

图 20.28

步骤05 再次输入公式。

在【数字表达式】列表框中输入 Z2=-0.193*X1+0.002 3*X2-0.256*X3-0.298*X4+0.72*X5 +0.127*X6+0.524*X7，如图 20.29 所示。单击【确定】按钮。

图 20.29

步骤06 继续输入变量。

重复步骤01，在【目标变量】文本框中输入第一主成分名 Z，单击【类型与标签】按钮，然后在【标签】文本框中输入【综合得分】，如图 20.30 所示。

图 20.30

步骤07 继续输入公式。

在【数字表达式】列表框中输入步骤公式 0.665 92*Z1+0.188 27*Z2（其中系数分别为第一、第二主成分的方差贡献率，如图 20.31 所示。单击【确定】按钮。

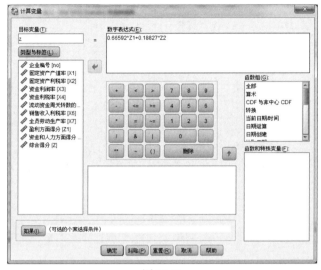

图 20.31

步骤08 输出结果。

计算结果以变量的形式输出到数据输入窗口，如图 20.32 所示。由此可以对各个企业在盈利方面、资金和人力方面、综合能力方面进行排序。可以看出，企业 5 在盈利方面得分最高，企业 3 在资金和人力方面得分最高，综合能力最高的也是企业 5。

本章分析了关于企业效益的研究问题，结合两个具体案例，运用统计分析的判别分析过程和因子分析过程，对不同企业按效益进行分类和排序，并使用 SPSS 软件实现这些过程。文中详细介绍了判别分析过程和因子分析过程在 SPSS 中的操作步骤，方便读者参考，并且给出了必要的解析和结果分析。

	no	X1	X2	X3	X4	X5	X6	X7	Z1	Z2	Z
1	1.00	53.2500	16.6800	18.4000	26.7500	.0182	31.8400	1.7500	61.88	-17.95	37.83
2	2.00	59.8200	19.7000	19.2000	27.5600	.0182	32.9400	2.8700	67.38	-18.93	41.31
3	3.00	46.7800	15.2000	16.2400	23.4000	.0150	32.9800	1.5300	56.60	-15.12	34.84
4	4.00	34.3900	7.2900	4.7600	8.9700	.0161	21.3000	1.6300	32.23	-6.94	20.15
5	5.00	75.3200	29.4500	43.6800	56.4900	.0145	40.7400	2.1400	103.87	-36.18	62.36
6	6.00	66.4600	32.9300	33.8700	42.7800	.0200	47.9800	2.6000	94.84	-26.70	58.13
7	7.00	68.1800	25.3900	27.5600	37.8500	.0159	33.7600	2.4300	81.56	-25.86	49.44
8	8.00	56.1300	15.0500	14.2100	19.4900	.0132	27.2100	1.7500	55.59	-15.86	34.03
9	9.00	59.2500	19.8200	20.1700	28.7800	.0141	33.4100	1.8300	68.04	-19.92	41.56
10	10.00	52.4700	21.1300	26.5200	35.2000	.0161	39.1600	1.7300	73.58	-21.47	44.96
11	11.00	55.7600	16.7500	19.2300	28.7200	.0172	29.6200	1.5200	63.17	-19.63	38.37
12	12.00	61.1900	15.8300	17.4300	28.0300	.0164	26.4000	1.6000	62.64	-20.39	37.88
13	13.00	50.4100	16.5300	20.6300	29.7300	.0145	32.4900	1.3100	63.00	-19.01	38.37
14	14.00	67.9500	22.2400	37.0000	54.5900	.0159	31.0500	1.5700	89.83	-34.03	53.41
15	15.00	51.0700	12.9200	12.5400	20.8200	.0152	25.1200	1.8300	51.57	-15.08	31.50

图 20.32